Storica paperbacks / 47.

I lettori che desiderano informarsi
sui libri e sull'insieme delle attività della
Società editrice il Mulino
possono consultare il sito Internet:

www.mulino.it

Angelantonio Spagnoletti

Storia del Regno delle Due Sicilie

Società editrice il Mulino

ISBN 978-88-15-12825-6

Indice

Premessa p. 7

I. Elementi di storia generale 9

1. La proiezione esterna e il congresso di Vienna 9
2. Il regno indipendente 17
3. La repubblica giacobina e la prima restaurazione 31
4. Il Decennio 38
5. Il «quinquennio», la rivoluzione costituzionale e Francesco I 44
6. Ferdinando II e la fine del regno 55

II. I Borboni, i Napoleonidi, la nobiltà nelle Due Sicilie 71

1. L'immagine della dinastia 71
2. La dinastia e il Decennio francese 90
3. La nobiltà nell'Ottocento borbonico 102

III. La monarchia amministrativa 123

1. Alcune questioni storiografiche 123
2. L'ordinamento amministrativo 134
3. Il territorio, le province, la capitale 159

IV. Lo stato amministrativo tra consolidamento e contestazione 173

1. Stato e chiesa 173
2. La rivoluzione costituzionale 182
3. Al di là del Faro 206

V. Economia e società p. 221

1. Interessi generali e interessi particolari 221
2. Gli assetti produttivi: terra e grano 243
3. L'altra agricoltura, il commercio, le manifatture 256

VI. Il dissolvimento del regno meridionale 271

1. L'autodifesa della dinastia 271
2. La costituzione 282
3. Conclusione 301

Bibliografia 309

Indice dei nomi 351

Premessa

La prospettiva con cui il presente volume guarda alle vicende del regno delle Due Sicilie è in larga misura quella di un «antico stato», ovvero di una delle numerose e plurisecolari formazioni territoriali italiane che, destinate a confluire nel futuro regno d'Italia, rendevano variopinta la carta della penisola ancora nella prima metà del XIX secolo.

La nostra storiografia ormai non considera più l'Italia del XVIII secolo come una realtà «in attesa» della rivoluzione francese o del Risorgimento ma guarda anche alla complessità e originalità della storia delle sue repubbliche e dei suoi principati il cui lascito non venne meno né nel 1796 né nel 1815. Inoltre, alla luce di quello che i protagonisti e i cronisti pensavano di se stessi e della loro epoca, va ricordato come per molti napoletani (non tutti appartenenti allo schieramento «antinazionale» e «antipatriottico») il Settecento fosse il secolo in cui il Mezzogiorno aveva conseguito l'indipendenza e riacquistato una dignità cancellate da due secoli di governi vicereali.

D'altra parte, la storia del regno meridionale è anche quella di un paese uscito nel 1815 profondamente trasformato dalle riforme del Decennio francese e che ha tentato, in alcuni campi con maggior successo in altri meno, la difficile strada della «modernizzazione».

I «lumi» e la «civilizzazione» sono i riferimenti principali dei gruppi politici e degli strati più culturalmente avvertiti della società napoletana della restaurazione e degli anni di Ferdinando II: il primo si ricollegava a un Settecento visto come un periodo di pace e di gloria, l'altro invece guardava, pur nel rispetto dei caratteri peculiari del Mezzogiorno, alle esperienze dei paesi europei che allora apparivano più dinamici.

In questo volume, che certamente non espunge dalle vicende delle Due Sicilie il Risorgimento, si è cercato – utilizzando con dovizia una letteratura coeva troppo precipitosamente messa da parte dalla considerazione storiografica perché accusata di «reazionarismo» – di tenere insieme il doppio registro dell'antico stato e della monarchia ottocentesca con risultati che, si spera, non suscitino eccessive critiche da parte di coloro che sono avvezzi a considerare la storia di quel regno in un'ottica parzialmente diversa da quella qui seguita.

Il carattere di sintesi che si è voluto dare al libro ha sconsigliato di appesantire il testo con l'apparato critico che di solito si accompagna a scritti basati su ricerche di prima mano; si sono mantenute le note – tuttavia – in corrispondenza di citazioni dirette o di riferimenti precisi. In ogni caso, l'ampia bibliografia finale consente i necessari raffronti e approfondimenti.

Infine, nel testo e nelle note si è usata la sigla ASPN per indicare la rivista «Archivio storico per le province napoletane» e le abbreviazioni «Annali» e «Il Progresso» per «Annali civili del regno delle Due Sicilie» e «Il Progresso delle Scienze, delle Lettere e delle Arti».

A. S.

Capitolo primo

Elementi di storia generale

1. *La proiezione esterna e il congresso di Vienna*

Quando i rappresentanti delle potenze che avevano combattuto e vinto Napoleone apposero la loro firma in calce all'atto finale del congresso di Vienna, erano certamente consapevoli che le decisioni prese in quella sede andavano ben al di là del semplice ripristino degli stati che, così numerosi, avevano connotato il panorama dell'Europa prerivoluzionaria e della restaurazione della folla di sovrani detronizzati dall'imperatore dei francesi. Il grande lavoro di ridefinizione degli ambiti territoriali della maggior parte degli stati del continente svolto nella capitale dell'ormai impero d'Austria aveva, nei fatti, completato l'immensa opera di semplificazione degli assetti statali europei iniziata dalle armate rivoluzionarie e proseguita con incisivo vigore da Napoleone e aveva definitivamente segnato la fine di un antico regime in cui accanto alle monarchie che avevano realizzato l'assolutismo trovavano posto realtà, come quella del Sacro Romano Impero, che facevano ancora largo riferimento ai ceti e ai poteri privilegiati che essi rappresentavano.

In Italia il processo di semplificazione del quadro politico portò nel 1815 alla vistosa soppressione delle due antiche repubbliche aristocratiche di Genova e di Venezia e pose le premesse per un'ulteriore riduzione del numero degli stati indipendenti della penisola. Lucca, la terza repubblica, eretta in ducato, era attribuita ai Borboni di Parma, parcheggiati in quel minuscolo stato in attesa della morte di Maria Luisa d'Asburgo, moglie di Napoleone, alla quale era stato concesso come appannaggio il ducato di Parma, Piacenza e Guastalla. Una volta avvenuto il trasferimento dell'ex imperatrice, Lucca sarebbe stata incorporata nel granducato di Toscana che avrebbe coronato così un sogno accarezzato sin dai tempi di Cosimo de' Medici. Allo stato asburgico-lorenese passavano pure i Presidi, dai tempi vicereali sotto sovranità napoletana. Il duca di Modena, Francesco IV d'Este, avrebbe ricevuto alla morte della madre, Maria Teresa Cibo, il ducato di Massa e Carrara guadagnando, così, uno sbocco al mare. Nell'Italia settentrionale al regno di Sardegna, ampliato del territorio genovese, si affiancava quello lombardo-veneto (al quale era stata assegnata la Valtellina), sotto il diretto controllo dell'Austria; gli stati pontifici, già coacervo di territori, si trasformavano in Stato pontificio e, se perdevano in terra di Francia Avignone e il Contado Venassino, riuscivano a mantenere, nonostante autorevoli opinioni in contrario, la sovranità sulle Legazioni e su Benevento e Pontecorvo, località – queste ultime – collocate all'interno del regno napoletano.

Tutti i sovrani italiani avevano ampliato il territorio del proprio stato o si aspettavano di farlo in un periodo più o meno prossimo; solo a Ferdinando di Borbone era toccato uno stato inalterato nei suoi confini, anzi – ad essere precisi – diminuito nella sua estensione. I già menzionati Presidi sulla costa toscana erano passati al granduca Ferdinando III; l'isola di Malta, antico feudo del regno di Sicilia e ultima sede dei cavalieri di S. Giovanni, era diventata definitivamente possesso britannico. Per di più, le aspettative della diplomazia borbonica sulle *enclaves* pontificie di Benevento e Pontecorvo erano state disattese, sicché un senso di delusione si fece strada negli ambienti politici napoletani nei confronti di una sistemazione che appariva penalizzare ingiustamente un paese e una dinastia che pure, si riteneva, avevano dato un contributo non secondario alla sconfitta di Napoleone e dei suoi satelliti italiani.

Ma le rimostranze prodotte non raggiunsero mai toni perentori anche perché era diffusa la consapevolezza che, in realtà, i Borboni avessero guadagnato più di quanto fossero pubblicamente disposti ad ammettere. Ferdinando era ritornato a Napoli sulla scia di una serie di circostanze, *in primis* le ambiguità e l'imprudenza di Murat, che lo avevano favorito ed era stata pure l'avvenuta restaurazione dei Borboni in Spagna e in Francia, con lo stabilirsi di una *entente* tra quei due troni ad aprire all'anziano re nuove prospettive e, infine, a riportarlo a Napoli, forse ultimo esempio di quella politica dinastica e dei patti di famiglia che aveva dominato le relazioni internazionali nel Settecento dell'«equilibrio» europeo. Infine, e paradossalmente, a spianargli la strada aveva concorso anche la morte della moglie, Maria Carolina: la scomparsa della regina, donna notoriamente altera e vendicativa, aveva allontanato, infatti, il pericolo di un ritorno alle stragi che avevano connotato la non lontana restaurazione del 1799.

Riportato sul trono napoletano da una favorevole congiuntura diplomatica, Ferdinando nel 1815 guadagnò poi un altro regno, la Sicilia, ove già regnava come sovrano costituzionale e si trasformò in re quasi assoluto del regno delle Due Sicilie.

Ferdinando, ora I[1], saliva così sul trono di un nuovo stato, diverso da quello che aveva abbandonato nel gennaio del 1806 di fronte all'incalzare dell'esercito di Giuseppe Bonaparte e diverso pure da quello che lasciava a Palermo al termine di un decennio che egli, con grande stizza dei potenti baroni dell'isola, aveva sempre considerato di esilio piuttosto che di normale e legittima presenza di un monarca, qual egli era, sul territorio di un proprio regno. Stato nuovo era dunque quello sul quale si trovava a regnare Ferdinando, stato la cui esistenza contraddiceva al principio stesso di legittimità che aveva orientato gli intendimenti dei plenipotenziari convenuti a Vienna e che faceva risalire le sue radici all'età normanna e federiciana quando l'intero Mezzogiorno al di qua e al di là del Faro aveva costituito un'unica e grande entità politica. Era quella appena nata una realtà connotata in modo completamente diverso rispetto al passato a comin-

[1] Nel testo della legge dell'8 dicembre 1816 comparve per la prima volta la definizione dello stato napoletano come regno delle Due Sicilie e il numerale I accanto al nome del re. C. Salvati, *La formalità degli atti della pubblica amministrazione borbonica negli anni della Restaurazione*, in *Studi in memoria di Nino Cortese*, Roma, Istituto per la storia del risorgimento italiano, 1976, pp. 461-481, spec. p. 468. Fresco era l'esempio di Francesco II d'Asburgo, imperatore del Sacro Romano Impero, divenuto Francesco I come imperatore d'Austria.

ciare dalla sua stessa denominazione: scompariva il termine Napoli dall'intitolazione ufficiale del regno, una denominazione che aveva rappresentato un motivo di orgoglio per quegli scrittori che in anni ormai lontani avevano sostenuto l'unicità della funzione e dello splendore della grande capitale in relazione al resto del paese e che non avevano esitato a paragonare il regno di Napoli a quello di Gerusalemme, gli unici nella cristianità che traessero il proprio nome dalla rispettiva capitale. Venuta meno l'antica specificazione, emergeva, a cominciare dagli atti ufficiali, la nuova realtà, quella in cui il peso della capitale non sembrava schiacciare come nel passato il resto del paese e che, grazie alle profonde riforme francesi, aveva in gran parte eliminato le vecchie e annose contrapposizioni tra un centro (Napoli) e un'immensa e indistinta periferia.

Ferdinando aveva così guadagnato uno stato nuovo, il congresso di Vienna aveva eliminato il regno di Sicilia, uno dei più antichi stati d'Europa, e aveva aperto, nel contempo, la questione siciliana.

Così, le lamentele dei diplomatici del Borbone per non avere conseguito il regno da quel consesso adeguati compensi territoriali non avevano nessuna possibilità di trovare orecchie ben disposte nelle cancellerie europee anche perché si accompagnavano a vacue recriminazioni che facevano riferimento alla grave lesione apportata all'onore nazionale da decisioni che configuravano per il regno, ormai privato delle sue proiezioni esterne, un rango inferiore a quello che, nell'ottica napoletana, sembrava dovesse spettargli.

Le Due Sicilie si consideravano la più grande potenza italiana e molti erano convinti, a cominciare dal Canosa, che Ferdinando avrebbe potuto conseguire, se solo l'avesse voluto, l'egemonia sull'intera penisola[2]; i matrimoni reali con i rampolli delle più importanti casate europee testimoniavano agli occhi di tutti del prestigio di cui godevano i Borboni anche fuori d'Italia; nonostante una perdurante visione storiografica tutta italocentrica delle loro vicende, le Due Sicilie avevano solidi agganci con le altre corti europee ed aspirarono per

[2] W. Maturi, *Il principe di Canosa*, Firenze, Le Monnier, 1944, p. 115.

lungo tempo a porsi come uno dei soggetti attivi della politica italiana.

Forse, da questo punto di vista, andrebbero adeguatamente riprese e approfondite le osservazioni di Antonio Gramsci sulla perdita che vi fu, con l'avvento dello stato unitario, di gran parte delle «singole posizioni particolari degli stati regionali precedenti», in particolare di quelle napoletane nel Mediterraneo orientale[3].

Il regno di Napoli, prima, e delle Due Sicilie, dopo, non sembra, infatti, offrire di sé l'immagine di un cosmo tutto chiuso in se stesso e lontano dalle generali vicende della penisola; non sono, pertanto, da condividere le valutazioni di Luigi Bulferetti a proposito della storia di quel paese nei decenni della restaurazione come storia «quasi affatto "interna" dell'amministrazione e dell'economia»[4]. Forse il senso di chiusura, grettezza, provincialismo si attaglia più agli anni di Ferdinando II, convinto sostenitore (specie dopo il 1849) della necessità di una politica estera di basso profilo che isolasse il suo regno con un «muro della Tartaria», che a quelli dei suoi predecessori[5].

Già Luigi Blanch, riflettendo sulla trasformazione della napoleonica Repubblica italiana in Regno d'Italia, palesava le preoccupazioni che avevano serpeggiato nella corte meridionale per l'assunzione che Napoleone aveva fatto dell'impegnativo titolo di re d'Italia: un re di Lombardia sarebbe stato un sovrano collocato sullo stesso piano degli altri, ma un re d'Italia era per necessità di cose portato a svolgere una politica che avrebbe provocato tensioni e conflitti con gli altri potentati della penisola[6]. È questo un segno, uno dei tanti, di come dall'osservatorio napoletano si vedessero le

[3] A. Gramsci, *Il Risorgimento*, Roma, Editori Riuniti, 1975, p. 92.

[4] L. Bulferetti, *La Restaurazione*, in *Questioni di storia del Risorgimento e dell'Unità d'Italia*, a cura di E. Rota, Milano, Marzorati, 1951, pp. 111-181, spec. p. 141.

[5] Sul «muro di Tartaria» cfr. R. Moscati, *I rapporti austro-napoletani nei primi anni di regno di Ferdinando II*, in «ASPN», LXIV, 1939, pp. 138-200, spec. pp. 139 e 176.

[6] L. Blanch, *Il regno di Napoli dal 1801 al 1806*, in Id., *Scritti storici*, a cura di B. Croce, 3 voll., Bari, Laterza, 1945, vol. I, pp. 3-292, spec. p. 146.

cose d'Italia e lord Bentinck e Gioacchino Murat, portando nel 1815 gli eserciti siciliani e napoletani, il primo sulle riviere liguri e il secondo a lambire le sponde del Po, non avevano fatto altro che applicare una strategia più volte adottata nel corso dei secoli dagli strateghi meridionali e dare spazio ad aspirazioni di controllo di intere regioni dell'Italia centro-settentrionale coltivate da lunghissima data. D'altra parte, Silvio Spaventa – ancora nell'aprile del 1848 – disegnava sulle pagine del «Nazionale» un'Italia costituzionale e federata nella quale il regno delle Due Sicilie si allargava a comprendere anche i territori della Marca pontificia[7].

La dottrina militare napoletana, almeno fino al 1848, si era sempre basata sul principio dell'invasione preventiva: ovvero quello di non attendere un esercito nemico sul territorio nazionale, ma di affrontarlo prima che questi avesse varcato il Po e in tal senso, anche se *a contrario*, si devono intendere le esortazioni di Ferrante d'Aragona ormai morente al figlio Alfonso, riportate dal Machiavelli, a non andare incontro a Carlo VIII, ma ad aspettarlo nei confini del regno[8].

Nel 1821, nonostante un dispiegamento delle forze tutto difensivo, fu a Rieti che Guglielmo Pepe affrontò gli austriaci; la battaglia decisiva della campagna di Murat del 1815 era stata combattuta a Tolentino nelle Marche; le sorti dei Borboni nel 1799 si erano giocate a Roma, improvvidamente occupata da Ferdinando e, per andare ancora più indietro nel tempo, era stato a Velletri che l'esercito di Carlo III aveva rintuzzato il tentativo delle armate cesaree di riconquistare il regno.

Pietro Colletta fu tra coloro che teorizzarono, anche se da un punto di vista esclusivamente militare, la necessità di una proiezione del regno verso il centro e il nord Italia. La conformazione del territorio meridionale impediva, secondo lo storico, di prevedere il punto di attacco scelto da un ipotetico nemico intenzionato ad invadere il Mezzogiorno da terra,

[7] In A. Zazo, *Il giornalismo politico napoletano nel 1848-49*, in «ASPN», LXX, 1947-49, pp. 245-292, spec. p. 264.

[8] N. Machiavelli, *Discorsi sopra la prima deca di Tito Livio*, a cura di S. Bertelli, Milano, Feltrinelli, 1960, p. 308.

la via del Lazio o quella degli Abruzzi, e provocava una deleteria dispersione delle forze dei difensori: più facile si presentava invece la difesa del regno per linee esterne (Ancona, il bacino del Po), anche perché l'importanza delle piazzeforti collocate ai suoi confini, a cominciare da quella di Gaeta, era, secondo un'affermazione che i fatti successivi si incaricheranno di smentire, più che altro psicologica. Ma la necessità per i napoletani di proiettarsi all'esterno era dettata anche da un motivo al quale Colletta accenna di sfuggita e che ci rimanda invece alla configurazione degli assetti sociali, oltre che istituzionali, delle Due Sicilie: ogni esercito invasore aveva mirato a conquistare la capitale del paese e la perdita di Napoli aveva sempre portato a quella dell'intero regno. Era necessario, per opporsi alle invasioni con maggiori prospettive di successo e rendere meno traumatica l'eventuale perdita della città, «minorar l'importanza politica» della capitale, oltre che rinforzare le sue fortificazioni[9].

In più occasioni era avvenuto che il presentarsi di una squadra navale di fronte a Napoli avesse portato l'intero regno a umilianti capitolazioni. Nel 1742 era stata la flotta inglese, apparsa davanti alla rada partenopea, a impedire la congiunzione dell'esercito borbonico con quello francese, facendo scomparire – secondo un'espressione alquanto ingenerosa – quel regno dalla politica e riducendolo alla stregua degli altri territori italiani, ovvero a una meta del *grand tour*[10]; nel 1792 era stata la sosta della flotta francese dell'ammiraglio Latouche-Tréville a favorire la diffusione a Napoli delle idee giacobine.

Per gran parte del Decennio la capitale e ogni movimento dei due re Napoleonidi ricaddero sotto l'occhio vigile di squadre navali inglesi annidate a Capri. Se un ammiraglio qualsiasi presentandosi davanti alla capitale poteva dettare legge, ciò era dovuto non solo alle lacune che presentava il

[9] P. Colletta, *Difesa della frontiera di terra del Regno di Napoli*, in Id., *Opere inedite o rare*, 2 voll., Napoli, Stamperia nazionale, 1861, vol. I, pp. 395-496, spec. p. 478.

[10] D. De Pradt, *Du Congrès de Vienne*, 2 voll., Paris, Crapelet, 1815, vol. II, p. 65.

sistema difensivo o all'assenza di munite piazze marittime o alla scarsa funzionalità della flotta, ma alla struttura del regno che nella grande capitale eccentrica e affacciata sul mare rivelava il suo tallone d'Achille[11]. Accadeva così che una occupazione di Napoli provocasse la resa del regno e una battaglia persa all'interno del paese o una ritirata rendessero il nemico padrone del campo; lo avevano sperimentato, tra gli altri, nel 1734 gli austriaci che avevano preferito concentrare le proprie truppe, in attesa di rinforzi, in Puglia ove vennero sconfitti dagli eserciti di Carlo di Borbone e persero in questo modo – con la battaglia – il regno, lo sperimentarono a loro volta i borbonici nel 1806 quando lasciarono mano libera all'esercito francese trincerandosi nelle Calabrie.

Il generale Carascosa, attestato sulla frontiera laziale nel 1821, era ben conscio della debolezza del suo schieramento e preferì cedere il passo senza combattere agli austriaci piuttosto che ritirarsi – come gli era stato suggerito – nel ridotto calabrese, anche perché, a suo modo di vedere, in quelle province non sussisteva traccia di spirito pubblico, anzi dominavano un'indifferenza e un'apatia che sarebbero state esiziali per i combattenti. Nelle valutazioni che orientarono il suo operato egli trovava modo ancora una volta di esprimere le sue divergenze nei confronti del collega-rivale Guglielmo Pepe, sicuro che finché il nemico non fosse giunto in Calabria i napoletani sarebbero stati capaci di marciare sino a Vienna[12].

La presenza di una grande capitale pericolosamente esposta sul mare rendeva quasi obbligatoria, pertanto, una proiezione esterna del paese (oltre che – nei momenti di tensione – il soggiorno della famiglia reale nella più defilata Caserta), ma quando ciò non avveniva o non era possibile, era la fine.

La battaglia del Volturno costituisce, negli annali militari del Mezzogiorno, il tipico esempio di un fatto d'arme che

[11] Le valutazioni di F. Pignatelli Strongoli in Id., *Considerazioni strategiche sul sistema di difesa del Regno di Napoli*, Napoli, Accademia Marina, 1820.

[12] M. Carascosa, *Mémoires historiques, politiques et militaires, sur la révolution du Royaume de Naples en 1820 et 1821*, London, Treuttel *et al.*, 1823, p. 439, e R. Moscati (a cura di), *G. Pepe*, Roma, Vittoriano, 1938, vol. I (1797-1831), p. 215.

vede un esercito (questa volta quello nazionale) muovere dal lembo nordoccidentale del paese per (ri)conquistare la capitale, sperando ancora una volta, in caso di successo, di (ri)conquistare l'intero regno.

Ma non era stato solo il regno di Napoli a scomparire, a metà Settecento, dalla politica internazionale e a ridursi a un museo; anche il resto dell'Italia, secondo le suggestive parole di De Pradt, si era trasformato in una galleria di quadri che tutti volevano visitare[13].

In effetti, la pace di Aquisgrana del 1748 e l'equilibrio allora raggiunto tra le grandi potenze europee avevano posto la penisola al margine della grande politica imponendo ad essa un assetto che si sarebbe mantenuto inalterato fino al 1796. Quell'assetto, però, venendo dopo oltre un trentennio di guerre, favorì una politica di riforme che portò gli stati e i sovrani italiani che la praticarono ad erodere in maniera significativa, anche se non decisiva, le strutture statuali e sociali quali si erano configurate a partire dal XVI secolo e di questa politica protagonisti non secondari furono i due Borboni che ressero il trono napoletano negli anni dell'assolutismo illuminato.

2. *Il regno indipendente*

Quando nel 1734 don Carlos di Borbone, figlio di Filippo V re di Spagna e di Elisabetta Farnese, riuscì ad insediarsi a Napoli scacciandovi gli austriaci che l'avevano governata dal 1707, fu subito chiaro a tutti che quella conquista non preludeva affatto ad una ripresa del dominio spagnolo sull'Italia meridionale. Infatti, pur mantenendo – specie negli anni iniziali – forti legami con la corte di Madrid, quella che allora si affermò fu un'entità politica indipendente che, come tale, fu riconosciuta dal trattato di pace di Vienna del 1738 che pose fine alla guerra di successione polacca nell'ambito della quale era maturata la spedizione militare nel Mezzogiorno del giovane Infante don Carlos.

[13] De Pradt, *Du Congrès*, cit., p. 72.

Dopo oltre due secoli di soggezione a potenze straniere (prima la Spagna e poi, per quasi ventisette anni, l'Austria), un nuovo stato indipendente si affacciava sul panorama politico italiano. Ma, se la forma con cui si presentava all'esterno faceva di quella napoletana una realtà statuale nuova, dotata di tutti gli attributi tipici delle monarchie indipendenti, a cominciare dalla corte, dall'esercito e dalla diplomazia propri, nella sostanza essa conservava molto della vecchia formazione territoriale che aveva fatto parte per poco più di due secoli del complesso monarchico asburgico.

Ciò era dovuto al fatto che il controllo della Spagna sul paese non aveva mai assunto le forme che fanno immediatamente pensare a una «dominazione», bensì era il frutto di un sostanziale accordo tra Madrid e le forze egemoni locali alle quali erano stati concessi privilegi, autorità e autonomia in cambio del riconoscimento dell'alta mediazione politica che dalla monarchia asburgica veniva esercitata sulle vicende complessive del regno meridionale.

In questo modo, all'ombra dei viceré spagnoli si erano potuti sviluppare e rafforzare ceti sociali, magistrature, istituzioni, tutti animati da una dinamica propria e operanti, nel contempo, secondo i ritmi e le scansioni cronologiche consueti alla gran parte degli stati dinastici dell'Europa occidentale.

Carlo di Borbone trovò, dunque, nel regno autorevoli e consolidate istituzioni, dal Sacro Regio Consiglio al Consiglio Collaterale (soppresso e sostituito dalla Camera di S. Chiara) e alla Camera della Sommaria che detenevano insieme poteri legislativi, amministrativi e giudiziari.

A livello periferico l'intero territorio osservava l'antica partizione in dodici province al cui inquadramento amministrativo e giudiziario provvedevano le «udienze». Alla base della piramide istituzionale erano, infine, i comuni o «università» che costituivano la cellula fondamentale del sistema fiscale del regno.

Il panorama succintamente delineato sugli ordinamenti del paese sarebbe però incompleto se non si menzionassero almeno quelle forze che detenevano porzioni di potere che travalicavano gli ambiti giurisdizionali dello stato. Non si tratta qui tanto della chiesa che, con le immunità locali, reali e personali di cui godevano i suoi membri e le sue istituzioni, riusciva a sottrarsi in maniera quasi completa all'autorità dello stato, ma piuttosto della feudalità sotto la cui giurisdizione ricadeva la maggior parte delle università del regno, ricca e potente – almeno nei suoi strati più rappresentativi – e con la quale doveva fare i conti chiunque detenesse il potere a Napoli.

L'assenza dalla capitale, nei secoli del viceregno, di un monarca e il concomitante formarsi di solidi apparati burocratici raccolti soprattutto attorno agli uffici centrali del paese avevano pure favorito il sorgere di un ceto di «togati» – magistrati, uomini di legge, avvocati – che si erano posti come i custodi della tradizione giuridica e autonomistica del regno, si erano impadroniti progressivamente delle istituzioni politiche dello stato e avevano esautorato dai gangli decisivi del potere la nobiltà di spada. Il predominio dei togati, praticamente incontrastato all'interno delle supreme magistrature, aveva caratterizzato per lungo tempo la vita del regno e, se era servito a preservare – pur nell'ambito della plurinazionale monarchia asburgica – i tratti dell'identità e dell'autonomia del paese, nel presentarsi come autorevole e rispettabile espressione di un particolare modo di gestire lo stato e le sue istituzioni, aveva sclerotizzato altre forze sociali che non facevano riferimento alla cultura giuridica imperante e aveva ammantato la prassi politica di quei tratti di pedanteria e di eccessivo rispetto delle formalità che fin quasi ai giorni nostri sono stati considerati peculiari del ceto forense napoletano.

Nonostante l'articolazione in province della struttura territoriale statale, tutta la vita del Mezzogiorno continentale si svolgeva a Napoli ove aveva sede l'unica università degli studi del regno, quella che sfornava gli elementi destinati a ricoprire incarichi all'interno delle magistrature centrali e periferiche.

La città, che con una certa punta di disprezzo Ferdinando II avrebbe definito un «casalone», era stata in età vicereale una delle più popolose città d'Europa, la tipica capitale di uno stato monarchico di antico regime, il luogo ove si concentravano le funzioni politiche, amministrative, economiche dell'intero regno. Teatro delle molteplici forme di autorappresentazione delle élite nobiliari che vi spendevano gran parte della rendita fondiaria proveniente dai propri latifondi feudali e campo d'azione di torme di lazzaroni sui quali il re poteva dispiegare a pieno il suo paternalismo, la città era per Charles de Brosses che la visitò a fine 1739 l'unico centro d'Italia che palesasse appieno i caratteri di una capitale.

Era essa a dare il tono alla vita sociale e culturale del paese; era essa a calamitare dalle province ricchezze materiali ed energie intellettuali e a costituire, così, un sicuro punto di approdo per quanti, spinti anche dalle esenzioni fiscali che ivi si godevano, avevano intenzione di far carriera nei tribunali e nelle magistrature o, più semplicemente, bramavano sfuggire ad una vita grama e opaca nelle province. Conseguenza di tutto ciò era il profondo e incolmabile baratro che dal punto di vista demografico, economico e culturale divideva la capitale dalle altre città del regno. Napoli tendeva a configurarsi come l'immensa testa di un gracile corpo e ancora nei primi anni dell'Ottocento, con una popolazione di poco meno di 330.000 abitanti, continuava a non avere rivali nel contesto di un regno (almeno della sua parte continentale) che presentava una struttura urbana enormemente squilibrata (nel 1818 Foggia, la seconda città al di qua del Faro, non contava che 21.000 abitanti).

Bisogna dire, però, che a partire dal secondo Settecento la situazione era progressivamente mutata e prima la carestia del 1764, poi la polemica illuministica compendiata nella ricorrente metafora della grande testa poggiante su un corpo gracile avevano posto quantomeno il problema di una diversa articolazione del rapporto tra la capitale e il paese. Ma fu solo con il decentramento amministrativo che seguì alle riforme operate nel Decennio francese, con la trasformazione stessa e l'ampliamento delle forme e dei luoghi della rappresentanza e della rappresentazione del potere regio, con il diverso strutturarsi delle élite che si attenuò, pur senza scomparire, il grande divario tra Napoli e il regno.

Quel divario nel corso del Settecento avrebbe potuto ridursi, forse venir meno, a ridosso di una coerente politica di riforme che rivitalizzasse le istituzioni dello stato e le disponesse meglio su scala provinciale. Ma le riforme in questo ambito, alle quali si accinse Carlo di Borbone coadiuvato da Bernardo Tanucci (già professore presso l'università di Pisa) e da personaggi di spicco come il Montealegre, il Brancaccio e altri non potevano limitarsi ad incidere – come invece si fece – sulla composizione e sulle competenze delle istituzioni pubbliche; era necessario ridurre i privilegi del baronaggio e del clero, tutti detentori di giurisdizioni, prerogative, immunità che inceppavano l'azione di qualsiasi magistratura dello stato.

La chiesa, da parte sua, aveva accolto con malcelata ostilità l'avvento della dinastia borbonica a Napoli e il ritorno all'indipendenza del paese.

Sin dall'età normanna il regno era stato considerato vassallo della Santa Sede e i sovrani napoletani erano stati costretti ad offrire ogni anno al pontefice una bianca chinea e un tributo come segno di vassallaggio. Il temporaneo rifiuto del papa di riconoscere Carlo come nuovo sovrano e di accettare la chinea che egli offriva al soglio di San Pietro fece esplodere un violento contrasto tra Roma e Napoli che giunse ben presto ad investire tutte quelle materie e quelle situazioni nelle quali il potere dello stato risultava condizionato o addirittura soccombente di fronte a quello ecclesiastico.

Forte di una tradizione giurisdizionalista che aveva avuto il suo più autorevole rappresentante in Pietro Giannone, la monarchia negò la concessione dell'*exequatur* a diversi provvedimenti presi da Roma e riguardanti la vita ecclesiastica e religiosa del regno, limitò le immunità di cui godeva il clero e rifiutò di riconoscersi vassalla della Santa Sede. Nel 1741, infine, profittando del mutato clima che si respirava a Roma a seguito dell'assunzione al soglio di Benedetto XIV, si addivenne a un concordato che, tra l'altro, introdusse il principio della tassazione per i beni posseduti dal clero.

Ma non fu solo nei confronti della chiesa che si diresse l'azione riformatrice di re Carlo e dei suoi ministri; si può dire, anzi, che la polemica contro le istituzioni ecclesiastiche indicò metodi e strumenti che sarebbero stati proficuamente impiegati per raggiungere obiettivi di altra natura. La riforma del sistema fiscale fu uno di questi.

Si è già accennato al fatto che le università costituissero la base del sistema fiscale nazionale. Esse, fossero demaniali o infeudate, dovevano corrispondere alle casse dello stato una determinata somma, calcolata sulla base di un numero presuntivo di «fuochi», che veniva generalmente raccolta attraverso l'imposizione di dazi e di gabelle che colpivano in maniera indiscriminata la popolazione. Ampie esenzioni erano accordate agli esponenti dei ceti privilegiati, in particolar modo al clero, che rendevano più iniquo il sistema fiscale vigente mentre la mancanza di un catasto ostacolava il passaggio ad un sistema di tassazione diretta che chiamasse i contribuenti a pagare in relazione a quanto effettivamente posseduto. Sullo scorcio degli anni cinquanta fu introdotto il catasto che fu detto «onciario» perché la valutazione dei beni veniva effettuata in once; esso costituisce tuttora una delle fonti più preziose per lo studio dell'organizzazione sociale, della stratificazione dei redditi e delle fortune, della demografia e degli assetti colturali delle comunità del regno di Napoli.

Per ogni università venivano censiti tutti i fuochi e di ognuno di essi veniva riportata la composizione e la consistenza patrimoniale; come già detto, anche i ceti privilegiati furono chiamati a contribuire alle finanze dello stato. Ma tale opera grandiosa, certamente innovativa rispetto ai tradizionali metodi di prelievo fiscale, non poté dispiegare tutti quegli effetti che le autorità napoletane avevano sperato di raggiungere.

Innanzitutto, l'aver affidato la raccolta dei dati e la compilazione del catasto alle autorità locali cittadine lo rese specchio fedele dei rapporti di forza esistenti tra i ceti all'interno delle università. Innumerevoli risultarono, quindi, le omissioni, le false e incomplete denunce, i ritardi nella stesura.

Gli strati più alti, a cominciare dai signori feudali, riuscirono quasi sempre a esimersi dai pesi fiscali per gran parte dei propri beni, mentre sulle masse popolari si abbatteva pure il pagamento del «testatico» e delle «once d'industria», contribuzioni dalle quali erano esentati civili e professionisti.

Queste disfunzioni, unite alle contese che accompagnarono un po' dappertutto la compilazione del catasto, fecero sì che le autorità fossero costrette ad autorizzare un sistema misto che prevedeva al contempo forme di esazione diretta e indiretta. In alcune università, addirittura, il catasto non venne mai introdotto.

Si palesarono in questo campo quelli che erano i limiti del riformismo borbonico: esitante, impacciato, a volte contraddittorio, esso non riuscì mai a raggiungere completamente gli obiettivi che si era prefissato arrestandosi sempre di fronte al malcontento e alle pressioni dei gruppi sociali privilegiati.

Anche nel campo delle amministrazioni locali l'impegno dei riformatori evidenziò quei limiti ai quali poc'anzi si faceva cenno.

Le università di una certa consistenza demografica venivano generalmente amministrate da esponenti del ceto nobile e del ceto popolare i quali esercitavano gli incarichi civici a titolo ereditario o per cooptazione sulla base di quanto stabilito in statuti la cui origine risaliva quasi sempre al XVI secolo.

L'esaurimento demografico cui erano andate incontro sin dal Seicento molte famiglie di governo provocava innumerevoli sconcerti nella vita locale, dato che quelle superstiti non riuscivano ad occupare tutti i seggi del consiglio (parlamento) cittadino. Si assisteva così al predominio di alcune casate meglio strutturate, quasi sempre ascritte ai locali patriziati, che gestivano in maniera disinvolta le finanze comunali.

Necessaria si rendeva quindi una radicale riforma degli ordinamenti comunali, ma le autorità napoletane preferirono procedere ad una politica di aggregazione ai due ceti di governo delle università di elementi che già possedevano caratteristiche tali da renderli facilmente assimilabili ai membri delle famiglie parlamentari. Anche in questo caso il riformismo borbonico manifestò tutta la sua inadeguatezza: si preferì operare caso per caso e intervenire città per città rinunciando ad enucleare un progetto complessivo di riforma che portasse al ridimensionamento del potere delle vetuste casate dei patriziati urbani e rendesse partecipi del governo locale quegli esponenti della borghesia agraria, mercantile e intellettuale che ampio spazio si erano conquistati nella vita civile ed economica della propria città.

La guerra di successione austriaca (1740-1748) pose per un attimo in forse l'indipendenza del regno e segnò la fine della prima fase delle riforme. Risultati importanti erano stati fino ad allora conseguiti, ma non decisivi come era nelle intenzioni degli uomini di governo i quali, d'altra parte, non furono in grado di recepire completamente le indicazioni che in tema di rinnovamento delle strutture dello stato e di modifica degli equilibri esistenti tra le classi sociali venivano avanzate da parte di settori importanti della cultura napoletana (Broggia, Galiani, Intieri). Fu in tale periodo che numerosi intellettuali, Antonio Genovesi in testa, abbandonati gli studi di erudizione, di teologia e di metafisica e dedicatisi all'analisi della concreta realtà del paese, si fecero portatori di più audaci istanze di riforma dello stato.

Molteplici apparivano agli occhi di quegli «illuministi» gli abusi da sanare: dallo sperequato rapporto capitale-province, alla mancanza di strumenti di decentramento amministrativo, dalle misere condizioni in cui versavano le campagne del paese, agli ostacoli che si frapponevano alla produzione e al commercio tutto appariva bisognevole di un intervento che portasse all'eliminazione degli squilibri, delle insufficienze e delle pesanti sopravvivenze del passato. Primario diventava per essi l'obiettivo di rivitalizzare le province, di impedire che gran parte delle ricchezze in esse prodotte prendesse la strada di Napoli e, per far ciò, era necessario dare dignità ai produttori agricoli, invitare i baroni ad abbandonare i palazzi che occupavano nella capitale e a recarsi nelle loro terre, mobilitare il capitale altrimenti destinato a spese improduttive in opere di miglioramento fondiario; era tutta una nuova mentalità economica che si faceva strada, accompagnata da una fede quasi taumaturgica in un progresso che avrebbe mutato completamente le condizioni del regno.

La grande influenza che Bernardo Tanucci rivestiva nel governo fu vieppiù rafforzata dalle vicende della successione al trono di Spagna. Morto, infatti, senza figli Ferdinando VI di Borbone, nel 1759 fu chiamato a succedergli a Madrid il fratellastro Carlo che abbandonò Napoli lasciando la corona partenopea al figlio terzogenito Ferdinando, allora minorenne, che fu attorniato da un consiglio di reggenza dominato dalla personalità dello statista toscano. A quest'ultimo fu affidato il compito di mantenere i contatti con la corte iberica, di provvedere all'educazione del piccolo sovrano e di fargli da principale consigliere, di riferire al re di Spagna sugli affari del paese, di mantenere insomma in vita a Napoli quegli ideali che avevano caratterizzato la fase riformistica del regno del primo sovrano borbonico del Mezzogiorno.

Un intenso sviluppo economico aveva caratterizzato gli anni di Carlo; si era verificato in quel periodo un sostenuto incremento demografico che avrebbe portato la popolazione del regno a toccare – alla fine del secolo – i 5.000.000 di abitanti; si erano intensificate le relazioni commerciali con i paesi del Levante, con la Francia e con l'Austria; era aumentata la produzione di derrate agricole e, frutto di quella crescita, erano emersi cospicui gruppi borghesi che, per la prima volta, erano portatori di ideali diversi da quelli tipici del mondo nobiliar-feudale.

Ora aspirazione massima di quei borghesi non era il passaggio nelle file della nobiltà, come era avvenuto in passato, ma il riconoscimento del ruolo ricoperto nella società «come borghesi». Essi chiedevano allo stato infrastrutture viarie che supportassero lo sviluppo economico, una legislazione meno vincolistica che permettesse loro di tener dietro alle richieste di un mercato in continua e promettente espansione e, soprattutto, auspicavano che fosse posto fine allo strapotere della feudalità che, con i suoi istituti e le sue giurisdizioni, rappresentava un non indifferente ostacolo al libero dispiegarsi delle energie di tutti i ceti produttivi del paese.

Fu la grande carestia del 1763-64 a mostrare quali conflitti, quali antagonismi e quante contraddizioni ribollissero all'interno della società napoletana. Quel tragico evento, seguito da violente accuse rivolte ai mercanti di aver «esitato» all'estero il grano, agli speculatori di averne fatto incetta e al governo di essersi fatto paladino di un'incauta politica liberistica, palesò per un verso l'incapacità delle strutture annonarie e assistenziali napoletane a porre rimedio ai guasti della penuria e, per l'altro, l'inadeguatezza degli apparati di governo nel tener dietro, orientare e dirigere la tumultuosa crescita economica registrata dal regno sin da alcuni anni addietro.

Il problema, ancora una volta, era quello del rapporto tra sviluppo e vecchie strutture, tra forze borghesi emergenti e ceti privilegiati che mantenevano intatta la loro presa sulla società; in altre parole, quella che drammaticamente veniva alla luce era la questione feudale e ad essa avrebbe tentato di dare soluzione il riformismo degli anni ottanta.

Sul momento, la politica borbonica, diretta principalmente dal Tanucci, si mosse con gradualità mirando a circoscrivere il potere dei togati che si opponevano ad uno sviluppo in senso assolutistico e centralizzatore delle istituzioni monarchiche. L'obbligo imposto nel 1774 ai magistrati di motivare le proprie sentenze si muoveva in tale direzione: si poneva con esso un limite a un potere che tendeva ad apparire maestoso nella sua sacralità in quanto depositario di una *scientia juris* che si presentava e si governava secondo motivazioni arcane.

Nel 1767, come già avvenuto in Portogallo, Francia e Parma e come sarebbe avvenuto in Spagna, erano stati espulsi dal paese i gesuiti, considerati il principale strumento del potere di Roma all'interno di uno stato che tendeva a laicizzarsi ed espressione di un passato abbondantemente trascorso e di una cultura che appariva congenitamente incapace di cogliere lo spirito nuovo del secolo. Fu questo uno dei pochi e duraturi successi della politica riformatrice di quegli anni che pose la monarchia borbonica in sintonia con le più generali vicende europee.

Il matrimonio del re Ferdinando IV con Maria Carolina, figlia di Maria Teresa d'Asburgo, fece lentamente declinare l'influenza spagnola a Napoli e vi fece avanzare quella austriaca. Conseguenza di ciò fu nel 1776 il licenziamento dell'ormai primo segretario Bernardo Tanucci.

Si aprì, a questo punto, una seconda fase nella politica delle riforme che si dispiegò per tutti gli anni ottanta e che fu sostenuta da un gruppo di illuministi (Grimaldi, Filangieri, Palmieri, Galanti, per citare solo i più noti) che posero la loro opera al servizio della monarchia entrando negli apparati e nelle istituzioni statali. Nuovo slancio venne, dunque, impresso alle riforme e nuovi obiettivi furono posti all'attenzione della monarchia.

Ridimensionato, ormai, il potere della chiesa a seguito della politica giurisdizionalista svolta nei decenni precedenti, il problema che con più urgenza emergeva nelle considerazioni dei riformatori era quello della terra, del regime della proprietà fondiaria, in sostanza del rapporto tra feudalità e produttività.

Non sfuggiva a quegli uomini lo stato miserando in cui versavano quasi ovunque le campagne del regno, né ignoravano essi che la causa di tutto era da attribuire alla persistenza di un sistema feudale che, anche se con errata generalizzazione, veniva considerato rapace, oppressivo e incapace di portare sviluppo e progresso nel mondo agricolo.

Ovunque contadini abbrutiti dalla miseria coltivavano i latifondi baronali, usurai li taglieggiavano, mercanti acquistavano d'inverno – a prezzi risibili – le derrate agricole ancora in sementi profittando delle difficoltà delle masse rurali spesso impossibilitate a giungere fino al successivo raccolto estivo. Così apparivano le condizioni delle campagne agli occhi dei riformatori.

Si rendeva necessario, a questo punto, eliminare gli aspetti più odiosi del sistema fiscale, sopprimere le giurisdizioni baronali e i diritti proibitivi, quotizzare in favore dei contadini i demani feudali. Ma, e studi recenti lo hanno dimostrato, il mondo del baronaggio non era così compatto come evidenziato da quegli illuministi, né le condizioni delle campagne erano così uniformemente degradate.

Importanti processi di differenziazione sociale stavano avendo luogo in esse: accanto ai coloni e ai «bracciali» acquistavano rilevanza le figure dei massari, dei fittavoli, degli amministratori baronali che riuscivano a ritagliarsi una larga fetta del reddito agrario. Nei feudi scemavano d'importanza le entrate di natura giurisdizionale, molti capitali venivano impiegati nelle «difese» (terre recintate generalmente destinate alle colture specializzate), avanzava, pur attraverso la strada obliqua delle usurpazioni, il processo di privatizzazione dei demani che, se incontrava l'ostilità dei contadini, portava tuttavia alla messa a coltura di larghe estensioni di terreno. In sostanza, numerosi baroni tendevano a trasformarsi in puri proprietari fondiari e a comportarsi di conseguenza nella gestione delle loro terre.

La polemica antifeudale fu, comunque, uno degli aspetti più caratterizzanti di questa fase dell'illuminismo e la monarchia, pur non ponendosi come obiettivo la completa e immediata eversione della feudalità, produsse una limitata legislazione antifeudale e accrebbe le occasioni di devoluzione dei feudi alla corona, percorso questo lunghissimo che, si riteneva, un giorno avrebbe portato alla pacifica scomparsa del regime feudale dal paese.

Grande sensibilità fu pure mostrata dai riformatori degli anni ottanta nei riguardi della situazione delle singole parti del regno. Viaggi, inchieste, relazioni caratterizzarono quel periodo (si ricordi la famosa *Descrizione geografica e politica delle Sicilie* del Galanti); notevole impegno venne riservato all'osservazione dello stato delle province, alle loro condizioni e alla valorizzazione di quanto di nuovo in esse si muovesse. L'insistita attenzione per i quadri naturali fu collegata, come nella Calabria scossa dal disastroso terremoto del 1783, all'analisi delle cause che avevano portato al degrado del tessuto ambientale. Venivano, di conseguenza, prospettati gli espedienti, suggerite le soluzioni, indicate le linee che avrebbero dovuto seguire le autorità per porre rimedio ad una situazione che in più parti appariva ormai catastrofica.

Ma la monarchia, pur se nel 1784 aveva proceduto in Calabria all'istituzione della Cassa Sacra (il cui fondo di dotazione era rappresentato dai beni sequestrati agli enti religiosi) al fine di sollevare le condizioni delle popolazioni di quella regione colpite dal rovinoso terremoto dell'anno precedente, non aveva nessuna intenzione di seguire fino in fondo le indicazioni offerte dagli illuministi. Anche in questi casi la politica delle riforme fu esitante e spesso si arrestò di fronte a equilibri da tempo consolidati.

Ancor più difficile si presentava l'attuazione di una organica politica di riforme in Sicilia. Qui, pur in presenza di un sistema urbano policentrico che non aveva corrispettivi sul continente (nel 1798 erano ben 83 le località dell'isola con una popolazione superiore agli 8.000 abitanti)[14], le forze che potevano supportare le riforme erano esigue. Molto deboli erano i nuclei borghesi e legati in gran parte al servizio presso le casate aristocratiche. Queste ultime si dividevano con le istituzioni ecclesiastiche la maggior parte del suolo dell'isola e, controllando il parlamento (una delle più antiche istituzioni rappresentative d'Europa), erano capaci

[14] E. Pontieri, *Il riformismo borbonico nella Sicilia del Sette e dell'Ottocento*, Roma, Perrella, 1945, p. 43.

di bloccare qualsiasi prospettiva di intervento da parte dei viceré napoletani.

La Palermo della prima età borbonica aveva numerosi tratti in comune con la Napoli degli anni del viceregno spagnolo, una città gonfia di aristocratici e di popolo dedito ad attività parassitarie con una non secondaria presenza di maestranze artigiane che si regolavano ancora secondo statuti medievali. Alla tranquillità degli strati più bassi provvedevano feste intonate ad un'accesa sensibilità barocca e un capillare ed efficiente sistema annonario e assistenziale. Ma, quando questo nel 1773 non fu in grado di porre riparo a una penuria di grani, scoppiò una rivolta che costò il posto al viceré Fogliani.

La tradizionale rivale di Palermo, Messina, si era appena risollevata dalle devastazioni seguite alla guerra del 1674-78, ma la peste che la colpì nel 1743 e il disastroso terremoto di quarant'anni dopo posero definitivamente fine alle sue pretese e alla sua prosperità.

Negli anni di Carlo III non erano sorti motivi particolari di contrasto tra le due parti del regno anche perché il sovrano si era mostrato estremamente rispettoso degli ordinamenti dell'isola al governo della quale inviava un proprio viceré, italiano ma non suddito napoletano. Per di più, a rinsaldare i legami tra la corona e la Sicilia c'era l'istituto della «Legazia apostolica» che faceva del re il capo della chiesa siciliana in rappresentanza del papa e che costituiva uno degli elementi attorno al quale si costruivano l'orgoglio e l'identità degli isolani.

La situazione, scrive Francesco Renda, mutò negli anni che videro il tramonto dell'influenza spagnola e il riaccostamento del regno all'Inghilterra e all'Austria. Allora si volle modificare la struttura dello stato e si individuarono nel baronaggio e nella «costituzione» dell'isola i più fieri avversari di ogni istanza di rinnovamento.

Domenico Caracciolo, inviato a Palermo come viceré nel 1781, dovette lottare contro una feudalità sempre più arrogante che si considerava maltrattata da Napoli come quella di un paese conquistato. Degli ideali illuministici e riformatori di cui si era imbevuto nei suoi soggiorni parigini egli non giunse a tradurne in pratica che alcuni. Abolì il Sant'Uffizio, ma non riuscì a introdurre il catasto, chiave di volta di qualsiasi progetto riformatore che mirasse ad incidere sulle prerogative dei tradizionali gruppi privilegiati.

Il riformismo a Napoli, pur presentando i limiti sopra evidenziati, si era sviluppato all'interno di una favorevole congiuntura economica che aveva visto operare di concerto la monarchia, le forze intellettuali e i ceti produttivi; esso era stato in grado di ridimensionare il potere dei gruppi privilegiati, in particolare del clero, ma non aveva potuto portare a un netto riequilibrio nei rapporti capitale-province né a una effettiva riorganizzazione degli apparati dello stato, né – tantomeno – a una modernizzazione delle strutture, ancora largamente feudali, del paese, né, infine, era riuscito a inserire la Sicilia nel circuito «virtuoso» delle riforme.

Quando in Francia scoppiò la rivoluzione e nel regno si diffusero prima gli ideali e le aspirazioni del 1789 e poi quelli della costituzione giacobina del 1793 subito fu chiaro a tutti che alcuni obiettivi a lungo e tenacemente perseguiti dai riformatori, potessero essere raggiunti anche facendo a meno del consenso dei Borboni.

Così, agli inizi dell'ultimo decennio del secolo si consumava, come negli altri stati dell'area italiana, il distacco tra intellettuali e monarchia e le vicende della rivoluzione francese mostravano come un'altra strada fosse praticabile se si voleva procedere fino in fondo alla riforma dello stato.

La partecipazione di Ferdinando IV alla coalizione antifrancese contribuì ad allargare il solco tra monarchia e opinione pubblica del paese. Ovunque sorsero logge massoniche e club; nelle città di provincia era tutto un fiorire di iniziative che portavano ampi strati della popolazione ad allontanarsi dal lealismo dinastico; nelle campagne, sul continente come in Sicilia, scoppiavano violenti moti insurrezionali che avevano la loro ragion d'essere nelle precarie condizioni di vita dei contadini.

La monarchia reagì a questa situazione con una politica repressiva che, nel 1794, condusse diversi patrioti al carcere o alla pena capitale. Tuttavia, anche se per il momento soffocati nel sangue, quei tentativi insurrezionali mostravano a tutti che il destino del Mezzogiorno poteva essere deciso anche al di fuori degli oscillanti binari della politica di riforme praticata dalla corte napoletana.

3. *La repubblica giacobina e la prima restaurazione*

Nei primi anni novanta del Settecento in quasi tutti gli stati italiani la politica delle riforme si era arrestata, anche perché i drammatici eventi d'oltralpe rendevano non consigliabile proseguire in indirizzi di governo che suscitavano l'ostilità di un ampio ventaglio di gruppi sociali.

Si può dire, in sostanza, che il riformismo dei sovrani illuminati riuscisse a guadagnarsi un certo consenso solo tra gli intellettuali e gli esponenti più intraprendenti della borghesia agraria e mercantile, destando nel contempo la viva opposizione dei ceti aristocratici e delle fasce più umili della popolazione, uniti in un'alleanza che tendeva, da una parte, a preservare i privilegi di cui i primi godevano e, dall'altra, a mantenere inalterate quelle strutture annonarie e assistenziali legate a forme paternalistiche di gestione del controllo sociale che rendevano meno grame le condizioni di vita delle seconde.

Una serie di sollevazioni, di congiure e di disordini nelle città come nelle campagne, sorti sulla spinta delle notizie, spesso amplificate e senza controllo, che provenivano dalla Francia connotarono la prima metà degli anni novanta. Ma allora la monarchia borbonica riuscì agevolmente ad averne ragione e a reagire con demagogiche misure antinobiliari, quale la prammatica del 1792 sulla censuazione dei demani feudali e delle università, e soprattutto con la demonizzazione di un avversario additato come eversore dei valori più tradizionali nei quali si riconosceva tanta parte della società meridionale; grazie ad esse Ferdinando ricompattò il paese attorno al trono.

Nel 1796 la discesa di Napoleone in Italia rimise in movimento la situazione; le decisive vittorie del generale gli aprirono la strada alla conquista di gran parte dell'Italia centro-settentrionale e portarono a un profondo rimescolamento nella carta politica della penisola provocando la definitiva fine di un assetto politico che nelle sue linee generali si era mantenuto inalterato a partire dalla pace di Lodi del 1454. Al nord sorsero la Repubblica cisalpina – comprendente la Lombardia e i territori degli ex ducati padani – e la Repubblica ligure nata sulle ceneri della vecchia repubblica aristocratica di Genova.

Nel 1798 venne eliminato il potere temporale dei papi e al posto dello Stato pontificio si insediò la Repubblica romana. A cavallo tra il 1798 e il 1799 fu la volta del regno di Napoli il cui sovrano, Ferdinando IV, dopo un'effimera e inutile occupazione di Roma, fu sconfitto da un esercito francese e costretto ad abbandonare la capitale e a rifugiarsi in Sicilia. Alla monarchia borbonica nel Mezzogiorno continentale veniva a sostituirsi la Repubblica partenopea.

Il triennio giacobino, ovvero gli anni tra 1796 e 1799 che videro l'esperienza repubblicana diffondersi in quasi tutta l'Italia, portò alla ribalta gruppi sociali nuovi e soprattutto favorì un diverso modo di intendere la politica e la gestione dello stato. Ai patrioti, «giacobini» come venivano chiamati dai loro avversari, non premeva tanto l'ammodernamento delle strutture statali o la razionalizzazione dell'assetto vigente, principi questi cari alle monarchie assolute e illuminate; essi si mossero invece sulla spinta di nuove esigenze e all'interno di una cornice democratica che, pur se non concedeva nei fatti particolari diritti politici agli strati più bassi della popolazione, consentiva la partecipazione alla vita pubblica a gruppi certamente più ampi di quelli che avevano sostenuto i sovrani appena detronizzati.

Le costituzioni che vennero approntate in quegli anni all'interno delle nuove repubbliche testimoniano del modo diverso con il quale i rivoluzionari guardavano al rapporto stato-cittadini. Tutto l'insieme delle relazioni politiche veniva in esse codificato; erano enumerati puntigliosamente diritti e doveri dei cittadini e valorizzate le funzioni di rappresentanza dei deputati, espressione della volontà generale e non di quella particolare dei singoli elettori. Concetti come quelli di patria e di nazione trovarono nelle repubbliche giacobine fecondo e nuovo terreno di sviluppo; i principi di uguaglianza e di libertà divennero appannaggio di consistenti settori della popolazione italiana.

Ma quelle repubbliche non vissero un'esistenza tranquilla, travagliate come furono dalle lacerazioni tra moderati ed estremisti, dalla guerra, dalle insorgenze popolari di segno reazionario, da complotti dei monarchi in esilio, dalla stessa presenza dell'esercito francese le cui esigenze spesso misero in ombra obiettivi e istituti delle nuove formazioni statali.

La condizione di guerra endemica in cui esse vissero condusse ben presto all'esautoramento dei loro organi legislativi a tutto vantaggio di quelli esecutivi, a una politica oscillante che non colpì sino in fondo il potere dei gruppi aristocratici e non riuscì a guadagnarsi il sostegno convinto dei contadini, a un'accentuazione – infine – del peso fiscale che, unita all'interruzione dei traffici e alle requisizioni operate dagli eserciti, provocò un netto peggioramento delle condizioni di vita delle classi popolari.

La repubblica giacobina partenopea ebbe una vita estremamente breve (circa 6 mesi) e fu abbattuta dalla controrivoluzione che si era sviluppata nelle province appena il re abbandonò la capitale. Tutta la sua esistenza fu travagliata, oltre che dai consueti dissidi tra i moderati e gli estremisti, dalle insorgenze e da una crudele guerra civile che risparmiò pochi angoli del paese. Fu però la divisione all'interno dei gruppi dirigenti napoletani la causa principale della sconfitta della repubblica.

Provenienti in gran parte dai ceti borghesi e intellettuali delle cittadine di provincia, molti di estrazione aristocratica, spesso di giovane età, alcuni con alle spalle anni di esilio all'estero, i patrioti napoletani compresero solo con ritardo che la loro repubblica – forse la più originale nell'impianto e nell'ordinamento fra quelle sorte in Italia nel triennio – per potersi consolidare necessitava dell'adesione delle masse contadine che costituivano la stragrande maggioranza della popolazione e che per conseguire tale obiettivo una era la strada da praticare: procedere immediatamente all'abolizione della feudalità, dividere gli immensi demani che possedevano baroni e università, quotizzarli e concederli agli agricoltori senza terra. L'accesso di questi alla piccola proprietà fondiaria, pensavano alcuni tra gli esponenti di punta del governo giacobino, ne avrebbe fatto i più strenui sostenitori del nuovo ordine.

La repubblica avviò la discussione sulla feudalità e, anche su questo punto, entrarono in contrapposizione due modi di intendere la questione. Se tutti si dimostravano, infatti, d'accordo nell'abolire le giurisdizioni baronali e l'universo dei diritti e delle prerogative connessi alla funzione pubblica del feudo, i moderati erano del parere che i diritti reali dei baroni andassero salvaguardati specie se il feudo era il frutto di un acquisto e non di una concessione «graziosa» del sovrano. La discussione sui singoli articoli della legge si trascinò per molto tempo e quando questa fu promulgata, il 27 aprile, le sorti della repubblica volgevano al peggio e ormai il paese era quasi completamente nelle mani degli insorti filorealisti.

Il dramma che si svolse nel Mezzogiorno d'Italia in quei mesi del 1799 fu vissuto con uguale intensità sia nella capitale che nelle province. In ogni comune era stato piantato l'albero della libertà, le vecchie amministrazioni locali erano state dichiarate decadute e «democratizzate», ma l'insensibilità dei repubblicani verso le aspirazioni delle masse popolari, le mene degli ecclesiastici e dei sostenitori del vecchio regime fecero scoppiare convulse lotte civili che si conclusero quasi sempre con efferati eccidi di giacobini. Conflitti fra comunità confinanti repressi da secoli divamparono con violenza, i «partiti» si dettero battaglia nei municipi, prevalse dappertutto un fazionalismo che contribuì a disgregare ulteriormente la compagine dello stato e l'autorità della repubblica.

Contemporaneamente, il cardinale Fabrizio Ruffo sbarcava in Calabria e alla testa di un esercito – denominatosi della Santa Fede – composto da contadini, briganti e soldati dispersi procedeva alla riconquista delle province in nome del re.

La marcia trionfale del cardinale verso Napoli evidenzia come ampio e ormai incolmabile fosse il solco tra le aspirazioni dei patrioti e quelle dei contadini e come il problema fondamentale che a questi ultimi stava a cuore, la distribuzione della terra, non potesse essere risolto facendo appello solo ai concetti di libertà e democrazia che per molti erano carichi di incomprensibile astrattezza. Da questo scollamento tra le masse e i giacobini nacquero le insorgenze e nei conflitti locali si incuneò l'armata sanfedista che riuscì a riguadagnare le popolazioni al lealismo dinastico.

Pochi anni più tardi lo scrittore napoletano Vincenzo Cuoco cercò di spiegare, in un saggio divenuto famoso, i motivi della disfatta della rivoluzione del 1799 nel suo paese impegnandosi in una riflessione dagli aspetti profondamente originali. Le rivoluzioni – sosteneva il Cuoco – si dividono in attive e passive; attiva è quella che nasce sulla base di esigenze precise della popolazione; passiva è invece la rivoluzione che marcia sulle baionette di un esercito straniero e nella quale l'azione del gruppo dirigente nazionale non riesce a coinvolgere le masse popolari. La rivoluzione partenopea apparteneva, a suo parere, alla seconda categoria e vedeva l'apparente paradosso dei contadini poveri che si muovevano per combattere gli ideali di libertà predicati dai repubblicani. Anche perché – continua il nostro autore – la popolazione meridionale era profondamente scissa in due, quasi fosse costituita da diverse «nazioni» che non riuscivano a comunicare tra di loro: da una parte i borghesi, i galantuomini e gli intellettuali, dall'altra le masse contadine.

Ne conseguì, pertanto, che mentre i borghesi e gli aristocratici abbattevano la monarchia e redigevano una costituzione democratica, i contadini facevano la controrivoluzione.

Stando così le cose, il destino della repubblica era necessariamente segnato: conquistate le province dai sanfedisti, Napoli dopo un'eroica resistenza capitolò e molti patrioti, caduti nelle mani del re, furono costretti a salire sui patiboli. In tale circostanza nessun aiuto era potuto venire alla repubblica dai francesi impegnati a combattere nella pianura padana gli eserciti austro-russi.

Ritornati i Borboni a Napoli, ma non Ferdinando che preferì attardarsi a Palermo sino al 1802, la città e il regno furono oggetto di una sanguinosa repressione tendente a estirpare dalle radici il giacobinismo che non risparmiò nemmeno... San Gennaro accusato di aver parteggiato per i repubblicani. Per questo motivo il santo fu declassato e privato del suo grado di comandante in capo dell'esercito napoletano[15].

Una giunta di stato, all'uopo istituita, lavorò a pieno regime comminando condanne capitali, anni di carcere ed esili in grande quantità. Numerose furono anche le giustizie sommarie nelle quali si distinsero i lazzari della capitale e le bande di sanfedisti nelle province. La cosiddetta «anarchia regia» imperversò, l'essere stato anche lontanamente coinvolto nelle vicende della repubblica, financo l'essere un uomo

[15] Il gustoso episodio è riportato da A. Dumas, *I Borboni di Napoli*, 5 voll., Napoli, s.e., 1862, vol. IV, pp. 46-48.

di lettere, divennero chiaro indizio di colpevolezza agli occhi di plebi inferocite alle quali venivano nel contempo negati quei provvedimenti che potevano alleviare la loro condizione, pur promessi dal cardinale Ruffo.

Nei primi mesi della controrivoluzione si attuò una politica che tese addirittura a sradicare quel poco che era stato fatto in materia di ordinamento dello stato negli anni delle riforme, si intrecciarono più stretti rapporti con le gerarchie ecclesiastiche, furono richiamati nel regno i gesuiti, fu bandita come sovversiva l'idea stessa di progresso e di cultura.

Così agendo, però, la monarchia apriva un baratro tra sé e i ceti sociali più avanzati della popolazione. Se la frattura fu netta con gli ambienti intellettuali e borghesi che avevano parteggiato per la repubblica, altrettanto lo fu nei confronti della nobiltà accusata di aver tradito il re, di non essersi opposta col dovuto vigore alla repubblica, di aver, anzi, in numerosi casi fornito ad essa uomini e risorse economiche. Gli «eletti» della città di Napoli vennero incolpati di aver ordito trame per instaurare una repubblica aristocratica e, per questo motivo, furono incarcerati e processati. I «sedili», tradizionale organo di rappresentanza, non solo della città, ma di tutto il regno, furono soppressi; lo stesso Antonio Capece Minutolo, principe di Canosa, che nel 1815 sarebbe stato uno dei più autorevoli rappresentanti del mondo della restaurazione, conobbe l'onta del carcere.

Visitatori generali e visitatori economici vennero inviati nelle province soprattutto per individuare e punire i responsabili e gli aderenti al movimento giacobino, ma anche per mettere freno alle usurpazioni dei demani comunali che dappertutto stavano avvenendo, ai diboscamenti, al generalizzato rifiuto di pagare le imposte.

A ragione Pietro Colletta, riflettendo su quelle vicende, guardava a quella napoletana uscita dai disastri del 1799 come ad una società che aveva conosciuto sconvolgimenti difficilmente provati da altre. In essa

> il potere del re [era] illimitato, ma senza scopo, nemmeno quello della tirannide perché gliene mancava la forza; i sapienti avviliti e senza speranza nemmeno nella servitù, perché disadattati all'obbedienza e non creduti; il ceto dei nobili disordinato, infermo, non spento, tal

che non era nobiltà, né popolo; la fazione del '99 contumace alle leggi, rapace, potentissima al distruggere, al creare impotente[16].

Cessata la fase dell'emergenza, ridotti all'ordine gli insorgenti e le bande armate (alcune delle quali furono inquadrate nelle milizie regolari), si pensò di rimettere in piedi le strutture dello stato facendo tornare a capo degli organismi amministrativi e giudiziari i vecchi titolari. Era questo un compito facilitato in parte dallo stato di non belligeranza del regno (nel 1801 si era avuta la pace di Firenze e nel 1802 quella di Amiens), epperò reso più difficile dal dissesto in cui erano precipitate le finanze statali. Giuseppe Zurlo assunse, in questi frangenti, la guida dell'amministrazione e, prima di inciampare in un infortunio (per far fronte a urgenti esigenze finanziarie egli aveva attinto ai depositi dei banchi pubblici) che gli costò un periodo di carcere, propose un piano di riforme che avrebbe, se attuato, introdotto importanti modifiche nell'organizzazione dello stato. Ma, pur se significative, quelle riforme si muovevano ancora nel solco dell'assolutismo illuminato e presupponevano un certo consenso dell'opinione pubblica del regno, consenso che in realtà era molto aleatorio dato che, come si è visto, era stata minata profondamente la fiducia dei «galantuomini» nella dinastia, accusata, tra l'altro, di tollerare le intimidazioni e le violenze nei loro confronti.

Dal punto di vista internazionale il governo diede prova di notevole doppiezza barcamenandosi tra gli anglo-russi, di cui si soffriva l'invadente protezione, e i francesi di cui si temevano le mire espansionistiche.

L'ingresso nella terza coalizione provocò il collasso della dinastia: accusato da Napoleone di aver violato i trattati di neutralità, Ferdinando fu dichiarato decaduto dal trono e un esercito francese si mosse a conquistare il sud dell'Italia.

[16] Il giudizio del Colletta sul regno dopo il 1799 è in Id., *Storia del Reame di Napoli dal 1734 al 1825*, Torino, Pomba, 1852, libro VI, pp. 7-8.

4. *Il Decennio*

Erano passati all'incirca sette anni da quando il generale Championnet aveva occupato Napoli dopo aver avuto ragione dell'accanita resistenza opposta dai lazzari e nel febbraio del 1806 i francesi, comandati da Masséna, si ripresentarono nell'Italia meridionale costringendo ancora una volta Ferdinando IV e la sua corte a una precipitosa e avvilente fuga in Sicilia. Ma l'esperienza che allora si trovò a vivere il paese fu completamente diversa da quella che aveva caratterizzato i brevi e intensi mesi della repubblica giacobina.

Innanzitutto, era mutato il quadro di riferimento: Napoleone cingeva dal 1804 la corona imperiale e nell'Italia centrosettentrionale la Repubblica italiana, fino al 1802 Repubblica cisalpina, aveva lasciato il posto al Regno d'Italia sul cui trono si era assiso lo stesso Bonaparte. In secondo luogo, i francesi si presentarono nel sud della penisola non solo come conquistatori, ma soprattutto come amministratori. Le tendenze moderate che prevalevano ormai a Parigi come a Milano e che avevano portato al potere uomini decisi a chiudere rapidamente il circuito rivoluzionario avevano relegato l'esperienza del triennio giacobino tra i retaggi del passato e a nessuno, fra i nuovi governanti di Napoli, venne in mente di riporre mano alla costituzione repubblicana del 1799.

Di fronte all'avanzata dei francesi le truppe borboniche opposero una sporadica resistenza preferendo concentrarsi in Calabria, ma qui gli esiti degli scontri non furono loro favorevoli ed esse furono costrette a imbarcarsi per la Sicilia protette da una flotta britannica, non senza riuscire però a mantenere il controllo di alcuni avamposti come Reggio e Scilla, oltre che di Capri, che rimasero nelle loro mani fino ai primi mesi del 1808.

Iniziavano così, per il Mezzogiorno continentale, i dieci anni di governo dei francesi (il Decennio), un periodo in cui a Napoli si succedettero due re, Giuseppe Bonaparte (1806-1808) e Gioacchino Murat (1808-1815), e in cui radicali riforme mutarono irreversibilmente le strutture politiche, amministrative e sociali del paese.

La scarsa resistenza opposta dall'esercito borbonico non significa, tuttavia, che fosse stato facile per i francesi pervenire al controllo del territorio. Pur se non paragonabile ai sollevamenti del 1799, la vera opposizione a Giuseppe e a Gioacchino venne dalle masse di insorgenti, a volte monarchici lealisti, molto più spesso briganti, che impegnarono l'armata francese di occupazione in un'estenuante guerriglia che provocò stragi e feroci repressioni (nelle quali triste fama acquisì in Calabria il generale Manhès) oltre che la distruzione, in molte zone, del tessuto sociale e della trama degli insediamenti e la paralisi delle amministrazioni civili.

I provvedimenti miranti a fronteggiare lo stato di belligeranza continua in cui venne a trovarsi il regno sotto Giuseppe non esaurirono, tra 1806 e 1808, tutta l'attività del governo francese, anzi fu in quegli anni che venne introdotto nell'Italia meridionale un nuovo ordinamento dello stato e furono poste le basi della «monarchia amministrativa» e di una nuova organizzazione sociale che tagliava bruscamente e definitivamente i ponti con l'antico regime.

La frenetica attività dei primi mesi del governo francese a Napoli (al suo interno si distinsero i ministri Miot, Roederer, Saliceti) portò alle leggi istitutive del Consiglio di stato, organo consultivo della monarchia e punto di sintesi di tutta l'attività amministrativa (qui riuscirono a ritagliarsi posizioni di assoluto rilievo i napoletani), e dei ministeri (dell'Interno, delle Finanze, di Polizia, della Giustizia, della Guerra, della Marina, degli Esteri, degli Affari ecclesiastici, di Casa reale). La legge organica sull'amministrazione civile introdusse due nuovi tipi di circoscrizione dello stato: le province e i distretti. Il governo locale, incentrato sui consigli provinciali, distrettuali e comunali, fu affidato a personale selezionato con criteri censitari; furono introdotte forme di decentramento amministrativo che favorirono lo sviluppo di numerose città assurte al rango di capoluogo di provincia o di distretto (legge dell'8 agosto 1806).

Con un'altra legge organica, quella del 20 maggio 1808, si provvide a riformare la magistratura istituendo i giudici di pace nei circondari, i tribunali di prima istanza e le corti criminali in ogni provincia, quattro corti di appello (a Chieti, Altamura, Catanzaro e Napoli) e la Gran Corte di Cassazione.

Nel campo finanziario tutti gli arrendamenti vennero avocati allo stato, il debito pubblico fu consolidato; il vecchio sistema fiscale fu spazzato via con la legge dell'8 novembre 1806 che introduceva la fondiaria, unica tassa sulla proprietà al posto della congerie di contribuzioni fino ad allora vigenti (anche se successivamente le necessità di bilancio costrinsero il governo a introdurre la «tassa personale» e la «patente») e dalla compilazione di un nuovo catasto, diverso nella sua concezione da quello carolino che, dopo lunghi e difficili lavori preliminari, entrò in vigore, sebbene come «provvisorio», nel 1809. Ma il provvedimento che più diede il segno della frattura rispetto all'antico regime fu la famosa legge del 2 agosto 1806 che, pur riconoscendo i titoli di nobiltà, sopprimeva la feudalità, privava i baroni dei diritti giurisdizionali e proibitivi e affidava i demani feudali ai comuni (1° settembre 1806). Una commissione feudale fu istituita nel novembre del 1807 con il compito di porre in attuazione le norme contenute nella legge di eversione e nell'ottobre 1809 entrarono in azione i commissari ripartitori ai quali spettava dividere («quotizzare») i demani feudali, ecclesiastici e comunali e assegnarne la maggior parte ai contadini senza terra.

L'abolizione del fedecommesso e del maggiorascato privava, inoltre, la nobiltà di quegli strumenti giuridici che fino ad allora ne avevano garantito la funzione sociale e la consistenza patrimoniale. Si creavano così le premesse per un'organizzazione nuova dello stato e della società in cui le rilevanze non erano il corrispettivo di privilegi legati alla nascita e allo status, ma rinviavano alla funzione economica e alla capacità contributiva.

Nel frattempo, già dal maggio 1806, si era provveduto a quotizzare il Tavoliere, la vasta distesa pianeggiante della Capitanata sottoposta fino ad allora alla giurisdizione del Tribunale della Dogana delle pecore di Puglia e quasi interamente destinato al pascolo delle greggi di ovini provenienti dalle province abruzzesi del regno.

Anche gli ordini religiosi regolari con due leggi successive, la prima del 13 febbraio 1807 e la seconda del 7 agosto 1809, venivano soppressi, i loro beni incamerati e posti in vendita.

Si pensava, con queste operazioni, di favorire la nascita di un ceto numeroso di contadini proprietari di piccoli appezzamenti terrieri, ma le modalità della vendita favorirono soprattutto ex baroni, militari, commercianti, appaltatori e, solo in parte, contadini, sì che, invece di moltiplicarsi il numero dei proprietari, nacquero nuove estese proprietà e si dilatarono ulteriormente alcuni patrimoni appartenenti a famiglie ex feudali.

Completava l'opera di ristrutturazione della realtà meridionale l'introduzione del *Code Napoléon* i cui principi garantirono uno sviluppo della società in senso borghese e individualistico.

Se la notevole attività legislativa che pose fine all'antico regime a Napoli è in gran parte ascrivibile al regno di Giuseppe, fu negli anni successivi, quelli di Murat, che cominciarono a manifestarsi i primi effetti del grande rivolgimento che aveva investito l'intero paese. La quotizzazione dei demani ex feudali e la vendita dei beni ecclesiastici favorirono lo sviluppo di una numerosa borghesia agraria che costituì il gruppo sociale all'interno del quale il regime selezionò la maggior parte dei sindaci, consiglieri comunali, distrettuali o provinciali; attorno alle istituzioni dello stato, al centro come in periferia, si costituirono importanti nuclei di borghesia impiegatizia; pure agli esponenti delle professioni «civili» vennero ad aprirsi ampi e gratificanti spazi nelle amministrazioni locali.

Nella seconda parte del Decennio la società meridionale sembrò così piegarsi agli indirizzi del governo franco-napoletano e aderire allo spirito della sua legislazione. La normalità si sostituì al senso di provvisorietà con il quale si era fino ad allora guardato ai nuovi sovrani e ai loro provvedimenti, le istituzioni presero a funzionare e a girare a pieno regime nonostante le difficoltà derivanti dallo stato incessante di guerra e dal blocco continentale, oltre che dalle continue richieste in uomini, denaro e derrate che provenivano dal centro dell'impero. Aumentava, parimenti, il peso del personale napoletano all'interno dei dicasteri e in tutti i rami dell'amministrazione dello stato e fu in questo periodo che si forgiò quel gruppo di uomini di governo, ministri, intendenti, magistrati, alti funzionari dello stato, tecnici, militari la cui presenza e influenza nelle vicende del Mezzogiorno sarebbero andate ben oltre il Decennio (Zurlo, Ricciardi, Colletta, Pepe, Pignatelli, Poerio, per citare solo i più noti).

Contemporaneamente, crebbe l'ambizione da parte di Murat di svolgere una politica meno soggetta alle direttive di Napoleone e più consona alle condizioni e alle tradizioni del paese.

In maniera differente andavano le cose in Sicilia ove il plenipotenziario britannico a Palermo lord William Bentinck riuscì nel 1812 a imporre a un recalcitrante Ferdinando una costituzione che introduceva nell'isola un sistema parlamentare modellato su quello britannico (anche se nei fatti esso si rivelò strumento del baronaggio isolano e delle sue anacronistiche prerogative) e l'abolizione della feudalità, limitatamente però a ciò che riguardava le giurisdizioni possedute dai baroni (basti pensare che solo nel 1818 fu soppresso l'istituto del fedecommesso). Così la propaganda anglo-borbonica ebbe buon gioco nel presentare all'opinione pubblica del Mezzogiorno continentale il regime siciliano come costituzionale e, quindi, opposto a quello vigente a Napoli che veniva dipinto con i tratti del più sfrenato dispotismo. Si diffondeva intanto nel Mezzogiorno continentale, a ridosso di istanze costituzionali disattese, la carboneria, sostenuta pur essa strumentalmente dalla corte borbonica di Palermo.

Nel 1811 Murat aveva promulgato il decreto sulla naturalizzazione che imponeva agli impiegati di origine straniera la cittadinanza napoletana; era stata introdotta una nuova bandiera dello stato e creato un esercito nazionale. I quadri militari napoletani formatisi nel Decennio e impiegati soprattutto in Spagna, in Germania e in Russia divennero un vero e proprio fattore di unificazione del paese e contribuirono anche nei lunghi anni della restaurazione a tener vivo il modello e lo spirito della monarchia murattiana.

Nelle masse invece assunsero dimensioni preoccupanti i fenomeni di renitenza alla leva, mentre le diserzioni spesso dissanguarono i reggimenti che combattevano all'estero anche perché essi erano formati, come quelli del Regno d'Italia, in parte da coscritti arruolati con la forza e in parte da delinquenti comuni ai quali era stata promessa l'amnistia. Si comprende così perché, tranne formazioni di élite, l'esercito murattiano desse prove poco convincenti sui teatri di battaglia nei quali fu impegnato.

Le sconfitte patite da Napoleone in Russia e poi in Germania spinsero Gioacchino ad assumere ambigue iniziative, soprattutto presso la corte austriaca, che gli permettessero di mantenersi sul trono napoletano. Mentre all'interno del regno cresceva il malcontento nei suoi riguardi, fomentato dalla propaganda borbonica e da organizzazioni settarie (tra queste si segnalò la carboneria che giunse a promuovere alcune insurrezioni in Abruzzo), il Murat cercò garanzie presso il congresso di Vienna che nel 1814 stava celebrando le sue prime sessioni. Egli riuscì così a conservare provvisoriamente il trono, ma il ritorno di Napoleone in Francia lo indusse a muoversi contro l'Austria e a lanciare da Rimini il 30 marzo 1815 un proclama nel quale invitava gli italiani a sollevarsi per espellere gli stranieri (in questo caso gli austriaci) dalla penisola; contemporaneamente concedeva ai napoletani una costituzione. Si trattava, tuttavia, di mosse tardive: egli era stato colui che aveva lasciato cadere nel nulla lo statuto di Baiona del 20 giugno 1808, emanato da Giuseppe in procinto di cingere la corona spagnola, col quale si dava al regno una costituzione; poco credibile appariva, pertanto, la sua conversione costituzionale e le stesse popolazioni italiane dei territori già annessi alla Francia non videro in lui se non «un generale di Napoleone, che veniva a ridurli di nuovo a dipartimenti francesi»[17]. Così nella battaglia di Tolentino le ambizioni di Murat, uomo che a molti apparve né italiano né francese, vennero travolte e per Napoli si aprì la strada al ritorno di Ferdinando IV.

Tra i generali napoleonici solo uno, Bernadotte, sarebbe stato destinato a rimanere su un trono e, paradossalmente, su quello di un paese come la Svezia che non era stata conquistata da Napoleone. Il Murat, viceversa, era riuscito nella non facile impresa di coagulare attorno a Ferdinando il sostegno dell'Austria e dell'Inghilterra, potenze che non vedevano di buon occhio, per opposti motivi, uno stesso sovrano a capo di territori posti al di qua e al di là del Faro.

Terminava ingloriosamente il Decennio, un periodo breve, ma tuttavia segnato da profonde trasformazioni e da una

[17] L. Blanch, *La campagna di Murat*, in Id., *Scritti storici*, cit., vol. I, pp. 299-300.

forte progettualità quale raramente si erano riscontrate nella storia del Mezzogiorno. Se è da riconoscere che molte delle misure allora introdotte nel regno erano state in un certo modo sperimentate nella Francia stessa e nei territori italiani entrati prima del 1806 nell'orbita napoleonica, questo non significa sminuire l'importanza dei provvedimenti adottati dai due re del Decennio anche perché quelli si innestarono su una società segnata da profonde arretratezze e dal predominio di una feudalità che, per potenza, prestigio e ricchezza, non aveva riscontro in altre parti della penisola. Se l'«evento» sembra prevalere sullo scenario napoletano di quegli anni, se l'attività legislativa di Giuseppe e di Gioacchino appare a volte segnata da tratti di frenesia ed ebbe spesso bisogno della forza più che del convincimento e del consenso per imporsi, dobbiamo tuttavia ricordare che fu all'interno di un quadro così mosso e dinamico che si consolidarono figure e gruppi sociali le cui origini affondavano nei decenni finali del secolo precedente e che avrebbero prepotentemente marcato la realtà del Mezzogiorno borbonico.

5. *Il «quinquennio», la rivoluzione costituzionale e Francesco I*

Il ritorno di Ferdinando nel 1815 non comportò lo smantellamento di tutto ciò che era stato introdotto dai francesi; la legislazione del Decennio aveva portato a nuovi ordinamenti dello stato e aveva prodotto sì copiosi frutti negli assetti sociali e in quelli fondiari che era praticamente impossibile tornare indietro. Non che il re e gli uomini che avevano seguito il Borbone nel suo esilio in terra di Sicilia intendessero adeguarsi pedissequamente alla situazione che avevano trovato sul continente, anzi cercarono di intervenire in diverse occasioni per eliminare alcune delle più vistose espressioni del governo precedente. E se il Consiglio di stato fu l'unico organo dell'età napoleonica ad essere sciolto, il progetto di soppressione del ministero dell'Interno e il lungo tempo che intercorse perché venissero riapprovate le leggi organiche promulgate nel corso del Decennio (quella dell'amministrazione civile è del 12 dicembre 1816 e quella dell'amministrazione giudiziaria del 29 maggio 1817) testimoniano di un non semplice e lineare passaggio tra i due regimi. Si aggiungevano a complicare il quadro, specie nei primi mesi della restaurazione borbonica sul trono napoletano, le «ciarle» su una eventuale abdicazione del re, ormai segnato dall'età e dagli eventi, e su una divisione della monarchia tra i due figli Leopoldo e Francesco, il che – si supponeva – avrebbe comportato la crescita dell'influenza dell'Austria a Napoli e dell'Inghilterra in Sicilia. Il tutto ingenerava un marcato senso di incertezza che veniva alimentato dalle ansie e dalle aspettative, oltre che dalle pressioni, degli ex baroni che miravano a un ripristino della feudalità, degli amministratori locali in ansia per le loro cariche, degli impiegati che temevano per il loro posto di lavoro, dei militari murattiani incerti dei loro gradi. Ma, pur in questa atmosfera di provvisorietà, fallì completamente il tentativo di Murat di ritornare sul trono e la sua spedizione in Calabria, terminata tragicamente a Pizzo e riproduzione in sedicesimo del rientro di Napoleone in Francia dall'isola d'Elba, non raccolse adesione alcuna tra la popolazione e gli apparati civili e militari dello stato. Il murattismo sarebbe stato destinato a vivere la sua lunga stagione nel regno senza Gioacchino.

Nonostante le velleità restauratrici, non diverse d'altra parte da quelle che imperversavano nelle altre parti d'Italia, Ferdinando e i suoi ministri furono pertanto costretti, anche sulla base di quanto previsto nel trattato di Casalanza del 20 maggio 1815, a mantenere gli uomini, gli assetti sociali e gli ordinamenti che il regno aveva ricevuto nel corso del passato decennio. Così gli anni tra 1815 e 1820 si svolsero all'insegna dell'«amalgama», ovvero del compromesso tra il vecchio e il nuovo. Si cercò di coinvolgere nel governo dello stato, ridando nello stesso tempo fiato agli esponenti della tradizione illuministico-riformatrice dell'ultimo Settecento, gli uomini più moderati del periodo murattiano, coloro che – specialmente tecnici e funzionari – potevano garantire al regime il consenso e l'adesione degli strati più influenti della società ed erano, nel contempo, dotati di competenze specifiche in campo amministrativo. Si diede l'impressione che niente fosse cambiato se non l'intestazione negli atti ufficiali e Tito Manzi, già segretario del Consiglio di stato, annotava che tutto era nel regno come alla partenza di Murat: stessi codici, stesso sistema amministrativo, stesso personale; finanche le milizie provinciali, sciolte negli altri stati italiani, a Napoli rimanevano in armi[18]. Così, almeno dal suo punto di vista, aveva ragione il principe di Canosa a considerare Luigi XVIII (per non nominare il suo re Ferdinando I) un pessimo sovrano, mentre Ferdinando VII di Spagna assumeva i tratti del perfetto restauratore per non aver sanzionato la costituzione del 1812, aver reintrodotto i gesuiti e ripristinato l'inquisizione[19].

Tuttavia, ufficialmente, il decennio trascorso fu considerato come un periodo di occupazione militare per cui, come abbiamo visto, tutta la produzione legislativa di quel periodo dovette essere ratificata e, per quanto riguarda la Sicilia, introdotta *ex novo* con un ritardo ancora maggiore rispetto alla parte continentale del regno.

Ferdinando, nonostante l'impegno a mantenere la struttura della monarchia amministrativa e le garanzie che era stato costretto ad offrire alle grandi potenze europee e ai suoi sudditi circa la conservazione negli uffici, gradi e stipendi del personale civile e militare murattiano, diede frequenti segni di insofferenza nei confronti di quegli uomini e di quelle istituzioni che più da vicino gli ricordavano le cocenti umiliazioni patite.

Ma non era solo su questo punto che si notavano le discrasie tra un'eredità che non si voleva e non si poteva liquidare e le ragioni di uno stato dell'Italia della prima restaurazione. Innanzitutto, il regno, divenuto delle Due Sicilie, era privo di una costituzione; mai entrata in vigore quella murattiana del 1815, la siciliana del 1812, ormai non rispondente più al generale clima europeo del periodo, era stata abrogata senza che ne fosse stata promulgata una nuova valida per tutto lo stato, sebbene nel proclama lanciato da Palermo il 1° maggio 1815 Ferdinando avesse assicurato ai suoi popoli «la più energica e la più desiderabile delle Costituzio-

[18] N. Cortese, *Tito Manzi e gli avvenimenti napoletani del 1799 e del 1815*, in *Studi di storia napoletana in onore di M. Schipa*, Napoli, ITEA, 1926, pp. 583-602.

[19] Maturi, *Il principe di Canosa*, cit., p. 113.

ni»[20]. In secondo luogo, fu in quegli anni che si accentuarono le tendenze populistiche della dinastia che portarono alla ricerca di un demagogico consenso tra le classi più umili della popolazione, viste come solido puntello del trono, a tutto discapito di un più proficuo rapporto con gli strati della borghesia agraria e delle professioni; infine fu nel «quinquennio» che le finanze napoletane assunsero tratti che le avrebbero accompagnate fino al 1860. Infatti, pur di fronte a un bilancio segnato da forti uscite (ricordiamo che l'esercito di occupazione austriaco – mantenuto a spese dell'erario napoletano – solo nel 1817 evacuò il paese e che sul bilancio gravavano cospicui appannaggi in favore di Talleyrand, del Metternich e dell'ex viceré del regno d'Italia Beauharnais), si giunse a un sostanziale pareggio tra entrate e uscite nonostante la riduzione del peso della tassazione fondiaria e l'abolizione della patente. Il che se valse a guadagnare alla monarchia restaurata l'approvazione di coloro che ricordavano negativamente la pressione fiscale dell'età dei Napoleonidi, aprì la strada a quella caratteristica finanza borbonica che poco prelevava e poco spendeva, limitando in questo modo il progresso stesso del paese al quale venivano a mancare gli investimenti e le spese produttive.

Cresceva, intanto, il malcontento nell'esercito, sovradimensionato nei suoi effettivi, specie nei ranghi dei legittimisti che avevano seguito il re in Sicilia e lì erano invecchiati in ozio mentre sul continente gli ufficiali di Gioacchino consumavano brillanti esperienze belliche e conseguivano celeri avanzamenti nella gerarchia militare[21]; cresceva il malcontento tra i partigiani del re ai quali nelle istituzioni amministrative e giudiziarie spesso venivano preferiti i funzionari murattiani, a cominciare dagli intendenti e dai sottointendenti tra i quali, ancora nel 1817, molti erano quelli entrati in

[20] Il proclama è, tra l'altro, in G. Pepe, *Relazione delle circostanze relative agli avvenimenti politici e militari in Napoli nel 1820 e nel 1821,* Paris, s.e., 1822, pp. 91-93.

[21] I più vecchi generali di Murat non avevano 40 anni, i più giovani sottotenenti dell'esercito di Sicilia non meno di 60. In G. Savarese, *Tra rivoluzioni e reazioni. Ricordi su Giuseppe Zurlo (1759-1828)*, Torino, Einaudi, 1941, p. 76.

carica nel Decennio; montava pure l'insoddisfazione, nonostante le demagogiche misure adottate, tra le popolazioni che cominciavano a risentire degli effetti della rivoluzione commerciale e dell'invasione dei cereali provenienti dalle regioni del mar Nero che aveva provocato un drastico e rovinoso ribasso del prezzo dei grani napoletani. A tutto questo si aggiungeva la ripresa di un diffuso e feroce brigantaggio che insanguinò con comitive armate, tra le quali si distinse quella dei Vardarelli, estese zone del regno e che provocò draconiane repressioni come quella attuata in Terra d'Otranto dal generale Church.

Cresceva anche il malumore della borghesia provinciale e dei ceti più intellettualmente avvertiti di fronte a un ristabilimento dei rapporti con la chiesa promosso dal nuovo concordato, stipulato nel 1818, che sembrava mettere in discussione le conquiste civili del periodo francese, oltre che la stessa vendita dei beni degli ordini regolari soppressi allora effettuata.

Con questi dati di fatto si misurò Luigi de' Medici, già al seguito del re in Sicilia, titolare del dicastero delle Finanze e *magna pars* del nuovo governo napoletano. Egli, nonostante l'iniziale presenza al ministero di Polizia del reazionario principe di Canosa, accortamente favorì, con la collaborazione di Donato Tommasi, ministro di Grazia e giustizia e culto e con l'*interim* di quello dell'Interno, una politica di conciliazione nazionale tutta tesa a guadagnare alla monarchia i favori della borghesia provinciale rassicurandola sui timori che nutriva di un'indiscriminata reazione che spostasse le lancette della storia al 1799 ed evitando, nel contempo, un suo coinvolgimento nelle questioni di più squisito interesse politico.

Ma su questo punto il de' Medici si scontrò con l'opposizione di importanti settori di quella stessa borghesia alla quale egli aveva rivolto la sua attenzione; questi avevano iniziato a reclamare una partecipazione alla gestione del potere che si esprimesse in forme diverse da quelle estremamente limitate previste e avevano cominciato a organizzarsi nella carboneria, sebbene tutte le sette fossero state dichiarate fuorilegge (8 agosto 1816), sia quelle più palesemente reazionarie sostenute dal Canosa (i calderari) che quelle mosse da aspirazioni più liberali.

Motivi di ordine economico si intrecciavano dunque ad altri di natura politica nel creare un'ampia fascia di malcontento tra i gruppi sociali più rappresentativi del paese e tra quelli economicamente più deboli i quali organizzarono la loro protesta nelle endemiche forme di un ribellismo che tendeva a sconfinare nel brigantaggio.

La rivoluzione di Spagna del 1820 e la costituzione di Cadice del 1812 che ivi i rivoltosi erano riusciti a ripristinare, costituì un potente incentivo per la borghesia provinciale, organizzata nelle vendite carbonare, a muoversi e a lottare per conseguire obiettivi costituzionali che il re e i ministri del «quinquennio» avevano disatteso. Il 2 luglio 1820 un reggimento dell'esercito con alla testa due sottotenenti, Michele Morelli e Giuseppe Silvati, insorse e guadagnò l'adesione alla propria causa delle truppe inviate a reprimere l'ammutinamento e dei quadri superiori dell'armata. In pochi giorni la rivoluzione trionfò senza spargimento di sangue e nelle Due Sicilie fu imposta la promulgazione della costituzione di Spagna a un re restio che, adducendo motivi di salute, aveva affidato il potere nelle mani del figlio Francesco nominato vicario per la seconda volta dopo esserlo già stato nella Sicilia degli anni inglesi.

Subito fu convocato un parlamento nazionale che iniziò le sue sessioni nell'ottobre dello stesso anno e che raccolse le petizioni provenienti da tutto il territorio del regno diventando la cassa di risonanza degli interessi e delle aspirazioni della nazione. La rivoluzione assunse così i contorni di un moto che servì a dar voce alle province, fu lo strumento utilizzato dalla borghesia provinciale per riequilibrare un rapporto con la capitale che, pur se mediato dalle nuove istituzioni amministrative di stampo francese, veniva ad essere percepito sotto i nuovi profili del dispotismo ministeriale e burocratico.

L'introduzione della libertà di stampa vivacizzò il clima politico e culturale del paese, sorsero e si diffusero numerose riviste che riportarono i resoconti dei dibattiti parlamentari e tennero informata l'opinione pubblica sull'evolversi della situazione internazionale, alta fu la partecipazione ai rituali e alle cerimonie rivoluzionarie, nessuna opposizione popolare, nessun movimento sanfedista venne a turbare la vita del regime costituzionale, a dimostrare come la rivoluzione, o le aspettative che in essa si nutrivano, rispondesse alle esigenze di larghe masse della popolazione.

In Sicilia le riforme che avevano uniformato gli ordinamenti dell'isola a quelli vigenti al di qua del Faro avevano incontrato l'opposizione sorda e tenace specie dei baroni e della città di Palermo che non dimenticavano il «loro» Decennio e la costituzione che allora era stata concessa. La rivoluzione napoletana fornì il destro per tentare di ripristinare la vecchia situazione, anzi per andare oltre cercando di pervenire alla separazione dal regno e quindi all'indipendenza. La lotta che si svolse tra Palermo e le forze sociali che nel suo nome si mobilitarono (nella città era stata costituita una giunta di governo composta da nobili e da borghesi) fu ampia e feroce, si trasformò in una guerra civile senza quartiere tra Palermo e Napoli, tra Palermo e gran parte della Sicilia. L'unico risultato che essa ottenne, a parte alcune promesse di modifica della costituzione in senso più vicino ai *desiderata* siciliani da parte del parlamento nazionale, fu l'oggettivo indebolimento del governo costretto a combattere contro una parte del popolo delle Due Sicilie e ad inviare nell'isola contingenti di truppe che sarebbero stati più utili altrove. Per di più, i patti di capitolazione di Palermo stipulati dal generale Florestano Pepe (sostituito subito dopo da Pietro Colletta) furono rigettati da un parlamento dominato dai carbonari che in questo modo, scrive Francesco Renda, umiliò l'esercito che era stato il vero difensore dell'unità del paese senza che, d'altra parte, conseguissero esito positivo i tentativi esperiti di allineare le frange democratiche siciliane alle ragioni della rivoluzione. Prima che dal Borbone, il moto rivoluzionario in Sicilia era stato, così, schiacciato dal governo costituzionale.

Ferdinando I non aveva mai accettato sinceramente la costituzione e gli uomini a lui più vicini, a cominciare dall'anziano principe Alvaro Ruffo ambasciatore a Vienna, avevano manovrato con l'Austria per ottenerne un intervento che stroncasse la rivoluzione.

A rinfocolare l'ostilità del re e delle potenze della Santa Alleanza si aggiungevano le profonde divisioni sorte nel seno stesso dei rivoluzionari, tra liberali e democratici, i primi che consideravano ottenuti gli scopi della rivoluzione con la concessione della costituzione, i secondi che puntavano a una piena democratizzazione della vita politica che comportasse mutamenti anche nelle strutture amministrative, economiche e sociali del paese.

Gli uomini del Decennio, presenti in gran numero nel parlamento e prevalenti in seno alla compagine ministeriale, non furono in grado di sciogliere le contraddizioni in cui la rivoluzione si stava avviluppando, non compresero che l'atteggiamento di sorda resistenza del re minava dalle fondamenta il regime costituzionale, né tantomeno capirono che i destini della rivoluzione non si giocavano a Napoli bensì nelle cancellerie della Santa Alleanza. In sostanza i napoletani pensavano che la loro rivoluzione si sarebbe potuta consolidare senza provocare le reazioni delle potenze europee e che fosse loro permesso mutare da soli gli assetti politici sanciti appena cinque anni prima dal congresso di Vienna. Il re giocò accortamente la carta della divisione tra i rivoluzionari e chiese al parlamento il permesso di recarsi a Lubiana ove era in corso un congresso della Santa Alleanza per spiegare la situazione del suo paese e per tranquillizzare le potenze europee circa i caratteri pacifici, legalitari e strettamente nazionali della rivoluzione ivi avvenuta.

Ma, partito professando l'intenzione di difendere la costituzione, Ferdinando invocò e ottenne l'intervento armato dell'Austria. Comandate dal generale Frimont e precedute da un messaggio del re che sconfessava tutto ciò che era stato operato nei mesi rivoluzionari, a cominciare dal suo stesso giuramento alla costituzione, le truppe austriache pervennero rapidamente alla frontiera del regno e sconfissero a Rieti il 7 marzo del 1821 un esercito napoletano mal comandato e scarsamente motivato. Il destino del regime costituzionale era così segnato e con esso quello di un gruppo di uomini che si erano illusi di poter procedere all'allargamento dei diritti politici di ampie fasce della popolazione in pieno accordo con la monarchia e senza scontrarsi con l'assetto stabilito per l'Italia e per il regno delle Due Sicilie dal congresso di Vienna.

La questione napoletana, scrive Ruggero Moscati in un suo saggio su quella rivoluzione, si sarebbe risolta solo all'interno di avvenimenti politici di più ampia portata.

Il re, veloce nelle fughe e uso a ritornare con «lunghe e riposate tappe», rivide Napoli il 15 maggio 1821[22], con lui si ripresentarono gli alfieri della restaurazione tra i quali il Canosa, i ministri del «quinquennio» – alquanto delegittimati – e gli austriaci. A tutti era chiaro che la situazione del paese era peggiorata rispetto al 1815; l'esercito era stato sciolto, l'infezione carbonara, l'avventurismo di alcuni uomini politici e la sconfitta militare rendevano impossibile una nuova Casalanza. Le «giunte di scrutinio» funzionarono a pieno regime, indagarono sul comportamento tenuto da tutti i funzionari e dai più noti cittadini e produssero epurazioni in ogni ramo dell'amministrazione; i tribunali speciali erogarono nel complesso poche condanne capitali, ma comminarono esili e decenni di carcere a moltissimi individui. Nel 1821 si ebbe quella restaurazione che non era stato possibile praticare nel 1815 e si giunse a sottoporre a giudizio uomini per fatti e comportamenti risalienti al Decennio francese.

Cambiò il clima nel paese, il ministero di Polizia, trasformatosi in direzione, sempre più onnipotente, tese ad invadere i campi tradizionalmente riservati agli organi dell'amministrazione civile, più stretta si fece l'alleanza tra trono e altare, dominava dappertutto l'ipocrisia, negli uffici spadroneggiava un personale fedele, bigotto e ignorante. Tutto un ordinamento che, secondo Blanch, si era mostrato in grado di connettere l'ordine pubblico con le garanzie politiche, era stato sovvertito producendo quella che il Savarese definiva una vera e propria anarchia governativa.

Paradossalmente, ancora una volta, si sperava negli austriaci che nel 1815 si erano comportati con grande moderazione.

In effetti, Metternich, convinto che bisognasse modificare il sistema di governo fino ad allora vigente che ben scarse prove aveva dato di sé, e, d'altra parte, persuaso che si dovesse evitare ad ogni costo l'introduzione di istituzioni rappresentative, aveva imposto a un re recalcitrante un progetto di

[22] O. Dito, *Massoneria, carboneria ed altre società segrete nella storia del Risorgimento italiano*, Torino-Roma, Casa Editrice Nazionale, 1905, p. 264.

costituzione statale incentrato sulle «consulte», organismi con ampia competenza consultiva in materia amministrativa e legislativa alle quali sarebbe stato affidato il compito di intessere su nuove basi il rapporto tra capitale e province e di stabilire punti di convergenza tra il governo centrale e le esigenze dei ceti sociali emergenti. Le due consulte, una per Napoli e l'altra per la Sicilia, incontrarono l'opposizione del re e dei ministri del «quinquennio» che vi vedevano surrogati di parlamenti e solo nel giugno del 1824 esse furono introdotte, pur con compiti diversi da quelli previsti e sotto lo stretto controllo del sovrano al quale spettava proporre le questioni sulle quali si dovevano esprimere con parere, peraltro, non vincolante.

Alla Sicilia si pensò di concedere qualche forma di separazione amministrativa, come il ministero per la Sicilia o la consulta isolana, e di attribuire più ampie competenze ai consigli delle sue province. Ma i provvedimenti proposti e adottati non furono in grado di legare il paese alla monarchia dopo la frattura del nonimestre che anzi tese vieppiù ad allargarsi anche perché, sottolinea Moscati, in quelle circostanze fu commesso l'errore fatale di colpire indiscriminatamente pure coloro che avevano pensato di servire in buona fede lo stato e la dinastia.

Con Francesco I la situazione non mutò di segno, le consulte furono svuotate di ogni funzione di rilievo, le epurazioni continuarono, crebbe il malessere sociale e aumentò l'influenza di settari, di liberali, di quanti ritenevano che gli obiettivi della rivoluzione costituzionale del 1820 potessero ancora essere riproposti.

La crisi economica del 1825-26 prostrò il mondo delle campagne, diede il via alla ripresa della guerriglia rurale e a clamorosi episodi di brigantaggio. Un'eterogenea alleanza tra le comitive armate che imperversavano in quella desolata zona e gruppi di irriducibili carbonari diede vita ai moti del Cilento del 1828, guidati tra gli altri dal canonico Antonio De Luca, vecchio deputato del parlamento nazionale, che furono spietatamente repressi dal maresciallo Francesco Del Carretto; da parte sua, Pietro Ugo, marchese della Favare e luogotenente del re in Sicilia, governò l'isola con sistemi che oscillavano tra la repressione e il banditismo.

Il clima di corruzione e di favoritismi che si respirava a corte attorno a Francesco e alla moglie Isabella, scarsamente contrastato da un sempre più stanco de' Medici[23], si estese rapidamente a tutto il regno e se a palazzo dominavano Michelangelo Viglia e Caterina De Simone, camerieri del re, nelle province e nelle intendenze l'arbitrio e l'intimidazione divennero pratica costante di governo.

Ferdinando Cito, intendente di Terra d'Otranto, si segnalò per le vessazioni cui sottopose sindaci e amministratori locali; in Calabria Citra il suo omologo, Francesco Nicola De Mattheis, uomo devotissimo al Canosa, rinnovò le imprese del generale Manhès, perseguitando crudelmente quelle popolazioni, usando metodi inumani verso i sospetti e i carcerati e tentando di acquisire meriti presso i suoi superiori vantando la scoperta di inesistenti congiure. Il clamore delle nefandezze commesse costrinse il re ad arrestarlo (il suo comportamento screditava la monarchia agli occhi degli austriaci occupanti) e a sottoporlo a un clamoroso procedimento giudiziario che, se rivelò all'Europa quali erano gli uomini e i metodi con cui si governava il paese, si concluse con una condanna del De Mattheis a pene tutto sommato lievi in rapporto alla gravità delle accuse che gli venivano mosse[24].

Tale era il clima di illegalità dominante che nelle province, scrive Andrea Genoino, erano i militari austriaci ad ergersi a difensori della correttezza dei procedimenti amministrativi e giudiziari[25] e quando nel 1827 essi evacuarono il regno era diffusa la convinzione tra i loro ufficiali di essere vissuti in un paese barbaro abbisognevole di quelle riforme che la

[23] Il cavaliere morì nel 1830 in Spagna al seguito del re che aveva accompagnato. In quegli anni morirono pure Vivenzio, Troisi, Canzano, Campochiaro, Gallo, tutti i «tenaci delle idee antiche» (P. Calà Ulloa, *Il regno di Francesco I*, a cura di R. Moscati, Napoli, Guida, 1933, p. 32).

[24] Il colonnello Wober alla testa delle truppe imperiali stanziate in Calabria riteneva che il barbarico comportamento dell'intendente dovesse essere punito con la reclusione in un manicomio. F.M. [Francesco Michitelli], *Storia degli ultimi fatti di Napoli a tutto il 15 maggio 1848*, 1848, p. 7.

[25] A. Genoino, *Re cospiratori e ministri nel processo De Mattheis. 1822-1830*, Cava dei Tirreni, Salsano, 1933, p. 53.

Lombardia aveva già sperimentato con Maria Teresa, la Toscana con Pietro Leopoldo e che nella stessa Napoli aveva tentato di introdurre don Carlos.

Ma non solo rimpianti lasciarono le truppe austriache; il loro mantenimento, a partire dal momento in cui avevano varcato il Po, era stato accollato al regno che fu costretto a stipulare un oneroso prestito con i Rotschild di oltre 48 milioni di ducati; era aumentato di conseguenza il debito pubblico, si erano ridotte le spese ritenute superflue (ma non quelle per la corte), si era proceduto a misure impopolari tra le quali la ritenuta del 10% sugli stipendi e sulle pensioni e quella dei primi 6 mesi di stipendio degli impiegati promossi ai gradi superiori.

6. *Ferdinando II e la fine del regno*

Ferdinando II, nato a Palermo, saliva al trono nel novembre del 1830 all'età di 20 anni e sarebbe stato destinato a rappresentare nel bene come nel male le Due Sicilie nei trent'anni che avrebbero concluso la storia plurisecolare del regno meridionale. L'anno successivo ascendeva al soglio pontificio, dopo il breve papato di Pio VIII, Gregorio XVI e, soprattutto, diventava re di Sardegna Carlo Alberto che sarebbe presto diventato il punto di riferimento «esterno» del re delle Due Sicilie (quello «interno» continuava a essere Carlo III), il sovrano sul quale si sarebbero misurate tutte le ambizioni, le velleità, i comportamenti di Ferdinando e i «progressi» del suo paese.

Gli esordi del nuovo re fecero subito pensare a un cambiamento della politica sino ad allora perseguita, a un ritorno a forme del vivere politico che valorizzassero la tradizione della monarchia amministrativa del Decennio fortemente conculcata, dopo il fallimento dei moti costituzionale del 1820-21, negli ultimi anni di Ferdinando I e in quelli brevi di Francesco I. Sembrava che fosse possibile un recupero della vecchia classe dirigente murattiana, falcidiata dagli esili e dalle condanne (anche per prevenire un eventuale accordo tra essa e i militari come era avvenuto per la rivoluzione di dieci anni addietro), sembrava infine che fosse possibile attuare una politica di riforme che consentisse al regno di rispondere adeguatamente agli stimoli della rivoluzione commerciale e di collocarsi con dignità nel consesso delle potenze europee.

I moti scoppiati nell'Italia centrale nello stesso anno dell'avvento al trono di Ferdinando, assieme agli intrighi orditi da Achille Murat, figlio di Gioacchino, ridimensionarono però molte di quelle aspettative. Al mito del re liberale, che con Maria Cristina di Savoia aveva – primo della sua dinastia – sposato una principessa italiana e in grado di impugnare la bandiera della causa nazionale, costruito dai murattiani e da coloro che vedevano in lui un novello Carlo III, si contrappose subito la realtà di un sovrano timoroso di scontentare sia la Francia orleanista che l'Austria e al quale la secessione del Belgio dal regno dei Paesi Bassi instillava non infondati timori circa le prospettive di successo del movimento separatista siciliano; la non florida situazione economico-finanziaria, assieme al conservatorismo che animava molti esponenti del governo fecero il resto. Il regno assistette passivamente all'evolversi della situazione nell'Italia centrale, ove i moti mazziniani allora scoppiati vennero prontamente repressi, anzi Ferdinando, pur avendo destituito il luogotenente in Sicilia, Pietro Ugo marchese della Favare, dovette rintuzzare le pressioni del ministro di Polizia Nicola Intonti per indurlo a licenziare i ministri in carica e assumere un ruolo più attivo nella politica italiana, e schiacciare un confuso complotto di alcuni reduci dall'esilio che andò sotto il nome di «congiura del monaco».

Il cosiddetto colpo di stato dell'Intonti provocò l'allontanamento da Napoli del suo organizzatore, ma la destituzione del ministro solo dalla funzione e non dal grado e il permesso che egli ottenne nel 1839 di ritornare in patria testimoniano del fatto che negli anni trenta tutte le prospettive erano ancora aperte, per il re e per il regno, e che era possibile pensare ad una serie di riforme nelle strutture dello stato, sulla falsariga di quelle consigliate a suo tempo a Lubiana a Ferdinando I, che introducessero un nuovo tipo di relazioni tra i sudditi e la monarchia. Furono quelli gli anni in cui Nicola Santangelo, già intendente in Capitanata e nuovo ministro dell'Interno al posto del conservatore Giuseppe Ceva

Grimaldi marchese di Pietracatella, poteva suggerire l'impianto di una monarchia di tipo nuovo, nella quale una consulta di nomina regia, ma con esponenti eletti in collegi provinciali, si collocasse come corpo intermedio tra il sovrano e la nazione. Contemporaneamente, negli «Annali civili delle Due Sicilie» e ne «Il progresso delle scienze, delle lettere e delle arti» si raccoglievano intellettuali, tecnici e funzionari che si richiamavano alla tradizione razionalistica e illuministica settecentesca e che cercavano di dar corpo alle istanze riformatrici che sembravano partire dal trono.

Ma la prevalenza delle forze oltranziste che temevano le ripercussioni politiche e sociali delle riforme, laddove queste fossero state introdotte, bloccò la situazione e la consegnò ad una crisi incipiente che avrebbe fatto sentire i suoi effetti a partire dal 1837, l'anno del colera.

Così, venne subito dimenticata l'iniziale diffidenza verso l'Austria con la quale, grazie al secondo matrimonio del re con Maria Teresa d'Asburgo, i rapporti si intensificarono mentre disattese furono le aspirazioni di Luigi Filippo, che già aveva sposato nel 1809 a Palermo Maria Amalia figlia dell'allora Ferdinando IV, di allacciare relazioni più strette col regno anche attraverso il matrimonio della figlia Maria Cristina d'Orléans con Leopoldo di Borbone conte di Siracusa, fratello del re e fino al 1835 luogotenente in Sicilia.

All'inizio degli anni quaranta maturava il distacco tra i gruppi intellettuali, la borghesia colta e ampi settori della possidenza agraria del paese. La modernizzazione di facciata imposta dal sovrano, le misure legislative finalizzate a garantire al massimo una normale e quotidiana amministrazione non bastavano più in una situazione in cui il regno avvertiva sempre di più l'allontanamento dagli altri paesi d'Italia e assisteva al peggioramento delle condizioni di vita delle masse contadine e delle plebi urbane.

Al ribellismo endemico, spesso sfociato nel brigantaggio, di estese zone delle Calabrie e del Principato Citra si era aggiunta la diffusione delle idee mazziniane che si aprivano ampi varchi nella piccola borghesia impiegatizia e delle professioni. La Giovine Italia faceva dappertutto proseliti e si cominciava a porre la questione dell'inserimento del Mezzogiorno in un ampio circuito rivoluzionario che avrebbe dovuto coinvolgere tutta la penisola. La vecchia carboneria con la sua visione municipalistica del problema entrava in crisi, molti suoi quadri passavano in blocco nelle file dei mazziniani e assumevano posizioni democratiche, si consumava – specie tra i molti giovani provinciali che studiavano all'università di Napoli – un distacco dalle vecchie forme cospirative. La questione degli usi civici della terra continuava ad avvelenare l'atmosfera nelle campagne, specie laddove (ad esempio la Sila) le usurpazioni avevano reso inutili le leggi di quotizzazione; il clima di ottuso clericalismo, la censura imperante, la reintroduzione di reati come la bestemmia e il sacrilegio indisponevano coloro che avevano pensato a un più libero movimento della società, a un più sereno dislocarsi delle relazioni tra lo stato e la chiesa, a forme di religiosità, certamente intense, ma meno segnate dal carattere «di regime» che ormai assumevano le istituzioni ecclesiastiche.

Nel giugno del 1844 era avvenuto nei pressi di Crotone l'infelice sbarco dei fratelli Bandiera, un evento che nelle fonti ufficiali venne minimizzato, ma l'enorme concessione di croci, pensioni, onorificenze a coloro che avevano contribuito alla sconfitta di quel tentativo insurrezionale rivelò che Ferdinando II era edotto del pericolo che ormai incombeva sul suo regno e della non remota eventualità che le Due Sicilie diventassero teatro di movimenti rivoluzionari di ben più ampia portata rispetto a quelli soliti inquadrarsi nello schema delle *jacqueries* o del brigantaggio.

Tentativi insurrezionali si svilupparono nelle Calabrie e negli Abruzzi, tutti facilmente repressi dagli apparati polizieschi e militari borbonici; nelle città del regno si erano sviluppate associazioni segrete che propugnavano la lotta armata al regime; si diffondevano, accanto alle idee di Mazzini, quelle di Gioberti che sembravano più vicine alla sensibilità dell'opinione pubblica moderata; le istanze municipalistiche che avevano diretto i moti del 1820-21 dovettero sempre più lasciare il posto alle nuove idee di italianità; quello che Ferdinando riteneva fosse un paese tranquillo si avviava a diventare una polveriera che sarebbe esplosa alla prima occasione.

L'ascesa al soglio pontificio di papa Pio IX nel giugno del 1846 mise in movimento la situazione incanalandola verso sbocchi fino ad allora impensabili: sembrava infatti che a seguito di tale evento si potessero realizzare le idee neoguelfe di Gioberti e pervenire ad assetti territoriali che avrebbero completamente annullato la configurazione per la penisola decisa dal congresso di Vienna.

Il movimento per una lega doganale tra gli stati italiani sensibilizzò ampi strati dell'opinione pubblica moderata ma, nello stesso tempo, la capillare diffusione della *Protesta* di Luigi Settembrini mostrò che molti sudditi di Ferdinando II ormai non si riconoscevano più in uno stato nel quale la vantata razionalità e saggezza degli ordinamenti cozzava continuamente contro il dispotismo, l'arbitrio, la corruzione e l'invadenza della polizia.

Se tutto il regno, dalle campagne alle città, era in fermento, anche a causa di una crisi agraria i cui effetti il governo cercò di esorcizzare con la soppressione o la riduzione di alcuni dazi, fu dalla Sicilia, con la vittoriosa insurrezione di Palermo del 12 gennaio 1848, che giunse il segnale della rivolta.

La monarchia, impossibilitata al momento a dare una risposta militare, concesse nuove e più ampie forme di autonomia all'isola; ma ancora una volta i tentativi napoletani di riaggiustare con misure legislative i rapporti con la parte del regno al di là del Faro mostrarono la loro inadeguatezza, anche perché, ormai, alcuni tra i più prestigiosi esponenti dell'autonomismo isolano erano pronti a saldare le aspirazioni della loro terra con quelle più generali di indipendenza e di libertà che percorrevano l'intera penisola. Da Palermo, di conseguenza, la rivolta si propagò a tutta la Sicilia, presto abbandonata dall'esercito regio che riuscì a conservare il controllo della sola cittadella di Messina.

Per tutto il mese di gennaio anche sul continente si susseguirono le manifestazioni dei liberali che costrinsero il 28 gennaio Ferdinando a promettere, primo tra i sovrani italiani, una costituzione e a sostituire il ministero allora retto dal vecchio marchese di Pietracatella con uno nuovo affidato al duca di Serracapriola.

La costituzione fu promulgata l'11 febbraio, ma subito insorsero contrasti tra il governo e i settori più radicali dello schieramento politico che ne mettevano in discussione alcuni qualificanti aspetti. La Sicilia proseguiva intanto sulla sua strada di netta contrapposizione con Napoli e il governo provvisorio affidato a Ruggero Settimo (vecchio ministro negli anni inglesi e dirigente della rivoluzione nel 1820) respinse tutte le proposte di conciliazione avanzate da Ferdinando II, rimise in vigore la costituzione del 1812 adattandola ai tempi e si avviò alla separazione dell'isola dalla monarchia borbonica. Di fronte alla proclamazione di indipendenza e alla successiva offerta della corona siciliana al figlio secondogenito di Carlo Alberto (da quello rifiutata), vani riuscirono i tentativi di mediazione affidati a rappresentanti inglesi e francesi e cominciò a trovare numerosi sostenitori l'idea che l'endemico conflitto tra Napoli e la Sicilia avrebbe potuto trovare una sua composizione solo nell'ambito della questione italiana; di converso vi furono coloro che ritennero che l'ostinazione siciliana avesse gravemente indebolito, come era già avvenuto nelle circostanze del 1820-21, il regime costituzionale napoletano.

Le giornate di Milano e la guerra scoppiata in Lombardia con l'intervento del re di Sardegna posero il problema della collocazione delle Due Sicilie nello schieramento antiaustriaco che si era venuto a determinare; manifestazioni patriottiche si susseguirono nella capitale; il ministero Serracapriola, incapace di assumere una chiara posizione al riguardo, si dimise venendo sostituito da un nuovo dicastero presieduto da Carlo Troya, esponente dell'ala moderata dello schieramento politico napoletano, ma più aperto alle istanze liberali, che inserì il regno nella coalizione italiana.

Nel frattempo, nelle campagne si susseguivano le occupazioni delle terre da parte dei contadini, venivano aperte le «difese» usurpate dai proprietari fondiari e occupati i demani e i boschi. Generalizzato fu il rifiuto di pagare imposte e dazi, in molte località le amministrazioni comunali furono abbattute, contro il carovita scoppiarono moti sanguinosi che portarono al saccheggio di negozi. Negli strati più umili della popolazione era diffusa l'idea che la costituzione avrebbe segnato la fine del governo dei galantuomini e portato a migliori condizioni di vita.

I provvedimenti per il ripristino della legalità, auspicati e promessi dal ministro dell'Interno Raffaele Conforti con la sua famosa circolare del 22 aprile, e nei confronti dei contadini in rivolta e dei proprietari usurpatori, non sortirono alcun effetto contribuendo ad aggravare un quadro che già si presentava carico di problemi e di incertezze e che vedeva tutte le autorità costituite andare incontro a una radicale delegittimazione.

I circoli costituzionali moderati che erano sorti nelle province cercarono di darsi forme di organizzazione politica che fungessero da supporto all'azione sempre più evanescente dei funzionari dello stato; si fece della Guardia nazionale il corpo che avrebbe dovuto tutelare l'ordine e la proprietà, ma, ciononostante, in quei mesi il regno visse uno dei suoi ricorrenti e profondi periodi di anarchia. Per di più, il perdurante conflitto con la Sicilia, l'irritazione contro il modo con cui veniva condotta da Carlo Alberto la guerra in alta Italia, il conflitto tra «albertisti», ovvero i sostenitori del re di Sardegna e della sua politica italiana, e «municipalisti» (coloro che guardavano con preoccupazione all'espansionismo sabaudo ed erano invece favorevoli a una politica di riforme interne in accordo con la monarchia), le pressioni per una revisione costituzionale in senso più democratico, il radicalismo dimostrato da alcuni settori dello schieramento liberale indebolirono il ministero Troya. Le voci sulla preparazione di un colpo di stato da parte del re e il rifiuto di molti deputati di giurare una costituzione che manteneva intatte le prerogative della monarchia e che si basava su un bicameralismo che non tutti condividevano produssero un clima di tensione a Napoli che il 15 maggio sfociò in un'insurrezione alla quale l'esercito rispose con una feroce repressione che valse al re da parte del parlamento piemontese la taccia di «inimico pubblico e parricida»[26].

Movimenti insurrezionali scoppiarono allora in Calabria con alla testa Domenico Mauro, Benedetto Musolino, Giuseppe Ricciardi. Questi speravano che anche le altre province seguissero l'esempio calabrese; ma lo spirito legalitario che, nel centro come in periferia, animava ancora molti fra

[26] In R. Cotugno, *Tra reazioni e rivoluzioni. Contributo alla storia dei Borboni di Napoli dal 1849 al 1860*, Lucera, Frattarolo, s.d., p. 9.

coloro che pur non condividevano la svolta assolutistica del sovrano rese impossibile l'accoglimento delle richieste dei contadini e, quindi, la creazione di un ampio schieramento rivoluzionario che avrebbe potuto mettere in serie difficoltà il governo. Ben presto l'esercito ripristinò l'ordine là dove si erano verificate le sollevazioni.

Dopo la giornata del 15 maggio il Troya si era dimesso dall'incarico venendo sostituito dal principe di Cariati, era stato impartito al corpo di spedizione che operava in prossimità del Po l'ordine di rientrare in patria, le camere erano state sciolte ed erano state indette nuove elezioni. Queste, segnate da forte astensionismo, riconfermarono nella generalità dei casi i deputati uscenti, ma le nuove camere non ebbero modo di riunirsi subito dal momento che vennero prorogate al 1° luglio. L'attività dell'istituto durò, però, pochi mesi: a novembre, a seguito di elezioni suppletive non particolarmente favorevoli al governo, l'apertura del parlamento fu spostata al 1° febbraio dell'anno successivo.

La situazione di stallo che si era determinata nelle operazioni militari in alta Italia, il distacco degli altri sovrani italiani dalla coalizione patriottica e, infine, la sconfitta piemontese a Custoza (25 luglio) rafforzarono la posizione di Ferdinando II.

Il ministero Cariati che aveva pensato di poter salvaguardare i nuovi assetti costituzionali, anche se all'interno di una politica più cauta e «municipale» che mantenesse il collegamento con i gruppi moderati, si trovò a dover sostenere la vigorosa iniziativa del re che riteneva essere giunto il momento di procedere alla riconquista della Sicilia.

Qui erano venuti al pettine una serie di nodi che erano stati occultati dall'iniziale clima di euforia antiborbonica che aveva segnato lo scoppio della rivolta. In maniera più drammatica che sul continente era esploso il contrasto tra contadini senza terra e proprietari fondiari che si aggiungeva a quello tra moderati e radicali. Il crollo dell'ordine pubblico nell'isola aveva portato a violenti conflitti all'interno del ceto politico tra coloro che intendevano perseguire fino in fondo la strada dell'indipendenza e coloro che invece guardavano a un accordo con la monarchia borbonica e speravano che la congiuntura internazionale e la mediazione inglese e francese avrebbero finito per giocare a loro favore. Ma il forte municipalismo che segnò le vicende interne della Sicilia e i timori che il movimento indipendentistico si trasformasse in una rivolta sociale resero oscillanti i comportamenti del parlamento e del governo isolano e favorirono la ripresa dell'iniziativa militare borbonica che portò, nel maggio del 1849, alla resa di Palermo nelle mani del generale Carlo Filangieri. Questi rimase sull'isola come luogotenente fino al 1855, cercò di rimettere in piedi le strutture di governo e adottò una politica conciliante verso i ceti proprietari e aristocratici che, temendo l'iniziativa delle masse popolari, avevano aperto la strada al ritorno dei Borboni, fino ad ottenere dalla maggioranza dei pari e dei deputati del parlamento la ritrattazione dell'atto del 13 aprile 1848 che aveva dichiarato decaduta la dinastia regnante. Una serie di provvedimenti sancirono una qualche forma di autonomia nell'ambito della monarchia unitaria: un ministero di Sicilia, un luogotenente generale (dopo il Filangieri ricoprì quell'incarico Paolo Ruffo principe di Castelcicala), una consulta a Palermo, la fine della promiscuità negli impieghi.

Perdeva prestigio, in seguito al poco onorevole esito della rivolta, l'indipendentismo siciliano, ma si ponevano le premesse per una generale confluenza degli uomini politici più rappresentativi di quell'esperienza e della stessa cultura isolana nel movimento unitario nazionale.

Negli anni immediatamente successivi all'unità i siciliani avrebbero rivendicato il loro decisivo contributo alla vittoria ricordando quanto avevano fatto per disarticolare quella che fino al 1859 era stata la più grande monarchia italiana.

La sconfitta di Novara (28 marzo 1849), la successiva caduta di Roma e di Venezia posero fine al biennio rivoluzionario in Italia: a Napoli non restò che seguire la sorte che era stata decretata per tutto il resto della penisola, con una differenza di rilievo, però, rispetto agli altri stati: nelle Due Sicilie la svolta autoritaria e anticostituzionale, culminata il 13 marzo con lo scioglimento del parlamento, era avvenuta prima che altrove ed era stata imposta dal re e dall'esercito nazionale piuttosto che da forze esterne. In questo modo il regno borbonico si presentava nel 1849 più legittimato rispetto agli altri stati italiani i cui sovrani erano stati rimessi sul trono dall'intervento degli austriaci o dei francesi (è questo il caso di Roma), ma quello che sembrava un elemento di grande forza non avrebbe salvato il paese e la dinastia dagli sviluppi successivi che avrebbe assunto il movimento nazionale.

Caduto nell'agosto del 1849 il ministero Cariati, sostituito da quello presieduto da Giustino Fortunato senior, nel giugno 1850 iniziò il processo alla società segreta «Unità Italiana» fondata, assieme ad altri, da Luigi Settembrini e da Silvio Spaventa e nella quale erano confluiti numerosi esponenti della carboneria e della Giovine Italia.

Il processo, come rilevarono molti osservatori anche stranieri che furono ammessi al dibattimento, si svolse con tutte le formalità e le garanzie che il codice di procedura penale del regno prevedeva, ma finì per trasformarsi, per l'inconsistenza degli addebiti mossi e per lo spessore morale degli imputati, in un atto di accusa nei confronti di Ferdinando II e del suo sistema di governo.

Ad aumentare il discredito che si addensava nei confronti del regime borbonico contribuirono anche le lettere che nell'aprile del 1851 lord Gladstone, reduce da una visita a Napoli, aveva indirizzato al conte di Aberdeen e nelle quali aveva additato all'opinione pubblica internazionale le pecche di una monarchia assoluta che si difendeva mandando negli ergastoli i più elevati uomini d'ingegno di cui il paese disponesse. L'eco di quelle lettere fu molto ampia, il governo cercò di confutarne il contenuto nei singoli punti, accusò il governo britannico di indebita ingerenza negli affari del paese e di nutrire velleitarie ambizioni sulla Sicilia. Chi fece le spese della vicenda fu il primo ministro Fortunato, accusato di non essere riuscito a impedire la pubblicazione delle lettere pur essendo venuto ufficiosamente a conoscenza dell'iniziativa del Gladstone, che venne sostituito da uno scialbo personaggio, Ferdinando Troya. Il che non fece altro che favorire il dispotismo e la smania centralizzatrice del sovrano che avrebbero accresciuto l'inefficienza degli apparati pubblici e il senso di arbitrio che dal loro operato promanava. Le solite condanne a morte o al carcere, pur se alcune furono temperate dalla grazia sovrana, contribuirono inoltre ad allargare ancor di più il solco che si era aperto tra la dinastia borbonica e fasce sempre più ampie della popolazione delle Due Sicilie.

Il completo distacco della borghesia dalla dinastia fu accentuato dalla grave crisi economica che nella seconda metà degli anni cinquanta investì l'Italia tutta e colpì in misura particolare il Mezzogiorno, specie nei settori come quello serico, vinicolo, oleario che davano un notevole contributo, attraverso l'esportazione, all'economia del regno. Questa crisi si accompagnò al crollo delle manifatture di tipo artigianale provocato dai processi di meccanizzazione in atto nelle altre regioni della penisola e dimostrò la persistente incapacità dell'agricoltura di superare la sua arretratezza e di ammodernare le proprie strutture.

D'altra parte i governi napoletani si guardarono bene dal proporre interventi che avrebbero potuto migliorare la situazione. Troppo forte era in loro il desiderio di non provocare ulteriori squilibri in un assetto sociale fragile e in strutture produttive deboli; misure tendenti ad allargare il mercato e a liberalizzare il commercio non avrebbero risolto i problemi, anzi avrebbero provocato la crisi di quei settori produttivi che sopravvivevano solo grazie al protezionismo doganale.

A molti osservatori parve che il Mezzogiorno d'Italia, a metà degli anni cinquanta, fosse ormai sull'orlo di una rivoluzione dagli esiti imprevedibili. Cominciò allora a raccogliere consensi una soluzione, alla quale guardava con favore Napoleone III, che avrebbe portato alla sostituzione dei Borboni con un Murat, questa volta l'altro figlio di Gioacchino, Luciano. Si riaffacciava così nella storia del Mezzogiorno, il murattismo, ma quel progetto non trovò l'adesione degli esuli meridionali che numerosi si erano rifugiati nella capitale sabauda i quali erano alieni da ogni sentimento di lealismo dinastico nei confronti di Luciano e, nello stesso tempo, erano consapevoli che un Murat a Napoli avrebbe aperto il loro paese all'influenza francese e portato la Sicilia all'indipendenza sotto protettorato britannico.

Non furono solo quegli esuli, di estrazione moderata e che si raccoglievano nella Società Nazionale, a stigmatizzare le mene murattiane; lo fece anche il democratico Carlo Pisacane, esule a Genova, il quale riteneva che contro il progetto murattiano andasse giocata la carta della sollevazione popolare. Egli era convinto che una ripresa dell'iniziativa insurrezionale potesse aver luogo in Italia partendo proprio dal Mezzogiorno ove, secondo la sua valutazione, le misere plebi rurali erano pronte a sollevarsi contro l'oppressione poliziesca borbonica. I democratici non immaginavano, però, che la mancanza di organizzazione e lo spontaneismo avrebbero potuto essere utilizzati in senso reazionario dal governo e dalla polizia.

Avvenne, così, che la spedizione che Carlo Pisacane intraprese nel giugno del 1857 fallisse, sconfitta e dispersa – più che dall'esercito – da quelle stesse popolazioni che era venuta a far insorgere e che, invece, credettero di trovarsi di fronte a briganti.

La disfatta del tentativo insurrezionale contribuì ad accentuare le divergenze tra coloro che pensavano che solo l'iniziativa popolare avrebbe potuto portare alla fine dei regimi reazionari a Napoli come nelle altre parti d'Italia e coloro che invece ritenevano che gli obiettivi di libertà e di indipendenza si sarebbero più facilmente raggiunti stringendosi attorno ai Savoia.

La Società Nazionale fondata a Torino nel 1857 sotto la presidenza prima di Daniele Manin e poi di Giuseppe La Farina propugnava l'idea della monarchia unitaria e ad essa diedero la loro adesione anche esponenti del democratismo meridionale in esilio a Torino, pur se alcuni fra questi ultimi continuavano ad essere del parere che dopo la guerra d'indipendenza si sarebbe dovuto discutere dell'assetto istituzionale italiano.

I moderati napoletani e siciliani presenti nella Società Nazionale contribuirono a delegittimare il governo delle Due Sicilie rappresentando all'opinione pubblica lo sfacelo morale e politico della classe dirigente borbonica e l'assolutismo cieco del re. In quegli uomini, specie nei napoletani, le idee municipali erano state completamente abbandonate; per essi la soluzione istituzionale era ormai rappresentata non più dalla federazione degli stati italiani, ma dalla monarchia unitaria anche perché questa appariva il baluardo più solido contro un regime reazionario che non esitava a servirsi delle plebi sanfediste e che viveva in una situazione di sempre più marcato isolamento internazionale (nel 1856 Francia e Gran Bretagna avevano rotto le relazioni diplomatiche con il regno).

Il metro di paragone sul quale commisurare la situazione delle Due Sicilie era rappresentato dal Piemonte sabaudo e nel 1857 la pubblicazione dell'opuscolo di Antonio Scialoia, esule a Torino, colpì ancora una volta l'immagine e la reputazione del regno: lo sviluppo economico registrato in Piemonte era dovuto in larga misura a una politica della spesa pubblica che faceva del denaro raccolto con la tassazione un generatore di ricchezza, mentre nel Mezzogiorno la propensione governativa a una politica di risparmio e di tesaurizzazione delle risorse, pur a fronte di una tassazione più leggera, produceva soltanto stagnazione, mancati collegamenti tra le province, isolamento delle zone interne del paese, esigui investimenti in opere pubbliche. Questa politica, secondo l'economista napoletano, era dettata essenzialmente dalla paura, sentimento tipico dei sovrani assoluti: era la paura di scontentare i sudditi a spingere il governo borbonico a imporre tasse leggere, indirette più che dirette, e a gravare in maniera esigua sul mondo delle professioni liberali, specie su coloro che erano a più stretto contatto con la popolazione e quindi potenziali diffusori di idee sovversive[27].

Nel 1859 la seconda guerra di indipendenza e gli eventi ad essa connessi provocarono, con una celerità impressionante, la formazione del Regno d'Italia: infatti, se a nord la Lombardia fu liberata grazie all'azione congiunta franco-sarda, a sud la liberazione fu iniziativa del movimento democratico unitario che già da tempo aveva individuato nella Sicilia l'anello più debole dello stato borbonico.

Nell'isola per tutto il 1859 e per i primi mesi dell'anno successivo si erano verificati episodi insurrezionali, tutti duramente repressi dalla polizia e dall'esercito; le solite misure conciliatrici napoletane non avevano prodotto i risultati sperati; l'opposizione al governo si andava radicalizzando anche perché molti (La Farina e Pilo) guardavano all'aristocrazia e agli strati superiori della borghesia come a coloro che avevano tradito la rivoluzione del 1848. Per essi bisognava, dun-

[27] A. Scialoia, *Il bilancio del Regno di Napoli e degli Stati sardi*, Torino, Guigoni, 1857.

que, rifare la rivoluzione senza rifare gli errori del 1848, ovvero senza lasciarsi invischiare nelle contese municipali e senza perdere la fiducia delle masse popolari.

Il nuovo re Francesco II aveva dichiarato la sua neutralità nel conflitto che era scoppiato in Lombardia nonostante le pressioni di Napoleone III perché il regno si aprisse ad una politica di riforme, si dotasse di una costituzione e si alleasse con il Piemonte.

Ma i timori di novità, il senso di sfiducia che animava anche i più solerti servitori della dinastia (a cominciare dal primo ministro generale Filangieri), le resistenze opposte dagli ambienti conservatori, la scarsa volontà delle forze moderate (ormai convertite alla soluzione unitaria) di collaborare con la monarchia, segnarono il destino del paese quando esso ancora poteva difendere nelle cancellerie europee la sua posizione e il suo diritto alla sopravvivenza.

Lo sbarco dei garibaldini a Marsala l'11 maggio 1860, un mese dopo il fallito tentativo insurrezionale di Palermo organizzato da Francesco Riso e l'arrivo sull'isola di Rosolino Pilo, segnò l'inizio della fine. Di fronte all'avanzata di Garibaldi, prima in Sicilia poi sul continente (il generale sbarcò nell'agosto sulla costa calabra), gli apparati civili e militari dello stato si dissolsero; neppure la tardiva costituzione concessa il 25 giugno da Francesco II riuscì a cambiare il destino di un regime in disfacimento; anzi essa disorientò i più convinti sostenitori delle ragioni della dinastia senza per questo riuscire a guadagnare ad essa la simpatia dei gruppi liberali.

In questo modo la resistenza del regno divenne sempre più debole e inutile: ovunque i moderati presero in mano la situazione e aprirono la strada ai garibaldini o all'esercito sabaudo che scendeva dal nord. Il 7 settembre Garibaldi era giunto a Napoli, abbandonata dal re, accolto dal ministro Liborio Romano che ne aveva sollecitato e propiziato l'ingresso.

A Francesco II non restava altro da fare che difendere l'onore delle armi, come avvenne con la battaglia del Volturno del 1° ottobre e con la tenace resistenza di Gaeta che capitolò solo il 13 febbraio 1861 seguita il 20 marzo da Civitella del Tronto, ultima località delle ormai ex Due Sicilie sulla quale svettava la bandiera borbonica.

Con i plebisciti del 21 ottobre 1860 aveva, nel frattempo, cessato di vivere la monarchia più vasta e più popolosa d'Italia e tutto il Mezzogiorno entrava a far parte di quello che di lì a poco sarebbe diventato il Regno d'Italia.

Capitolo secondo

I Borboni, i Napoleonidi, la nobiltà nelle Due Sicilie

1. *L'immagine della dinastia*

Scrive Antonio Bulifon, aprendo il suo *Giornale del viaggio d'Italia dell'invittissimo e gloriosissimo monarca Filippo V*, che nel 1702 il soggiorno a Napoli del Borbone, sceso nella penisola per puntellare le incerte sorti dei suoi eserciti, aveva rinnovato i fasti di quello, ormai lontano, effettuato nel 1535 dall'imperatore Carlo V.

Quest'ultimo – secondo quanto attestato dai cronisti coevi – aveva, di ritorno dall'impresa di Tunisi, percorso tutto il regno a partire dalla sua estrema punta calabra ed era giunto a Napoli entrandovi da porta Capuana, il luogo deputato ad accogliere i più illustri visitatori della città.

Non era solo il desiderio di ricevere i festosi attestati di fedeltà dei suoi sudditi meridionali quello che aveva spinto l'imperatore a intraprendere il lungo e disagevole viaggio per tutto il regno; lo scopo che egli allora perseguiva era di prendere contatto con le forze sociali egemoni del paese e, pure, di sostenere il difficile impegno del viceré Pedro de Toledo, intento a rimodellare in senso assolutistico le istituzioni del regno napoletano. Attorno al sovrano si era mobilitata, così, tutta la società aristocratica e «civile» del paese; la sua permanenza nella capitale era stata segnata da momenti di fastosa ritualità, dalle udienze solenni alle messe, ai cortei, alle cavalcate, ai ricevimenti dei quali erano state spettatrici e protagoniste ampie fasce della popolazione partenopea, tutte gerarchizzate secondo i moduli tipici delle «società organiche» della prima età moderna.

Erano passati 167 anni, dunque, da quei giorni e per tutto questo periodo gli unici ingressi in città erano stati quelli, altrettanto impegnativi dal punto di vista del cerimoniale, dei viceré spagnoli, quello della sorella del re Filippo IV, Maria, in viaggio per raggiungere il suo sposo Ferdinando d'Austria, e quelli di alcuni principi di stati italiani o tedeschi in visita a Napoli, che trovarono tutti ampio spazio nella cronachistica del tempo.

Il far parte di un impero multinazionale e l'avere per re un sovrano che regnava anche su altri paesi, uniti all'incontestabile castiglianizzazione della monarchia avvenuta a partire dagli anni di Filippo II, avevano ridotto la grande metropoli del Mezzogiorno al rango di una delle numerose capitali, anche se la più popolosa tra esse, della multiforme corona asburgica e l'avevano privata dei segni esteriori che solitamente si accompagnavano o alimentavano l'esercizio pieno della sovranità.

L'ingresso di Filippo d'Angiò era il frutto di una congiuntura che, nella sostanza, non si discostava da quella che, nei primissimi anni del XVI secolo, aveva deciso del destino di Napoli: il nuovo re era pur sempre un sovrano straniero che, visitando la città, percorreva e ispezionava una sua provincia; egli, infatti, riconfermò il viceré e le autorità in carica e si sforzò di dare una chiara impressione di continuità rispetto agli indirizzi espressi dai sovrani della ormai estinta casa Asburgo di Madrid. Per questo, gli furono dedicate le dovute manifestazioni di entusiasmo che si riservavano a colui che era e si presentava come un padrone. I festeggiamenti offerti al re diciannovenne e gli onori tributatigli furono i consueti, gli spazi che fecero da sfondo alle cerimonie in suo onore i soliti: i castelli con le artiglierie che sparavano a salve, le chiese con le campane che suonavano a distesa, il palazzo reale in cui furono ricevuti gli eletti della città, il duomo ove avvenne l'incontro con il cardinale arcivescovo e la più cospicua nobiltà del regno; ma, nonostante le enfatiche affermazioni del Bulifon e nonostante la ovvia e demagogica riduzione di imposte decise da Filippo, sembra che non tutto dovesse andare per il verso giusto nel primo e caloroso contatto tra il nuovo re e il suo popolo.

Pochi anni più tardi, l'ingresso delle truppe cesaree, venute a prendere possesso della città in nome dell'imperatore Carlo VI, produsse ulteriori manifestazioni di giubilo, assieme alla distruzione di tutti i simboli innalzati poco prima in onore di Filippo, il che offrì ancora una volta agli osservatori il destro per lanciarsi in sapidi commenti sulla volubilità della «fedelissima» città di Napoli.

Diversi il carattere e il tono dell'ingresso a Napoli del figlio di Filippo, Carlo di Borbone, avvenuto il 10 maggio del 1734. Egli era allora duca di Parma e Piacenza ed erede designato alla corona granducale di Toscana, ancora retta da Gian Gastone, l'ultimo rappresentante della dinastia medicea; ma il giovane Infante di Spagna era destinato a reggere un regno al quale ben presto le potenze europee avrebbero riconosciuto la piena indipendenza. Sebbene la sua fosse un'entrata «privata» (ma la più fastosa fra quante i principi conquistatori avessero mai effettuato), dato che egli ancora non aveva avuto militarmente ragione degli austriaci che occupavano il paese, essa si svolse obbedendo a un cerimoniale che tendeva a catturare il pieno consenso delle élite, alle quali si esibivano e si offrivano i caratteri pieni della sovranità, nei confronti di colui che sarebbe divenuto il nuovo re di Napoli. Era la sovranità incarnata da Carlo un suo «prezioso appannaggio» ed egli, con addosso un abito intessuto d'oro e di argento, con una bottoniera di puri e grossi diamanti, con il collare del Toson d'oro e le insegne dell'Ordine del S. Spirito (ordini dinastici – come ben si sa – asburgici e borbonici) che già avevano decorato il petto del padre, prese possesso dello spazio cittadino cavalcando per le strade e le piazze con ricco contorno di nobili e alti ufficiali e dispensando a piene mani monete d'argento al popolo festante; ricevuto nel duomo dall'arcivescovo, lasciò in dono a S. Gennaro, che con la pronta liquefazione del sangue (evento che non si era verificato di fronte a un indispettito Filippo d'Angiò) aveva dato prova di gradire il nuovo signore, un gioiello di inestimabile valore.

La battaglia di Bitonto del 24 maggio non avrebbe fatto altro che apporre il definitivo sigillo all'impresa, felicemente riuscita, di Carlo e dei suoi generali spagnoli.

Era risorta come regno indipendente, dopo oltre 230 anni di dominazione straniera, un'antica monarchia, Napoli ospitava nuovamente un proprio re e tornava ad essere capitale di uno stato sovrano; l'incoronazione a Palermo, avvenuta il 3 luglio 1735 tra indescrivibili scene di entusiasmo che avevano eclissato il fresco ricordo dell'incoronazione di Vittorio Amedeo II di Savoia, effimero re di Sicilia, aveva posto il sigillo alla nascita dello stato borbonico nel Mezzogiorno d'Italia.

Subito, frutto delle generali aspettative della società meridionale più che dei primi atti di governo del re, nasceva un mito, quello di Carlo di Borbone, il fondatore della dinastia che avrebbe accompagnato tutta la storia del regno fino al suo epilogo nel 1860.

Certo, nel 1734 nessuno avrebbe scommesso sulla durata di quella dinastia sul trono meridionale, il fatto stesso che Carlo non accompagnasse nessun numerale al proprio nome era segno che anche nell'*entourage* dell'Infante si nutrivano dubbi sull'irreversibilità della sconfitta delle armi asburgiche in Italia meridionale. D'altra parte, quale numerale assumere? A seguire rigidamente la cronotassi dei re di Napoli – ce lo riferisce Pietro Giannone in alcune argute pagine della sua *Vita* – si sarebbe dovuto utilizzare l'VIII, ma se si fosse espunto dal novero dei Carli il Carlo VIII re di Francia – per brevissimo tempo signore non incontrastato del regno – il Borbone si sarebbe dovuto collocare come VII; ma questo avrebbe significato dare legittimazione a Carlo VI imperatore del Sacro Romano Impero (VI come imperatore e VI pure come re di Napoli) le cui mire sul regno non erano venute ancora meno; ne conseguì che per evitare ulteriori imbarazzi il Borbone preferisse rimanere don Carlos mentre i siciliani che non avevano la necessità di collegarsi ai tre Carli angioini, re di Napoli ma non di Sicilia, spregiudicatamente chiamarono il nuovo sovrano Carlo III collocandolo dietro i due Asburgo di Spagna con questo nome.

In ogni caso, per Giovanni Carelli che diede alla luce il suo lavoro sulla storia del regno allorché si celebrava il centenario dell'avvento dei Borboni nel Mezzogiorno, era stato certo un felice frutto della guerra di successione polacca l'insediamento a Napoli di un sovrano indipendente, ma l'avere avuto per re Carlo, uno dei più saggi principi che avesse annoverato l'Europa tutta del Settecento, era stato il più gran regalo che il re di Spagna avesse potuto fare ai napoletani: senza la sua opera il popolo delle Due Sicilie sarebbe rimasto nella condizione in cui allora versavano gli abitanti del Lombardo-Veneto, sudditi di un principe straniero.

Il sovrano iberico cui faceva disinvoltamente riferimento il Carelli non apparteneva, ovviamente, a quella dinastia che era accusata di aver trasformato il regno in provincia, non era il discendente di quei monarchi che, con i loro viceré, avevano schiacciato il paese sotto il peso di imposte e donativi, ne avevano prostrato l'agricoltura e annichilito i commerci, lo avevano sottomesso a Roma e alla chiesa e dissanguato con continue guerre all'estero. Filippo, il successore di Carlo II d'Asburgo, aveva saputo comprendere le ragioni dei napoletani e, concedendo loro un re proprio, aveva ad essi restituito la dignità. Vera fonte di ogni prosperità era stata la casa di Borbone in Francia; essa aveva instradato il regno di Napoli verso forme di perfezione civile e aperto alla sua storia un nuovo e più fausto corso: Carlo di Borbone, scrive Gabriello De Sanctis nell'introduzione storica che apre il suo *Dizionario statistico de' paesi del regno delle Due Sicilie*, «dopo periodi sì lagrimevoli [...] rialzò venturosamente il trono delle Due Sicilie»; egli, a buon diritto, era stato riconosciuto da tutti come «padre magnanimo, ed il ridonatore della felicità di entrambi i domini».

Il re presente e «nazionale» avrebbe avuto senza dubbio maggior cura del proprio paese di quanta non ne avessero avuto in precedenza i viceré asburgici, sia quelli inviati da Madrid che da Vienna: e, in effetti, egli portò con sé «pace permanente, grande saggezza, e volontà ferma di ristorare la novella patria [e] fece affatto obbliare alla nazione i disastri de' quali era stata vittima per più secoli»[1].

I decenni che, nel frattempo, scorrevano dalla sua partenza da Napoli e dalla sua morte non avevano fatto altro che rafforzare il mito che si era costruito attorno a lui. Memorabili erano stati gli anni del regno di Carlo; il sovrano si era circondato di uomini esperti, a cominciare dal grande Bernardo

[1] G. Del Re, *Descrizione topografica fisica economica politica de' Reali Dominij al di qua del Faro nel Regno delle Due Sicilie*, Napoli, Turchini, 1830, p. 151.

Tanucci, aveva innalzato la reggia di Caserta, autorizzato gli scavi di Pompei, costituito un esercito nazionale che aveva sostenuto felicemente il proprio battesimo del fuoco nella battaglia di Velletri presto assurta a simbolo del riscatto del Mezzogiorno, anzi – affermavano i più zelanti cortigiani – dell'intera Italia. Per di più, aveva egli ordinato a insigni giureconsulti la redazione di un codice, fondato scuole e accademie nelle province, protetto le arti e i commerci, limitato i privilegi dei baroni ai quali aveva imposto una più assidua presenza a corte temperandone in questo modo l'indole feroce. Egli aveva, infine, incoraggiato l'agricoltura, assicurato i possidenti, animato i commercianti, protetto il merito e ispirato una nobile gara fra i letterati.

Al termine di un esaltante quarto di secolo di governo «l'onore e la fede nella civil società tanto germogliarono» che con buona ragione Carlo poté essere proclamato dai suoi sudditi re in perpetuo: perpetuo nel ricordo che lasciava di sé, perpetuo nella sua discendenza, perpetuo nella legislazione che aveva introdotto. Alla sua figura si poteva accostare solo Ruggiero, il fondatore della monarchia meridionale, che aveva regnato per 25 anni, proprio come Carlo, anche se «la storia contemplando gli atti di questi due sovrani lascia alla posterità un dubbio se più si fosse adoperato Ruggiero a fondare la monarchia o Carlo che dal corrotto viceregnato la restaurava»[2].

Più obiettive, ma anch'esse di segno sostanzialmente positivo anche se in funzione sotterraneamente polemica nei confronti del sovrano regnante, le valutazioni che esprimeva nel numero di novembre del 1820 il periodico «La voce del popolo»: la prudenza che informava ogni suo comportamento aveva convinto Carlo dell'opportunità di fare solo quello che non fosse contrario allo spirito dei tempi. A lui si dovette un concordato che era il frutto più maturo delle circostanze, un catasto esattissimo compatibilmente con i diritti dei ceti privilegiati e, soprattutto, una pace che aveva lasciato immune il paese dalle ultime guerre dinastiche settecentesche.

[2] G. Carelli, *Della fondazione della monarchia borbonica di Napoli per la vittoria riportata dagli spagnoli sul campo bitontino. Cenno storico del dottor G.C.*, Napoli, Fibreno, 1835, pp. 27-32 e 47.

Come tutti i miti, anche quello del primo re Borbone di Napoli indicava un esempio da seguire, ma era pure un fardello ingombrante e una continua e imbarazzante pietra di paragone per i successori di Carlo. Questi ultimi facevano riferimento al loro capostipite quando mostravano di voler muoversi nel solco da lui tracciato, ma al primo sovrano della dinastia guardavano pure coloro che evidenziavano le nullità degli altri quattro re della casata e ponevano a confronto un passato glorioso con le meschinità e la quotidianità del presente.

Per questi motivi la figura del re, al di là dei personali ed effettivi meriti dello stesso, fu spregiudicatamente usata e dai detrattori della monarchia che evidenziavano ad ogni piè sospinto l'enorme divario, anche morale, che correva tra il fondatore della dinastia e i suoi indegni successori, e dai partigiani del regime che dall'operato del re traevano lo spunto per ribadire la razionalità storica degli eventi che avevano portato i Borboni sul trono napoletano.

Se a Pietro Colletta – come ha recentemente ricordato Giuseppe Cacciatore – fu rivolta l'accusa di aver edificato il mito di re Carlo per mettere esplicitamente in luce, quasi novello Tacito, le inadeguatezze del figlio Ferdinando, non mancarono tuttavia coloro, come Gabriello De Sanctis, che fecero scivolare le numerose virtù di Carlo su tutta la sua augusta progenie o, come Giovanni Carelli, che sottolinearono le grandi difficoltà in cui si trovarono ad operare i suoi discendenti che regnarono in un contesto storico segnato da problemi di grande complessità quali non si sarebbe neppure immaginato il giovane Infante di Spagna.

Su un punto però concordavano tutti, sia detrattori che apologeti: Carlo partendo da Napoli per assurgere, ora terzo con questo nome, al trono spagnolo aveva avuto il grande merito di non ricondurre il paese allo stato di provincia, di non ripristinarvi un governo vicereale, ma di mantenervi la appena conseguita indipendenza; così facendo, egli aveva in un certo qual modo sanato le «afflizioni» del popolo napoletano che piangeva l'allontanamento di un così grande sovrano, ma che non era costretto a piangere per la fine della propria libertà. Pertanto, veramente figlio di Filippo e nipote del grande Luigi XIV si era dimostrato Carlo che aveva innalzato il paese da viceregno a stato sovrano e, scriveva qualcuno più zelante del necessario, sempre benedetta doveva essere la dinastia borbonica che aveva reso Napoli indipendente e rispettabile a tal punto che la Porta ottomana e le reggenze berberesche avevano preferito stipulare con essa quei trattati di pace e quegli accordi commerciali che non avevano voluto firmare con la Spagna!

Il figlio terzogenito di Carlo, Ferdinando, I come re delle Due Sicilie, già IV come re di Napoli e III di Sicilia regnò 65 anni sui 76 dell'intera sua vita; governò su tre generazioni del suo popolo, conobbe 5 pontefici, 4 granduchi di Toscana, gli imperatori del Sacro Romano Impero e quelli d'Austria; assistette alla fine delle antiche repubbliche aristocratiche italiane, visse tutta la parabola della rivoluzione francese e dell'impero napoleonico; aprì quel secolo di storia del Mezzogiorno che andò dalla partenza del padre per Madrid a quella di Francesco II per Gaeta. Amabile a tal punto che alcuni patrizi genovesi, lo sottolinea Carmine Lancellotti, pensarono di offrirgli la signoria della loro repubblica, si atteggiava negli anni della restaurazione a Nestore dei sovrani d'Europa; gli adulatori di corte sostenevano questa sua pretesa e lo corroboravano nelle sue senili aspirazioni propagandandone l'immagine come quella di un re venerando nel quale si incarnavano le qualità tipiche di un monarca, padre dei suoi popoli, che governava con saggezza il proprio paese promuovendone lo sviluppo e la prosperità e che dimenticava persino i torti che dai sudditi ingrati in più circostanze gli erano stati arrecati. Lo stesso Pietro Colletta, tessendo l'elogio di Giuseppe De Thomasis, si soffermava a parlare del re come di un uomo reso più saggio dalle sventure e che «per molta età, vicino a morte, assicurava gli animi da' sospetti di mal governo e di vendette».

Anche i deputati del parlamento nazionale sorto dalla rivoluzione del luglio 1820 non si sottrassero alla mistica del re saggio e anziano e, fra questi, il marchese Domenico Nicolai, rappresentante di Terra di Bari, esortava i sovrani d'Europa a riconoscere la monarchia costituzionale e, nello stesso tempo, a onorare la vecchiaia e la canizie di un sovrano che poteva essere giustamente ritenuto il padre di tutti i re[3].

[3] C. Colletta, *Diario del Parlamento nazionale delle Due Sicilie negli*

Saggio e clemente era stato, per Benedetto Cantalupo, Ferdinando nel 1815: aveva egli premiato i suoi sostenitori, si era astenuto da ogni atto di ostilità nei confronti di coloro che avevano servito Giuseppe e Gioacchino (i due «usurpatori»), era riuscito a collocare il paese tra i primi potentati d'Europa.

L'orgoglio nazionale si addensava così attorno ad un personaggio che aveva dimenticato rapidamente la parentesi del 1799 e non aveva permesso (lo scriveva Biagio Gamboa) alla memoria di quell'infausto anno di «intossicare colla sua ricordanza i felici giorni del nuovo nostro vivere». Egli, viceversa, tendeva a presentarsi al suo popolo con l'aureola del martirio sofferto nei lunghi anni del suo esilio siciliano che però avevano visto, secondo quanto asserito dalla propaganda cortigiana, la monarchia e i soldati siculo-napoletani dare un grande contributo alla lotta antinapoleonica.

Già il numerale assunto da Ferdinando era estremamente significativo da questo punto di vista: il sovrano «chiamavasi Ferdinando IV per ordine de' re di Napoli, ma è stato sicuramente il primo che abbia sofferte tante vicende, il primo che ha saputo unir la fermezza alla sua gran clemenza, ed il primo finalmente che ha revindicato il suo regno dalle mani del più perfido e nimico del mondo»[4].

Egli – asseriva Pasquale Adone – fu, dopo tanti secoli, il primo re «concittadino», capace di assicurare pace, splendore e floridezza all'intero paese; pure Andrea Cacciatore, nel profilo dedicato al sovrano, sottolineava con enfasi il suo essere nato nel paese, la sua completa immedesimazione con i propri sudditi, la modestia nel tratto e nell'atteggiamento che contrastavano con l'esuberanza di Murat, re amante delle pompe e dei fasti. L'aver per molti anni tenuto lontano il suo regno dalle distruzioni, dai saccheggi e dal triste destino che le armate francesi avevano riservato al Piemonte, a Milano, a Genova e a Venezia, l'aver abbandonato Napoli nel 1799 per

anni 1820 e 1821 illustrato dagli atti e documenti di maggiore importanza relativi a quelle discussioni, Napoli, Stamperia dell'Iride, 1864, p. 261.

[4] F. De Angelis, *Storia del Regno di Napoli sotto la dinastia borbonica*, Napoli, Morosino, 1817, vol. IV, p. 185.

evitare inutili spargimenti di sangue tra i suoi sudditi (simili motivazioni avrebbe addotto il pronipote nel 1860), il non aver permesso che la Sicilia fosse dominata da colui che pure aveva conquistato quasi tutta l'Europa e si era reso il più dispotico (così sembrava) dei sovrani, costituivano le sue più grandi benemerenze, sicché muoveva veramente a sdegno il «sentire condannato il re per poche riforme nei diversi rami, nulla mutando di quello che aveva trovato, mentre da tutti i principi italiani si governavano i popoli con le loro antiche leggi»[5]. Del suo retto operare, ricorda Biagio Gamboa, è testimonianza il convincimento nutrito dal re che il suo governo fosse perfettamente «analogo» all'indole del popolo meridionale e il dolore che provò nel 1820 quando i suoi sudditi si ribellarono chiedendo riforme che egli spontaneamente, se non fosse stato ingannato dai ministri, avrebbe accordato.

Di tutt'altro segno erano le valutazioni che venivano espresse su Ferdinando, come anche sull'intera dinastia, da coloro che si erano trovati a vivere in posizioni di ostilità verso i Borboni gli anni della restaurazione e quelli, successivi, del Risorgimento. Si tratta di valutazioni pesanti, a volte ingenerose, nelle quali si riconoscono, senza dubbio, i giudizi a suo tempo espressi da Pietro Colletta, accusato – come abbiamo visto – di essere nemico acerrimo di Ferdinando e di aver contribuito a demolire, con quello del primo re delle Due Sicilie, il prestigio e l'onore di tutta la dinastia.

Tralasciando i numerosissimi pamphlet venuti alla luce nei mesi rivoluzionari del 1799 nei quali «Ferdinando Capeto» viene, nella migliore delle ipotesi, dipinto come succube della moglie austriaca e dell'Acton, il profilo del re che emerge nella memorialistica antiborbonica è quella di un personaggio grossolano, «contadino» e «facchino», indegno successore di Carlo, nemico della dignità dell'uomo e per questo motivo castigato da Dio che gli aveva suscitato contro il terremoto calabrese del 1783 e l'eruzione del Vesuvio del

[5] A. Cacciatore, *Esame della Storia del Reame di Napoli di Pietro Colletta dal 1734 al 1825*, Napoli, Stabilimento Tipografico, 1850, pp. 70, 155, 162-163 e 330.

1794 e, infine, lo aveva spento con una crudele e solitaria morte. Maria Carolina era stata una vera Messalina, ispiratrice delle stragi del 1799 sì che l'Albarella d'Afflitto non esitava a sostenere, con scontata forzatura, che la Repubblica partenopea era stata «esteticamente» vendicata dal 1860.

Ma ciò che al vecchio re veniva più frequentemente rinfacciato, quasi elemento caratteriale in tutti i membri della dinastia, erano le numerose violazioni dei giuramenti di cui egli si era reso protagonista: aveva promesso un'amnistia nel 1799, con Napoleone si era impegnato alla neutralità, si studiava di apparire in ogni circostanza come un padre generoso che adempiva alla parola data, affermava di voler garantire al paese un governo stabile, saggio e religioso nel quale solo il popolo sarebbe stato sovrano, sosteneva di voler mantenere la costituzione siciliana del 1812, di voler perdonare i briganti Vardarelli, di proteggere e rispettare la nuova costituzione del 1820, ma si trattava sempre di false promesse che ineluttabilmente portavano a falsi giuramenti e ad ambigue e non richieste giustificazioni: nel 1800, lo ricorda il Colletta, era stato il diritto di riconquista a muovere il re a cancellare i tradizionali istituti di rappresentanza della nobiltà napoletana e nel 1821 la natura stessa del giuramento «evocato dalle tenebre della setta, e non dal libero voto delle popolazioni» aprì la strada alla ritrattazione[6]. Le menzogne costellarono gli anni del lungo regno di Ferdinando e inutilmente, ironizza Nicola Nisco, il «santo e pio re» credette di essere assolto dai suoi spergiuri o di far perdere la memoria delle sue scelleratezze cambiando il numerale che ne accompagnava il nome.

Anche il preteso paternalismo del sovrano incorse in numerose e implacabili censure: quel governo vicino al popolo che Ferdinando si gloriava di esercitare e quella sovranità dignitosa e senza fasto di cui si vantava avevano in anni ormai lontani portato ai pesanti apprezzamenti dell'imperatore Giuseppe II in visita a Napoli nel 1769, stupito di trovare la corte pullulante di uomini di basso rango e di

[6] M. Musci, *Storia civile e militare del regno delle Due Sicilie sotto il governo di Ferdinando II. Dal 1830 al 1849*, 2 voll., Napoli, Poliorama, 1850, vol. I, p. 215.

animali che circolavano liberamente per gli ampi saloni del palazzo reale[7] e nel 1787 al corrosivo giudizio di Goethe: «Il re è a caccia, la regina incinta, e non si potrebbe desiderare nulla di meglio». Con Ferdinando e col cerimoniale che – veniva fatto notare – esibiva meschine livree, luridi cocchi e magri cavalli venivano quotidianamente umiliati i segni di una sovranità che aveva conosciuto ben altri splendori attorno a Giuseppe Bonaparte e a Gioacchino Murat. Per Donato Casavola (autore di una raccolta di opere mirante a distruggere il dispotismo «clericale e civile» e, quindi, comprendente per necessità di cose una storia dei Borboni di Napoli) solo due riforme era stato capace di compiere su di sé il re una volta ritornato da Palermo: recidersi il codino e indossare i pantaloni lunghi.

Ma, per altri, quello di Ferdinando era stato un regno segnato da un avverso destino: i suoi primi anni avevano lasciato intravedere prosperità e lieto avvenire per il paese; erano state perfezionate le riforme impostate da Carlo, lo stato era divenuto forte e vigoroso, la dinastia era riuscita a trovare una sua dimensione italiana, finché le sciagurate vicende che erano sopraggiunte non avevano troncato le grandi speranze da tutti nutrite e lasciato nei popoli tracce di dolore e di odio difficilmente lenibili in un breve lasso di tempo. Probabilmente – rifletteva Michele Palmieri di Micciché nelle sue *Pensées* – una diversa educazione e una più profonda istruzione avrebbero fatto del re uno dei migliori sovrani d'Europa; egli si presentava come uomo devoto, popolare, senza fasti e ambizioni e amante della caccia; nascondeva, così, quelle che erano le sue principali doti: la presenza di spirito e il buon senso. Forse, senza l'ingombrante presenza di Maria Carolina avrebbe goduto di maggiori simpatie negli ambienti politici europei.

Eppure, la regina aveva dato prova di un indomito spirito guerriero che l'aveva portata a sostenere, anche in anni difficili, un'implacabile guerra alla Francia e ai Napoleonidi mostrando, nel contempo, grande generosità come quando pre-

[7] H. Acton, *I Borboni di Napoli (1734-1825)*, Milano, Martello, 1960, p. 165.

stò aiuto ai soldati napoletani di Murat che sfilavano per Vienna, laceri e affamati, di ritorno dall'impresa di Russia. Era stata lei che, a detta di Carmine Lancellotti autore di un appassionato *Elogio*, con la sua tenacia aveva propiziato nella corte asburgica il ritorno del marito sul trono perduto.

Luigi Blanch nella sua *Memoria sullo stato del Regno di Napoli* (dicembre 1830) asserisce che l'avvento al trono di un nuovo sovrano è un avvenimento che consente di valutare con grande precisione le disposizioni dei sudditi verso la propria dinastia: se ogni atto che possa far sperare in un miglior avvenire viene rigettato è segno che il paese ha ormai receduto dal lealismo dinastico, se si verifica il contrario, si può anche prevedere che le forme di malcontento o di disaffezione che avevano caratterizzato gli anni del re precedente possano essere assorbite e trasformarsi in sostegno appassionato a una seria politica di riforme. Quest'ultima era, secondo il Blanch, la disposizione generale nei confronti di Francesco I, anche se era fresca la memoria del non limpido comportamento tenuto in qualità di vicario nei mesi della rivoluzione costituzionale. Tuttavia, la realtà si sarebbe presto incaricata di presentare quel re nella sua vera luce.

Egli saliva al trono a 48 anni, già vecchio e stanco, timoroso del nuovo e sospettoso nei confronti di chiunque. I più benevoli parlavano di lui come di un sovrano capace solo di fare il padre di famiglia, quasi «il Giobbe dei nostri tempi» o di un personaggio che non si sapeva se definire più saggio o più buono[8]; per gli altri era traditore e spergiuro come il padre, assiduo frequentatore di chiese e di caserme e poco propenso a concedere udienza ai suoi sudditi, a disagio sia a Madrid (da lui visitata nel 1830) perché troppo conservatrice per i suoi gusti che a Parigi, troppo liberale. Ma, anche per la breve durata del suo regno – che, accanto a «nefandezze» e repressioni, vide elementi positivi come la legge forestale del 1826, la creazione della direzione centrale dei dazi indiretti,

[8] In N. Cortese, *La prima rivoluzione separatista siciliana, 1820-1821*, Napoli, Libreria Scientifica, 1951, p. 51; G.G. Rossi, *Storia dei rivolgimenti politici nelle Due Sicilie dal 1847 al 1850*, 2 voll., Napoli, Fibreno, 1851, vol. I, p. 5.

lo scioglimento delle promiscuità in Sicilia, la fondazione dell'archivio di stato – toccò al figlio Ferdinando II ripercorrere le orme del nonno.

Egli imparò subito – se vogliamo dare ascolto alla nutrita schiera dei suoi detrattori – a violare i giuramenti; ebbe precettori ignoranti, tra i quali il vescovo Agostino Olivieri, che gli instillarono un esagerato devozionismo; da nessuno sentì parlare dei progressi dell'umanità. Adottava le tecniche moderne solo per quel che bastava a farsi credere un principe illuminato e riteneva suo grande merito l'aver tenuto il paese lontano dai guasti che sul tessuto sociale inglese stava provocando la rivoluzione industriale.

Viceversa, a detta dei suoi sostenitori, quel re, pur se aveva voluto seguire personalmente tutti gli affari di stato, evitando di servirsi di un nuovo e onnipotente Luigi de' Medici, aveva informato i suoi anni e la sua attività di governo secondo ideali di giustizia e di clemenza e per questo motivo, riferisce il Carelli, il suo augusto nome sarebbe stato ricordato nei secoli successivi come quello di un grande sovrano. Era spettato a lui presiedere a una serie di cerimonie per il centenario della dinastia che avevano mostrato agli osservatori dell'Europa tutta il senso di profondo lealismo che animava l'intero popolo napoletano. E se Camillo Regna, sindaco di Bitonto nell'anno della omonima battaglia, aveva reso omaggio al vincitore Carlo, ora era il pronipote Francesco Regna a porgere, a nome della sua città, gli omaggi all'altro pronipote, Ferdinando II, a testimonianza di una fedeltà e di un attaccamento alla dinastia che si mantenevano inalterati attraverso i decenni[9].

Matteo Carpino, nella sua opera «elementare per i giovanetti dell'uno e dell'altro sesso» sottolineava il carattere dolce e magnanimo di Ferdinando II e le cristiane virtù della moglie Maria Cristina di Savoia la quale riuscì – secondo Luigi Settembrini – nell'arduo compito di sollevare un poco l'animo plebeo del re e di introdurre costumate usanze in una

[9] *Ibidem*, p. 43. Monumento alla dinastia e storica testimonianza dello stato napoletano indipendente è definita la città di Bitonto da M. Musci in *Storia di cinque mesi del reame delle Due Sicilie*, Napoli, Gioia, 1859, p. 53.

reggia ridotta a bordello e caserma; nello stesso tempo la santa regina (lo ricorda Benedetto Croce) instillò nel marito una sana diffidenza nei confronti dei ministri accusati di impedirgli contatti diretti e frequenti col suo popolo. Benefico nel sollevare i poveri e soprattutto «i nobili vergognosi, non a tutti palesi», secondo un'espressione frequentemente ripetuta nelle carte dell'antico regime, prodigo nelle grazie, generoso di cuore, Ferdinando II, come padre dei suoi sudditi, aveva introdotto nel suo paese pace, abbondanza e giustizia. Quando nel 1847 una carestia aveva provocato «disordini» negli stati del papa egli si era adoperato per eliminare ogni occasione che potesse produrre malcontento tra la popolazione prodigandosi perché le contrattazioni commerciali non fossero alterate. Sotto il suo scettro erano stati fondati gli «Annali civili del regno delle Due Sicilie» sui quali scrivevano tutti i dotti della nazione chiamati ad assecondarlo nel suo sforzo di portare il paese alla civiltà e alla prosperità. Di lui Niccolò Tommaseo scrisse che era il meno responsabile della situazione di avvilimento in cui si trovava l'Italia: sebbene la sua educazione fosse scarsa, triviali le maniere, inetti i suoi ministri, ostile a forme di collegamento del suo paese con il resto della penisola, egli, in una fase del suo regno, fu in grado di innovare «a dispetto dei popoli»[10].

Desideroso di imitare il sempre lodato Carlo III, Ferdinando II percorse più volte le province del reame per provvedere personalmente ai bisogni dei suoi sudditi dai quali – secondo quanto riferito da zelanti scrittori e da più zelanti funzionari – fu sempre ricevuto con gioia e trasporto. Così, mentre i ministri e gli amministratori adoperavano la statistica per conoscere il paese, il re lo attraversava riprendendo quella consuetudine che fino alla fine del XVIII secolo era stata dei «visitatori».

Almeno due volte l'anno (in realtà egli lo fece solo nel 1838 dopo la funesta epidemia di colera) egli si recava in

[10] N. Tommaseo, *Dell'Italia*, 5 voll., Torino, Utet, 1926, vol. I, pp. 16-17. Giustino Fortunato bollò questo giudizio come frutto della scarsa conoscenza, da parte dell'autore, della realtà meridionale (in Id., *Appunti di storia napoletana dell'Ottocento*, Bari, Laterza, 1931, p. 178).

Sicilia e viaggiando si occupava dei più svariati affari: accoglieva gli omaggi delle autorità assieme alle suppliche e alle richieste dei sudditi, dava udienza a tutti, rassicurava, alleviava le condizioni di chi versava in miseria, apriva cantieri, ordinava la costruzione di strade e di altre opere pubbliche. Felicissimo era poi il suo rientro a Napoli ove era giunta l'eco delle grandi attestazioni di devozione ricevute e delle disposizioni da lui date in materia di lavori pubblici «da tornare non solo utile nel momento, dando da sussistere alla gente bisognosa, quanto vantaggiose ed essenziali per l'avvenire»[11]; ma, soprattutto, felicissimo era Ferdinando (lo riferisce un resoconto di quei viaggi apparso nel 1833 sugli «Annali»), sovrano cui era toccata la fortuna di regnare «sopra un popolo buono, grato, devoto a lui e alla dinastia». Pure l'ultimo e triste viaggio del 1859 servì, secondo quanto riportato nei roboanti bollettini ufficiali, a coagulare il sentimento di fedeltà che albergava nell'animo dei sudditi.

Nel corso dei viaggi la forza normale delle istituzioni cedeva il passo all'eccezionale volontà del sovrano; le mediazioni burocratiche saltavano, la «malagevole amministrazione» veniva «rassoda[ta] e raddrizza[ta]»; se le gerarchie delle élite si rafforzavano, scomparivano tutti gli ostacoli che precludevano a chiunque i segreti della giustizia e dell'amministrazione, le distanze venivano annullate, l'esercizio del potere si trasformava in una vera e propria festa.

Archi, toselli, bande, cortei di autorità, luminarie erano i consueti e gioiosi segni dell'attaccamento del popolo alla monarchia; i notabili, attorniando il re, realizzavano una legittimazione della propria posizione e della propria funzione nella società provinciale, al popolo sembrava di impadronirsi di brandelli di regalità. Certo, le grandi manifestazioni di giubilo succedutesi nel corso del viaggio di Ferdinando del 1859 facevano sperare in un radicato attaccamento delle popolazioni alla dinastia, ma le cocenti delusioni seguite po-

[11] G. Marulli, *La cattiva letteratura e le buone truppe*, Napoli, Canavaccioli, 1852, pp. 150, 302 e 307. L'autore si dilunga sui particolari dei viaggi del re «a fin di far vedere come il Sovrano prendesse cura dei popoli, e come fosse da questi corrisposto» (*ibidem*, p. 303).

chi mesi dopo la visita nelle province pugliesi del 1797 effettuate in occasione delle nozze del principe ereditario Francesco con Maria Clementina d'Asburgo e le stesse effimere e scontate calorose accoglienze già tributate in analoghe occasioni a Giuseppe Bonaparte avrebbero dovuto far riflettere il re e il suo *entourage* che non era in questo modo che si poteva guadagnare il consenso dell'intero paese o valutare il grado di popolarità di cui si godeva. Anche perché – lo sottolinea il Calà Ulloa – il re preferiva «carezzare» la plebe piuttosto che i «civili» per privare i disegni degli uni delle braccia degli altri: solito errore, questo, secondo l'ultralealista scrittore, dei Borboni di Napoli.

In ogni caso, la regalità ammantata di paternalismo, il carattere burbero e popolaresco che assunsero i sovrani borbonici e che una stampa e un'aneddotica compiacente divulgavano dovettero certamente contribuire a circondare i viaggi in provincia di Ferdinando II di un'aureola di simpatia che il populismo a buon mercato di cui egli dava prova contribuiva ad esaltare.

Nell'oleografia imperante il viaggio del re assumeva i tratti della visita del padre alla sua numerosa famiglia, anche perché la dinastia aveva teso ad accreditare sin dal suo esordio sul trono napoletano un'immagine di sé quale istituto nel quale si doveva riconoscere tutto il paese. Il governo del regno, scrivevano nel 1834 gli «Annali», si era tramutato con Ferdinando II in un benefico governo di famiglia, una famiglia, quella reale, che era la metafora della nazione, lo specchio in cui si rispecchiavano le qualità di tutto il paese; per questo i principini borbonici erano stati educati non con i cerimoniali fastosi e con l'etichetta riservata a coloro che occupavano i vertici più alti della gerarchia sociale, ma con le cure assidue che è solito dispiegare un perfetto padre di famiglia. La monarchia doveva, infatti, somigliare ad una famiglia e, più che di nuovi ordinamenti politici, aveva bisogno di un re che fosse la fonte della giustizia e dei benefici. E non era stato Carlo a offrire di sé un'immagine tutta familistica con il suo culto per il presepe, vera e propria esaltazione del focolare domestico?

La moltiplicazione degli spazi cerimoniali che si attuava nel corso dei viaggi rafforzava questa visione, la maggiore vicinanza ai sudditi che in tali circostanze si determinava serviva ancora una volta a rimarcare l'antica divisione tra il sovrano dispensatore e i suoi ministri e funzionari, spesso incapaci di comprendere le reali esigenze delle popolazioni. Il viaggio assumeva una funzione eversiva degli assetti esistenti: più che presa d'atto dei problemi del paese, comportava *ipso facto* la risoluzione degli stessi. La sovranità si spostava per tutto il vasto regno, il monarca pranzava e dormiva al cospetto dei suoi sudditi, sposava i suoi figli nelle cattedrali delle città provinciali, mostrava come gli stessero a cuore gli interessi della nazione, anche se delle sue veloci visite restava a volte solo il denaro che egli faceva distribuire ai poveri, ben poca cosa – sottolineava qualche maligno – rispetto a quello che le casse comunali e provinciali avevano dovuto spendere per apprestargli le scontate e obbligatorie dimostrazioni di giubilo.

Il regno sotto la benefica mano e l'occhio attento dei suoi sovrani progrediva, sebbene (lo ricorda Marulli nella sua opera significativamente intitolata *La cattiva letteratura e le buone truppe*) non tutti fossero così leali da riconoscere gli innumerevoli successi conseguiti dalle Due Sicilie sotto Ferdinando II: ma era tipico delle sette «cominciare a deprimere e far cadere in disprezzo il potere che si vuole attaccare, onde vincerlo più agevolmente negli stessi principi nel quale [*sic*!] è costituito».

La calunnia sembrava accompagnare costantemente la vita e l'operato di Ferdinando II; ciononostante quella che gli ambienti filoborbonici costruivano era l'immagine di un sovrano virtuoso e leale, che aveva mantenuto in sé il valore, la clemenza e la religione dei suoi avi, aveva evitato il coinvolgimento del regno nei moti del 1830-31 e, con quello, pericolose interferenze straniere, aveva difeso l'onore nazionale nella questione degli zolfi e, per questo, aveva dalla sua l'intero popolo napoletano che era quasi «immedesimato» nei pensieri del suo re. Bisognava, dunque, scriveva Luigi Canosino, essere grati a Ferdinando II per aver tenuto lontane le città del suo paese dalle distruzioni che avevano invece funestato nel 1849 quelle dell'Italia del nord, per aver perdonato i siciliani i quali avevano rigettato la sua autorità, per aver generosamente ospitato il pontefice in un anno di gravi torbidi che minacciavano di trascinare a rovina il cattolicesimo stesso; bisognava, invece, condannare in blocco quei «riformatori» sleali che volevano far scomparire le Due Sicilie, annientare l'identità nazionale di uno stato giovane e vigoroso che con Ferdinando II faceva parte, a pieno titolo e su un piano di parità con altre potenze, del generale consesso degli stati europei.

Certo, il controverso comportamento del re ispirò anche un Vincenzo Albarella d'Afflitto che si attardò a dipingere l'agonia di Ferdinando II che «roso da vermini e straziato dal rimbombo del cannone di Solferino – in realtà quella battaglia si combatté quando il re era morto da oltre un mese – contemplava il doppio cadavere, quello del suo corpo e quello della sua dinastia», o un Donato Casavola che descrisse Ferdinando in viaggio per il suo regno nel 1859 come un vero «Don Chisciotte della Manca [...] malvagio maledetto cui Iddio negava alimento o sonno» e in preda a profonda disperazione alla notizia della fine della pacifica dinastia granducale di Toscana e delle vittorie degli eserciti collegati di Francia e di Sardegna contro quello dell'imperatore apostolico.

Eppure egli era stato un buon padre di famiglia e affezionato alle tradizioni del paese: aveva educato il figlio secondo rigidi principi religiosi, aveva instillato in lui un profondo attaccamento all'esercito, facendogli frequentare, sin da fanciullo e in divisa di soldato semplice, le feste di Piedigrotta, aveva voluto che Francesco si sposasse a Bari, in quella Puglia che già nel 1797 aveva visto le nozze del primo Francesco.

A sentire un acceso e intelligente sostenitore della dinastia come Pietro Calà Ulloa che su Ferdinando II scrisse un libro, il regno di quel sovrano si poteva dividere in tre parti: nella prima, ricca di riforme e di iniziative, il sovrano somigliava a Carlo III; a partire dal 1837 iniziò una seconda fase nella quale la paura e la diffidenza nei confronti del suo popolo lo avvicinarono a Ferdinando I, nella terza, avviata dopo il 1848, il suo regno ricalcò quello del padre Francesco, alle prese con le fazioni, le insidie cortigiane e gli appetiti stranieri.

Dopo 29 anni di regno e una lunga e crudele agonia Ferdinando moriva. Se il re non poteva sfuggire alla morte, il sontuoso e macabro cerimoniale funebre regolato dall'etichetta spagnola lo tratteneva ancora alcuni giorni tra i vivi e lo esponeva alla pietà dei suoi sudditi; per quelli più fedeli Ferdinando II, colosso fra le «edaci» passioni del suo tempo, continuava a vivere nei monumenti della fede cattolica, nell'accorta scelta dell'episcopato del regno, nelle sue numerose opere pubbliche, nei trattati internazionali, negli opifici costruiti un po' dappertutto e, soprattutto, nell'esercito, assurto a simbolo e puntello dell'indipendenza nazionale. Era pur vero, però, che di lì a pochi mesi quell'esercito al quale il re aveva dedicato le sue più assidue cure e affidato il compito di proteggere l'integrità e l'identità delle Sicilie, avrebbe fornito non eccelsa prova di sé.

L'essenza delle monarchie ereditarie, scriveva Mauro Musci riflettendo sul delicato momento in cui avveniva l'ascesa al trono di Francesco II, è nel fatto che con la morte del re tutte le istituzioni legislative rimangono in piedi, l'esercizio del potere non subisce interruzioni, anzi la successione immediata è garanzia sicura di miglioramenti nelle condizioni generali del paese.

Il nuovo sovrano, ricordavano i più tenaci filoborbonici, si accingeva a porre al servizio del regno la pietà ereditaria, la fede perfetta, la sua giovinezza pura e immacolata, ma per la breve durata del suo regno non poté dispiegare tutte le doti e le qualità che gli si attribuivano; il 1860 segnò la fine delle Due Sicilie e di una dinastia che – come ricordava Domenico Lioy – era costata al popolo napoletano un fiume di sangue e lacrime oltre che la perdita di ricchezze incommensurabili. A quella, tuttavia, andavano ascritti anche meriti indiscutibili: aver riportato il Mezzogiorno all'indipendenza, averlo salvaguardato dalle mire dell'Inghilterra e della Francia, succedute a inizio Settecento alla Spagna nell'egemonia sul Mediterraneo, e aver rispettato, con Ferdinando I, il trattato di Casalanza nello spirito e nella lettera, laddove la maggior parte dei principi italiani richiamava in vigore le leggi, gli ordinamenti e le usanze dell'antico regime.

2. *La dinastia e il Decennio francese*

«L'indrizzo dato da Carlo III importava che riformar si potesse senza sconvolgere. E quell'indrizzo fu seguito per lungo tempo dopo di lui. Ringiovanir, non soverchiar si volea. E le menti essendo ferme, esitazioni non vi furono». Così Pietro Calà Ulloa guardava, nei suoi «annotamenti» all'opera principale del Colletta, alla dinamica politica che aveva avuto luogo nella Napoli del Settecento.

Riforme graduali che rispettavano gli usi e i costumi della popolazione napoletana e valorizzavano la tradizione giuridica e gli ordinamenti pubblici del paese erano dunque state, per Calà Ulloa, quelle che si erano attuate negli anni di Carlo III e del suo primo successore. E quel vecchio legittimista non era il solo a pensarla così: prima di lui tutti coloro che avevano scritto, dalla parte borbonica, la storia dei regni di Napoli e di Sicilia ne avevano ricostruito le vicende esaltando l'operato della dinastia e, soprattutto, la sua illuminata azione riformatrice. In questo modo, negli anni della restaurazione si recuperavano al comune sentire i tratti di una politica sulla quale, in realtà, il sovrano, i suoi ministri e il ceto degli intellettuali non si erano mossi sempre concordemente. Nelle riflessioni di quegli uomini si appiattiva, infatti, la storia del secondo Settecento entro la cornice di una sostanziale concordia tra monarchia e gruppi riformatori e si ponevano sullo sfondo, invece, le oscillazioni, le remore, le incertezze, le chiusure e i conflitti stessi che avevano caratterizzato momenti importanti della politica perseguita da Ferdinando IV. La visione generalizzata e banalizzata di un Settecento riformatore che – col passar del tempo – diventava più riformatore di quanto in realtà fosse stato serviva a saldare la fase prerivoluzionaria della dinastia a quella postnapoleonica, il 1789 al 1815, a connettere il riformismo illuminato alla monarchia amministrativa edificata da Giuseppe Bonaparte e Gioacchino Murat.

L'onnipresente esaltazione dei moduli del governo dinastico di Carlo e del primo Ferdinando doveva, però, fare i conti con le trasformazioni nel frattempo intervenute nel costume e nella pratica di governo oltre che nella legislazione e misurarsi con quel «buco nero» che era rappresentato dal Decennio. Bisognava legare Ferdinando IV di Napoli e Ferdinando III di Sicilia a Ferdinando I delle Due Sicilie e rinsaldare il senso di legittimità attorno alla dinastia, evidenziare la continuità di intenti che l'aveva mossa e celebrare nel contempo la grande funzione regolatrice degli assetti sociali ed economici del paese da essa svolta negli anni prerivoluzionari. Era necessario capire e spiegare come dalle radici settecentesche fosse sorto nel 1815 uno stato che poggiava le sue fondamenta su principi radicalmente diversi rispetto al passato e ricercava il sostegno presso strati sociali che ben poco avevano da spartire con i ceti dominanti settecenteschi. Era, quello che si poneva agli apologeti della dinastia, un compito arduo, ma non impossibile, soprattutto perché – come ha opportunamente scritto Pasquale Villani – furono le cogenti ragioni di opportunità politica e la forza stessa del moderatismo prevalente nella vita pubblica napoletana che indussero a sopravvalutare l'importanza del riformismo borbonico e a guardare al periodo francese come alla continuazione e al perfezionamento dell'opera già iniziata a partire dagli anni tanucciani[12].

La saggezza dei monarchi diventava la cifra per interpretare gli ultimi cinquant'anni di storia del paese, quelli che avevano visto la corona impegnarsi in prima persona nel guidare il paese al conseguimento di forme più alte di sviluppo e di civiltà senza per questo provocare un'eccessiva alterazione degli equilibri esistenti.

A molti uomini del primo Ottocento pareva che la vecchia monarchia paternalistica fosse l'unica forma di governo capace di assicurare quiete, tranquillità e progresso al paese; in essa sembravano incarnarsi i valori di fedeltà, lealtà, attaccamento alla dinastia e religiosità che costituivano l'asse portante di una società ben regolata. Il re prodigo, benefico, attento ai bisogni dei suoi sudditi, vicino ad essi e, ciononostante, pienamente consapevole di quella funzione di governo che era propria della cultura delle monarchie europee allo stadio finale dell'antico regime, assurgeva a cardine di un sistema di governo che, per tanti versi, presentava tratti inesorabilmente antiquati.

Certo, quel tipo di governo aveva dovuto ingaggiare un'epica lotta contro lo «spirito del secolo» che, in particola-

[12] P. Villani, *Mezzogiorno tra riforme e rivoluzione*, Roma-Bari, Laterza, 1973, p. 226.

ri circostanze, aveva acquisito una perniciosa influenza sullo stesso Ferdinando, costretto ad espellere i gesuiti e a ridurre il peso della chiesa nel campo dell'istruzione e dell'assistenza. Ma il cocente ricordo degli eventi rivoluzionari e delle lacerazioni che essi avevano prodotto (assieme alla diffusa consapevolezza della proficuità di un concorde operare con le gerarchie ecclesiastiche) aveva portato nel paese, come in quasi tutta l'Europa, all'esaltazione e alla ricerca di una quiete e di una stabilità che solo una monarchia dai tradizionali e tranquillizzanti connotati poteva garantire.

L'ordine che aveva caratterizzato il procedere delle cose del regno nei nostalgici anni prerivoluzionari e le riforme che il tempo trascorso rendevano più razionali e accettate senza opposizione, sembravano poter tornare a segnare la vita dell'Italia meridionale nel 1815 e ad apportare una pace che era il frutto della ripristinata libertà. I tesi e vibranti anni napoleonici cedevano, così, il passo a una normalità e a una quotidianità che non erano dovute al pigro ritornare degli uomini al mondo dell'antico regime, bensì erano il più prezioso frutto di una pratica di governo che riusciva a contemperare il vecchio col nuovo.

All'utopia di un Settecento inequivocabilmente riformatore si aggiungeva, così, quella di un «quinquennio» tranquillo, operoso, segnato da un sostanziale accordo tra la monarchia e i sudditi, compresi quelli che avevano parteggiato per Murat e ricoperto nel Decennio importanti funzioni di governo. Tra il 1815 e il 1820 si visse in una «pace ridentissima» sotto l'egida di una monarchia moderata e tollerante; in quel periodo regnava un benessere generalizzato che si accompagnava a forme di libertà per i sudditi sconosciute nel passato: per gli apologeti del regime quello era da annoverare fra i periodi più memorabili nella storia del Mezzogiorno d'Italia.

Ma se Carlo, è lo stesso Calà Ulloa a ricordarlo, aveva trovato nel suo nuovo regno una struttura sociale e forme di governo non dissimili da quelle vigenti negli altri paesi dell'Europa dell'assolutismo, radicalmente diversa era la situazione che dové affrontare il figlio al suo definitivo ritorno da Palermo: i francesi avevano introdotto nuove leggi e nuovi ordinamenti, avevano sovvertito le basi economiche della società, avevano addirittura impostato su nuovi principi il rapporto con i propri sudditi. Ciononostante, Ferdinando non distrusse ciò che era stato creato in dieci anni, anzi si prodigò affinché nessuna riforma settoriale inficiasse la robustezza di un edificio che le potenze garanti di Casalanza avevano giudicato omogeneo e ben strutturato.

Bisognava, pertanto, convivere con gli uomini di quello che era considerato pur sempre un decennio di «occupazione militare» e con le strutture che Giuseppe e Gioacchino avevano edificato, bisognava ricostruire il senso di una vicenda storica che, se era stata lacerante, era servita tuttavia a dotare il regno di nuove e più efficaci istituzioni.

L'*impasse* fu risolta attribuendo alla monarchia settecentesca e al riformismo da quella praticato le innovazioni apportate dai due Napoleonidi. Il Decennio tese a configurarsi come una parentesi nella plurisecolare vicenda storica del paese che aveva prodotto ordinamenti pubblici segnati dalla violenza e dall'arbitrio, codici e leggi che ripugnavano all'indole del popolo napoletano e aveva portato all'omogeneizzazione delle istituzioni del regno a quelle della Francia imperiale. Soprattutto, però, il Decennio aveva interrotto il saggio e lento operare dei riformatori meridionali e del loro re. Senza rivoluzione, senza sangue e senza le umiliazioni alle quali era stato diuturnamente sottoposto, il paese avrebbe conseguito quei risultati in termini di crescita economica e civile ai quali avevano mirato Carlo e Ferdinando nella prima parte del suo regno. Era questo il punto su cui molti insistevano, l'elemento forte delle ricostruzioni e dei bilanci sugli anni a cavallo tra i due secoli e, se c'era una cosa di cui meravigliarsi, era il fatto che tra i napoletani che avevano avuto modo di apprezzare la benefica azione di governo dei due primi Borboni si annoveravano alcuni che si erano illusi dietro l'apparente razionalità e novità di istituzioni straniere. Cos'erano, in sostanza – si chiedevano concordi e con le stesse parole Francesco Dias, Benedetto Cantalupo, Giovanni Carelli – i tribunali supremi istituiti dai francesi se non il retaggio della Camera di S. Chiara voluta da Carlo III, cos'erano le nuove e numerose istituzioni giudiziarie, finanziarie e amministrative introdotte dai re francesi se non un ampliamento delle antiche magistrature? In quelle vi era l'essenza dell'armonia, dell'ordine, del bene, nelle altre – sottolinea il Cantalupo – si nascondeva «l'orridezza dello spirito di occupazione».

Particolarmente umiliante si era rivelata la sorte di Napoli sotto i francesi: il paese aveva dato i natali a grandi riformatori e a sapienti giureconsulti, lo stesso Galanti aveva già sottoposto al governo tutti i provvedimenti necessari per migliorare la pubblica amministrazione, ma, scrive Gennaro Marulli aprendo i suoi *Ragguagli storici*, la «burrasca» della rivoluzione e la conquista del 1806 avevano troncato tutto «col fendente della spada» e consegnato agli occupanti un patrimonio di progetti, di inchieste, di statistiche di cui essi si erano avvalsi per cambiare radicalmente le strutture dello stato napoletano. Anche la stessa eversione della feudalità, fiore all'occhiello della legislazione del Decennio, affondava le sue radici nell'azione di governo delle autorità borboniche: erano stati Carlo e Ferdinando a lottare contro gli abusi feudali, sostenendo con fermezza l'impegno e l'autorità dei funzionari e dei magistrati, e ad abolire nei fatti la feudalità procedendo alla vendita dei feudi devoluti e alla divisione e censuazione dei demani; l'«occupazione militare» altro non aveva fatto che compiere quell'ultimo passo a cui già si stava pensando. Per il Granata tutto ciò su cui il bello e il buono avevano ancora fondamento nel regno era napoletano e tutte le innovazioni diffuse dai francesi con la forza militare erano state preparate dai due primi re di casa Borbone ai quali non la volontà, ma le circostanze avevano vietato di dare compimento[13].

Con legittimo orgoglio – dice Giuseppe Lazzaro – si dovevano, dunque, rivendicare ai napoletani la maggior parte di quei provvedimenti che si ritenevano di origine straniera e, nello stesso tempo, bisognava riconoscere per intero il lavoro svolto per quasi un secolo da Carlo e Ferdinando e dai loro ministri.

Di analogo tenore sono le osservazioni che Giuseppe Del Re premette alla sua *Descrizione*: Ferdinando con «sapiente lentezza» procedeva a riordinare il reggimento dello stato,

[13] L. Granata, *Economia rustica per lo regno di Napoli*, 2 voll., Napoli, Pasca, 1830, vol. II, p. 130.

con grande prudenza si adoperava a far scomparire gli ultimi segni «del gotico edificio innalzato da barbari fra le tenebre del mezzo tempo», ma il Decennio compì in un giorno, con un impeto che derivava dall'uso spregiudicato della forza, l'opera alla quale egli si era accinto.

Anche il catasto provvisorio, scrive il solerte controllore delle contribuzioni dirette Francesco Saverio Bruno, nato nella «combustione di una occupazione militare», risentiva del modo di procedere dei francesi: la fretta e la precipitazione, che mal si addicevano a un popolo incamminato sulla tranquilla via delle riforme, ne avevano caratterizzato la stesura e prodotto innumerevoli errori e imprecisioni.

Per di più, ribadiva Alessandro Antonelli nelle sue *Memorie del regno di Napoli*, gli aspetti positivi di cui pure bisognava dare atto al regime murattiano quali la sua capacità di riconoscere i meriti, l'uniformità delle leggi e le garanzie che esse offrivano alle persone e alle proprietà, non dovevano far dimenticare che in quegli anni la legislazione francese era stata imposta ai napoletani come a un popolo vinto e che attraverso i nuovi codici si erano diffuse nel paese idee «nuove e speciose».

Certo, quei dieci anni erano stati fecondi di innovazioni nel campo dell'amministrazione, della giustizia e della fiscalità, ma quale rispetto poteva essere attribuito a leggi che ricordavano tristissimi giorni di occupazione? Ben altri frutti avrebbero dato quei provvedimenti se fossero stati il segno del progresso tranquillo e inesorabile della nazione.

Soprattutto, sotto il governo dei due Napoleonidi il regno aveva vissuto in perenne stato di guerra, aveva assistito alla distruzione del suo commercio marittimo, alla guerra civile in Calabria e all'annientamento dei suoi eserciti inviati a combattere in Spagna, Germania e Russia. Se Gioacchino si era regolato con «asiatica pompa», al suo predecessore Giuseppe si poteva ascrivere una coerente legislazione, ma il sangue sparso dappertutto avrebbe associato per sempre nei napoletani il loro nome a lutti e rovine.

La civilizzazione di un popolo oppresso dalla lunga oscurità dell'età vicereale alla quale avevano mirato i due primi re di casa Borbone era stata bruscamente interrotta dai francesi; la forza della religione era stata in quegli anni indebolita, le tradizionali credenze derise e bandite; era venuto meno il rispetto delle leggi e la licenza aveva trionfato dappertutto. Scontato destino di un popolo che dall'infanzia aveva voluto pervenire subito alla maturità e rivaleggiare con la maestra (la Francia) dalla quale aveva ricevuto invece corruzione e non incivilimento.

Era questo il tasto su cui insistevano le ricostruzioni di quel periodo, affrettate o meditate che fossero: le istituzioni, le riforme amministrative, le forme nuove di governo della società e di controllo del territorio potevano essere ricondotte allo spirito riformatore settecentesco ed essere, per questa via, accettate, ma venivano rifiutate senza tentennamenti la coercizione e la violenza che a quelle misure si erano accompagnate, lo stravolgimento di quelli che si ritenevano i valori del popolo napoletano, la pretesa degli occupanti di sovvertire e di rimodellare un'intera nazione.

D'altra parte, che cosa ci si poteva aspettare da due sedicenti re? Giuseppe Bonaparte, nonostante amasse presentarsi come sovrano retto e amante della giustizia, si fece promotore di novità esiziose; il suo successore, il nuovo re, «diciam così», era figlio di un mastro di posta e con i suoi decreti si era preoccupato di stabilire quale vestiario dovessero indossare giudici e ministri, oltre che di introdurre una serie di nuove imposte che avrebbero suscitato la riprovazione dei posteri. Certo Gioacchino aveva dimostrato di essere un combattente ardito e valoroso, ma non era adatto a governare: ridicolo a Parigi, divoratore a Berg, spogliatore a Madrid, egli aveva insultato la povertà delle popolazioni meridionali dissipando le ricchezze del regno nel fasto e nelle guerre. Con il suo insensato lusso aveva infiacchito i popoli, con la sua indole militare aveva calpestato le tranquille abitudini del paese, con la sua vana ambizione aveva condotto Napoli sull'orlo del precipizio. L'orgoglio nazionale era stato particolarmente ferito dall'esperienza di quegli anni ed era magra consolazione constatare che i soldati napoletani – così si preferiva credere – sotto qualunque bandiera avessero militato avevano dappertutto tenuto alto l'onore della loro patria e che dai territori del regno borbonico era venuto nel 1799 il primo esempio di una guerra di liberazione condotta dal popolo.

Se erano in pochi a ricordare che quell'orgoglio era stato già ferito dalla improvvida perdita dei Presidi di Toscana e dall'occupazione di Malta, i primi dipendenze della corona napoletana, la seconda antichissimo feudo del regno di Sicilia, oltre che dalla celere e vergognosa fuga del re in Sicilia con l'esercito praticamente intatto, c'era chi sottolineava che tra 1806 e 1815 Napoli era stato un regno di nome e non di fatto e che nella capitale partenopea trionfavano le leggi e i costumi francesi, mentre in Sicilia circolavano plenipotenziari e armate britanniche.

La coscrizione militare e il riordino dell'esercito non dispiacevano negli anni della restaurazione, ma si stigmatizzava la nascita di un'aristocrazia di generali, la funzione rilevante che nella Napoli del Decennio rivestivano i membri delle forze armate e la nascita di una forma nuova di dispotismo alimentata da coloro che indossavano una qualsiasi divisa. E pure il Colletta non mancò di sottolineare quello che a tutti allora era sembrato evidente: sotto Murat la «Corte divenne militare; i costumi, le maniere, gli abbigliamenti erano militari; il più debol sesso aveva fogge e mode militari»[14]. Da questi costumi furono in molti ad essere segnati a cominciare da Guglielmo Pepe che, scrive ancora Colletta nella sua *Storia del Reame di Napoli*, nei mesi della rivoluzione costituzionale si diede a imitare «sconciamente» gli atteggiamenti di Murat.

Sembra, quello dell'imposizione e dell'esibizione dell'uniforme, uno dei tratti del governo dei Napoleonidi che colpisse più in profondità sia gli osservatori più smaliziati che la massa della popolazione, abituati tutti com'erano a fare i conti con modi diversi di costruzione delle identità. Ma, come vedremo, il fasto e il gusto della divisa non restarono limitati solo agli ambienti militari, dal momento che si diffusero anche all'interno del personale civile dell'amministrazione, il che è un ulteriore elemento di riflessione, oltre che sulla natura rigidamente gerarchica che il regime napoleonico assunse, anche sui caratteri di impersonalità, astrattezza e oggettività che acquisirono la legge, la funzione e l'impiego

[14] P. Colletta, *Memoria militare sulla campagna d'Italia nel 1815*, in Id., *Opere inedite o rare*, cit., vol. I, p. 37.

pubblico. Ma su questo punto sarà opportuno soffermarsi in altro luogo.

Bisognava ritornare, dunque, allo spirito della monarchia legittima e pacifica senza per questo distruggere quello che di buono avevano prodotto le leggi francesi. Istituti, forme e pratiche di governo segnate dal nuovo e dall'impeto rivoluzionario dovevano essere assimilate e fatte proprie, rintrodotte nell'alveo di una vetusta e prestigiosa tradizione. Così avvenne grazie al saggio comportamento tenuto dal re restaurato sicché – asserisce Giuseppe Del Re nella sua *Descrizione* – dopo «dieci anni fecondi d'innovazioni, quel politico cangiamento fu simile a un pacifico mutar di guarnigione, nel quale col cangiar delle persone non si cambia per nulla l'ordine pubblico dalle leggi stabilito».

La posizione di Del Re era condivisa da una non ristretta schiera di osservatori e divenne quasi la posizione ufficiale del governo, una volta riconosciuto, comunque, che le riforme francesi avevano solo accelerato un cammino che era stato intrapreso già nel lontano 1734. Ferdinando altro non aveva fatto che stendere un velo sul passato, considerare tutti i napoletani come suoi figli e riprendere le antiche riforme portandole a perfezione.

I prudenti «Annali», nel numero del 1834 che ottimisticamente celebrava il primo secolo del governo borbonico sul Mezzogiorno d'Italia, registrarono e diffusero questa posizione facendosi anche interpreti del generalizzato stupore di fronte al vorticoso svolgersi degli eventi storici: in cent'anni di vita della dinastia «cambiò la nostra fortuna tante volte che, leggendo la storia di una sola età e di un solo popolo pare di leggere la storia di più secoli e di più genti». Furono promulgate nuove leggi e introdotti nuovi ordinamenti, sorsero nuove abitudini e nuovi bisogni; con l'occupazione francese entrò in vigore il nuovo codice, monumento di un'insigne civiltà giuridica, il cui unico neo era quello di aver introdotto istituti (come il divorzio) che mal si confacevano all'indole delle popolazioni meridionali. Di grande saggezza aveva dunque dato prova il re che aveva chiuso le orecchie «ed a' dispregiatori insensati di ogni antica istituzione, ed a' perpetui lodatori di ogni tempo andato».

Pur se segnate dalla guerra e dalla violenza, portatrici di usi e costumi nuovi, all'origine del dispotismo militare oltre che di un più efficace e pesante dispotismo ministeriale, le novità introdotte nel Decennio non potevano, pertanto, essere espunte dal tessuto sociale e dal panorama legislativo del paese anche se non se ne accettavano i presupposti. Da qui l'asfissiante e sospetta rivendicazione della continuità tra istituti e pratiche di governo tipici della monarchia assoluta settecentesca e le forme nuove di controllo della società elaborate dalla nuova monarchia amministrativa; così il distinguo tra una legislazione che nasceva dal razionale e pacifico svolgersi delle cose e atti di governo che erano, invece, frutto di usurpazioni e di prevaricazioni.

Finalmente cessate nel 1815 le guerre, scriveva Mauro Luigi Rotondo nel suo *Saggio politico su la popolazione e le pubbliche contribuzioni del regno delle Due Sicilie*, venne meno l'impronta della violenza e delle rivoluzioni che aveva segnato ogni cosa, il popolo napoletano respirò e il «governo paterno de' Borboni [mise] gli uomini nella felice necessità di essere virtuosi».

Era una virtù, quella che si richiedeva, che assumeva i tratti della tranquillità e della quotidianità. Il procedere oggettivo delle leggi, il silenzioso operare delle «officine» delle amministrazioni, quelle formalità che ad alcuni parevano inutili ed esagerate, pure tipiche dei regolamenti e delle istruzioni prodotte dagli infaticabili ministeri del Decennio, dovevano far dimenticare i bagliori delle cento battaglie in cui erano stati coinvolti i napoletani e i fasti di un regime che aveva profondamente alterato gli assetti sociali e proprietari del paese e che, per molti, con il principio della carriera aperta ai talenti (esempi sotto gli sguardi di tutti ve ne erano in quantità, a cominciare da Napoleone e dallo stesso Murat), si era trasformato in una vera e propria malattia dello spirito. Le battaglie avevano ubriacato i popoli, allettato una gioventù ardente e spensierata, arricchito i seduttori e impoverito i lavoratori, creato una serie di ambiziosi che avevano sognato le repubbliche giacobine e invece «raccolsero majorascati». Il fragoroso Decennio – annota Mauro Musci – era stato segnato da ottimi tribunali e da crudeli giunte di stato, aveva visto all'opera un giudice integerrimo come Nicola Nicolini e un generale feroce e opportunista come Pietro Colletta.

Con la pace finalmente conseguita si poteva ritessere la trama della storia del paese a partire dagli ultimi atti di governo di Ferdinando prima della sua fuga in Sicilia e saltando a piè pari gli anni di un regime che conveniva definire di occupazione militare. Si poteva riscrivere la storia delle Due Sicilie nel segno della continuità e guardare al regno come a un organismo che aveva conosciuto molteplici «periodi», che era stato retto da diverse dinastie, che aveva vissuto anche il lungo e fosco periodo vicereale. Ma, se quest'ultimo trovava legittima cittadinanza negli annali della storia napoletana, lo stesso non poteva dirsi per il Decennio dei due Napoleonidi: a Giuseppe e a Gioacchino non era destinato nessuno spazio nelle cronotassi ufficiali dei re di Napoli.

Tuttavia la continuità sbandierata e sulla quale il fior fiore degli apologeti versava fiumi di inchiostro veniva smentita, oltre che dal concreto e corposo retaggio del Decennio, dalla stessa denominazione del regno. Ferdinando poteva continuare a definirsi Infante di Spagna (e in questa veste giurò nel 1820 la costituzione di quel paese), re di Gerusalemme, duca di Parma, Piacenza e Castro, gran principe ereditario di Toscana[15], ma era ormai il re del «regno delle Due Sicilie» (*Sa majesté sicilienne*, come scrivevano i diplomatici) e non più il re «delle Due Sicilie», titolo che pure i due Napoleonidi avevano assunto, sebbene impropriamente, dato che lo stretto di Messina costituiva un limite invalicabile all'aspirazione a governare anche sulla Sicilia al di là del Faro.

Ferdinando era il sovrano di uno stato nuovo che nasceva dai deliberati del congresso di Vienna e che poco aveva a che fare con i due precedenti: da re di un regno tra i più antichi d'Europa (quello di Sicilia) era diventato il sovrano del più recente (quello delle Due Sicilie) e, per di più, nonostante quello che a lui e ai suoi uomini piaceva pensare, era a capo

[15] Argutamente L. Settembrini invitava Ferdinando II a farsi re d'Italia e a lasciare al papa la corona di Gerusalemme (in *Ricordanze della mia vita*, a cura di P. Treves, Napoli, Rondinella, 1935, p. 22).

di un'entità statale uscita dal Decennio «more radically and more permanently changed than any other Italian state»[16].

3. *La nobiltà nell'Ottocento borbonico*

Se il regno, sotto Giuseppe e Gioacchino, era stato teatro di profondi e irreversibili cambiamenti che ne avevano mutato radicalmente la fisionomia rispetto ai decenni del Settecento riformatore, questo era dovuto all'introduzione di nuovi ordinamenti pubblici, al consolidamento dei gruppi sociali ai quali sarebbe stata delegata la somma delle funzioni burocratiche e amministrative e, soprattutto, al venir meno di quello che fino al 1806 aveva costituito un vero e proprio «carattere originale» del Mezzogiorno, forse il principale: la feudalità. Ed è sul tema della nobiltà e del destino sociale al quale andò incontro questo ceto, nell'Ottocento napoleonico e borbonico, che conviene ora soffermarsi in maniera più dettagliata abbandonando, per il momento, lo schema utilizzato nei precedenti paragrafi che vedeva gli autori coevi agli avvenimenti trattati dialogare tra di loro.

Il parlamento nazionale istituito a seguito della rivoluzione del luglio 1820 trovò tempo di dedicare alcune delle sue sedute alla discussione sul ruolo della nobiltà e sulla collocazione da assegnare ad essa nel nuovo ordinamento dello stato. La questione, evidentemente non marginale, si poneva a ridosso del dibattito allora in corso sulla composizione del nuovo Consiglio di stato e sulle «qualità» dei membri che di quell'organismo dovevano far parte.

La costituzione di Spagna, che rappresentava – come ben si sa – il principale punto di riferimento degli uomini politici napoletani nei mesi rivoluzionari, contemplava la presenza tra i consiglieri di stato di quattro alti prelati e di quattro Grandi e, se tutti i deputati convenivano che, anche per la

[16] J.A. Davis, *The Mezzogiorno and Modernization: Changing Contours of Public and Private during the French Decennio*, in P. Macry e A. Massafra (a cura di), *Fra storia e storiografia. Scritti in onore di Pasquale Villani*, Bologna, Il Mulino, 1994, pp. 691-707, spec. p. 707.

particolare situazione spagnola, la norma vigente nella monarchia iberica non potesse essere pedissequamente riprodotta nelle Due Sicilie, quelli erano anche del parere che bisognasse pure escogitare dei criteri utili a individuare e a selezionare coloro che, per autorevolezza e rappresentatività, potessero apparire i più idonei alla nomina a consiglieri di stato.

In tale quadro la discussione sulla presenza della nobiltà in quell'organismo acquistava un valore che travalicava il motivo contingente che l'aveva prodotto e, ai nostri occhi, costituisce la testimonianza più evidente delle trasformazioni ormai prodottesi nel corpo nobiliare del regno a seguito delle radicali riforme degli anni francesi e, ancora prima di quelle, dei provvedimenti adottati agli inizi del 1800 da Ferdinando di Borbone[17]. Di un certo interesse è, a tal fine, l'intervento del deputato Francesco Vivacqua: questi, riflettendo sulla mancanza nel regno di una particolare classificazione della nobiltà che facesse pensare a un ordine nobiliare separato dal resto della popolazione e sul fatto che nessun segno di particolare preminenza si attribuiva a Napoli ai Grandi di Spagna, sosteneva che una qualsiasi determinazione del numero degli aristocratici all'interno del Consiglio di stato, oltre che umiliante, si sarebbe risolta in un'automatica limitazione delle loro possibilità di accesso a quell'istituzione. Più opportuno sarebbe stato considerare i nobili alla stregua di tutti gli altri cittadini: in questo modo il merito e il talento avrebbero loro aperto, senza che vi fosse un qualsiasi sbarramento per quanto riguardava il numero, la strada per accedere al Consiglio[18].

Dietro l'asettica ed equanime prosa del deputato Vivacqua, al quale si associava con valutazioni simili Giuseppe Poerio, si nascondeva, però, una sorta di fastidio e di distanziamento nei confronti di un gruppo di cui si stentava allora a cogliere l'utilità sociale. Erano in molti, infatti, a ricordare che tutti

[17] Riprendo qui in parte considerazioni apparse nel mio *Profili giuridici delle nobiltà meridionali fra metà Settecento e Restaurazione*, in «Meridiana», n. 19, 1994, pp. 29-58.

[18] C. Colletta, *Diario del Parlamento*, cit., p. 46.

gli apparati e gli istituti del vecchio governo erano stati screditati e che, se i «Grandi» gemevano per la perdita delle loro prerogative e dell'antica preminenza sociale, dovevano tuttavia considerare la propria collocazione all'interno di uno stato che si regolava con criteri diversi rispetto a quelli dell'antico regime e impegnarsi a contribuire all'edificazione della nuova società, pena la perdita di tutto ciò che era loro ancora rimasto e la trasformazione nel bersaglio obbligato di tutte le rivendicazioni del popolo[19].

Non erano ancora passati quindici anni dall'eversione della feudalità che aveva imposto ai ceti nobiliari meridionali una non facile ridefinizione della propria identità e, se non pochi aristocratici avevano ricostruito la loro dimensione pubblica utilizzando appieno le qualità, capacità e proprietà di cui disponevano, per molti altri la rivoluzione del 1820 era venuta in un momento in cui la trasformazione in proprietari o in notabili non si era ancora compiuta, anzi si presentava carica di insanabili lacerazioni anche perché agli effetti della legge del 2 agosto 1806 bisognava aggiungere quelli altrettanto dirompenti che la situazione di guerra continua in cui avevano operato i sovrani Napoleonidi del Mezzogiorno aveva prodotto su molte casate nobiliari.

Nessuna generazione, scriveva Giacomo Savarese nella sua biografia di Giuseppe Zurlo, era stata più disgraziata e divisa di quella che aveva condotto la sua esistenza negli anni tra la fine del Settecento e il 1815; costretta a laceranti scelte di campo, essa era stata condannata a sottomettersi o a cospirare, a nascondere i propri sentimenti o a salire sui patiboli.

Al restaurato re borbonico, ricordava Pietro Calà Ulloa, i nobili non chiedevano potere né lo incitavano alla vendetta; il tempo e la sventura (oltre che il crollo del sistema di valori in cui erano cresciuti) li avevano prostrati e li avevano privati dei beni e dell'orgoglio[20]. La perdita dei propri feudi, il venir meno degli attributi giurisdizionali, la soppressione di quegli

[19] *Catechismo costituzionale per uso del Regno Unito delle Sicilie*, Napoli, Sangiacomo, 1820, p. 29.

[20] P. Calà Ulloa, *Intorno alla Storia del reame di Napoli di Pietro Colletta, annotamenti di P. C. Ulloa duca di Lauria*, Napoli, de Bonis, 1877, p. 321.

istituti giuridici come fedecommessi e maggiorascati (in Sicilia ciò avvenne tra 1812 e 1825) che ne avevano garantito la rilevanza sociale per tutta l'età moderna avevano certamente contribuito a prostrare, a parere del Calà Ulloa, le ampie schiere della nobiltà napoletana, ma l'appannamento di uno status che rischiava di appoggiarsi esclusivamente a un titolo vuoto (non dissimile da quello di re di Gerusalemme che Ferdinando continuava a mantenere) era conseguenza di situazioni che affondavano le loro radici negli anni della crisi finale dell'antico regime napoletano, oltre che il frutto della legislazione eversiva francese del Decennio.

Le ricostruzioni storiche sugli anni ottanta e novanta del regno di Ferdinando IV, specie quelli dominati dal ministero Acton, danno rilevante spazio alla vera e propria manomissione che, delle prerogative nobiliari, era stata attuata dagli ambienti di corte e dal ministero napoletano e fu Luigi Blanch nel suo scritto *Il Regno di Napoli dal 1801 al 1806* a ripercorrere, forse con maggiore lucidità di altri, le molteplici ragioni del dissenso tra la monarchia e una nobiltà ormai avvezza, come scriveva il principe di Canosa, ad impallidire non solo al cospetto di un preside o di un uditore provinciale, ma addirittura di fronte al personale subalterno delle udienze. Per il Blanch il tentativo operato da Ferdinando di integrare i ceti aristocratici entro le strutture dello stato, a Napoli come a Palermo, si stava risolvendo, nei fatti, nel ridimensionamento dei privilegi e della funzione sociale di un gruppo che amava rappresentarsi come uno «stato» (quello che costituiva il più autorevole sostegno e il decoro della monarchia) e avrebbe portato alle non previste prese di posizione in senso repubblicano del 1799. La continua riduzione degli spazi politici della nobiltà e il negare ad essa la qualità di «corpo intermedio» e, quindi, di interlocutrice unica della monarchia diedero allora vita, infatti, al fenomeno singolare della partecipazione di molti nobili, «anche di quelli che, estranei alle nuove opinioni, erano tenaci per quelle nelle quali erano stati allevati» al nuovo regime repubblicano, nato a seguito di una rivoluzione avversata dal popolo[21].

[21] Blanch, *Il regno di Napoli*, cit., p. 31.

Il 25 aprile del 1800, ripristinato il suo potere, re Ferdinando emanò da Palermo un provvedimento che, sopprimendo gli antichi sedili di Napoli, privava la nobiltà di ogni suo materiale diritto e la riduceva a semplice insieme di individui dotati di prerogative meramente onorifiche.

Alla base della promulgazione dell'editto vi era, da parte della monarchia, la valutazione in senso negativo dell'operato di un ceto che doveva costituire il lustro di ogni corona, ma che nel 1799 aveva mostrato quantomeno una totale indifferenza alle sorti della dinastia, non aveva fornito prova di quella fedeltà che gli si richiedeva (alcuni si erano lasciati sedurre dalle sirene della rivoluzione) e aveva permesso a un gruppo di «giovinastri corrotti» di attentare all'autorità sovrana.

Per tali motivi, si procedeva all'abolizione dei sedili, assieme al corpo degli Eletti della città di Napoli, e si istituiva un «Supremo Tribunale Conservatore della Nobiltà del Regno di Napoli», primo di una lunga serie di strutture analoghe che si sarebbero succedute nel corso dell'Ottocento, il cui compito era quello di «mantener sempre illesa la purità e distinzioni delle famiglie nobili, come di mantener sempre vivi nella Nobiltà i principii di onore, fedeltà, e valore [...]». Fra le altre incombenze affidate al Supremo Tribunale si annoverava anche quella di tenere un registro, detto «del Merito», nel quale sarebbero state annotate le azioni di «fedeltà, di valore, e di attaccamento» compiute dai nobili. L'inserimento in quel libro avrebbe costituito requisito essenziale per coloro che avessero voluto conseguire ulteriori onori e preminenze.

L'editto del 1800 certamente non spianò – come sostiene il Croce nella *Storia del Regno di Napoli* – la strada alla monarchia amministrativa, ma rivestì una grande importanza nella storia dei ceti nobiliari meridionali, forse non inferiore a quella della legge del 2 agosto 1806 che aboliva la feudalità, perché ne segnava la definitiva trasformazione da corpo dotato di privilegi e di propri organismi di rappresentanza in un insieme di individui e di famiglie, fornite sì di particolari qualità, ma prive di un istituto che ne coagulasse le esigenze e le aspirazioni.

Così i registri nei quali il Supremo Tribunale Conservatore raccoglieva l'elenco e serbava la memoria delle nobiltà regnicole divennero strumenti di un controllo sempre più stringente che veniva ad essere esercitato da una monarchia in grado di valutare qualità e meriti, di riconoscere capacità, di dispensare cariche e servigi in maniera ben più pervasiva che nel passato.

Del disorientamento che colpì i quadri nobiliari napoletani dopo i provvedimenti presi nel 1800 è autorevole testimone il già citato Luigi Blanch il quale ricorda come dopo la pace di Firenze la nobiltà fosse ormai nulla come corpo e schiacciata, come insieme di individui, sia dal potere regio che l'aveva condannata che dal popolo che aveva sottoposto a saccheggio i suoi palazzi e i suoi castelli; essa non era più né di appoggio né di ostacolo a qualsiasi progetto di governo, ma solo la vittima di diverse combinazioni. Pietro Colletta, da parte sua, vedeva nei nobili usciti dalla tempesta del 1799-1800 un ceto «disordinato, infermo, non spento, tal che non era nobiltà, né popolo»[22].

La trasformazione che aveva investito nel corso del XVIII secolo gran parte delle aristocrazie europee a Napoli, e a maggior ragione in Sicilia ove il baronaggio controllava due dei tre bracci del parlamento isolano, non aveva avuto modo di compiersi; qui una nobiltà di servizio non si era affermata compiutamente dati gli stretti legami che avevano continuato a unire l'aristocrazia del regno alla giurisdizione feudale e per la scarsa presa che su di essa (abituata alle ben più gratificanti corti di Madrid, di Vienna o di Roma) aveva esercitato la nuova dinastia e le sue strutture cortigiane. La trasformazione sarebbe potuta avvenire solo sciogliendo, o almeno ridimensionando, quel nesso, dando ampio spazio al servizio e al merito e riconoscendo al monarca l'esclusiva prerogativa di fissare e determinare le gerarchie. Tentativi in tal senso erano stati esperiti a partire da metà secolo (decreto del 1756) ed erano culminati nell'editto ferdinandeo del 1800; ma quest'ultimo, per il carattere punitivo che lo aveva connotato, aveva contribuito ad allontanare ancor di più la nobiltà napoletana dalla corona. D'altra parte, coloro tra gli aristocratici che seppero comprendere la necessità di una trasformazione

[22] Ivi e P. Colletta, *Storia del Reame di Napoli*, cit., libro VI, p. 8.

che portasse a separare nobiltà da giurisdizione rimasero sempre in posizione minoritaria e non furono in grado di incidere sugli atteggiamenti della grande maggioranza dei componenti del gruppo. Per tutti gli anni a cavallo tra i due secoli, nonostante il diffondersi di forme nuove di sociabilità, il disseminarsi della cultura illuministica anche nelle cittadine di provincia, il generalizzarsi di atteggiamenti di ripulsa nei confronti di una monarchia che sembrava assumere i connotati della tirannide, la nobiltà titolata «resta[va] nel suo complesso un momento conservatore dell'ordine dell'Ancien Régime»[23].

Il sogno di molti nobili di creare, a ridosso di quella giacobina, una repubblica aristocratica andò incontro a un rapido e rovinoso fallimento e fu, paradossalmente, la monarchia amministrativa di Giuseppe Bonaparte e di Gioacchino Murat ad aprire a coloro che Colletta vedeva forniti di titoli inutili e vuoti e senza capacità di influire sulle sorti dello stato ampi spazi politici riconoscendo loro un'attitudine al governo del territorio di segno diverso da quella di stampo feudale di cui avevano in precedenza dato prova.

L'articolo 3 della legge del 2 agosto 1806, come è noto, conservava i titoli nobiliari ereditari e lo statuto di Baiona del 20 giugno 1808, all'articolo 4 del titolo XI, si riferiva agli antichi predicati come a qualcosa che «rammenta [...] i servizi resi allo stato e [...] altrettante onorevoli ricordanze per le famiglie». Su quel substrato legislativo si innestò un processo che, senza pregiudicare la rilevanza sociale della nobiltà, tendeva a conferire a quest'ultima la configurazione di un gruppo tutto dedito al servizio nelle istituzioni dello stato, specie in quelle che riguardavano l'amministrazione provinciale, distrettuale e comunale. Si pensava, infatti, che la naturale autorevolezza di cui i nobili godevano nelle realtà territoriali locali, la rete di aderenze di cui essi erano a capo, la ancora intatta capacità di controllare i processi di selezione del notabilato paesano avrebbero favorito una più celere adesione delle popolazioni al nuovo stato, un più facile im-

[23] F. Diaz, *Divagazioni sulla nobiltà nel Settecento*, in «Rivista storica italiana», CII, 1990, pp. 340-357, spec. p. 356.

pianto degli organismi governativi, una maggiore disponibilità a farsi carico delle numerose incombenze civili e militari che contrassegnavano la monarchia amministrativa.

A queste considerazioni se ne aggiungevano altre, di simile natura, che portavano ad attribuire ai nobili il possesso di una serie di qualità, come la competenza, il disinteresse e l'autorevolezza, che non si ritenevano ascrivibili ad amministratori provenienti da altri settori della società e che assicuravano loro, anche all'interno della trama gerarchica delle istituzioni amministrative periferiche, quelle forme di deferenza che, prima del 1806, si erano collegate all'esercizio della giurisdizione feudale.

Le attitudini innate, accompagnate al possesso fondiario, fecero, dunque, di quei nobili impegnati nel reticolo di istituzioni che punteggiavano il territorio un ceto di «mediatori», capace di assicurare e coagulare il consenso verso il nuovo regime dei gruppi sociali da essi più facilmente influenzabili.

Questo spiega in larga misura il notevole contributo in termini numerici che fu fornito dalla nobiltà all'interno delle principali e più autorevoli cariche amministrative: da quella di sindaco nelle più grandi città meridionali a quella di intendente e soprattutto di sottointendente (in Sicilia – quando venne introdotto il sistema vigente sul continente – questa presenza si rivelò ancora più marcata), di consigliere e di presidente dei consigli generali provinciali e distrettuali.

In quelle sedi l'identità nobiliare si manteneva, a volte addirittura si rafforzava, ma si trattava pur sempre di un'identità che, se salvaguardava il tradizionale ruolo di mediazione svolto dai titolati all'interno della società, si riempiva di contenuti nuovi costruendosi attorno all'esercizio delle cariche pubbliche, oltre che al possesso di solidi e cospicui patrimoni, sì che a ragione, dal suo punto di vista, «La voce del popolo», nel dicembre 1820, poteva affermare che, se in diritto non c'erano più signori feudali, ve ne erano nei fatti, dato che molti «nomi storici» si ritrovavano nelle liste degli intendenti, dei sottointendenti e dei consiglieri provinciali.

Completamente perduta andò invece l'autonoma configurazione sociale degli esponenti dei patriziati urbani; la fine del regime della separazione dei ceti nelle università, maturata con le nuove leggi sull'amministrazione civile, li privò di quello che era forse l'unico collante di un'identità non solida: nelle liste degli eleggibili alle cariche amministrative cittadine, stese a partire dal 1808, i loro nomi compaiono alla rinfusa tra quelli dei civili, dei proprietari, dei galantuomini.

La nobiltà, pur continuando ad essere – come sostiene Pinella Di Gregorio – una «risorsa», si trasformò dunque, nelle realtà provinciali, in un influente notabilato; a volte si confuse con i ceti impiegatizi statali e comunali o con la piccola intellettualità locale, ma nelle sue componenti più elevate rimase ancorata, come ora vedremo, ad un'identità che si manteneva salda attorno a titoli, rituali, forme di esercizio del potere e gratificazioni che sembravano rimandare al vecchio regime.

Nella crisi dell'antico baronaggio e della nobiltà cittadina maggior rilievo assunse, ricorda Enrica Di Ciommo, un'aristocrazia fondiaria di nuovo conio sostenuta dal sovrano e quella frazione della vecchia nobiltà in grado di dar prova di una maggior permeabilità sociale e di un più diffuso adattamento ai processi di trasformazione in corso nel paese[24]. D'altra parte, la soppressione del vecchio parlamento siciliano e la tardiva estensione all'isola degli ordinamenti amministrativi del Decennio avevano favorito in quella potente aristocrazia, pur in presenza di contrasti e differenziazioni interne, il sorgere di atteggiamenti più consoni allo spirito dei tempi, ovvero meno improntati alla separatezza cetuale e più miranti a evidenziare la disponibilità a porsi al servizio statale e a ripudiare quegli atteggiamenti di indifferenza che tanto avevano crucciato Ferdinando e il viceré Caracciolo.

Nelle pieghe della monarchia amministrativa non mancavano, a prescindere dagli impieghi civili e cortigiani (questi ultimi onorifici, ma pur sempre rilevanti in quanto denotanti vicinanza e consuetudine col sovrano e con i centri decisionali dello stato) delle nicchie riservate agli aristocratici in quanto tali; una di queste era rappresentata dal «sedile dei nobili»

[24] E. Di Ciommo, *Élites provinciali e potere borbonico. Note per una ricerca comparata*, in A. Massafra (a cura di), *Il Mezzogiorno preunitario. Economia, società, istituzioni*, Bari, Dedalo, 1988, pp. 965-1038, spec. p. 1004.

previsto all'interno del parlamento nazionale che Giuseppe Bonaparte istituì con il già citato statuto di Baiona del 20 giugno 1808.

Con i venti nobili, scelti dal sovrano tra quelli in possesso di una rendita superiore ai 10.000 ducati (anche in questo caso il titolo si appoggiava alla proprietà), non si sarebbe probabilmente esaurita la presenza aristocratica nel futuro parlamento. A quelli infatti si sarebbero aggiunti i numerosi nobili ascritti nelle liste elettorali provinciali come «proprietari» o «gentiluomini» e quindi in lizza per un posto all'interno del sedile dei «possidenti», segno questo del persistere di vecchie forme che ricoprivano nuove identità e nuovi strumenti di riconoscimento delle stesse che, nel nostro caso, si legavano essenzialmente alla capacità contributiva.

Così, nei primi anni della restaurazione – scriveva il Colletta – la nobiltà si era ormai trasformata in una classe di possidenti e nutriva interessi che non rinviavano più alla tradizionale organizzazione cetuale della società.

Certo, non tutti erano disponibili o pronti a trasformazioni che avrebbero alla fine comportato una profonda ridefinizione della propria identità, non tutti erano disposti a legarsi agli schemi della monarchia amministrativa e a coltivare i normali interessi dei ceti proprietari. Non tutti, e tra questi era il Canosa, si mostravano inclini a rinunciare alla funzione di corpo intermedio svolto nel passato dalla nobiltà e alla tradizionale funzione (in realtà già nel Settecento oggetto di rivendicazione più che pratica di governo) di più autentico sostegno di una forte monarchia. Non tutti erano, infine, propensi a dimenticare o a porre in secondo piano gli elementi che nell'antico regime avevano concorso a definire lo status nobiliare e che avevano per lunghi secoli impostato complesse strategie familiari e patrimoniali e i rapporti con il resto della società. «Ci vuole il sangue, ci vogliono nomi istorici, ci vuole lunga serie di avoli con parrucca e bastone per essere qualcosa in questo mondo», fa dire il giornale «La voce del popolo», nell'ottobre 1820, a un fantomatico principe di T. il quale rivela la sua soddisfazione per non essere entrato a far parte del parlamento nazionale, a suo dire, pieno zeppo di plebei. Gli schemi mentali e i vecchi pregiudizi ereditati dall'antico regime dovevano essere certamente appannaggio di molti e nelle parole del summenzionato principe sembra riecheggiare la voce di Monaldo Leopardi, l'ultimo spadifero d'Italia, con le sue elucubrazioni su un antico regime ormai sempre più antico nonostante i pochissimi decenni che separavano i nostri protagonisti dal primo ingresso delle armate napoleoniche in Italia.

A Napoli, però, le proteste e i rimpianti dei nostalgici del vecchio ordine assumevano un significato diverso rispetto ad altre realtà della penisola che pure avevano conosciuto le traumatiche lacerazioni dell'età napoleonica, soprattutto perché causa di quella lacerazione, nel Mezzogiorno, non era stata soltanto la monarchia militare di Giuseppe Bonaparte, ma anche quella pacifica di Ferdinando di Borbone. D'altra parte, erano vivi nella memoria di tutti gli abusi di cui si erano resi protagonisti i baroni, dalle usurpazioni dei demani delle università all'indebita appropriazione di funzioni giurisdizionali e, per tale motivo, non furono pochi gli episodi di ostilità che si registrarono nei confronti degli ex signori a molti dei quali fu impedito di esercitare il diritto al voto sì che nel parlamento nazionale, tra i rappresentanti del Mezzogiorno continentale, finirono per sedere solo pochissimi deputati che fino al 1806 avrebbero trovato collocazione nella gerarchia feudale dei titoli.

Un altro periodico che circolò nei mesi rivoluzionari, «La Minerva napolitana», si schierò, più volte e apertamente, dalla parte di coloro che, avendo rinunciato ai tradizionali privilegi, si dichiaravano disponibili ad offrire il proprio contributo al governo dello stato: liberi da anacronistici diritti feudali e con una proprietà fondata su basi nuove, gli ex baroni erano ormai cittadini a pieno titolo come tutti gli altri; era soprattutto il reddito – quando c'era – e non il titolo a separarli da altre componenti della popolazione.

Certo, privatamente, alcuni aristocratici esprimevano l'opinione che loro dovesse essere riservata, come nella Francia borbonica, una Camera dei pari, ma si trattava di posizioni che non ebbero, almeno nei mesi della rivoluzione costituzionale, alcun seguito anche perché essi non ebbero occasione di esprimerle con maggiore decisione e, soprattutto, perché non tutti fra i nobili ex baroni guardavano allo stesso modo al loro passato. La questione della Camera dei pari, come vedremo, si riproporrà invece e con altri significati nel 1848.

Della razionalità dei mutamenti intervenuti nell'universo nobiliare erano in molti ad essere convinti e Biagio Gamboa nella sua *Storia della rivoluzione di Napoli* se stigmatizzava il fatto che la «insultante» aristocrazia meridionale era stata oppressa, spogliata e privata dell'antica influenza dai dominatori francesi che avevano agito con la solita precipitazione, ricordava con soddisfazione che ormai i lumi del secolo avevano ridotto i pregiudizi delle caste privilegiate in pochi individui più adatti, a suo dire, a vivere nei tempi oscuri del viceregno spagnolo che nel civile Ottocento.

Poste così le cose e accettate le trasformazioni nel frattempo intervenute, la nobiltà, come sosteneva ancora a metà secolo Gennaro Volpicelli nel suo *Cenno storico su i miglioramenti legislativi ed amministrativi operati nel reame di Napoli*, avrebbe potuto configurarsi come un elemento essenziale della costituzione monarchica anche perché in essa veniva continuamente alimentato il ricordo delle antiche virtù. Non era, la sua, una posizione originale, dato che già nei primi mesi del governo francese l'intendente di Terra d'Otranto e duca di Monteiasi, Gioacchino Ungaro, aveva visto nella nobiltà sì un fantasma – nato dall'ignoranza e alimentato dalla superbia dell'uomo – che aveva imposto alle popolazioni maggiorascati e fedecommessi, ma anche un ceto capace di esercitare una funzione benefica sulla società dispiegando in essa le non poche qualità e attitudini di cui era in possesso.

Ma sostanzialmente una era la capacità rimasta – come aveva scritto «La Minerva napolitana» – a coloro, tra gli ex signori, che trovarono ancora tempo e voglia di dispiegare a pro della nazione il proprio impegno: il reddito. La legislazione borbonica della prima restaurazione e quella francese del Decennio non avevano fatto dei nobili degli individui carichi di «ciondoli e di nastri» come sbrigativamente e con stizza asseriva il Canosa, ma li avevano trasformati in notabili producendo quei cambiamenti – compresi quelli riguardanti i regimi patrimoniali e successori – che erano sotto gli occhi di tutti.

Sopravvivevano però nella società napoletana post-feudale altri spazi in cui le esigenze di rappresentazione e di autorappresentazione della nobiltà venivano continuamente alimentate e favorite, anche se essi divennero pure il campo delle aspirazioni di ascesa nutrite da parte di strati della popolazione non inquadrabili nei ranghi nobiliari.

Alcuni di questi spazi venivano delimitati dagli ordini cavallereschi, istituzioni tipiche degli stati di antico regime che vennero rivitalizzate e trasformate e servirono sia a conferire un'aura di autorevolezza a regimi che certamente non avevano alle loro spalle la tradizione delle monarchie settecentesche che a legare ad essi i settori più influenti della società.

A Giuseppe Bonaparte si deve la fondazione dell'Ordine delle Due Sicilie, chiara derivazione dall'Ordine della Legion d'Onore istituito da Napoleone il 19 maggio 1802, nel quale dovevano confluire coloro che «avevano cooperato alla rigenerazione della patria». In questo modo, uno strumento usato in passato per dispensare privilegi e per riconoscere le qualità nobiliari legate al sangue e all'onore veniva piegato alle necessità del nuovo governo per premiare meriti, in campo civile e militare, conseguiti al servizio dello stato. Le forme di integrazione sociale nel nuovo regno vennero ampliate da Gioacchino sotto il cui governo furono concessi innumerevoli titoli nobiliari (il primo conferimento degli stessi avvenne il 1° gennaio 1811 e riguardò 5 generali di brigata, 15 colonnelli e 7 ufficiali di marina nominati tutti baroni) con lo scopo, scrive Raffaele Ruo, di «rendersi vie più affezionati coloro che gli si approssimavano» oltre che per la stessa inclinazione di quel re, figlio della rivoluzione, per il fasto, la magnificenza e le cerimonie.

Non è che, espresso in questi termini, il discorso sia privo di una certa plausibilità anche se, ovviamente, il rapporto nobiltà napoletana-Gioacchino non si esaurisce all'interno di annotazioni di questo tenore: la creazione di una nuova nobiltà fu pratica corrente in tutto l'impero e la persistenza dei rituali cortigiani tipici delle monarchie assolute servì anche a dare un tono di autorevolezza e di dignità al nuovo governo guadagnandogli il consenso o almeno la benevola neutralità dei gruppi nobiliari. D'altra parte, anche senza scomodare Mayer e il suo lungo antico regime, l'ufficialità sovrana nell'Ottocento fu ben lungi dallo scomparire e ad essa corrispose una nuova rappresentazione del potere correlata all'idea che la rilevanza sociale dovesse comunque accompagnarsi a un titolo.

Tuttavia, per tornare alle Due Sicilie, va anche detto che la presenza nobiliare, negli ambienti ove le aristocrazie sembravano conservare un proprio spazio istituzionale, non fu così forte nel Decennio come lo sarebbe stato nei successivi anni della restaurazione.

A spulciare gli elenchi forniti dagli *Almanacchi Reali*, tra gli alti gradi delle forze armate, infatti, si annoveravano anche uomini che non erano forniti di titoli di nobiltà (ma i non nobili erano soprattutto i generali francesi), tra i ciambellani di corte, quasi tutti insigniti dell'Ordine delle Due Sicilie, esponenti della più alta nobiltà si accompagnavano a consiglieri di stato, ministri e intendenti a differenza di quanto sarebbe accaduto nella pletorica corte borbonica affollata esclusivamente da rappresentanti delle famiglie titolate.

Che ministri e funzionari ammessi a corte nel Decennio fossero anche nobili è il segno di una ambiguità di fondo che ormai caratterizzava le identità e le preminenze e che Murat non volle sciogliere anche perché su quella si basava tutta una politica che vedeva nei titolati, vecchi e nuovi, le figure sociali che, aderendo e collaborando col nuovo regime, ne avrebbero consentito un più veloce e ampio radicamento nella realtà meridionale.

Resta da spiegare, a questo punto, cosa spingesse significativi settori della tradizionale nobiltà napoletana, a parte il riconoscimento di particolari preminenze di ordine simbolico che Gioacchino era disposto a concedere con una certa disinvoltura, a percorrere le strade che portavano all'esercizio delle cariche pubbliche.

Come riferisce Luigi Blanch nel suo scritto *Mémoire sur le Royaume de Naples. Octobre 1822*, furono le difficoltà di ordine economico, accentuate dal venir meno dei privilegi di ordine fiscale e degli istituti di tutela del patrimonio che avevano fino al 1806 separato l'aristocrazia dagli altri gruppi sociali, a costringere i nobili a non rifiutare le «larghezze» della corte napoletana e a infoltire i ranghi degli apparati dello stato.

Non credo che fosse solo questo il motivo che spingesse i titolati meridionali a impegnarsi nell'esercizio delle cariche amministrative, anche perché, come già rapidamente ricordato, quella crisi non fu così generalizzata e devastante come il Blanch ritiene. Forse una spiegazione la si può trovare nel venir meno di quelle istituzioni che assicuravano automaticamente la rilevanza sociale ed economica della nobiltà o, ancora, nella nuova configurazione che lo stato in quegli anni veniva ad assumere e che, assegnando un ruolo centrale all'amministrazione, circondava di inusitato prestigio i suoi funzionari ai quali erano riservati ranghi che correvano paralleli rispetto a quelli tipici del mondo nobiliare e cortigiano.

A somiglianza di quanto avvenne negli altri settori della vita pubblica del regno, ben pochi furono i mutamenti intervenuti all'interno dei gruppi aristocratici napoletani e della legislazione che li riguardava al rientro di Ferdinando, ormai re delle Due Sicilie.

Nonostante il timore espresso da più parti che con la restaurazione andasse perduto il nuovo senza che, nel contempo, venisse recuperato il vecchio, non fu ripristinata la feudalità (anzi essa fu completamente soppressa pure in Sicilia), furono riconosciuti i nuovi titoli concessi dai Napoleonidi e venne utilizzato tutto il consueto armamentario di titoli, croci e medaglie per premiare fedeltà e per operare distinzioni oltre che per ricucire con la nobiltà uno strappo che datava, almeno, al 1799 e che la cosiddetta occupazione straniera aveva enfatizzato.

Ormai indifferenti o impotenti, i nobili, specie quelli più carichi di blasoni e di storia che nel Decennio non si erano mostrati particolarmente attaccati ai Borboni, furono oggetto da parte del re di insistite attenzioni che miravano al loro riavvicinamento alla dinastia. Per conseguire questo obiettivo furono adoperate anche le rinnovate strutture cortigiane all'interno delle quali si dispiegava l'azione di *patronage* del sovrano nei confronti di ecclesiastici, nobili, funzionari e impiegati per ciascuno dei quali era pronta una carica, una prebenda, un'onorificenza. In un ambiente ove predominavano i tradizionali aspetti della deferenza operavano, a dar credito agli *Almanacchi Reali*, maggiordomi maggiori, cavallerizzi, «someglieri», cappellani, cerimonieri, 137 gentiluomini di camera «con esercizio» e 79 gentiluomini di camera «di entrata», senza contare coloro che ruotavano – vera corte parallela – attorno alla regina; il cerimoniale prevedeva una rigida divisione tra coloro che erano ammessi al solo baciamano, al baciamano e alle feste di corte, ai baciamano, alle feste di corte e all'entrata nella sala del trono. I Grandi di Spagna ripresero l'antica consuetudine di coprirsi di fronte al sovrano provocando, come riferisce Nicola Nisco nella sua *Storia del reame di Napoli dal 1824 al 1860*, delicati problemi di etichetta specie nei confronti del nunzio apostolico; tra i cortigiani – ricorda Raffaele De Cesare – trovarono posto anche i gentiluomini «della chiave d'oro», così denominati perché portavano alla cintura una chiave, segno della prerogativa loro concessa di entrare perfino negli appartamenti reali. Si trattava di cariche onorifiche che non si accompagnavano a una funzione reale, ma che servivano a ricollocare la dinastia borbonica al centro di una serie di relazioni, anche simboliche, di segno nobiliare che erano venute meno nel 1799, oltre che a sostenere un'identità e a restituire all'aristocrazia un ruolo specifico che i moduli dello stato amministrativo sembravano ad essa negare.

L'Ordine di S. Giorgio della Reunione, riservato ai militari, prese il posto di quello delle Due Sicilie, ormai profondamente discreditato e di quello di S. Ferdinando creato nel 1800 per premiare coloro che nelle drammatiche vicende dell'anno precedente si erano mossi nel solco del lealismo dinastico. L'Ordine di S. Francesco, istituito nel 1829, fu invece utilizzato senza parsimonia per ricompensare il merito civile di coloro che avevano ricoperto cariche politiche, diplomatiche, amministrative e alte dignità ecclesiastiche anche se al suo interno, affermano sia Raffaele De Cesare che Nicola Nisco, trovarono posto molti sbirri e piccoli amministratori locali e pochi uomini di scienze e di lettere. Restarono in piedi pure i vecchi ordini come quello Costantiniano o di S. Gennaro con i quali venivano decorati, quasi in maniera ereditaria, i membri delle grandi casate del regno e ai quali i capi di ripartimento dei ministeri e gli intendenti, destinatari principali delle croci e dei collari dei nuovi ordini, non potevano aspirare in quanto generalmente privi dei quattro quarti di nobiltà richiesti. Ad affollare la tipologia degli ordini si aggiunse, infine, quello di Malta, rintrodotto nel 1839 dopo essere stato sciolto nel 1825, anche perché già morto nel

1798, ricorda Colletta, più che per la conquista francese dell'arcipelago, per la «migliorata civiltà».

I rituali tipici dei vetusti ordini cavallereschi furono anacronisticamente estesi a coloro che aspiravano a far parte delle guardie del corpo del re per i quali furono previste vere e proprie prove di nobiltà, suffragate dall'intervento di sindaci, religiosi e persone onorevoli e dall'esibizione di documenti della più varia natura; nel 1833, infine, erano stati istituiti, su base provinciale, gli squadroni delle guardie d'onore formati da esponenti della nobiltà locale, che avrebbero dovuto scortare il re nei suoi spostamenti per le province. Si cercava in questo modo di legare ulteriormente i gruppi nobiliari alla dinastia, forse a definire un canale di comunicazione privilegiato che potesse svilupparsi all'interno di strutture non esclusivamente riconducibili all'ambito amministrativo.

A metà strada tra esibizione dello status ed esibizione della funzione si poneva il cerimoniale militare, quale si articolò soprattutto negli anni napoleonici: divise, fregi, medaglie e croci, consueto armamentario iconografico di un gruppo che si era ritenuto dotato di capacità belliche, diventavano appannaggio di una società che si era fornita di una nobiltà di massa e nella quale solo l'esibizione e le forme di inquadramento di tipo militare sembravano rimarcare e ostentare i segni della gerarchia e della preminenza.

Il già accennato obbligo di indossare l'uniforme, esteso pure – in particolari circostanze – ai funzionari, ormai veri e propri servitori dello stato, visualizzava il rilievo e il prestigio di cui godevano gli appartenenti all'amministrazione civile, ma era anche il segno e della completa appropriazione dei valori nobiliari da parte di un regime che pure voleva caratterizzarsi in termini di netta alterità rispetto a quello passato e della disseminazione di quei valori su strati sociali e su élite per funzioni la cui identità era ormai contigua a quella nobiliare.

In effetti, se si escludono gli esponenti della grande nobiltà titolata destinatari, nei luoghi alti ove si rappresentava il potere sovrano, di incarichi di natura eminentemente rappresentativa, una profonda integrazione, forse ambigua nei suoi connotati e negli obiettivi che i soggetti sociali e istituzionali interessati intendevano perseguire, si era ormai realizzata tra l'identità nobiliare e quella amministrativo-burocratica.

D'altra parte, i caratteri a volte rozzi e populistici che sembrano assumere, assieme ai re borbonici, alcune frange della grande nobiltà meridionale[25] rimandano a rituali esclusivi sì, ma sempre più stanchi, che necessariamente un monarca deve coltivare assieme ai suoi titolati e che ormai si contrapponevano alle cerimonie «laiche» dell'ordinamento amministrativo nelle quali invece trovavano posto le figure nelle quali si addensava la pienezza del potere.

È un'impressione, questa, di un progressivo isolamento dell'alta nobiltà nei confronti delle spinte che emergevano nella società civile che si ricava dalla letteratura del tempo. Le feste di corte, i palchi al san Carlo, le divise, le croci, espressione tutte di uno splendore, lusso e opulenza che si riteneva non mancassero di arrecare benefici al popolo, sembrano riuscire solo in parte a riempire di contenuto l'identità nobiliare, specie di quelle famiglie residenti a Napoli o a Palermo e più coinvolte nei rituali dinastici che si celebravano attorno alla corte regia o a quella del luogotenente in Sicilia (almeno quando quella carica fu riservata a un esponente della famiglia reale). Ormai, per la maggior parte delle casate nobili, quell'identità si era trasferita in quella più rassicurante del grande proprietario fondiario al quale aveva trasmesso una nutrita serie di elementi simbolici che contribuivano a rafforzarne il prestigio e l'autorevolezza.

Le sommarie considerazioni sulle vicende della nobiltà meridionale non esauriscono certamente gli elementi di riflessione sulla sua collocazione nella società della restaurazione. Quegli stili di vita, quei comportamenti, quegli ambiti di relazioni che Raffaele Romanelli ha recentemente ricordato come fattori che concorrono a definire il tessuto aristocratico nel XIX secolo divennero appannaggio anche di altri

[25] Suscitava stupore il fatto che a Napoli la nobiltà (e il re) usasse un linguaggio da lazzari mentre in Toscana l'ultimo popolano esibiva un'invidiabile purezza di eloquio. M. Palmieri di Micciché, *Mœurs de la cour et des peuples des Deux-Siciles*, Paris, Levavasseur, 1837, p. 123.

gruppi sociali e testimoniano di un progressivo scivolamento di identità verso quella di proprietario che, a sua volta, assumeva connotati nuovi che si rifacevano ai valori di civiltà, cortesia, buon gusto, educazione, urbanità che si presumevano essere tipici dell'universo nobiliare.

Ma quella contiguità, come il prestigio attribuito a figure che operavano all'interno di circuiti in cui il sapere amministrativo era elemento decisivo di discriminazione, non ci deve far dimenticare che le ambiguità continuavano a regnare sovrane in materia di nobiltà e che, nonostante tutto, le gerarchie nella monarchia borbonica non si costruivano soltanto attorno a personale aristocratico impegnato nelle istituzioni statali o a borghesi che avevano impostato su stili di vita ritenuti tipici dei gruppi nobiliari le proprie fortune e le proprie relazioni sociali e familiari.

La nuova legge sulla nobiltà più volte annunciata non fu mai emanata, rimasero i rescritti e le ministeriali, come una del 1839 che dichiarava non essere titolo l'appellativo di barone in quanto legato ai vecchi possessori di feudi, il che denota un'insuperata difficoltà a definire non solo le caratteristiche e le qualità della nobiltà, ma anche a sciogliere, partendo da una ormai inesistente separatezza, il nodo delle relazioni tra amministrazione e nobiltà, tra corona e istituzioni di governo.

Così, per tutto il periodo borbonico i profili giuridici della nobiltà meridionale rimasero deboli, affidati a una tradizione che era stata consegnata ai ministeri e a una legislazione che commisurava le rilevanze in rapporto alla funzione svolta all'interno degli apparati statali. Per molto tempo, tuttavia, da Napoli si continuò a far ricorso ai nobili impegnati nelle amministrazioni comunali, distrettuali e provinciali come a figure che erano in grado di mantenere l'ordine e assicurare il consenso in quanto ancora al vertice di quelle strutture della deferenza che avevano costituito tanta parte del patrimonio simbolico di cui nelle campagne del regno, in antico regime, era dotato ciascun barone titolato.

In questo modo venivano riconosciute le attitudini e le capacità, oltre che la considerazione sociale, di un gruppo che era riuscito a trovare facile collocazione nelle strutture istituzionali dello stato amministrativo. La soppressione che questo aveva operato dei poteri giurisdizionali della nobiltà feudale e degli ambiti protetti all'interno dei quali essa tesseva la sua trama di relazioni e l'introduzione di nuovi assetti proprietari disegnarono, così, una nuova identità che aveva ben pochi punti di contatto con quelle qualità intrinseche che, ancora per tutta la seconda metà del XVIII secolo, avevano reso intellegibile agli occhi di tutti il nobile.

Capitolo terzo

La monarchia amministrativa

1. *Alcune questioni storiografiche*

Una feconda stagione di studi che – a partire dagli anni sessanta – ha visto operare nel Mezzogiorno di concerto storici e studiosi del diritto o delle istituzioni (si pensi a Ghisalberti, Feola, Giarrizzo, De Martino, Moscati, Villani, Scirocco, Saladino, Aliberti, Civile, De Lorenzo, Iachello, De Francesco, Pezzino e tanti altri) ha portato a delineare, con grande chiarezza, i caratteri che assunse lo stato napoletano, a partire dalle sue articolazioni di governo e dalla sua struttura amministrativa, negli anni dell'Italia napoleonica e in quelli immediatamente successivi della restaurazione. Per quegli storici affrontare le problematiche connesse alle vicende del Decennio francese e del «quinquennio» borbonico ha significato cimentarsi in modo particolare con il tema della «monarchia amministrativa», ovvero con un tipo di organizzazione statale che nel Mezzogiorno del primo Ottocento (come nelle altre aree della penisola sotto controllo o influenza francese) fu in grado di rompere in maniera decisiva con le forme istituzionali tipiche dei regimi del Settecento assoluto e illuminato.

Suggestioni profonde e feconde a questo riguardo erano già venute dagli studi di Croce, Maturi, Cortese, Schipa e, prima ancora, dalla tradizione storiografica ottocentesca (dal Colletta al Blanch) e dal contributo di analisi e conoscenze che diedero i numerosi giureconsulti, studiosi di scienze amministrative e pubblicisti che negli anni della restaurazione si trovarono a dover conciliare le ragioni della dinastia borbonica con quelle di una società plasmata ormai in profondità da ordinamenti che avevano visto la propria luce negli anni dell'«occupazione militare».

Il nodo problematico concernente la natura e il funzionamento della monarchia amministrativa, collocata a mezza strada tra l'esperienza delle monarchie assolute e quella delle monarchie costituzionali, non può quindi essere eluso da nessuno nel momento in cui si traccia un profilo della storia delle Due Sicilie nel XIX secolo. Certo, alcune questioni che – specie tra gli anni venti e quaranta – apparivano centrali sembrano aver perso il sapore dell'attualità, alcune interpretazioni della storia meridionale oggi vengono riviste e considerate in una luce più «laica» e meno teleologicamente orientata, anche perché ormai si guarda alla politica riformatrice svolta nel Settecento dai sovrani di alcuni antichi stati italiani in una prospettiva che non rinvia necessariamente alle origini del Risorgimento.

Di fronte al riconoscimento del notevole impegno profuso dagli uomini di governo del Decennio per riformare lo stato e la società napoletana scompaiono o vengono profondamente ridimensionate anche valutazioni di segno negativo che rimarcavano il carattere imitativo, rispetto a un modello francese allora vincente, dei nuovi ordinamenti introdotti in Italia meridionale, come anche – e questo è frutto della più recente storiografia – scompare il quadro di un Mezzogiorno omogeneo nel quale le varie componenti della società manifestavano il medesimo grado di adesione ai nuovi ordinamenti.

Recenti e importanti indagini sui gruppi sociali che sostennero la monarchia amministrativa, sul loro atteggiarsi di fronte agli strumenti della centralizzazione, sulle carriere che si aprivano a significative fasce della popolazione, sulle posizioni di forza e di prestigio che molti poterono conseguire anche avvalendosi dei più tradizionali strumenti di controllo e di tutela sulle realtà locali hanno permesso di dare convincenti risposte a una serie di domande scaturite da una considerazione in termini nuovi del Decennio e dei primi anni della restaurazione. Bisogna, tuttavia, aggiungere che un approccio più tradizionale sembra generalmente connotare, a parte poche e significative eccezioni, la riflessione sui decenni centrali dell'Ottocento borbonico, legata ancora a criteri di indagine e a problematiche che sembrano privilegiare il momento del Risorgimento e, di conseguenza, quello del progressivo sfaldarsi di uno stato i cui ordinamenti apparivano inadeguati a rispondere non solo alle esigenze di governo della società meridionale, ma anche alla sfida portata – specie nel campo dello sviluppo economico e civile e dell'innovazione tecnologica – da altre formazioni territoriali della penisola, dal regno di Sardegna *in primis*.

Non è mia intenzione ripercorrere qui, su questi temi, i tratti di una polemica ormai annosa e, tutto sommato, improduttiva, né sono in grado di fornire elementi di valutazione che possano mutare il giudizio che nell'opinione pubblica italiana, e non solo italiana, si formò sul governo borbonico nelle Due Sicilie. È necessario, però, periodizzare con cura i vari momenti della storia della restaurazione nel Mezzogiorno e riflettere anche sulle diverse fasi del regno di Ferdinando II, non tutte caratterizzate da atteggiamenti e da provvedimenti che cozzavano con le regole del buon governo, della buona amministrazione e del vivere civile. In queste pagine, nelle quali si affrontano i problemi legati alla trasformazione dello stato meridionale nel primo Ottocento, si può solo dire che tra 1806 e 1815 a Napoli furono introdotti e dopo il 1815 erano in vigore ordinamenti non difformi da quelli che regolavano la vita di altri stati italiani e si può anche sottolineare che diffusa fu per molto tempo la consapevolezza che le Due Sicilie, dal punto di vista della configurazione istituzionale, non avevano niente da invidiare ad altre realtà statuali della penisola.

Prima di procedere a illustrare le tappe e i momenti della costruzione della monarchia amministrativa, i caratteri che essa assunse nel centro come nelle realtà provinciali, i problemi legati alla formazione di una nuova classe dirigente, i rapporti di quest'ultima con l'intero corpo sociale, conviene soffermarsi ancora, se pur in maniera sommaria, su alcune questioni di ordine storiografico.

La prima, per restare sempre nell'ambito delle tematiche relative all'ordinamento dello stato, riguarda il significato del Decennio nella storia del Mezzogiorno e, quindi, l'interpretazione e la valutazione che si devono dare di quell'esperienza storica.

I quesiti che si raggruppano attorno a questo tema ne presuppongono in pratica un altro che tutti li compendia: il regime napoleonico a Napoli, al di là di quanto sostenuto a suo tempo dai pubblicisti borbonici, ha segnato una rottura con il passato o si è mosso, come già aveva sostenuto Benedetto Croce, in un rapporto di continuità con il riformismo settecentesco? Le istituzioni pubbliche, i modi del loro dislocarsi sul territorio, l'organizzazione della società, con le stesse basi materiali sulle quali essa poggiava, derivano la loro esistenza e la loro gerarchizzazione dalle riforme di Carlo e del primo Ferdinando, portate finalmente a compimento, o sono qualcosa di radicalmente nuovo e che soltanto in minima parte può essere ricondotto all'esperienza del dispotismo illuminato? Il Decennio, in sostanza, è il figlio dei lumi o del giacobinismo? Credo che una risposta a tali interrogativi l'abbia data Pasquale Villani che più volte è autorevolmente intervenuto a riguardo per sottolineare la rottura col gradualismo settecentesco che allora si verificò, l'ampia e irrimediabile cesura che si determinò col passato (anche perché preparata dal triennio giacobino), l'organicità, la radicalità e la maggiore incisività nella vita del paese intero che ebbero i provvedimenti legislativi emanati da Giuseppe e da Gioacchino; e questo nonostante fosse presente, ai vertici dello stato, nelle istituzioni e negli apparati pubblici, personale che si era forgiato e aveva compiuto non secondarie esperienze di governo negli anni ottanta del secolo appena trascorso.

Ed è a partire da questi presupposti che oggi gli studiosi dell'Italia napoleonica rivolgono la loro attenzione al concreto esercizio del potere, all'articolarsi dei gruppi che nelle istituzioni operavano, alla loro formazione e atteggiamenti, alle matrici ideologiche dei funzionari che si trovarono catapultati ai vertici dello stato e nelle sue istituzioni periferiche, alla loro cultura e all'atteggiamento di coloro che si trovarono a vivere da «governati» l'esperienza della monarchia amministrativa.

Un'altra questione di grande rilievo, non limitata – d'altra parte – agli aspetti meramente istituzionali ha pure impegnato gli storici che hanno studiato, in anni più recenti, il Mezzogiorno del primo Ottocento ed è quella che si compendia nel termine «modernizzazione».

Hanno le riforme istituzionali introdotte dai francesi, proprio per il carattere di radicalità che le connotava, consentito l'avvio di un processo di modernizzazione delle strutture sociali ed economiche del paese? Il concreto operare di intendenti e ingegneri, i primi impegnati nel governo delle realtà provinciali, i secondi in quello del territorio, ha prodotto significativi miglioramenti nelle condizioni civili, materiali, culturali delle popolazioni? Ha permesso la creazione di infrastrutture in grado di favorire uno sviluppo autosostenuto? La centralizzazione amministrativa, frutto della legislazione dei Napoleonidi, rivestì, insomma, un ruolo propulsivo e progressivo per l'intera società?

La riflessione su tali questioni è ancora in corso e sembra che alcune trionfali osservazioni sulla modernizzazione del Mezzogiorno che fino a qualche anno fa trovavano ampia eco oggi debbano essere riviste o almeno ridimensionate; quello che prevale ormai è il quadro di un Mezzogiorno più mosso, ove i fattori e gli elementi di progresso convivono con quelli di arretratezza, ove settori dinamici e avanzati della società si accompagnano a gruppi la cui stessa identità è legata a forme arcaiche di vita; ma di ciò ci sarà modo di parlare.

Per ora si può solo dire, e queste mi sembrano considerazioni condivise dagli studiosi che più attenzione hanno dedicato a quelle problematiche (Giovanni Aliberti, Biagio Salvemini, Paolo Pezzino, Enrico Iachello, Piero Bevilacqua, Angelo Massafra, per citarne alcuni) che il riordino dello stato attorno alle nuove istituzioni nate nel Decennio e consolidatesi negli anni della restaurazione, permise l'instaurarsi di un nuovo rapporto tra potere e società, favorì un elevato grado di integrazione sociale, articolò in modo nuovo la struttura del paese, concesse spazio ed espressione a forze e gruppi fino ad allora defilati.

Il personale burocratico e amministrativo, assieme ai funzionari dei corpi tecnici che davano nerbo all'azione di governo risolsero in termini nuovi il problema della trasmissione del potere e operarono sul tessuto sociale ed economico una serie di interventi che, in molti casi, contribuirono ad accelerarne lo sviluppo. Si può certamente essere d'accordo con quel che sostiene il Blanch nel suo saggio *Luigi de' Medici come uomo di stato e amministratore*, dando però alle sue affermazioni un carattere più generale, ovvero che in un paese privo di corpi rappresentativi il ministero dell'Interno era il naturale promotore e protettore dello sviluppo economico e culturale e che gli intendenti e i sottointendenti, sebbene fossero rivestiti di una serie di attribuzioni che avrebbero portato diversi di loro a connotare la propria azione con i tratti del dispotismo, erano figure capaci di stimolare e orientare il progresso del paese. Pietro Colletta era pienamente convinto di ciò e lo dimostrò nell'elogio funebre che egli rivolse a Giuseppe De Thomasis del quale veniva messa in particolare risalto l'attività di sottointendente e il fatto che, in quella veste, avesse propagato i lumi della civiltà, moderato le beghe paesane, fondato dappertutto scuole e destato gli ingegni addormentati.

Ma, lo si dice qui e non si mancherà di riferirlo ancora, il rapporto potere-società non sempre si risolse positivamente per la seconda, a volte il potere si rivelò più avanzato della società, non dovunque e non sempre il nuovo ordinamento fu foriero di modernizzazione, anzi in alcuni casi fu responsabile dell'emarginazione (nuova o ulteriore) di alcune zone del paese e diede luogo non già ad una più completa integrazione sociale, ma a laceranti conflitti che produssero volta per volta sorde resistenze, sette segrete o bande di briganti. Né sempre il personale preposto ai nuovi organismi amministrativi o giudiziari fu adeguato ai compiti che gli erano stati affidati e seppe intrecciare un rapporto organico e proficuo con il territorio.

Tuttavia la consapevolezza che nel processo di modernizzazione ci fossero luci e ombre e che in molti casi le strutture amministrative, più che favorire certi processi, si dimostrassero quanto meno di impaccio a un'autonoma e autoregolata vita civile, il tono pedantesco e curiale che assunsero gli interventi nel campo dell'economia dei funzionari napoletani del Decennio non ci devono far dimenticare, al di là della stucchevole polemica sul carattere imitativo od originale delle istituzioni del tempo, i veri grandi tratti di originalità di quei regimi, quelli che produssero, a Milano come a Napoli, un effetto di trascinamento su ampi e qualificati settori della società in direzione di forme più moderne del vivere civile.

Giuseppe Galasso in un suo importante lavoro di sintesi (*Potere e istituzioni in Italia. Dalla caduta dell'Impero romano ad oggi*) si sofferma sull'aspetto di massa che assunsero dappertutto i regimi napoleonici, sull'elevato grado di consenso sociale che essi riuscirono a guadagnarsi, sul tono corale che introdussero in tutte le manifestazioni pubbliche. I tratti polizieschi, che pur non furono assenti, l'irreggimentazione imposta ai gruppi sociali più vicini allo stato, la piatta uniformità simboleggiata da un uso delle divise anche al di fuori dell'ambito militare che tanto colpì l'immaginario collettivo, la pretesa di regolamentare tutti i momenti della vita sociale, da quella associativa a quella familiare, si coniugarono alla possibilità offerta a molti di accedere a funzioni, uffici e impieghi, di conseguire posizioni inimmaginabili solo pochi anni addietro, di intraprendere carriere che li potevano proiettare fino ai vertici dello stato.

Tutto ciò fu rilevato, anche nel modo particolare che già abbiamo visto, dagli storiografi filoborbonici i quali stigmatizzarono l'abnorme crescita degli apparati burocratici avvenuta nel Decennio dovuta, a loro parere, al desiderio dei Napoleonidi di crearsi proprie clientele in larghi strati della popolazione, indotti – questi ultimi – ad affidare al nuovo regime e alle opportunità di impiego e di carriera negli uffici pubblici che esso offriva le proprie prospettive di avanzamento sociale.

Le affermazioni che provengono dagli scrittori più legati alla dinastia borbonica sono la testimonianza di un clima e di un *milieu* politico che dovevano giustificare la sopravvivenza e la popolarità di cui continuavano a godere quelle istituzioni negli anni della restaurazione; ma certamente più meditati appaiono ai nostri occhi i giudizi di quegli uomini che, avendo avuto modo di studiare a fondo gli ordinamenti napoleonici, alcuni come il Tommasi dall'eccentrico osservatorio palermitano, ravvisarono in essi la presenza di elementi che rendevano l'esercizio del potere monarchico ben più solido rispetto a quello che aveva connotato le dinastie del XVIII secolo, costrette a una difficile navigazione tra esigenze di riforme, privilegi, esenzioni e un'organizzazione tutta corporativa della società.

L'unità del potere realizzata dal centro alla periferia, il primato conferito all'amministrazione, il travaso della politica nell'amministrazione, la funzionalità di una sistemazione legislativa che livellava i sudditi di fronte alla corona e alle leggi, sembravano essere – per gli uomini che avevano seguito Ferdinando nel suo esilio insulare e per coloro che avevano vissuto da Napoli l'esaltante esperienza del Decennio – i frutti migliori di un ordinamento pubblico che consentiva l'esercizio di quel «buon governo» al quale, con scarsi e contradditori risultati, avevano mirato i sovrani del Settecento. Il carattere settoriale delle riforme prodotte dall'assolutismo illuminato ne aveva inficiato in larga misura la validità, l'assenza di organicità aveva ridotto la loro portata e, alla fine, si erano perpetuate vecchie logiche e avevano trovato ancora spazio personaggi e antiche magistrature refrattari a qualsiasi prospettiva di novità che scardinasse un potere rispettato e rispettabile per la sua vetusta e veneranda tradizione piuttosto che per la sua efficienza.

Così, lo ha lucidamente sottolineato Raffaele Ajello nella sua introduzione all'importante lavoro di Feola sulla nascita delle intendenze, a Napoli le riforme impostate dal Tanucci fallirono, nel centro come nella periferia del paese, per la persistenza di arcaici e profondi orientamenti intellettuali e di ormai datate posizioni ideologiche e politiche.

Sempre più chiusi nella propria tradizione e nella propria scienza, lo aveva già ricordato Francesco Dias scrivendo all'inizio degli anni trenta dell'Ottocento il suo *Quadro storico-analitico degli atti del governo* del regno, i togati erano riusciti a bloccare qualsiasi tentativo di ammodernamento delle strutture dello stato; lo scoppio della rivoluzione francese aveva, poi, fatto il resto. Vera e propria frattura rivoluzionaria nella storia plurisecolare del Mezzogiorno era stato dunque, per il Dias, il Decennio anche se le nuove istituzioni e la nuova legislazione avevano completamente sconvolto le antiche abitudini e i consolidati equilibri su cui poggiava l'intera società meridionale.

A dar conto sia degli elementi di grande novità che il regime franco-napoletano introdusse che delle difficoltà in cui esso si trovò ad operare conviene pertanto osservare quell'esperienza da molteplici punti di osservazione anche perché, e mi sembra questo un punto di notevole interesse sul quale si è con acume soffermato Raffaele Feola, la monarchia amministrativa non rimase uguale a se stessa e, financo i brevi anni murattiani, specie quelli che andarono dal 1813 al 1815, furono segnati da indirizzi di governo che, pur moventisi nel solco degli ordinamenti tipici della monarchia amministrativa, ben poco avevano a che fare con la concezione e la filosofia del governo che avevano prodotto la legislazione del 1806-1808. Si pensi alle istanze costituzionali che si coagularono nel Consiglio di stato attorno a Pietro Colletta e a Giuseppe Poerio e che furono causa non secondaria della soppressione di quell'organismo agli esordi della restaurazione e della sua sostituzione con un più tranquillo Supremo consiglio di Cancelleria, si pensi pure ad aspettative di analoga natura maturate in alcuni ambienti amministrativi provinciali e che portarono nel 1813 il sindaco di Barletta a chiedere a Gioacchino, in visita alla città, un governo costituzionale per il regno[1]; si pensi pure, di converso, ai patteggiamenti e alle compromissioni ai quali furono costretti i funzionari dello stato di fronte ai poteri forti della società che spesso inficiarono o rallentarono la loro azione, alla stessa mentalità gradualistica di cui erano intrisi quegli uomini che, formatisi in gran parte negli anni dell'illuminismo, si trovarono a rivestire, a cominciare da Zurlo, incarichi di responsabilità negli anni francesi.

Col tempo gli iniziali entusiasmi con cui le classi dirigenti del paese avevano accolto l'introduzione degli ordinamenti napoleonici e la soddisfazione che esse avevano manifestato per il loro mantenimento da parte del re restaurato scemarono; apparvero i limiti e le debolezze di una forma di governo incentrata sul primato dell'amministrazione; l'autoritarismo di fondo che la sostanziava divenne a molti intollerabile; la continua tensione che ingenerava non poté essere a lungo sostenuta; il prevalere del formalismo e di una burocrazia onnipresente che ben presto divenne autoreferenziale fecero subito parlare di nuovo dispotismo. Così, la società meridionale in alcune consistenti e significative componenti sembrò recalcitrare di fronte a quel tipo di ordinamento e ne impose adattamenti e modifiche, anche perché il geometrico e regolato sistema di governo istituito a Napoli dai francesi dovette

[1] In G. Addeo, *La libertà di stampa nel nonimestre costituzionale a Napoli*, in «ASPN», CVII, 1989, pp. 337-380, spec. p. 344.

fare i conti con una serie di emergenze (guerra, blocco continentale, brigantaggio) che produssero leve obbligatorie, commissioni militari e interruzioni dei commerci, oltre che con la forza stessa della novità che sovente inceppava il cammino e l'operato degli uomini di governo.

Il Decennio francese, lo ha ricordato Pasquale Villani, vide la convivenza di aspetti militari/repressivi con quelli amministrativi/legislativi, si fondò non solo su amministratori, ma pure su soldati anche perché, come aveva a suo tempo sottolineato Pietro Colletta, difficile si presentava allora l'esercizio della «pubblica autorità» in un contesto segnato dalla soppressione degli ordini religiosi regolari e della feudalità, ovvero degli istituti che più avevano contribuito a disciplinare e inquadrare, nell'antico regime, l'intera società meridionale.

Né era solo quest'ultima, nei primi anni della restaurazione, a riflettere in maniera critica sulle forme della monarchia amministrativa. Questo regime, infatti, forgiato attorno ai ministeri e a burocrazie sempre più numerose e onnipotenti, regolato dalle forme oggettive della legge, limitava i poteri del sovrano (ricordiamo che, a differenza dei due Napoleonidi, Ferdinando I non era un militare) più di quanto si ritenesse. Il che non significa che alla corona venissero a mancare gli spazi e i modi per esprimere la propria capacità di direzione della vita pubblica, si pensi alla diplomazia, all'esercito, alla scelta dei ministri e dei prelati, al mondo della corte col suo cerimoniale e con le forme di rappresentazione delle gerarchie sociali che attorno ad essa si determinavano e sulle quali abbiamo avuto modo di soffermarci nel capitolo precedente, ma ha pure un non minimo senso la vicenda, riportata da Michelangelo Schipa, di una vedova la quale, privata della pensione, si era rivolta a Ferdinando per riottenerla e, constatando che il re ben poco potesse fare per lei, disse: «avemmo la repubblica che aveva un partito, avemmo Giuseppe e Gioacchino e avevano un partito, il re non lo ha affatto»[2]. Erano, queste, fatte le debite proporzioni, osservazioni ana-

[2] M. Schipa, *Cause e importanza della rivoluzione napoletana del 1820*, in «ASPN», XLV, 1920, pp. 110-127, spec. p. 112.

loghe a quelle del Blanch il quale rilevava, nel suo saggio su Luigi de' Medici, come il sistema della monarchia amministrativa, pur dilatando enormemente le capacità di intervento degli apparati ministeriali, lasciava lo stato privo di qualsiasi appoggio da parte di una società completamente indifferente alle sue sorti poiché un regime di tal genere faceva dell'amministrazione «una tromba aspirante le sostanze pubbliche: ciò impedi[va] la formazione dello spirito pubblico e delle iniziative locali, separa[va] il potere dalla società, e rende[va] interessati alla propria esistenza soltanto i suoi agenti».

Questi ultimi limiti furono denunciati soprattutto nelle sedute del parlamento nazionale del 1820, nelle quali trovò una cassa di risonanza il profondo senso di disagio prodotto nella società dall'onnipotenza e dall'invadenza di forme burocratiche che sembravano in grado di regolare fin nei minimi dettagli la vita degli individui.

Ma, se si può anche assumere come elemento positivo il fatto che attorno a quella forma di governo si coagulasse almeno il sostegno dei suoi numerosi «agenti», dobbiamo qui succintamente ricordare come la monarchia amministrativa, temperata nei suoi eccessi dal paternalismo sovrano e, perché no, dalla corruzione di impiegati e funzionari, sebbene fosse a volte rappresentata da quadri burocratici incapaci di incarnare le esigenze dello stato favorì la riorganizzazione dello spazio meridionale, creò una serie di poli urbani che ospitarono importanti funzioni amministrative, definì in termini nuovi il rapporto tra la grande capitale e le province.

Per di più, per un buon quindicennio, quella formula di governo, anche se non prevedeva forme di rappresentanza politica, consentì ai ministri napoletani e alle burocrazie raccolte attorno ai capoluoghi provinciali e alle intendenze di esercitare un controllo che non era soltanto poliziesco, ma si nutriva dei canoni e dei valori di una coerente legislazione che assicurava la libertà dell'individuo e proteggeva la proprietà, offriva le garanzie di una legge uguale per tutti e rifuggiva, almeno in linea di principio, dall'arbitrio e dalla discrezionalità tanto cari alle vecchie monarchie assolute.

2. *L'ordinamento amministrativo*

Lasciando al corposo e fondamentale manuale di Guido Landi la puntuale descrizione della natura, funzioni e composizione delle istituzioni che videro la luce negli anni napoleonici e che costituirono anche in quelli successivi l'ossatura della versione borbonica della monarchia amministrativa, metterò qui in evidenza solo gli aspetti dell'ordinamento dello stato che, più di tanti altri, concorsero a fare di quella forma di governo il simbolo di una stagione nuova che si apriva nella storia del Mezzogiorno.

Ad alcuni di questi si è appena fatto cenno; è il momento ora di dar loro posto in una trattazione più ampia e più distesa partendo proprio dall'amministrazione.

Descrivendo lo stato del regno al ritorno di Ferdinando I a Napoli, ricordando la grande opera di trasformazione delle istituzioni pubbliche operata dai due Napoleonidi e sottolineando come a procedure e riti per il passato oscuri e misteriosi si fossero ormai sostituite norme chiare e a tutti intellegibili, Pietro Colletta poneva in risalto la grande complessità che aveva assunto nel paese la vita dei comuni e delle province, ruotante per intero attorno ai consigli decurionali e a quelli generali. Le riflessioni che egli sviluppava su questo argomento lo spingevano a istituire una precisa correlazione tra amministrazione e libertà dal momento che i consigli – a suo parere – avevano insita nella propria natura la difesa degli interessi della collettività[3]. Più tardi, come già accennato, altri avrebbero attribuito alla pratica amministrativa connotati di dispotismo e avrebbero visto nei grandi funzionari dello stato, specie negli intendenti e nei sottointendenti, dei nuovi e più pericolosi tiranni, ma la consapevolezza, esposta dal Colletta che pure era un figlio di quel regime, che ormai il collegamento tra la monarchia e i sudditi si giocasse attorno alle pratiche dell'amministrazione era ormai acquisita e da nessuno venne seriamente messa in discussione. Che, a sua volta, all'interno dell'amministrazione assumesse un rilievo

[3] P. Colletta, *Storia del Reame di Napoli*, cit., libro VIII, p. 176.

fondamentale quella civile, «prima base» di tutto l'ordinamento dello stato, risulterà chiaro fra qualche pagina.

Ma, primato dell'amministrazione significava non soltanto la creazione di apparati dello stato diversi, più numerosi e meglio dislocati rispetto a quelli del passato, ma anche la definizione delle funzioni e dei compiti (oltre che dei limiti) degli uffici, il reclutamento di un personale che fosse omogeneamente presente sul territorio e, soprattutto, la liberazione delle relazioni sociali dalle scorie delle vecchie pratiche di governo. E in questo campo il compito che si addossarono a Napoli i ministri e nelle province gli intendenti non fu certo facile; tuttavia i risultati conseguiti furono di un rilievo tale da rendere sconsigliabile nel 1815 operare un sovvertimento degli ordinamenti di Giuseppe e di Gioacchino (che anzi vennero estesi con la legge dell'11 ottobre 1817 alla Sicilia) e a non conferire un carattere traumatico al cambiamento, che pure ci fu ma non nella forma dell'epurazione, dei funzionari murattiani. E questo anche perché coloro che si trovarono a reggere i dicasteri napoletani negli anni della restaurazione ebbero agio di paragonare il nuovo sistema a quello vigente pochi decenni addietro e, quindi, di apprezzarne la razionalità dell'impianto oltre che la moderazione con la quale avevano agito al riguardo le autorità francesi le quali avevano avuto di mira, si legge in un rapporto del 1808 del ministro dell'Interno *pro tempore* Miot, soprattutto la pacificazione e la normalizzazione del paese. Ovviamente, nelle Due Sicilie non si poteva propagandare l'idea che lo sviluppo di forme nuove del vivere associato fosse da ascrivere ai due re francesi; di quelle si potevano mettere in evidenza gli aspetti positivi a condizione che le si facessero risalire all'illuminata politica di Ferdinando I; viceversa, per criticare le istituzioni borboniche, si ricorreva all'*escamotage* di attribuirle al Decennio. Così, scriveva Giuseppe Ceva Grimaldi, allora intendente di Basilicata, sul «Giornale delle Due Sicilie» (n. 264, 5 novembre 1817) era stato il re a mettere a profitto tutti i lumi del secolo dotando il paese di buone istituzioni e Gaspare Capone, precettore del duca di Calabria (il futuro Ferdinando II) e autore di un ampiamente diffuso *Discorso sopra la storia delle leggi patrie* poté tranquillamente inculcare nel suo allievo l'idea che l'«istituzione degli Intendenti avrebbe avuto luogo in Napoli prima della militare occupazione, se qualche accidente, e poi la invasione, non ne avesse impedita la gloria al vostro augusto avolo». Ancora nel 1856 gli «Annali civili» non si peritavano di ricordare, con patetica sfrontatezza, che si doveva a Ferdinando I l'introduzione nel regno dei consigli provinciali.

Né era possibile per coloro che si cimentavano con la scienza dell'amministrazione o che ricoprivano incarichi pubblici agire diversamente anche perché il regno delle Due Sicilie aveva accolto tutto quello che c'era da accogliere del Decennio. Se in un punto avevano ragione coloro che attribuivano alla fase settecentesca del regno di Ferdinando i provvedimenti che caratterizzarono invece gli anni francesi è nel fatto che al tramonto del secolo dei lumi le distorsioni provocate dalle vecchie forme di governo nella pratica dell'esercizio del potere e nello stesso rapporto tra i sudditi e le magistrature erano note a tutti. Su di esse avevano esercitato il loro acume critico gli allievi di Genovesi e uomini come Galanti, Cuoco, Zurlo e tanti altri che, seppure da posizioni diverse, si erano trovati a vivere le vicende del 1799 e della prima restaurazione e che erano stati tutti accomunati dall'entusiastica adesione alle istanze della monarchia amministrativa di Napoleone e dei Napoleonidi.

Aveva, infatti, scritto Galanti: «Secondo i buoni principi, non si dovrebbe confondere il potere economico con quello della giustizia contenziosa, e l'uno e l'altro con quello di proporre e di riordinare le leggi [...]. Nel nostro regno per essersi fatta confusione di queste tre facoltà, ne sono derivati i principali disordini dei quali tanto ci attristiamo»[4].

Analoghe le osservazioni al riguardo di Vincenzo Cuoco nel suo *Saggio storico sulla rivoluzione di Napoli*: la commistione tra giustizia e amministrazione corrompeva sia l'una che l'altra; infatti mentre il «potere giudiziario tende, per sua intrinseca natura, a conservar le cose nello stato nel quale si trovano; l'amministrazione tende sempre a cangiarle, perché ten-

[4] G.M. Galanti, *Della Descrizione geografica e politica delle Sicilie*, a cura di F. Assante e D. Demarco, 2 voll., Napoli, ESI, 1969, vol. I, pp. 132-133.

de sempre a migliorarle» e Pietro Colletta, al termine del lungo *excursus* storico che apre la sua più famosa opera sottolineava che «non essendo ben definito il potere de' magistrati, la dubbietà delle competenze si risolveva dal comando regio; e le materie giudiziarie avviluppandosi alle amministrative, il diritto e il potere, il magistrato e il governo sovente volte si confondevano».

Divenne quello della confusione tra i due poteri un elemento consueto nella riflessione di coloro che si trovarono a paragonare l'organizzazione dello stato napoletano settecentesco con quella vigente ai tempi di Giuseppe, Gioacchino e Ferdinando, ora I; e anche alcuni tra coloro che più di altri rimarcavano l'estraneità delle istituzioni francesi alla tradizione giuridica e amministrativa meridionale non potevano fare a meno di porre in evidenza gli sconcerti che introduceva nella vita politica la confusione tra giustizia e amministrazione: «queste funzioni – scriveva Rocco Zerbi – tanto diverse tra loro si univano nelle persone medesime. Da ciò ne derivava, come già aveva rilevato il Cuoco, che il mescolamento del giudiziario e dell'amministrativo potere non potea non produrre [...] la corruzione di entrambi».

A sua volta Francesco Dias ricordava la mole di lavoro che incombeva sulla Sommaria e la molteplicità di questioni della più varia natura sulle quali essa era chiamata a pronunciarsi, mentre Giuseppe Rosati ne *Il diritto pubblico del regno delle Due Sicilie* esprimeva certo una convinzione generalizzata quando affermava che «non solo la carta antica del regno era diversa dalla presente, ma le autorità stesse che vi erano stabilite non avevano niente di comune con quelle, che sono oggi destinate all'amministrazione civile del regno, perciocché tutte le autorità dismesse appartenevano meno al ramo amministrativo, che al giudiziario».

La confusione tra quei due settori aveva modo di dispiegarsi appieno anche in periferia e se sono note, grazie soprattutto ai pionieristici studi di Ghisalberti, le molteplici attribuzioni delle udienze provinciali, classico esempio di una magistratura fondata su un collegio che, giudicando, doveva anche amministrare, forse sono meno noti i risvolti che tale pratica introduceva all'interno delle università del regno e che concernevano in particolar modo i governatori. Di essi Nicola

Nicolini ricordava, nel suo manuale dedicato ai giudici di pace, che non solo vivevano «sotto la mano di ogni sorta di Ufiziali pubblici maggiori; ma talvolta [erano] inquisitori per altri Tribunali, e giudici poi essi stessi anche di cause capitali; eglino Commessari di polizia; eglino Agenti militari: le leve ed i tributi si eseguivano da essi; presedevano alle deliberazioni comunali, corrispondevano con tutti i ministri; e che altro i governatori non facevano?».

Stessa sorte dei governatori condividevano gli uditori, i giudici dei tribunali napoletani, i membri delle giunte di governo che ruotavano vorticosamente tra incarichi della più varia natura; tutti seguivano i loro *curricula* e i loro «cammini» senza alcuna remora o riserva mentale, dato che quella circolarità delle carriere ben si adattava a strutture pubbliche nelle quali le funzioni e le competenze non si presentavano chiaramente delimitate.

La separazione operata negli anni napoleonici fra giustizia e amministrazione, assieme a quella non meno rilevante tra l'amministrazione attiva e il contenzioso, visto quest'ultimo come strumento per regolare le controversie di natura amministrativa, la creazione di circuiti paralleli e alternativi di reclutamento e di organizzazione delle carriere (altri furono i giudici e altri gli amministratori) si collocarono tra i punti centrali del programma di riorganizzazione dello stato e delle sue strutture.

Gerarchie parallele di uffici giudiziari e di tribunali si accostarono ora senza confondersi a gerarchie di analoghi uffici amministrativi; il senso della frattura allora prodotta nella vecchia pratica di governo divenne a tutti evidente e per coloro che nutrivano dubbi in proposito fu emanata dal ministero dell'Interno una circolare, indirizzata a tutto il personale dell'amministrazione civile, nella quale si precisava che l'intendente provinciale, vera e propria pietra angolare del sistema, era un funzionario che aveva ben pochi punti di contatto con il preside delle udienze del primo stato borbonico e, soprattutto, non era titolare di competenze di ordine giudiziario. Cessata ogni influenza degli intendenti sul potere giudiziario, ribadiva quella circolare, «dee finire ogn'influenza de' membri del Tribunale verso di loro».

La divisione delle attribuzioni, delle funzioni e delle carriere si accompagnò alla verticalizzazione degli uffici: dalla capitale alle province era un geometrico dipanarsi degli organi amministrativi, giudiziari e finanziari dello stato e dei loro uffici, tutti in reciproco rapporto di dipendenza gerarchica, che trasmettevano fin nelle plaghe più remote del regno gli impulsi che provenivano dal centro e organizzavano in un fitto reticolo di norme e di disposizioni la vita amministrativa locale. Quest'ultima poteva apparire a molti depressa e ridotta a muoversi entro ambiti sempre più angusti e controllati, ma è fuor di dubbio che a partire dal Decennio mutarono i termini del rapporto tra Napoli e le province non fosse altro perché vennero meno quelle condizioni che avevano permesso negli anni dell'antico regime la prevaricazione feudale sulle comunità e il crescere del potere togato nella grande città capitale.

I nove ministeri, tra i quali assunse subito una posizione di primaria importanza quello dell'Interno, divennero il cuore della vita politica del regno, centralizzarono tutte le questioni, diedero il via a una burocratizzazione che si propagò, attraverso leggi, regolamenti, circolari, all'intero paese. Tutto fu suscettibile di pareri, opinioni e norme, tutto fu regolamentato; la maglia delle istituzioni stringeva il paese producendo una legislazione, a volte sovrabbondante, che dava il tono allo stato burocratico e, nello stesso tempo, forniva origine e identità a un ceto sociale che di quella legislazione era autore, esecutore, controllore e, nello stesso tempo, vittima e al quale, in questa sede, non si possono riservare se non sommari cenni.

Le ampie gerarchie di uffici basati sull'esercizio di funzioni particolari, lo stesso più elevato tasso di statualità imposto alla compagine del regno, la disarticolazione delle vecchie forme di controllo del territorio e la creazione di nuove riconducibili alle istituzioni dello stato presupponevano infatti la disponibilità di un personale adeguato, numeroso, forgiato nel servizio, dotato di saperi e di professionalità che permettessero sia il disbrigo delle quotidiane e minute incombenze che l'amministrazione richiedeva, che l'elaborazione di forme più alte di gestione del governo della comunità civile. Non sempre, da questo punto di vista, i risultati furono adeguati alle esigenze e alle aspettative e se generalmente gli intendenti e i funzionari collocati ai gradini più alti dell'amministrazione furono prescelti all'interno del Consiglio di stato e tra le più alte cariche giudiziarie, finanziarie e militari, in ogni caso guardandosi all'estrazione sociale e all'affidabilità politica degli interessati, per i quadri intermedi e più bassi si dovette ricorrere a personale quantomeno di incerta formazione e di dubbia professionalità e si dovette tener conto, forse più di quanto si sarebbe voluto, di forme di pressione provenienti o sostenute da notabili locali che vedevano ancora nella carica pubblica una specie di gratificazione per colui che la esercitava piuttosto che un ingranaggio della macchina dello stato e, quindi, sottoposta a leggi, regolamenti e obblighi ben precisi. L'empiricità nel reclutamento, gli aleatori criteri di selezione, la mancanza di formazione specifica, il prevalere di referenze latamente politiche, certamente clientelari, nelle scelte, furono elementi consueti nella formazione del nuovo ceto burocratico nel Mezzogiorno napoleonico e della restaurazione. La stessa ristrettezza numerica dei settori della popolazione che avrebbero potuto ricoprire cariche medio-alte, testimoniata anche dal fatto che molti consiglieri provinciali fossero costretti ad abbandonare i propri posti perché chiamati ad altri incarichi, produsse una particolare circolarità nelle carriere che cozzava con la conclamata volontà di privilegiare le competenze rispetto agli status. Per di più, l'isolamento in cui spesso vennero lasciati i servitori dello stato, le forme di inefficienza e di ignoranza al vertice, di indifferenza e di corruzione nei gradini più bassi, sminuirono il valore normativo e potestativo della legislazione, introdussero margini di contrattazione fra le parti e di discrezionalità nell'esercizio delle funzioni pubbliche. La concezione dell'impiego come mezzo di sussistenza, assieme ai salari bassissimi corrisposti, ingenerò forme di corruzione che segnarono fortemente la natura della burocrazia napoletana. E se Raffaele De Cesare poteva ricordare il frequente fluire di caciocavalli o di altri «frutti di dispensa» verso le case dei funzionari, se i notabili di Capitanata tentavano di accattivarsi la benevolenza di intendenti e di sottointendenti inviando loro «onoranze» in natura, Giambattista Zella-Milillo stigmatizzava non soltanto il numero, a suo dire, sterminato degli impiegati, che assorbivano gran parte del bilancio dello stato, ma soprattutto il fatto che essi venissero promossi al posto di lavoro secondo sistemi altamente discrezionali e senza aver dimostrato di possedere le minime cognizioni di diritto amministrativo o di economia politica[5].

La via napoletana allo stato amministrativo si colorava così anche di questi aspetti pittoreschi, ma se il malcontento contro le burocrazie invadenti fa parte di una tradizione letteraria che non è certo appannaggio esclusivo del regno meridionale, non si possono sottacere, anche se viziati da quei pregiudizi cui si accennava prima, gli aspetti che portarono numerosi napoletani (nel 1824 gli impiegati pubblici, esclusa la capitale, erano 15.585; nella sola Napoli nel 1845 ascendevano a 8.337) ad affidare sopravvivenza economica, ruolo sociale, identità alla carica pubblica e, corrispettivamente, quelli che resero necessario per lo stato il ricorso a un personale a volte di dubbia affidabilità, a volte scarsamente motivato.

I giudici di circondario furono tra coloro nei quali si palesarono drammaticamente le difficoltà nel reclutamento, specie negli anni dell'impianto del nuovo regime, di uomini le cui capacità fossero adatte a gestire una realtà complessa e a volte arcaica come quella meridionale.

Bersaglio di strali di ogni genere, anche perché era facile gioco per tutti contrapporre alla loro insipienza, vera o presunta, la profonda dottrina dei magistrati della capitale, i giudici di circondario, spesso giovani legulei privi di esperienza, «usciti di scuola con lievi soldi e molta potestà»[6], dovevano fare i conti, più che con il digesto e le pandette, con i prepotenti di paese, con un clima che favoriva la prevaricazione e l'omertà, con la sopravvivenza di forme di potere e di deferenza legate ai titolari delle soppresse giurisdizioni feudali, con la mancata collaborazione degli ufficiali municipali;

[5] Memor (R. De Cesare), *La fine di un regno dal 1855 al 6 settembre 1860*, Città di Castello, Lapi, 1895, p. 80; S. Russo, *Storie di famiglie. Mobilità della ricchezza in Capitanata tra Sette e Ottocento*, Bari, Edipuglia, 1985, pp. 158-159.

[6] La citazione è tratta da G. De Sivo, *Storia delle Due Sicilie dal 1847 al 1861*, 2 voll., Napoli, Berisio, 1964 (1ª ed. Napoli 1868), vol. I, p. 70.

il tutto produceva insormontabili ostacoli al retto esercizio della giustizia a meno che il giudice non avesse deciso di accettare gli equilibri della comunità e diventare amico egli stesso dei prepotenti.

Ma, tornando ancora al personale amministrativo, nonostante le limitazioni e le inadeguatezze di cui dava prova (tuttavia bisognerebbe pure porre in risalto l'operosità e le capacità di grandi funzionari e di grandi magistrati del regno), a nessuno sfuggiva che il regolare funzionamento della complessa macchina amministrativa, finanziaria, giudiziaria risiedeva nelle mani dei nuovi apparati burocratici e ben poteva sostenere lo scrittore Luigi Attolini in un brano che ho avuto occasione di citare altrove che «L'Intendente [di Terra di Bari] ha un nuovo ceto di persone in moltissimo numero che vive per mezzo delle sue Segreterie [e che] in città si è stabilito un nuovo ceto di persone»[7]. Da parte sua, l'intendente di Capitanata Gaetano Lotti annunciava, in un suo discorso apparso a stampa negli «Annali» del 1833, che la sua gioia maggiore era nel ravvisare dappertutto ottimi funzionari, persuaso com'era che «ove un Intendente non abbia questo presidio in regolare la somma delle cose, i nervi dell'amministrazione [...] ne verran sempre ad essere tronchi o affievoliti».

Non tutti condividevano l'entusiasmo del Lotti a tale riguardo, la burocrazia per alcuni aveva contribuito a spegnere totalmente la vitalità degli enti locali, aveva aperto la strada ad ambizioni e arbitri non compatibili con il sistema di governo e la pratica di vita delle comunità; non a tutti appariva giusto e opportuno stipendiare persone che derivavano la loro posizione sociale e le risorse economiche atte a sostenere la propria esistenza esclusivamente dall'esercizio di funzioni pubbliche. Abituate ai prepotenti, ai feudatari, ai «civili» usurpatori dei beni comunali e agli amministratori che negli antichi parlamenti delle università erano anche titolari di incarichi di natura burocratica (il cancelliere, l'archiviario, l'erario), per molto tempo le popolazioni non riuscirono ad

[7] A. Spagnoletti, *La formazione di una nuova classe dirigente in provincia di Bari. Sindaci e decurioni tra 1806 e 1830*, in «Archivio storico pugliese», XXXVI, 1983, pp. 117-165, spec. p. 161.

assuefarsi a burocrati e impiegati «puri». Questi ultimi, come risulta da macchiettistiche descrizioni delle anticamere dei ministeri napoletani apparse con frequenza nel 1820 e nel 1848 quando fu introdotta la libertà di stampa, si configuravano agli occhi dell'opinione pubblica, oltre che come dissipatori di risorse, come un filtro che impediva, nonostante quello che solennemente proclamavano i preamboli delle leggi, la diretta comunicazione tra governanti e governati. Tuttavia, attorno alla funzione pubblica, al tipo di formazione che si richiedeva e alla mentalità burocratica che essa presupponeva vennero a costruirsi i percorsi di ascesa sociale di una piccola borghesia che ora tendeva a qualificarsi come una vera e propria categoria socioprofessionale proprio in relazione ai connotati impiegatizi che assumeva.

Senza dimenticare che la notevole mobilità del personale, almeno a livello medio-alto, contribuì a creare la consapevolezza dell'oggettività della pratica amministrativa che doveva prescindere dalla persona di colui che si trovava a ricoprire la carica pubblica e dal luogo in cui essa veniva esercitata.

Da più parti è stata rilevata la complessità degli assetti di governo nella Napoli del Decennio, modulati sulla legge del 28 piovoso dell'anno VIII che aveva dotato la Francia di un sistema amministrativo centralizzato, e nel contempo l'organicità e coerenza che derivava loro dall'essere strutturati su una rete piramidale di consigli che avevano il proprio vertice nel Consiglio di stato, il massimo organo consultivo del regno che, come ricorda Feola, garantiva il superamento del particolarismo dei vari ministeri.

Se la vita giudiziaria del paese si sorreggeva su una capillare rete di tribunali provinciali e di circondari, tutti facenti capo al ministero della Giustizia[8], analoga gerarchizzazione si de-

[8] Fu la legge del 20 maggio 1808 a fissare l'organizzazione giudiziaria del paese strutturandola su giudici di pace (poi di circondario), tribunali di prima istanza (poi civili) e corti criminali (poi gran corti criminali) in ogni provincia, quattro corti d'appello (poi gran corti civili), una corte di cassazione. In Sicilia, a partire dal 1819, si ebbe una corte di cassazione a Palermo e gran corti civili (a Palermo, Messina e Catania) che funzionavano anche da corti criminali; in ogni valle vi era poi un tribunale civile di prima istanza.

terminava per gli organi preposti all'amministrazione civile, ritenuta il principale sostegno dello stato.

Una legislazione uniforme prendeva il posto della congerie di prammatiche, rescritti, statuti, capitoli, consulte, dispacci che avevano caratterizzato la vita del regno e delle sue università fino alla fine del XVIII secolo (vero e proprio elemento caratterizzante dello stato di antico regime) e che avevano grandemente favorito, nonostante i tentativi di riforma esperiti, il particolarismo cetuale e istituzionale. Scrivendo in un periodo più tardo e guardando agli anni di Ferdinando II, Gennaro Volpicelli poteva rilevare che con l'uniformità legislativa erano stati posti sullo stesso piano i diritti e i doveri, spento il fino ad allora dominante municipalismo e fuso in un insieme coerente e organico le varie parti dello stato.

Era tramite l'amministrazione civile che le necessità del paese, con un itinerario che partiva dai consigli decurionali e giungeva fino alle intendenze, venivano a conoscenza dei ministeri napoletani. In questo modo, si riteneva, poteva realizzarsi un fecondo collegamento tra il popolo e il sovrano.

Più il potere diventava astratto, più si sostanziava in uffici dalle competenze e attribuzioni ben definite, più diventava ineludibile il problema della comunicazione e della sintonia tra il re e i suoi sudditi: non vi erano più i ceti, i seggi, le variegate istituzioni dell'antico regime a rappresentare i molteplici corpi in cui si strutturava la popolazione nell'antico regime napoletano, non vi erano più istanze intermedie che potessero farsi carico presso il centro della monarchia delle esigenze di una pacifica e ordinata vita civile. I diritti e i doveri erano stati pareggiati, all'orizzonte delle popolazioni si stagliavano ormai non più i vecchi parlamenti civici o gli apparati di governo dei feudi, ma i funzionari e i burocrati che dovevano solo garantire la politezza della prassi amministrativa, tenere il polso dello spirito pubblico e comunicare ai ministeri della capitale con frequenti rapporti le necessità e le esigenze delle province.

Era quella della comunicazione burocratica una preoccupazione che si riscontra di frequente nelle carte ministeriali di quel periodo e che trovò una sua soddisfacente composizione nella verticalizzazione degli apparati, nello strutturarsi geometrico e omogeneo delle gerarchie degli uffici, dei consigli e degli istituti di governo. Tra i più sensibili al problema era, naturalmente, Giuseppe Zurlo, autore di un famoso *Rapporto sullo stato del regno di Napoli per gli anni 1810, 1811* nel quale sottolineava, tra gli effetti più importanti prodotti dalla nuova sistemazione amministrativa data al paese, l'elevato grado di integrazione che si era ormai realizzata tra le strutture centrali dello stato e quelle periferiche. Ne conseguiva – continuava Zurlo – che gli intendenti e i ministri conoscessero fin nei minimi particolari lo stato delle amministrazioni locali, fossero in grado di intervenire dappertutto celermente e riuscissero, in questo modo, a trasmettere le direttive dello stato in un settore dominato fino ad allora da complicati sistemi di governo e da un'indisciplina che in alcuni casi dava luogo a forme di vera e propria anarchia. Che questa facilità di comunicazione burocratica dovesse poggiare su buoni funzionari, ma anche su strade agevolmente percorribili e su poste efficienti, oltre che su una particolare organizzazione dello spazio amministrativo, era altresì noto a Zurlo e agli ambienti ministeriali napoletani, ma questo è un argomento sul quale tornerò tra breve.

La verticalizzazione degli uffici, il loro dipanarsi da Napoli alle province e dai distretti fino ai comuni, l'ordine gerarchico e piramidale che li connotava e il loro rapporto con lo spazio del regno trovavano il loro punto di raccordo e di equilibrio nella figura dell'intendente, vero simbolo della centralizzazione napoleonica ed elemento fondamentale della monarchia amministrativa.

Istituito con la legge dell'8 agosto 1806, l'intendente era a capo della provincia, incaricato dell'amministrazione civile, finanziaria e di alta polizia (tranne che a Napoli ove la tutela dell'ordine pubblico era affidata al commissario generale di polizia e ai commissari di quartiere); egli era direttamente subordinato al ministero dell'Interno, ma in corrispondenza con tutti gli altri dicasteri e disponeva di attribuzioni che spaziavano dalla direzione degli ospizi a quella degli istituti di beneficenza, dall'istruzione pubblica alla vigilanza sulla produzione agricola e manifatturiera. Lo affiancavano un consiglio d'intendenza composto da tre membri nominati dal re che si pronunziava in maniera sommaria soprattutto su questioni di ordine contenzioso e un segretario generale che lo sostituiva interinamente[9]. Quest'ultimo ricopriva un incarico altamente fiduciario espletando delicate mansioni e spesso la sua competenza amministrativa giunse a farne, come accadde con Giacinto Antelmy, per lunghi anni segretario di intendenza in Terra d'Otranto, il personaggio più autorevole della provincia.

Vera cerniera tra il centro e la periferia, gli intendenti franco-napoletani e poi quelli borbonici furono in grado di esercitare un controllo sulla vita amministrativa provinciale e comunale quale nessuna magistratura di antico regime aveva mai potuto effettuare. Quei funzionari, però, sottolinea Pietro Colletta, «commissar[i] del governo e tutor[i] del popolo, con poteri grandi e certi, doveri indeterminati e talvolta opposti, non [potevano] a lungo serbare uffizio e fama [...] la più parte degl'intendenti sono a pro del governo contro del popolo, cioè duri nelle pratiche di polizia, inflessibili nelle esigenze della finanza, proclivi e pronti a tutto ciò che profitti o piaccia al re, come che a danno della provincia»[10]. Volta per volta tribuno o tiranno, *defensor populi* o *legatus*, Cicerone o Verre, secondo la caratterizzazione che lo stesso Colletta ne fa negli *Aneddoti più notabili della mia vita*, l'intendente era il rappresentante dello stato a più stretto contatto con le popolazioni, al centro di una fitta rete di poteri che annoverava non solo ufficiali, funzionari, burocrati, amministratori locali, ma anche coloro ai quali il nuovo regime aveva dato gli strumenti per studiare la realtà, quantificarla, ordinarla in categorie statisticamente omogenee al fine di meglio governarla.

Fu la complessità delle funzioni esercitate a far sì, come vedremo, che nei suoi confronti si appuntassero le critiche più aspre di coloro che della monarchia amministrativa tratteggiavano i caratteri dispotici e illiberali.

[9] È da ricordare che il soldo assegnato al segretario era pari a quello del sottointendente e ascendeva a 600 ducati annui. Quello dell'intendente era, invece, di 1.800 ducati e quello dei consiglieri d'intendenza di 180 (legge 8 agosto 1806).

[10] P. Colletta, *Storia del Reame di Napoli*, cit., libro VII, p. 97.

Se alta fu l'integrazione che si raggiunse nel paese tra governo e ampie e significative fasce della popolazione, anche grazie alla cooptazione di queste ultime nelle strutture del governo locale, se quel municipalismo al quale faceva riferimento il Volpicelli era stato in un certo qual modo rimosso, questo era, dunque, dovuto in gran parte agli intendenti. Attorno ad essi si addensarono nelle province uffici e segreterie, si raccolse un personale burocratico nuovo nei compiti e nella composizione, si coagularono le élite provinciali, si determinò una notevole uniformità di indirizzi e di comportamenti che fece guadagnare alla vita locale una coralità per l'addietro sconosciuta. Si registrava con quegli alti funzionari il definitivo tracollo del vecchio riformismo settecentesco che si era connotato per i suoi innegabili anche se farraginosi aspetti di centralismo: incapace di dotarsi di un progetto organico di riforma e di intervenire seriamente nelle province, quel riformismo – di cui Tanucci era stato la più autorevole espressione – aveva a mala pena scalfito le vecchie posizioni di preminenza delle antiche magistrature della capitale.

Cambiavano completamente attorno agli intendenti e il modo stesso di concepire la vita interna del regno e le connessioni tra il centro del paese e le comunità locali. Nel passato, scrive Colletta, «due sole amministrazioni si conoscevano, di municipio e di regno: le innumerevoli relazioni di municipio a municipio, a circondario, a distretto, a provincia, erano trasandate o provvedute per singolari arbitrarie ordinanze». Consueto era il ricorso alle magistrature napoletane, praticata con disinvoltura era l'avocazione degli affari delle province presso i tribunali della capitale, le udienze altro non erano se non un vuoto involucro per una inconsistente identità provinciale.

La nascita delle intendenze, sulle quali Feola ha scritto penetranti pagine, mutò radicalmente i termini della questione: esse divennero l'organo di raccordo delle differenziate esigenze dei comuni, uniformarono l'azione di tutti i rami dell'amministrazione, resero inutile il continuo ricorso a Napoli, imposero ai comuni una mediazione che portava, nello stesso tempo, a omogeneizzare i loro comportamenti, favorì insomma il sorgere di un interesse e di uno spirito provinciale che, scriveva Giovanni Manna ne *Il Diritto amministrativo del regno delle Due Sicilie*, richiamavano alla «più alta unità di un interesse nazionale». Sì che, afferma Iachello a proposito della Sicilia (ma le sue osservazioni possono legittimamente estendersi anche al Mezzogiorno continentale), non è corretta la visione della riforma amministrativa come di qualcosa che rispondesse solo alle esigenze del potere centrale. Grazie ad essa, infatti, le comunità locali si dotarono di canali di comunicazione e di intervento uniformi che le portarono al superamento degli angusti ambiti entro i quali avevano condotto sino ad allora la propria esistenza[11].

Attorno alle intendenze era migliorata così anche la vita delle realtà periferiche; il nuovo sistema, del quale elemento centrale erano quegli organismi, rendeva scontato, come ricorda Nicola Comerci nel suo *Corso di Diritto Amministrativo per lo regno delle Due Sicilie*, l'esito di ogni confronto con lo stato borbonico settecentesco, carico di incongruità, privo di qualsiasi forma di governo provinciale, con un'amministrazione civile in condizioni «compassionevoli», con la giustizia frammista all'amministrazione, con una capitale che rivestiva nella vita pubblica del paese un abnorme e deleterio ruolo. Negli anni francesi, continuava il Comerci, una nutrita serie di disposizioni legislative cambiò l'aspetto del regno, «l'opinione si formò; lo spirito pubblico rinacque; l'interesse generale parlò al cuore di tutti; tutti cominciarono a giudicare dell'andamento e delle operazioni del governo».

Certo, il processo non fu indolore, la strada per giungere a uno stato nel quale le periferie giungessero a collocarsi in maniera omogenea rispetto al centro fu ardua, né fu meccanica la trasposizione, nelle realtà territoriali provinciali, del dettato legislativo e dello spirito che lo animava. Molto spesso le élite locali opposero tenaci resistenze alle nuove pratiche di governo, a volte gli intendenti furono costretti a muoversi ricevendo pochi sostegni dai ministeri e, in più circostanze, la disparità tra le risorse assegnate e i compiti ai quali erano chiamati li spinse a ricorrere a strumenti informali, a

[11] E. Iachello, *Il vino e il mare. «Trafficanti» siciliani tra '700 e '800 nella contea di Mascali*, Catania, Maimone, 1991, p. 96.

«deviazioni», a privilegiare la pratica della mediazione per assicurare un funzionamento minimo al sistema; d'altra parte, l'allinearsi geometrico delle amministrazioni comunali di fronte agli intendenti sovente produsse, come lamentava il Manna, uno scadimento della vita politica locale. Non sempre si rivelò facile selezionare *in loco* personale capace di addossarsi gli oneri che lo stato affidava alle comunità, bisognava combattere contro inveterate abitudini, fronteggiare partiti e fazioni che si muovevano a proprio agio sul minuscolo scenario locale, tener testa a decurioni ignoranti o cavillosi che, specie nei piccoli paesi, riuscivano a ritardare il disbrigo degli affari; bisognava fare i conti con la stessa difficoltà nelle comunicazioni che una natura aspra e ostile enfatizzava e con la a volte irrazionale divisione delle circoscrizioni amministrative.

A questi ultimi problemi si pensò di ovviare con l'istituzione delle sottointendenze, organismi ritenuti, per la dimensione della circoscrizione nella quale operavano, a più stretto contatto con le realtà locali. Scriveva l'appena citato Comerci che il sottointendente, spesso espressione degli equilibri e delle forze egemoni locali, era l'agente «intermedio legale» tra l'intendente (che esercitava anche funzioni di sottointendente nel distretto che ospitava il capoluogo provinciale) e i sindaci dei comuni del distretto e che i suoi profili corrispondevano a quelli di un funzionario incaricato di informare, rinviare e vigilare, piuttosto che di esercitare un'autorità che gli era propria. Risultava così che la sottointendenza – modellata su una circoscrizione nuova come il distretto – poteva agevolare i cittadini nel disbrigo di pratiche che altrimenti li avrebbe condotti nel capoluogo della provincia, ma non visse mai di vita propria. Giovanni Manna riteneva che la gerarchia amministrativa sul territorio dovesse incentrarsi esclusivamente sulla provincia e sui municipi, mentre altri organismi, dai distretti ai circondari, erano sussidiari ai primi e in ogni caso non assumevano caratteri di invariabilità ed essenzialità. I distretti, scriveva Pasquale Liberatore nella sua *Istituzione della legislazione amministrativa*, erano privi di un'«esistenza civile indipendente da quella della provincia» e i sottointendenti erano solo strumenti intermedi nella gerarchia amministrativa; per questo motivo l'introduzione di quella circoscrizione suscitò notevoli perplessità che vennero però meno quando si rivelò prioritaria l'esigenza di «manuduzione» dei sindaci dei piccoli comuni, per necessità di cose prescelti tra le classi meno istruite.

Si può dire pertanto che gli unici e veri referenti dell'intendente nelle province fossero i sindaci i quali, proprio per l'importanza delle funzioni ai quali erano chiamati, avrebbero dovuto – come riferisce con pomposa prosa Nicola Nicolini – «tanto [...] portar seco di dignità e di riguardi quanto è augusta la persona che sostengono e quanto interesse ha ciascuno della dignità propria e del popolo»[12].

A capo delle amministrazioni locali, nominati dal re o dall'intendente a seconda della taglia demografica del loro comune, i sindaci si erano infatti trasformati in veri e propri ufficiali dello stato; essi gestivano le finanze comunali, erano responsabili del buon andamento della vita locale, corrispondevano direttamente con l'intendente sotto i cui ordini immediati agivano. Rivestiti di qualità che ne facevano «agenti attivi» del governo centrale e, al contempo, «rappresentanti» del comune considerato un ente dotato di propria personalità giuridica, a volte giudici che esercitavano determinate funzioni di natura contenziosa, essi erano affiancati da due eletti, il primo incaricato della polizia urbana e rurale e il secondo che li assisteva o li sostituiva in caso di assenza o impedimento, e da un consiglio decurionale composto da un numero di individui variabile tra dieci e trenta in rapporto alla popolazione del comune e nominato all'interno di «liste di eligibili».

Queste erano compilate dai decurionati stessi sulla base di criteri che privilegiavano, per l'ascrizione ad esse e secondo quanto stabilito dalla legge del 20 maggio 1808, il possesso di una rendita annua non inferiore ai 24 ducati e l'esercizio di professioni liberali e venivano sottoposte all'approvazione finale dell'intendente o del sottointendente.

Il fatto che la loro compilazione fosse minuziosamente regolamentata non significa che gli amministratori locali si

[12] N. Nicolini, *Istruzione per gli atti giudiziari di competenza de' giudici di pace*, Napoli, s.e., 1812, p. 44.

dovessero misurare con un'incombenza tranquilla e indolore né che le liste, alla fine, si presentassero con i crismi della più assoluta oggettività: in esse si specchiavano i conflitti che opponevano i diversi gruppi che aspiravano al completo controllo del comune; la connotazione di «impedito», di soggetto di scarsa moralità o «inidoneo» serviva ad allontanare dall'area del potere molti cittadini che pure possedevano i requisiti censitari o professionali richiesti; spesso quelle liste venivano giudicate scarsamente rappresentative dagli intendenti stessi che provvedevano a nominare alle cariche pubbliche soggetti che non vi erano compresi. A volte, come hanno sottolineato sia Giarrizzo che Iachello, furono le confraternite o, addirittura, organizzazioni settarie a proporre alle autorità provinciali dello stato i nomi da inserire in lista e a disegnare in questo modo la fisionomia delle classi dirigenti locali.

Il decurionato, in carica per quattro anni, rappresentava gli interessi della collettività e – assistendo il sindaco – era «l'amministratore attivo» del comune; esso era chiamato a una triplice serie di mansioni: fungere da collegio consulente nell'esecuzione delle leggi e regolamenti, dare il suo avviso e deliberare su ciò che atteneva alla gestione del patrimonio comunale, essere il legale rappresentante del municipio.

Controllata strettamente dall'intendente, la vita locale poteva certamente risultare asfittica rispetto al passato e meno proclive a favorire le esigenze della collettività, inserita com'era in un preciso quadro provinciale di riferimento all'interno del quale le opzioni di intervento in tema di lavori pubblici, di assistenza e di impegni di spesa erano rigidamente preordinate; i decurionati potevano anche dibattere su questioni o assumere provvedimenti che prima di diventare esecutivi venivano sottoposti al vaglio dell'intendente, ma tutti coloro che si sono occupati di questa problematica hanno rilevato le grandi novità che anche nel campo dell'amministrazione locale introdusse il Decennio e che la legge organica del 12 dicembre 1816 non mancò di riconoscere e di conservare.

Innanzitutto il fatto che a tutti i comuni del regno, tranne Napoli, Palermo, Messina e Catania che mantenevano particolari forme di governo locale, fosse stato imposto il medesimo ordinamento amministrativo, segnala – come ha rilevato Fabio Rugge – la scomparsa della nozione di città dai testi legislativi e la sua sostituzione con quella, più ristretta, di comune[13]. Che le disparità tracciate dagli antichi statuti venissero a riproporsi con i simboli nuovi della preminenza che si richiamavano, più che alle qualità intrinseche delle città, alle funzioni statali che in esse venivano ospitate è un argomento che sarà tra breve affrontato.

In secondo luogo il fatto che la legge non riconoscesse più come nel passato la differenza dei ceti per l'esercizio delle cariche civiche (ribadita con particolare vigore da una circolare del ministero dell'Interno dell'11 ottobre 1806) segnò il tracollo del vecchio regime della separazione dei ceti e di quei gruppi e famiglie che del controllo del governo locale avevano fatto l'elemento principale della propria rilevanza sociale. Infine, attorno alla normativa introdotta con le leggi del 18 ottobre 1806 e del 20 maggio 1808 si costruì una nuova classe dirigente formata da proprietari, professionisti, commercianti, spesso legati da vincoli di parentela e dotati tutti di un qualificato reddito che permetteva la loro nomina alle cariche pubbliche del comune.

Anche in questo caso l'area dell'integrazione e del consenso attorno al nuovo regime tese progressivamente a dilatarsi, un numero di individui più ampio che in passato fu coinvolto nella gestione della cosa pubblica, la vita locale assunse connotati nuovi. La centralizzazione amministrativa, il decentramento burocratico, l'uniformità legislativa penetrarono così anche nei più sperduti comuni del regno. Gruppi dirigenti legittimati in modo nuovo, frutto di una correlazione positiva tra inserimento nella lista e condizione professionale appresero a porsi in rapporto diretto con il capoluogo provinciale, impararono a ragionare in termini di stato, si resero consapevoli delle esigenze nuove di cui questo si faceva portatore: la leva, lo stato civile, la contribuzione fondiaria, le statistiche sul consumo e sulla produzione agricola e manifatturiera. Uno stato più pe-

[13] F. Rugge, *Le nozioni di città e cittadino nel lungo Ottocento. Tra «pariforme sistema» e nuovo particolarismo*, in M. Meriggi e P. Schiera (a cura di), *Dalla città alla nazione. Borghesie ottocentesche in Italia e in Germania*, Bologna, Il Mulino, 1993, pp. 47-64.

sante appariva all'orizzonte delle comunità locali, funzionari civili e gendarmi ne erano il punto di riferimento, ma anche ingegneri, agrimensori, maestri e, perché no, parroci, i quali diedero alla vita locale uno spessore non ravvisabile prima. I compiti sempre più delicati e complessi ai quali furono chiamati i sindaci e i decurionati ampliarono la loro rilevanza e costrinsero quelli a offrire una serie di risposte agli inviti e agli ordini degli intendenti, oltre che ai quadri e ai questionari statistici che loro si richiedeva di compilare, e ad attrezzarsi di competenze che, progressivamente, li qualificarono agli occhi della popolazione come i detentori di una scienza amministrativa in grado di controllare e organizzare tutti gli ambiti della vita associata. Così, se nei paesi le amministrazioni comunali divennero spesso il luogo di scontro di fazioni e di interessi economici contrapposti, nei centri più popolosi si formò il ceto degli amministratori, dei sindaci, di coloro che erano stabilmente inseriti nelle liste degli eligibili e nei decurionati e che ormai erano adusi a trattare con l'intendente, con il sottointendente, con gli ufficiali della gendarmeria e che avevano dilatato il proprio sguardo e allargato le proprie ambizioni ben al di là del ristretto ambito municipale.

Prospettive di ascesa sociale e carriere tendevano ora a orientarsi verso il capoluogo. Sindaci e amministratori locali miravano a un passaggio, per sé o per i propri figli, nella burocrazia che si raccoglieva attorno alle intendenze, speravano di ottenere come remunerazione per le capacità dimostrate cariche pubbliche più elevate e spesso nei «Giornali di Intendenza» trovarono posto le decisioni del sovrano di premiare i più meritevoli tra gli amministratori assegnando loro delicate incombenze di ordine superiore, come accadde al sindaco di Putignano che per il disimpegno «esatto» della sua carica entrò a far parte nel 1812 del consiglio d'Intendenza di Terra di Bari. Era questo, sottolinea Enrico Iachello, il frutto dell'utopia burocratica della monarchia amministrativa che mirava a configurare l'incarico nelle istituzioni locali come un servizio all'amministrazione pubblica e favoriva, pertanto, i passaggi dai consigli alla burocrazia[14], ma anche di

[14] In E. Iachello, *Appunti sull'amministrazione locale in Sicilia tra la*

quella ancora dominante matrice patriarcale che portava le borghesie di servizio europee a considerare le cariche locali come trampolino per più gratificanti carriere nei ranghi medio-alti dell'amministrazione dello stato.

Se la ragnatela di strade che innervavano il regno non conduceva più necessariamente a Napoli, ma ai capoluoghi e se il fitto scorrere di messi, procacci e gendarmi e l'abbonamento al «Giornale» dell'intendenza provinciale segnavano l'apertura di spazi, di ambizioni e di prospettive nuove, era questo il segno che sugli ampi scenari del Mezzogiorno del primo Ottocento si muovevano ora personaggi e gruppi sociali che dovevano gran parte della loro rilevanza al nuovo sistema amministrativo. Carichi di responsabilità, spesso violentemente «strapazzati» dagli ufficiali dello stato, a volte pure sottoposti a umilianti convocazioni nel capoluogo, i nuovi amministratori locali, sortiti da una selezione che solo in prima battuta era derivata dall'inserimento nelle liste degli eligibili, diedero vita a un notabilato locale che attraversò in maniera relativamente indolore gran parte dei decenni dell'Ottocento borbonico (almeno fino al 1848-49) e che costituì la *facies* immateriale delle città e dei paesi delle Due Sicilie.

Le critiche al nuovo sistema amministrativo, anche per la parte che riguardava i nuovi assetti del governo locale, tuttavia non mancarono; esse provenivano da gruppi della popolazione restii ad inquadrare il proprio orizzonte nella dimensione provinciale o che lamentavano il gravoso carico fiscale imposto alle comunità (nel Decennio erano state le spese di corte e quelle militari – secondo Colletta – a dissanguare le finanze locali), ma anche da giuristi e da pubblicisti che ponevano in evidenza le storture del sistema al cui confronto la precedente vita delle università, incentrata su parlamenti a dir loro maggiormente rappresentativi degli interessi della collettività, era più vivace e più democratica. E se Andrea Cacciatore arrivava a sostenere che la legge di riforma delle comunità, fatta per eliminare la «rilasciatezza dei tempi pas-

costituzione del 1812 e la riforma amministrativa del 1817, in «Rivista italiana di studi napoleonici», XXVIII, 1991, pp. 125-165, spec. pp. 140-141.

sati», aveva ingenerato nuovi abusi[15], con più competenza e con migliori argomentazioni Cesare Marini tracciava nella sua opera *Sul Diritto Pubblico e Privato del regno delle due Sicilie* una storia delle antiche università tutta svolta all'insegna del mito dell'autogoverno, del rispetto che esso nutriva per le esigenze locali, delle garanzie che prevedeva e che impedivano il dispotismo di singoli e di gruppi; da questo punto di vista il «sindacato» degli ufficiali, ovvero il giudizio dato dalla comunità sull'operato di coloro che avevano esercitato *in loco* funzioni pubbliche, costituiva il vero palladio della libertà. Al confronto dei parlamenti democratici facevano ben misera figura le «larve» di governo elettorale che erano state introdotte nei municipi dalle «sovversive dottrine» della centralizzazione francese e che avevano aperto la strada al più feroce dispotismo degli intendenti.

Diametralmente opposte le valutazioni di Pietro Colletta che, tra i numerosi incarichi che riempirono la sua vita, fu anche intendente murattiano in Calabria: i parlamenti delle università composti da gente al servizio dei potenti, da poveri o sfaccendati erano l'espressione di una falsa e sterile apparenza di libertà; le scelte che al loro interno si operavano avvenivano per «denari o per tumulti», i conti non si rendevano mai, il patrimonio comune era dilapidato: più che segno dell'autogoverno, i vecchi parlamenti delle università meridionali erano la più palese rappresentazione della mancanza di un qualsiasi «ordine della pubblica amministrazione». Negli anni quaranta Rocco Zerbi ricordava la funzione svolta da quelle antiche e venerande istituzioni municipali, ma anche i guasti che aveva prodotto nella vita locale l'assenza di un organo centrale di vigilanza che avrebbe potuto evitare arbitri e intrighi: il nuovo ordinamento, invece, aveva trasformato i comuni in istituzioni amministrative da corporazioni politiche quali erano[16]. Girolamo Scalamandrè, da parte sua, pur pienamente convinto che molta parte dell'antica legislazione delle università non sarebbe stata praticabile ai suoi

[15] Cacciatore, *Esame della Storia*, cit., vol. II, p. 19.

[16] R. Zerbi, *La polizia amministrativa municipale del Regno delle Due Sicilie*, Napoli, Tipografia dell'Urania, 1846, pp. 24 e 27.

tempi, rimpiangeva, in un opuscolo intitolato *Delle università e de' comuni del reame di Napoli*, la saggezza e l'eccellenza del vecchio sistema amministrativo, la dignità e la grandezza degli antichi parlamenti che trattavano tutte le questioni che concernevano la vita locale. Con la monarchia amministrativa i comuni erano stati forniti di una lista di eligibili, ma ne mancava una di elettori, tutti gli uffici erano scelti non più dal parlamento, ma all'interno di una lista redatta dal sottintendente o dall'intendente su voti puramente consultivi dei decurionati.

Un sistema misto di elezione e nomina serviva, dunque, a designare i membri dei consigli comunali. Stessa procedura veniva seguita anche per la designazione dei consiglieri distrettuali e provinciali: nominati dal re su terne proposte dai decurionati e approvate dall'intendente fra coloro che avevano una rendita rispettivamente di 240 e di 480 ducati, i consiglieri dei vari organi amministrativi periferici di cui si era dotata la monarchia furono chiamati a esprimere le istanze degli ambiti territoriali entro i quali operavano senza che questo, tuttavia, prefigurasse una sorta di rappresentanza politica.

Come è noto, l'unica forma di rappresentanza politica prevista dallo statuto di Baiona era stato il parlamento nazionale, formato da cento membri divisi in cinque «sedili» (del clero, della nobiltà, dei dotti, dei possidenti e dei commercianti)[17]. I componenti dei primi due sedili erano di esclusiva nomina regia mentre i dotti erano prescelti all'interno di terne proposte dai membri delle istituzioni culturali, i commercianti erano nominati dal re su liste triple sottoposte al suo esame da collegi elettorali e i possidenti, infine, venivano eletti direttamente dai relativi collegi elettorali formati da individui nominati dal re su liste presenta-

[17] La composizione del parlamento e l'uso del termine «sedili» per designare le classi chiamate a comporlo denotano secondo A. De Francesco le difficoltà del regime murattiano che non esitava a ricorrere, nella ricerca del consenso, a un modello di rappresentazione cetuale (*Ideologie e movimenti politici*, in G. Sabbatucci e V. Vidotto (a cura di), *Storia d'Italia*, vol. I, *Le premesse dell'Unità*, Roma-Bari, Laterza, 1994, p. 251).

te dalle intendenze. Ma i deputati, sebbene nel 1809 fossero iniziate le operazioni preliminari di voto, non furono mai nominati né il parlamento ebbe modo di insediarsi. Le liste degli elettori al sedile dei possidenti e quelle dei componenti dei collegi elettorali dei commercianti che ci sono pervenute ad altro non servono se non a fornirci un quadro centralizzato della composizione e consistenza del notabilato provinciale.

Pur non essendo un organismo rappresentativo, i consigli provinciali rivestirono un'importanza non trascurabile nella storia del Mezzogiorno napoleonico e borbonico testimoniata dall'addensarsi attorno ad essi di un'ampia produzione storiografica.

Costituiti da un numero variabile tra i quindici e i venti membri (nominati dal re tra i maggiori possidenti della provincia che fossero noti anche «per saviezza, probità e istruzione») i consigli videro, per le motivazioni già esposte nel capitolo precedente, una consistente presenza nobiliare al loro interno.

La somma di attribuzioni che la legislazione loro riservava (fra l'altro, l'esame delle decisioni e dei voti dei consigli distrettuali, la ripartizione tra i distretti della quota di imposta fondiaria assegnata alla provincia, la facoltà di introdurre sovraimposte destinate alla realizzazione di opere pubbliche, l'esame dello stato della provincia e la formazione dello «stato discusso» provinciale, la discussione del conto morale dell'intendente) non nascondeva però il fatto che quegli istituti si muovevano esclusivamente a rimorchio della volontà degli intendenti.

Erano questi ultimi a preparare i documenti, i materiali, le istruzioni riguardanti le materie su cui si dovevano esprimere i consigli provinciali, erano loro a tenere i discorsi di apertura delle sessioni. La legislazione borbonica ridefinì e ampliò i compiti dei consigli, favorì l'incremento qualitativo delle loro funzioni, ma ciononostante non venne mai meno il carattere di sussidiarietà di quelle istituzioni, la loro scarsa capacità operativa (si riunivano in brevi sessioni) e l'assenza al loro interno di una progettualità che non fosse quella che aveva altrove le proprie origini e le proprie motivazioni. Per questi motivi, almeno nei primi tempi della loro esistenza, nei consigli trovarono posto soprattutto le rivendicazioni dei «diritti perduti», ovvero di quelle forme di governo e di controllo del territorio poste in discussione dalla nuova organizzazione dello stato[18].

Spesso ad essi furono rivolte critiche serrate per la scarsa capacità – sovente dimostrata – di porsi in sintonia con i problemi della provincia o per la loro esigua funzione propositiva; spesso i consiglieri furono accusati di assenteismo, oltre che di inefficienza, per il vezzo di attardarsi nelle proprie terre o di frequentare più fiere e mercati che la sede dell'intendenza dove si riunivano i consigli; spesso gli intendenti registrarono in coloro che erano nominati ai consigli una certa indifferenza e disprezzo per quell'istituzione, il che produceva solo «inerzia e nullità» e chiacchiere senza fine[19]. Tuttavia non è da dimenticare che, almeno nel corso della prima sessione, quella inaugurata nel 1808, allorché i consigli generali furono chiamati a dibattere attorno a questioni di grande rilievo (come le modalità di applicazione della fondiaria), la partecipazione fu elevata e l'impegno dei consiglieri notevole; successivamente e progressivamente i consiglieri divennero coagulo delle volontà particolari e si affermarono come il più autorevole segmento di una classe dirigente che fondava la sua legittimità soprattutto sulla proprietà fondiaria. Se poco partecipate furono alcune sessioni dei consigli generali, non si può altrettanto dire per quelle celebrate dalle deputazioni provinciali per le opere pubbliche, organismo composto da deputati scelti sia all'interno che all'esterno del consiglio e presieduto dall'intendente, con funzioni di carattere prettamente amministrativo, ma con poco nascoste ambizioni di svolgere un ruolo anche politico. Negli anni dell'involuzione assolutistica di Ferdinando II i consigli diedero prova, in più occasioni, di una capacità di resistenza del notabilato locale al sistema di governo centralizzato; il che contribuì, assieme ad altri fat-

[18] Di Ciommo, *Élites provinciali e potere borbonico*, cit., pp. 1011-1013.

[19] Sono le parole pronunciate da Nicola Nicolini in qualità di presidente del consiglio provinciale di Terra di Lavoro e riportate negli «Annali civili del regno delle Due Sicilie», 1836, IV, fasc. XX, pp. 99-102.

tori, a erodere la fiducia di ampi settori della borghesia meridionale nei riguardi della corona.

Stesse osservazioni, anche se qui ovviamente la scala è più ridotta, possono valere per i consigli distrettuali, formati da dieci membri nominati anch'essi dal re, che si pronunciavano, in brevi sessioni, su problemi quali la ripartizione della tassa fondiaria tra i comuni del distretto e proponevano al consiglio generale della provincia, che si riuniva subito dopo, tutto quello che concerneva i propri bisogni.

Dai consigli decurionali a quelli provinciali, passando per i consigli distrettuali, si dipanavano così le forme e le strutture del governo locale nel quale trovavano rappresentanza gli interessi dei ceti sociali emergenti; attorno ad essi si crearono nuove élite, si raggrupparono proprietari e professionisti, galantuomini di estrazione nobiliare e nuovi soggetti che avevano fatto la propria fortuna nell'acquisto delle terre dei monasteri soppressi o nel commercio; fu attorno alla nuova organizzazione dello stato, opera del Decennio, che si articolò nel Mezzogiorno una diversa forma di società e si crearono funzioni, ruoli e identità che si trascinarono per gran parte dell'Ottocento borbonico. Fu con la monarchia amministrativa, infine, che si delineò un nuovo rapporto tra Napoli e il resto del paese e una diversa articolazione dello spazio meridionale, al di qua e al di là del Faro.

3. *Il territorio, le province, la capitale*

La divisione del regno in province non costituiva certo una novità nella lunga storia dell'Italia meridionale dal momento che il paese conosceva una partizione territoriale basata su circoscrizioni progressivamente sviluppatesi in età aragonese e spagnola, ma le cui fondamenta erano fatte risalire addirittura all'epoca normanna. Tuttavia, a parte il fatto che quelle vigenti fino al 1806 nella parte continentale del regno erano circoscrizioni frutto della storia più che della omogeneità dei quadri ambientali e delle funzioni che erano chiamate a svolgere, esse non esaurivano in sé tutto l'ambito di azione degli ufficiali regi visto che le comunità locali avevano altri e ben più qualificati punti di riferimento, i propri signori feudali *in primis*.

Certamente i grandi feudi dovettero essere all'origine delle province storiche del regno, ma il rapporto tra feudalità e articolazione provinciale non conobbe ulteriori sviluppi. I complessi feudali più vasti crebbero ignorando la partizione provinciale, le acquisizioni di baronie operate nei decenni della rifeudalizzazione riguardarono sovente centri dislocati in più province, il generale discredito di cui godevano le udienze favorì processi di prevaricazione nei loro confronti ed esse in molti casi si caratterizzarono agli occhi dei signori come involucri vuoti o come istituzioni sulle quali scaricare le ambizioni di carriera dei loro rampolli.

D'altra parte, le monarchie di antico regime non avevano bisogno di ben strutturate articolazioni territoriali in quanto queste presupponevano una serie di rapporti organici tra centro e periferia che potevano invece essere affidati alla mediazione dei ceti privilegiati, titolari di poteri giurisdizionali che solo più tardi sarebbero stati rivendicati dallo stato.

Questa osservazione di carattere generale si carica di ulteriori significati per Napoli dove lo spessore demografico della grande capitale e i tratti del regime togato che in essa aveva trovato copioso alimento rendevano pressoché inutili efficienti forme di organizzazione del territorio su base sovracomunale e provocavano, come già accennato, il ricorso e l'avocazione di tutte le questioni di un certo rilievo presso le magistrature centrali.

Accadeva così che gli ambiti provinciali disegnati dall'antico regime napoletano risultassero quasi completamente fittizi e che le istituzioni dello stato esercitanti giurisdizioni sul territorio conoscessero limiti invalicabili, oltre che nell'ambiguità e incertezza delle loro attribuzioni, nella coesistenza con altri poteri e nella diversa organizzazione che presentava il territorio a seconda dell'ambito di azione delle magistrature stesse. Lo aveva ricordato il Galanti negli anni della stretta finale dell'antico regime, quando il problema di un ridisegno del territorio si era posto con evidente drammaticità agli occhi di tutti di fronte a una serie di eventi come la carestia del 1764 e il terremoto calabrese del 1783 che avevano evidenziato da una parte lo schiacciamento del regno sulla capitale e dall'altra l'inadeguatezza delle strutture dello stato a gestire in periferia situazioni di emergenza. Era cresciuta così, in quegli anni, la consapevolezza, fino a diventare opinione diffusa, che era al regime feudale che si doveva attribuire lo stato di abbandono in cui versavano le province e la responsabilità di aver bloccato qualsiasi riforma che servisse a porre su nuove basi il rapporto tra Napoli e il resto del paese.

Così, aveva scritto il riformatore molisano nella sua opera più famosa, il «regno ci presenta tante divisioni diverse, quante sono le amministrazioni civile, economica, ecclesiastica [...]. Sono antiche divisioni non determinate da politica combinazione, e sono tollerate per abito. La natura in alcune contrade aveva disposto la forma della provincia che non fu consultata»[20]. Egli nel *Testamento forense* ricordava un suo progetto, presentato nel 1792, di riordino delle circoscrizioni amministrative che prevedeva solo cinque «partizioni» del regno nelle quali dovevano operare ufficiali distaccati dalle grandi magistrature della capitale (un ministro fiscale, uno economico, un consigliere del Sacro Regio Consiglio, un ministro di polizia, un comandante militare). In questo modo si sarebbe prodotto un nuovo ordine di cose che avrebbe comportato il ridimensionamento del ruolo della capitale e rese più floride le province[21].

Nonostante questi progetti (negli anni della prima restaurazione ve ne fu uno analogo stilato da Zurlo), furono le riforme amministrative francesi (e la loro successiva introduzione in Sicilia) a ridisegnare in profondità lo spazio meridionale, a conferire ad esso un'articolazione che produsse quadri territoriali rimasti immutati fin quasi ai giorni nostri. Fu allora che l'«organica amministrativa» si saldò pienamente con quella territoriale, nacquero nuove circoscrizioni amministrative e le province (chiamate «valli» nell'isola) – come scrisse Francesco Dias – divennero «comunità costituite secondo la circoscrizione territoriale, e che hanno una esistenza nell'ordine politico, nell'ordine giudiziario, nell'ordine amministrativo, e nell'ordine civile»[22].

Anche in questo caso la cultura giuridica napoletana,

[20] Galanti, *Della Descrizione*, cit., vol. I, p. 134.

[21] Id., *Testamento forense*, 2 voll., Venezia, s.e., 1806, rist. anast. Napoli, Bibliopolis, 1977, vol. I, pp. 261-267.

[22] F. Dias, Introduzione ad *Amministrazione finanziera del Regno delle Due Sicilie*, Napoli, Pellizzone, 1858, p. 544.

salvo limitate eccezioni, fu poco propensa a tributare riconoscimenti all'operato dei Napoleonidi e, con notevole improntitudine e scarso senso storico, Giuseppe Rosati arrivò a sostenere che era stata la legge del 1° maggio 1816 a dotare il regno di una nuova «divisione».

Fatto sta che, venuti meno i ceti privilegiati che avevano costituito l'intelaiatura del potere locale nei secoli dell'antico regime, non si poteva non ammettere da tutti la coerenza e la congruità di una legislazione che definendo i compiti e le attribuzioni degli uffici dello stato ne fissava contemporaneamente l'ambito di azione sul territorio. «La prima traccia di quest'organizzazione amministrativa – scriveva De Simone nel suo manuale per i sindaci – era la divisione territoriale tanto necessaria per ottenere il dettaglio dell'amministrazione e determinare l'estensione di giurisdizione».

L'«organica territoriale» moltiplicava l'organica centrale, riproduceva dappertutto le forme della sovranità statale senza per questo introdurre elementi di particolarismo. La gerarchizzazione del territorio che veniva a operarsi rimandava pure a quella delle istituzioni e diventava il concreto supporto all'operato della nuova classe dirigente, resa unitaria dai criteri che ne definivano la composizione e la selezione, alla quale nel corso del Decennio la monarchia napoleonica aveva affidato il potere negli enti locali.

Era la stessa legge dell'8 agosto 1806 che, nell'indicare gli istituti amministrativi che articolavano il potere locale nel regno, ormai ridotto alla parte continentale, introduceva le circoscrizioni provinciali. Esse furono fissate in 14, le 12 tradizionali più la provincia di Napoli e il Molise (nel 1816 ad esse si aggiunse la Calabria Ulteriore II), mentre la Sicilia, con la legge dell'11 ottobre 1817, venne divisa in 7 valli e 23 distretti (questi ultimi erano già stati introdotti nel 1812 e avevano sostituito la tradizionale partizione dell'isola in 3 valli).

Sul continente molte province, salvo alcuni limitati adattamenti, mantennero la vecchia confinazione, ma ciò non fu il frutto di un atteggiamento di inerzia rispetto all'antica distrettuazione, bensì della consapevolezza, espressa lucidamente da Giuseppe Zurlo nel suo rapporto al re del 20 aprile 1812, che fosse opportuno, per il momento, rispettare i vecchi equilibri e non introdurre significative modifiche nella partizione preesistente, anche perché una divisione del regno più corrispondente all'andamento naturale dei fiumi e delle catene montuose avrebbe incontrato resistenze derivanti dalle «relazioni già formate, e dagli abiti contratti i quali hanno vinto gli ostacoli delle località».

E quegli ostacoli non dovevano certo essere stati di poco conto se si pone mente ai quadri ambientali del regno, al difficile e tormentato rapporto tra montagna e pianura, alle forme dell'insediamento, alla struttura della rete viaria, e forse non si sbagliava Zurlo nel consigliare prudenza nella delimitazione delle circoscrizioni provinciali anche se non escludeva interventi che rispettassero tuttavia i confini naturali determinati dai fiumi e dai monti.

Se era questa la via che molti indicavano, a cominciare dal Consiglio di stato che al problema dedicò nel luglio 1806 alcune sue sedute, restava però da vedere se una forte omogeneità dei quadri ambientali sarebbe riuscita a tradursi nella funzionalità amministrativa della circoscrizione. Una provincia o un distretto omogeneo nella loro conformazione, tutto montagna o tutto pianura, avrebbe risposto egregiamente alle esigenze dell'amministrazione? Che senso avrebbe avuto istituire province tutte montuose in cui a malapena si sarebbe trovato un capoluogo degno di questo nome, carenti di vie di comunicazione, confinanti magari con province tutte pianeggianti in cui, viceversa, una pletora di località di media taglia demografica avrebbe dato luogo a forme di accesa rivalità per assurgere al rango di capoluogo?

Le ragioni della natura cozzavano a volte con quelle dell'amministrazione; rapporti economici, storia e tradizioni avevano da dire la loro e argutamente Carlo Troya discutendo in una sua *Memoria* sull'opportunità di istituire una terza provincia calabrese ricordava che ogni nuova divisione moltiplicava le frontiere e pertanto moltiplicava le liti visto che troncava con una nuova linea di confine solide e affermate relazioni tra le popolazioni, oltre che numerosi poderi.

Forse però Zurlo sottovalutava nel suo rapporto la portata delle operazioni di delimitazione del territorio provinciale appena concluse e se Terra di Bari e Terra d'Otranto erano risultate le meno toccate rispetto alla configurazione mantenuta nel vecchio regime, se erano stati confermati i confini delle province abruzzesi (tuttavia al loro interno successivamente si sarebbero avuti molteplici rimaneggiamenti specie per quel che riguardava i distretti), era stato in Terra di Lavoro e in Capitanata che si erano prodotte le trasformazioni più significative. La prima aveva ceduto parte del proprio territorio alla nuova provincia di Napoli e numerosi comuni alle province finitime; la Capitanata invece aveva dovuto rinunciare alla sua giurisdizione sull'antico contado del Molise e subire uno spostamento del suo capoluogo da Lucera a Foggia; per di più essa venne sottoposta a una difficile opera di delimitazione interna del territorio. Variazioni di minor rilievo, spesso risoltesi nell'ambito dei distretti o concernenti la collocazione di località di confine, erano avvenute nelle altre province.

Se dunque, nonostante l'animata discussione in proposito che si era svolta nel Consiglio di stato, prevalsero i criteri di opportunità politica (poi segnalati da Zurlo) nel mantenere grosso modo inalterato il quadro di riferimento territoriale delle province, ben più ampia fu, viceversa, la libertà d'azione che si riservarono le autorità franco-napoletane nel determinare il numero dei distretti e nel definirne i profili; lo stesso Zurlo, nel già citato rapporto, ricordava come la nuova mappa dei distretti del regno, approntata con il decreto del 4 maggio 1811, disegnando per alcuni una migliore circoscrizione, suddividendone altri e trasferendone una parte da una provincia all'altra, rendeva meno pressante l'esigenza di procedere a incisive riforme che interessassero l'ambito provinciale.

Come si ricorderà, il distretto costituiva la circoscrizione all'interno della quale operava il sottointendente coadiuvato da un organismo consiliare di rappresentanza. Era esso un'istituzione nuova che non presentava alcuna analogia con quelle precedenti e fu, pertanto, nei suoi confronti che la geografia amministrativa del regno (nel Napoletano come in Sicilia) conobbe i più numerosi e significativi, e a volte spregiudicati, interventi, quasi che, così agendo, si potesse trovare la forma ottimale all'interno della quale le ragioni dell'amministrazione giungessero a coincidere con quelle della natura. Lo sperimentalismo profuso, che fece variare continuamente il numero, i confini e l'estensione, oltre che la dislocazione dei capoluoghi dei distretti, era il segno di una difficoltà di fondo nel pervenire a una divisione intermedia degli spazi territoriali del Mezzogiorno tale da rendere celeri le procedure amministrative.

Gli impedimenti incontrati, spesso insormontabili, produssero in molti casi circoscrizioni chiaramente artificiose nell'impianto e alle prese con le più svariate richieste di distacco o di aggregazione che provenivano da singoli comuni o, addirittura, da casali e frazioni degli stessi. Per molti uomini di governo i distretti erano da sopprimere, anche perché – come abbiamo visto – appariva debole, e spesso offuscato da quello dell'intendente, il ruolo del sottointendente.

Ma il processo di costruzione di uno spazio amministrativo, a volte astratto nei suoi tratti, a volte – viceversa – fin troppo rispettoso di tradizioni consolidate che niente dovevano alle pratiche di governo introdotte dalla monarchia amministrativa, ebbe tra le altre cose il merito di creare una «opinione pubblica» che si muoveva su base extramunicipale e in grado di esercitare pressioni per ottenere, a seconda dei casi, l'inserimento del proprio comune in un distretto piuttosto che in un altro o la collocazione in esso del suo capoluogo.

Gli intendimenti che emergevano nei decurionati di alcune località «medie» avevano concrete possibilità di essere soddisfatti anche perché, se non era certamente operazione facile quella di individuare capoluoghi distrettuali che potessero ospitare le nuove autorità politiche, amministrative, militari e finanziarie dello stato e nel contempo garantissero soddisfacenti collegamenti con gli altri comuni della circoscrizione, l'elevato numero dei distretti (nel Mezzogiorno continentale passarono dai 41 del 1806 ai 53 del 1816), accompagnato al venir meno di città già soddisfatte nelle loro ambizioni con l'assegnazione del rango di capoluogo provinciale o di sede di corte d'appello, lasciava margine alle velleità di quei centri.

Ma, ciononostante, anche da questo punto di vista le difficoltà che si incontrarono nell'individuare i capoluoghi distrettuali furono notevoli e per molte località la scelta del governo, più che giustificata dall'opinabile presenza in esse di funzioni urbane (sul continente numerosi capoluoghi arrivavano a toccare a malapena i 5.000 abitanti), rinviava all'esigenza tutta politica di aggregare un territorio e una classe dirigente attorno a un centro e a un'istituzione di ambito sovramunicipale.

Per questo motivo, oltre che per ovviare alle condizioni disastrose in cui versavano le comunicazioni e che impedivano il regolare svolgimento dei rapporti amministrativi tra il capoluogo e i paesi più decentrati del distretto, non si trovò di meglio che moltiplicare le circoscrizioni distrettuali e adottare, per l'individuazione dei loro capoluoghi, il criterio della «centralità del sito». A tutti era chiaro però che una difesa ad oltranza di tale criterio, oltre che improponibile, portava ad aprire un contenzioso senza fine con realtà urbane che avevano dalla loro parte storia, tradizione, rapporti civili e abitudini al contatto con le istituzioni dello stato, ma non la centralità del sito.

Anche per quanto riguarda l'ambito provinciale le difficoltà non mancarono, ma esse riguardarono nella maggior parte dei casi, più che il disegno del territorio, la fissazione dei capoluoghi.

Al loro ingresso nel regno i francesi trovarono le province storiche, ma non i capoluoghi, non trovarono cioè delle città che, collocate al vertice di una gerarchia urbana di ambito provinciale, offrissero quadri burocratici, supporti logistici, facilità di relazioni viarie e commerciali.

Inventare le nuove capitali, riqualificare ove possibile i vecchi capoluoghi delle udienze fu dunque il compito difficile e ingrato che le autorità del Decennio si assunsero, assieme a quello di rintuzzare le pressioni che provenivano senza sosta dalle città interessate alla promozione a capoluogo.

Sulmona, Lanciano, Chieti, Capua, Santa Maria, Caserta, Montefusco, Avellino, Foggia, Lucera, Trani, Bari, Potenza, Matera, Catanzaro, Monteleone e altre furono le città che entrarono in lizza, con maggiore o minore convinzione, per assicurarsi la prestigiosa sede dell'intendenza o, in subordine, quella delle altre istituzioni dello stato dislocate sul territorio accampando tutte gli stessi prevedibili requisiti: storia, centralità, meriti politici, condizioni climatiche, salubrità dell'aria, risorse economiche e umane, tutti elementi, questi, accettati e valorizzati da Napoli ove non risultassero in contrasto con le esigenze di politica generale.

La «capitale» provinciale si doveva configurare, infatti, come un centro propulsore nel quale si sarebbero trattati e determinati quasi tutti gli affari amministrativi e che avrebbe dovuto trasmettere gli impulsi del governo fin nei più sperduti centri e per tale motivo centralità e facilità di comunicazioni furono le qualità più rivendicate dalle città candidate e quando queste facevano difetto si supplì con la storia e la «civiltà» degli abitanti, ma sempre sottolineando la trama di relazioni che legava una realtà urbana alla sua provincia e al distretto.

Se questi erano i propositi, non deve stupire che la legislazione sull'organizzazione amministrativa del regno producesse vittime, anche illustri, fra le città del regno già sede di funzioni amministrative di un certo rilievo come Montefusco, Lucera, Matera o Trani sostituite rispettivamente da Avellino, Foggia, Potenza e Bari, anche se ad evitare il completo declassamento di alcune di quelle località intervenne la decisione di dislocarvi i tribunali di prima istanza. Né è da sottacere che in Sicilia la vittima più illustre della nuova organizzazione amministrativa fu Palermo, declassata da capitale di un regno a sede di una delle sette intendenze dell'isola.

Certo, la scelta di un capoluogo provinciale o di una città capovalle ritenne margini di arbitrarietà che non vanno sottovalutati e che influirono decisamente sulla stratificazione delle gerarchie urbane provinciali; le preferenze governative diedero una spinta decisiva all'emergere del capoluogo soprattutto ove era forte la concentrazione di città medio-grandi come in Terra di Bari o nella valle di Siracusa o dove, viceversa, per la vischiosità dei rapporti territoriali, per la presenza di forme di insediamento sparso come in Terra di Lavoro, nessun centro era riuscito ad emergere decisamente sugli altri.

Gli indirizzi della politica perseguita a Napoli nel Decennio a volte operarono la selezione e a volte la favorirono; a volte le autorità furono costrette a misurarsi con le tradizioni e con le pressioni che provenivano dalle città candidate; ma le oscillazioni di cui in più circostanze diedero prova gli organismi dello stato incaricati di procedere alla definizione e alla delimitazione delle circoscrizioni ebbero quasi sempre origine dalla necessità di piegare la scarsamente funzionale rete urbana del paese (policentrica in Sicilia e segnata da un enorme divario tra la capitale e gli altri centri sul continente) a un complesso progetto di regionalizzazione quale fu quello intrapreso nel Mezzogiorno a partire dal 1806.

Così, la nuova distrettuazione disarticolò in gran parte il vecchio sistema urbano trasmesso dai secoli dell'antico regime, produsse forme nuove di organizzazione delle società provinciali e determinò l'emergere di città e di gruppi sociali che nella pratica amministrativa si identificavano.

La nuova organica provinciale, con il ridisegno del territorio attorno alle città, non produsse ovunque esiti eguali, anzi favorì in maniera decisiva un'ulteriore gerarchizzazione tra centri che rimasero puri e semplici capoluoghi amministrativi e centri che invece piegarono le strutture dello stato alle proprie esigenze di crescita economica e civile e riuscirono a istituire un rapporto proficuo con la propria circoscrizione allacciando con essa vincoli di natura non esclusivamente amministrativa.

Così, se in alcune e ben definite aree la spinta propulsiva proveniente dai capoluoghi portò alla formazione di una solida identità collettiva, in molte province, invece, il capoluogo, pur collocato in posizione centrale, non riuscì a costituire lo strumento di coagulo di una realtà dispersa e frantumata. Specie le zone interne del regno furono così investite da un processo di marginalizzazione che rendeva più netto il loro distacco da quelle località che avevano potuto apprezzare appieno i benefici arrecati dalla monarchia amministrativa.

Alla frattura di antico regime tra Napoli e la sua grande campagna si sostituiva quella tra le realtà che sarebbero diventate centrali e quelle che sarebbero restate, nonostante tutto, periferiche.

Poche considerazioni, infine, su Napoli. La capitale, sostanzialmente equiparata nei suoi ordinamenti municipali alle altre città (uno dei 15 capoluoghi di provincia della parte continentale del regno, pur se i suoi organi di governo mantennero titoli e funzioni particolari)[23] registrò tra inizio Ottocento e periodo napoleonico una perdita di oltre 100.000 abitanti passando dai 450.000 del 1804 ai 330.000 del 1815; la soppressione di ogni strumento di rappresentanza politica, la fine dei privilegi fiscali di cui godeva, il declino delle grandi casate aristocratiche, il timore di coinvolgimento in disordini e atti rivoluzionari, le forme di decentramento amministrativo introdotte ridussero i tradizionali flussi migratori verso la città e bloccarono per un certo periodo la sua crescita. Così, scriveva un anonimo con bucolica metafora, il sole splendeva ormai sulle alte vette e sulle basse colline: accanto a Napoli e all'altra (ex) capitale, Palermo, sorgevano a nuova vita Campobasso, Teramo, Potenza e Noto[24].

Napoli, tuttavia, capitale del più esteso regno della penisola, con la restaurazione conobbe una ripresa demografica che lanciò la sua popolazione oltre i 410.000 abitanti e rimase – come ricordava Nitti nel suo *Napoli e la questione meridionale* – la più grande città di consumo d'Italia, il centro dal quale si provvedeva il Mezzogiorno insulare e quello continentale, il luogo ove si concentravano gli apparati burocratici e la quasi totalità delle spese dello stato. Essa ospitava la più splendida corte italiana e gli strati superiori dell'aristocrazia e della borghesia delle province; per tutto l'Ottocento borbonico il centro partenopeo non cessò mai di dar vita ad iniziative imprenditoriali, commerciali, culturali di respiro nazionale e internazionale.

[23] Alla testa della città erano un sindaco e dodici eletti, uno per ogni sezione della capitale. Un decurionato di trenta membri costituiva la rappresentanza comunale.

[24] *I tre periodi degli ultimi oscillamenti sociali del Reame delle Due Sicilie. Osservazioni filosofico-politiche di un antico professore di diritto pubblico, socio di varie accademie*, s.l., s.e., 1850, parte III, p. 33.

TAB. 1. *Province, distretti (con popolazione dei relativi capoluoghi) e numero dei comuni della parte continentale del regno al 1816*

Province	Distretti	Popolazione dei capoluoghi	Numero dei comuni
Napoli	Napoli	322.662	12
	Casoria	6.861	22
	Castellamare	15.001	16
	Pozzuoli	9.930	14
Terra di Lavoro	Capua	8.019	64
	Nola	9.017	45
	Gaeta	15.992	31
	Sora	7.949	38
	Piedimonte	5.465	43
Principato Citeriore	Salerno	17.300	40
	Sala	5.788	27
	Campagna	6.744	38
	Vallo	3.730	50
Principato Ulteriore	Avellino	13.467	72
	Ariano	11.718	28
	S. Angelo Lombardi	6.085	35
Basilicata	Potenza	8.800	41
	Matera	11.158	21
	Melfi	8.300	19
	Lagonegro	4.550	39
Capitanata	Foggia	20.687	16
	San Severo	16.640	24
	Bovino	5.155	21
Terra di Bari	Bari	18.937	31
	Barletta	17.695	11
	Altamura	10.784	11
Terra d'Otranto	Lecce	14.086	39
	Taranto	14.111	21
	Brindisi	6.114	15
	Gallipoli	8.144	42
Calabria Citeriore	Cosenza	7.989	56
	Castrovillari	5.645	40
	Paola	4.902	29
	Rossano	7.703	18
II Calabria Ulteriore	Catanzaro	7.989	49
	Monteleone	7.642	46
	Nicastro	6.633	30
	Crotone	4.396	25
I Calabria Ulteriore	Reggio	14.326	31
	Gerace	3.668	38
	Palmi	6.016	35
Molise	Campobasso	7.661	58
	Isernia	5.798	41
	Larino	3.621	33
Abruzzo Citeriore	Chieti	12.666	41
	Lanciano	13.376	41
	Vasto	8.577	40
II Abruzzo Ulteriore	Aquila	8.630	39
	Sulmona	7.968	24
	Cittaducale	2.546	17
	Avezzano	3.181	28
I Abruzzo Ulteriore	Teramo	10.121	39
	Penne	8.869	33

TAB. 2. *Valli, distretti (con popolazione dei relativi capoluoghi) e numero dei comuni della Sicilia al 1817*

Valli	Distretti	Popolazione dei capoluoghi	Numero dei comuni
Palermo	Palermo	140.549	24
	Corleone	12.527	9
	Termini	14.150	23
	Cefalù	8.937	16
Messina	Messina	44.653	29
	Castroreale	11.146	27
	Patti	4.600	28
	Mistretta	8.050	12
Catania	Catania	45.081	41
	Caltagirone	19.609	11
	Nicosia	12.064	14
Girgenti[a]	Girgenti	14.882	25
	Bivona	2.382	13
	Sciacca	11.514	7
Siracusa	Siracusa	13.851	14
	Noto	11.065	9
	Modica	19.702	11
Trapani	Trapani	24.330	5
	Mazara	8.335	6
	Alcamo	13.000	8
Caltanissetta	Caltanissetta	15.627	15
	Piazza	11.904	8
	Terranova	9.234	5

[a] Nel 1823 la valle di Girgenti fu soppressa, il distretto di Sciacca passò a Trapani e quelli di Girgenti e di Bivona a Caltanissetta.

Capitolo quarto

Lo stato amministrativo tra consolidamento e contestazione

1. *Stato e chiesa*

L'«organica territoriale», ovvero il ridisegno del territorio che nel corso del Decennio aveva portato all'istituzione delle intendenze e dei distretti oltre che alla ricostruzione dell'intera struttura giudiziaria della parte continentale (e, a partire dal 1816, della parte insulare) del paese, ebbe una significativa estensione nel campo ecclesiastico con il concordato di Terracina del 1818, per tanti versi vero e proprio complemento alle leggi sull'amministrazione civile emanate tra 1806 e 1816.

A parere di de' Medici, infatti, il disciplinamento del mondo ecclesiastico e la definitiva regolamentazione dei rapporti tra lo stato e la chiesa nel Mezzogiorno dovevano porre il sigillo al grandioso processo che aveva portato alla monarchia amministrativa e a tale riguardo sia egli che Donato Tommasi, allora ministro degli Affari ecclesiastici, erano ben consapevoli che andasse proseguita e portata a termine l'opera intrapresa dai due Napoleonidi.

Si trattava, in sostanza, di lasciarsi definitivamente alle spalle il vecchio giurisdizionalismo di stampo settecentesco e di sistemare non solo i rapporti al vertice chiesa-stato, ma di definire anche la natura, la composizione, l'organizzazione stessa del clero e delle istituzioni ecclesiastiche in termini completamente diversi rispetto al passato prerivoluzionario.

All'interno di queste problematiche la questione del numero delle diocesi assumeva un peso rilevante diventando la cartina di tornasole della volontà e della capacità degli uomini politici del «quinquennio» di impostare su basi veramente nuove i rapporti con la chiesa del regno.

Ben 130 erano le diocesi collocate nella parte continentale delle Due Sicilie (a fronte delle 8 insulari), oltre 50 erano le abbazie e le prelature *nullius*; diocesi il cui centro si trovava in uno stato estero esercitavano la loro giurisdizione su località del regno napoletano, molte erano quelle allocate in oscuri e spopolati paesi, alcune disponevano di rendite tenuissime, quasi tutte erano tenute a corrispondere pensioni a personale di curia; numerosi erano i vescovi poveri o che non osservavano l'obbligo della residenza, quasi dappertutto il clero appariva pletorico e ignorante; i seminari inesistenti o in stato di abbandono completavano il quadro di una chiesa, per molti versi, dal volto pretridentino e dalle strutture asfittiche e polverizzate. Il tutto senza considerare le condizioni degli ordini regolari le cui istituzioni erano disseminate in larga misura nelle campagne ove operavano a stretto contatto con gli strati più umili della popolazione.

Era quella vigente ancora sullo scorcio del XIX secolo la tipica organizzazione di una chiesa ancorata ai quadri mentali ed economici dell'antico regime: le circoscrizioni erano modellate in gran parte sugli stati feudali, i capitoli delle cattedrali erano espressione delle nobiltà cittadine o dei ceti borghesi in ascesa, dominante era il sistema basato sulle chiese ricettizie. La situazione di perdurante e strisciante conflittualità con la monarchia borbonica aveva fatto sì che all'avvento di Giuseppe ben 64 risultassero le diocesi prive del loro ordinario e questo numero, nel corso del Decennio, tese a salire superando il centinaio.

Pasquale Liberatore aveva mirato, come era sua consuetudine, a evidenziare il rapporto organico esistente tra la politica ecclesiastica perseguita a Napoli tra 1806 e 1815 (anni in cui – egli asseriva – nonostante l'«occupazione militare» non era venuto mai meno il rispetto verso la chiesa) e quella attuata dai Borboni nel corso del Settecento e nel suo libro *Della polizia ecclesiastica nel regno delle Due Sicilie* aveva ricordato che il problema della pletoricità delle diocesi si era già posto alla vigile attenzione di Carlo III e del Tanucci che avevano pensato di risolverlo riducendone il numero a 85. La sistemazione del 1741 aveva affrontato la questione in un articolo segreto del concordato, ma erano stati gli interessi coalizzati di vescovi, università e baroni a impedire la prevista soppressione di molte piccole diocesi; alla fine, la crisi di Parma del 1768, le tensioni legate all'espulsione dei gesuiti, la necessità di realizzare attorno alla chiesa la mobilitazione delle energie necessarie a fronteggiare la Francia rivoluzionaria ritardarono, fino al 1818, la soluzione del problema.

Ma, anche se nel periodo del riformismo illuminato era fortemente sentita la necessità di impostare in termini nuovi il rapporto stato-chiesa, i provvedimenti che vennero adottati nel ramo dell'ecclesiastico nel corso degli anni napoleonici e di quelli della restaurazione furono il frutto di una visione politica e di una pratica di governo che avevano scarsi punti di contatto con quelle che regolavano il rapporto tra il potere monarchico e i gruppi privilegiati nella società napoletana di antico regime.

Infatti, lo ricorda Maria Aurora Tallarico in un suo studio, gli uomini politici e i funzionari del Decennio furono mossi in campo ecclesiastico dagli stessi principi che indirizzavano la loro azione in altre sfere del governo e operarono con una decisione e una spregiudicatezza sconosciuti nel XVIII secolo mostrando, anche in questo, chiaro il senso della irreversibile rottura con il passato che nelle loro persone si realizzava. L'impeto «rivoluzionario» provvide ad abolire con una legge del 22 dicembre 1808 i giuspatronati laicali, ma si abbatté soprattutto sugli ordini religiosi contemplativi e mendicanti che furono soppressi con una serie di decreti emanati tra 1806 e 1811 mentre i loro beni venivano incamerati.

Giuseppe avrebbe voluto pervenire a un concordato analogo a quello stipulato nel 1801 dalla Francia e nel 1803 dalla Repubblica italiana, ma la sua intenzione non ebbe modo di tradursi in pratica. Irrealizzato rimase pure il piano del 1812 di ridurre a 4 gli arcivescovadi e a 30 i vescovadi del regno, i primi collocati nelle città sedi di corte d'appello e i secondi soprattutto in quelle nelle quali già si concentravano importanti funzioni amministrative, quali le sedi di intendenze o di sottointendenze.

Era questo il segno del valore «civile» che si intendeva dare alle istituzioni e alle circoscrizioni ecclesiastiche; esse dovevano trasformarsi in moduli all'interno dei quali si disponeva un clero formato su basi nuove, non più strutturato come ceto privilegiato, bensì inserito a pieno titolo nella compagine statale come elemento al quale venivano affidati anche compiti di promozione sociale e culturale, oltre che religiosa, delle popolazioni.

Ma il quadro che presentavano le diocesi del regno nel Decennio e, anche, al ritorno dei Borboni, era quanto di più lontano potesse immaginarsi da considerazioni e intendimenti di questo tipo: le 130 diocesi della parte continentale erano, come già ricordato, in gran parte vacanti (spesso per il volontario allontanamento del presule che in questo modo manifestava la sua aperta ostilità alla nuova forma di governo) o rette da vescovi ai quali per il loro atteggiamento di dissenso era di fatto impedito l'esercizio delle proprie funzioni o infine da soggetti anziani, demotivati e opportunisti. Quasi dappertutto le sorti delle diocesi erano affidate ai vicari, dalla incerta legittimazione, spesso in aperto e paralizzante conflitto con i capitoli e con il resto del clero.

Su quelle istituzioni acefale si indirizzavano le forti pressioni delle autorità dello stato, le spinte delle popolazioni e le emergenze di una società che, se aveva guardato senza eccessivo timore e rimpianti, specie nelle città, alla soppressione delle corporazioni religiose e all'incameramento e vendita dei loro beni, tuttavia chiedeva al sacerdote con cura d'anime di dispiegare un impegno di tipo nuovo.

In effetti la legislazione franco-napoletana giunse a elaborare una complessa e attenta politica nei confronti delle articolazioni dell'universo ecclesiastico mirante a ridare al clero dignità e a offrire ai sacerdoti una certa sicurezza economica che avrebbe loro consentito una più piena e consapevole attività pastorale e che, nello stesso tempo, avrebbe fatto dei parroci un duttile strumento di governo fino a trasformarli in veri e propri funzionari statali. Per quelli erano infatti previsti compiti che andavano dalla compilazione degli stati della popolazione, delle liste dei coscritti e dell'elenco dei poveri da affidare agli istituti di pubblica beneficenza, alla diffusione dal pulpito di bandi e disposizioni governative, all'istruzione elementare di fanciulli e fanciulle. Si chiedeva, in sostanza, ai sacerdoti con cura d'anime di farsi interpreti delle istanze di cambiamento propugnate dal regime, di procedere alla moralizzazione e all'acculturazione dei fedeli, di diventare insomma i testimoni più accreditati, alla stessa stregua dei funzionari e degli amministratori locali, di una politica che stava ristrutturando in maniera radicale l'intera società meridionale.

Progressivamente e sotto la spinta della legislazione del Decennio mutava così il ruolo e la composizione stessa del clero: l'ideale del parroco funzionario, ma anche del buon sacerdote, pio e istruito, si diffondeva sempre più nonostante il travaglio interiore di molti di fronte allo stato di guerra continua che falcidiava gli strati più umili delle popolazioni e a provvedimenti laceranti quali l'introduzione del divorzio e del matrimonio civile.

Scompariva, così, nell'età napoleonica la chiesa come forza economica, l'esperienza della «costituzione civile del clero» si faceva strada e ai sacerdoti fu riservata l'incombenza di legare le masse al nuovo potere. Certo, vi erano stati anche dei punti sui quali il tradizionale impegno degli ecclesiastici meridionali aveva dovuto registrare arretramenti notevoli, come nel campo della beneficenza o della sanità delegate ora esclusivamente ai comuni e alle province, ma, tutto sommato, l'opinione pubblica del paese accettò con favore la nuova dislocazione del clero all'interno dello stato e della società che le disposizioni legislative attuate con la tipica forza dirompente dei ministri napoleonici stavano promuovendo.

Così, secondo Colletta, al termine dell'esperienza di governo di Gioacchino, il popolo napoletano non rimpiangeva affatto il passato e apprezzava la ormai conquistata indipendenza da Roma, ma furono gli scrupoli senili di Ferdinando, deciso a pervenire ad ogni costo a un accordo con il papato, a far scomparire in un attimo il decoro della sovranità, il bene dei popoli, i progressi della cultura.

Le trattative per la stipulazione del concordato, condotte per la parte napoletana dal Tommasi e per quella pontificia dal cardinale Ercole Consalvi, intavolate quasi subito dopo il ritorno del re a Napoli furono lunghe e complesse anche per gli ingombranti retaggi che la vecchia politica giurisdizionalista portava con sé e per le pretese dei negoziatori pontifici di riprendere le trattative dal punto in cui esse si erano interrotte nel 1741, considerando quindi irrevocabilmente acquisiti i risultati allora conseguiti, e di muoversi nel solco dei consueti rapporti chiesa-stato vigenti prima dell'età rivoluzionaria e napoleonica.

Uno degli elementi di conflitto tra le parti era rappresentato dalla questione della chinea. Simbolo, come si è visto, della condizione di vassallaggio del regno nei confronti della Santa Sede, la chinea veniva offerta ogni anno al papa, con straordinarie pompe, nel giorno di S. Pietro e Paolo. Ma già nel 1788 Ferdinando si era rifiutato di presentarla e così aveva fatto negli anni seguenti. Fu solo dall'esilio palermitano che il re si dichiarò disposto a dar corso alla vecchia cerimonia, una volta ritornato in possesso del suo trono napoletano, anche per evitare un implicito disconoscimento dei propri diritti dinastici sul paese. La chinea, infatti, oltre che essere segno di vassallaggio, indicava chi fosse il legittimo sovrano di Napoli e per questo motivo nel 1735 Carlo III, dopo la sua incoronazione a Palermo, si era premurato di inviare a Roma il rituale tributo che, tuttavia, non fu accettato dato che il pontefice aveva accolto quello presentatogli dall'imperatore. Ma, con la restaurazione, Ferdinando rifiutò di mantenere la sua promessa sostenendo di essere ormai sovrano di un regno nuovo che doveva la sua esistenza ai deliberati del congresso di Vienna e non a una remota e sempre contestata investitura papale[1].

Accanto a siffatta questione vi erano altri retaggi del giurisdizionalismo settecentesco da superare, quei punti di frizione che tanto avevano impacciato e influenzato le trattative del concordato carolino e che poi ne avevano provocato la strisciante e silenziosa crisi, ma nel corso del Decennio – come notava il Tommasi – le strutture di governo napoletane si erano rafforzate, i codici e la legislazione avevano mutato il tradizionale quadro di riferimento giuridico delle istitu-

[1] La *querelle*, anche se senza molti clamori, si protrasse fino agli ultimi anni di vita del regno. Nel 1855 Ferdinando II, in occasione della proclamazione del dogma dell'Immacolata, si offrì di contribuire con 12.000 scudi al monumento che Pio IX intendeva erigere per solennizzare tale evento in cambio dell'impegno del pontefice a non riprendere più la questione. N. Nisco, *Storia del reame di Napoli dal 1824 al 1860*, Napoli, Lanciano e Veraldi, 1908[5], p. 341.

zioni ecclesiastiche, le soppressioni e gli incameramenti avevano eliminato le antiche forme di integrazione clero-società e così, riteneva assieme al de' Medici, si poteva negoziare con Roma da posizioni più forti e mirare al conseguimento di obiettivi di grande rilievo che avrebbero portato alla fissazione su basi nuove dei rapporti stato-chiesa.

Per quanto riguarda il problema del numero delle diocesi, dopo estenuanti trattative si giunse a ridurre quelle situate sulla parte continentale a 84 sopprimendo i vescovadi più piccoli e unendone alcuni ad altri, anche se non si giunse a quel rimodellamento delle circoscrizioni ecclesiastiche su quelle amministrative che era stato auspicato dai Napoleonidi. Si registrava così, sostiene Francesco Barra, un netto arretramento della politica ecclesiastica napoletana in materia di riordino dei vescovadi e in rapporto ai piani preparati nel corso del Decennio e a quelli approntati verso la fine del Settecento negli ambienti ministeriali borbonici. Pure su altri aspetti (come il permesso di acquisire nuove proprietà o di rientrare in possesso di quelle non ancora vendute e il ristabilimento di molti ordini regolari) parve che il concordato rappresentasse una capitolazione dello stato di fronte alla chiesa. Per molti quello segnò un passo indietro di cinque secoli nella storia del regno e le generalizzate attestazioni di plauso che si ebbero, annotate (pur se tra ambigui distinguo e cautele) nei rapporti sullo spirito pubblico stilati dagli intendenti, non nascosero il dato di fatto che, se le classi popolari avevano accolto con favore l'allacciamento di solide relazioni tra le istituzioni ecclesiastiche e quelle statali, ampi settori della «borghesia progressista» avevano visto in un concordato di cui non si ravvisava la necessità e la razionalità l'abbandono della tradizionale linea giurisdizionalista napoletana e la messa in discussione di tutte quelle conquiste che, in termini di avanzamento civile ed economico, erano state realizzate nel Decennio francese.

Reazioni diverse al concordato si ebbero in Sicilia. Qui il numero delle diocesi fu ampliato (tra 1816 e 1844 esse passarono da 8 a 16) e, scrive Giuseppe Barone, tale vistoso incremento pose fine all'anomalia che differenziava l'isola dal Mezzogiorno continentale e fu fattore, tra i più vistosi, della sua «defeudalizzazione»; nello stesso tempo la dinamica che portò all'erezione dei nuovi vescovadi si configurò come un vero e proprio movimento dal basso in quanto venne ampiamente supportata da agguerrite élite urbane le quali nella residenza di un presule nella propria città vedevano riconosciuto un ruolo che fino ad allora era stato mortificato dai tradizionali assetti politico-amministrativi (ed ecclesiastici).

Certo, anche alla luce delle considerazioni sopra esposte, non è storicamente corretto misurare col bilancino, come anche in più occasioni è avvenuto, i vantaggi conseguiti dalle parti o i punti sui quali esse registrarono un arretramento rispetto a posizioni precedenti e pervenire ad assegnare, così, alla fine a ciascuna di esse un punteggio e a una la palma del vincitore. Benedetto Cantalupo ricordava i reciproci guadagni allora conseguiti (in verità egli ne menziona solo alcuni, tralasciando quelli che incidevano più in profondità nei rapporti tra le istituzioni dello stato e quelle ecclesiastiche): la diminuzione del numero delle diocesi si era tradotta, per le superstiti mense episcopali, in un incremento delle proprie rendite; il ripristino degli ordini religiosi soppressi aveva avuto come contraltare un forte impegno da parte del governo a vigilare affinché quelli agissero secondo il vero spirito che nel passato aveva portato alla loro fondazione; il divieto di fondare nuovi benefici si era accompagnato, per i curati, a congrue più consistenti; la libertà concessa a chiunque di entrare nell'ordine sacerdotale doveva essere accompagnata dal possesso, da parte dell'aspirante, di un patrimonio sacro.

Walter Maturi ha dimostrato come, in fin dei conti, il concordato non fosse affatto favorevole alla chiesa, se non altro per l'abolizione che esso comportò del regime giuridico privilegiato di cui godevano i suoi uomini e le sue istituzioni (pure riconosciuto nel 1741) e per il fatto che tutte le prerogative della corona, compresa quella della nomina regia dei vescovi, alla fine venissero riconosciute e, in larga misura, ampliate.

L'intera questione, come già a suo tempo sottolineava Gennaro Maria Monti in un suo importante lavoro, va impostata, infatti, non sul piano prettamente giuridico, ma su quello politico e, da questo punto di vista, si può sostenere che il concordato di Terracina, proseguendo nell'opera iniziata dalla legislazione giuseppina e murattiana, portò a una profonda trasformazione nella chiesa meridionale e ad un'alleanza trono-altare che avrebbe mostrato tutta la sua solidità negli ultimi decenni di vita del regno. Venivano certamente meno, in quello che Cestaro ha definito un incontro al vertice, il giurisdizionalismo settecentesco e la vecchia chiesa; si abolivano le immunità, si riconoscevano le alienazioni napoleoniche, si regolamentavano le forme della religiosità popolare. In più, su tutte le diocesi del regno, al di qua e al di là del Faro, si esercitava il patronato regio e si manteneva l'*exequatur*.

Ma quel nuovo e blando giurisdizionalismo era ben poca cosa rispetto al riconoscimento che, col concordato, avveniva del ruolo e della funzione della chiesa cattolica nel Mezzogiorno. Ad essa furono affidati compiti importanti nel campo dell'istruzione, della cultura e della stessa vigilanza politica e, pertanto, fu consentita alle istituzioni ecclesiastiche una ripresa e sul piano della proprietà e su quello dell'influenza sulla società.

Sempre più sottoposto alle direttrici centralizzatrici del ministero degli Affari ecclesiastici, il clero ebbe modo, sotto lo scudo del concordato, di crescere numericamente (nel 1820 – si legge in un rapporto del ministero – le parrocchie erano 3.734, i preti 33.547, i frati 5.732 e le monache 1.134) e di svolgere quell'importante funzione di civilizzazione e di disciplinamento sociale che ad esso si richiedeva anche se non mancavano motivi di profondo scontento in molti religiosi, soprattutto tra quelli abituati a muoversi entro il comodo e rassicurante alveo della chiesa ricettizia.

La svolta operata nel 1821 con il soffocamento dell'effimero regime costituzionale, ma soprattutto l'involuzione accentratrice e assolutistica nella politica della monarchia che si verificò dopo il 1849, investì anche le strutture ecclesiastiche del paese. I vescovi, di nomina sovrana, divennero veri e propri funzionari regi mentre i più moderati di essi furono sottoposti a controlli stringenti; come contropartita, ai presuli fu consentito di rafforzare la propria giurisdizione nei confronti degli strati più bassi del clero.

Se molti parroci, curati, semplici preti avrebbero espresso il loro malcontento verso questo stato di cose con una «politicizzazione» che li avrebbe portati negli anni del Risorgimento ad aderire alle istanze patriottiche, gli ordinari diocesani meridionali, nella stragrande maggioranza dei casi, si sarebbero dimostrati tenaci sostenitori del lealismo dinastico. Furono, pertanto, in molti i vescovi che avrebbero pagato un filoborbonismo senza tentennamenti con la fuga dalle loro diocesi di fronte ai disordini che accompagnavano l'avanzata di Garibaldi verso Napoli o si sarebbero caratterizzati per le loro posizioni di ostinato rifiuto e di polemica nei confronti del nuovo stato unitario.

2. *La rivoluzione costituzionale*

Quando a Napoli si diffuse la notizia della sollevazione del reggimento di cavalleria «Reale Borbone» e quando si capì che non di un semplice ammutinamento si trattava, ma di una vera e propria rivoluzione, l'atteggiamento che pervase gli ambienti ministeriali e cortigiani fu di stupore frammisto a incredulità e, riferisce Michelangelo Schipa nel suo lavoro dedicato a quell'avvenimento, lo stesso ambasciatore d'Austria accreditato presso Ferdinando osservò che si sarebbe aspettato una rivoluzione sulla luna piuttosto che a Napoli.

L'opinione prevalente era, infatti, che le condizioni in cui si trovavano le Due Sicilie non fossero tali da giustificare lo scoppio di una rivoluzione. Il ministero poteva vantare successi non trascurabili nella sua azione di governo e poteva ascrivere a proprio merito l'adesione dei ceti borghesi al regime: l'impianto amministrativo ereditato dai Napoleonidi era in piedi, la legislazione napoletana era stata estesa alla Sicilia, da poco era stato stipulato il concordato con la Santa Sede. Il regno, solido nelle sue istituzioni, era stato oggetto di una recente visita da parte di Francesco I d'Austria che aveva rinsaldato i legami tra il paese e la corona imperiale e accresciuto il prestigio internazionale di cui esso godeva.

Anzi, rispetto al Decennio, sembrava che gli organismi giudiziari, amministrativi e finanziari allora introdotti operassero meglio, e perché ormai più collaudati e perché meno sottoposti alla tensione bellica che ne aveva limitato, in frequentissime circostanze, l'ambito d'azione e ridimensionato le competenze del personale amministrativo civile. Magistrati e funzionari, secondo quanto con encomiabile ottimismo scriveva Alessandro Antonelli nelle *Memorie del regno di Napoli*, erano in quegli anni tutti intenti al miglioramento della cosa pubblica e rivaleggiavano tra loro in zelo e accorgimento.

La monarchia amministrativa celebrava così i suoi fasti, registrava i suoi successi, esaltava una normalità che era allo stesso tempo la base, il presupposto e gli effetti del suo agire. Il paese sembrava tranquillo al riparo delle sue istituzioni; queste avevano avuto modo di dare buona prova di sé pure in occasione della peste di Noja che nel 1815-16 aveva travagliato quella remota cittadina pugliese.

Riflettendo, alcuni anni dopo, sulle vicende rivoluzionarie del 1820-21 Matteo De Augustinis non poteva non riconoscere che la fase storica che aveva attraversato il paese a partire dal 1806 avesse spianato la strada a un grande progresso: era stata abolita la feudalità e, con essa, tutti i privilegi di ceto, i cittadini erano stati resi uguali dinanzi alla legge, erano stati quotizzati i demani, era stata riconosciuta l'unità della giurisdizione, era stata assicurata la libertà delle arti e dei mestieri, si era pervenuto a una distribuzione delle ricchezze che aveva favorito l'accesso alla proprietà di un gran numero di individui. Molto restava ancora da fare, ma era questo un compito affidato a buoni amministratori che sarebbero stati certamente in grado di operare per accrescere il benessere della società senza produrre scosse violente sulla stessa che avrebbero messo in discussione tutto ciò che nel frattempo si era edificato.

Era, ovviamente, quella che circolava a Napoli negli anni della restaurazione una visione oleografica dello stato del paese che, se da una parte dimostrava l'incapacità delle autorità di comprendere appieno gli umori che circolavano (si diceva che se i ministri de' Medici e Tommasi avessero «conosciuto» la nazione che governavano avrebbero addirittura consigliato al re di offrirle una costituzione), dall'altra evidenziava i limiti della loro formazione che portava quegli uomini a privilegiare l'aspetto meramente tecnico-amministrativo della gestione del potere su tutti gli altri. Da ciò scaturiva la loro piena convinzione che gli strumenti di cui si era dotata la monarchia delle Due Sicilie avrebbero potuto incanalare tutte le esigenze e le aspirazioni della società entro alvei facilmente controllabili e regolabili all'interno della prassi stessa dell'amministrazione.

Altre voci erano però dissonanti rispetto a quelle diffuse dalle fonti ufficiali e dai pubblicisti borbonici. Scriveva in un suo rapporto al Metternich l'ambasciatore Karl de Menz che se il ritorno di Ferdinando a Napoli nel 1815 non aveva dato luogo a gravi disordini era perché l'armata austriaca stanziata nel regno ne aveva impedito lo scoppio; ciononostante l'opposizione era dura, a volte si colorava con le tinte del brigantaggio, a volte con quelle del settarismo che si era diffuso tra i militari; i murattiani rimpiangevano i tempi passati e la perdita dei loro posti; il re, che aveva fatto fucilare il Murat ma aveva mantenuto in servizio i suoi generali, ne temeva il tradimento; i ministri dell'«amalgama» erano in continuo contrasto tra di loro; sospetti, gelosie e ripicche avvelenavano il clima politico; generalizzata era, poi, l'idea che il paese fosse sottoposto al dispotismo ministeriale, quasi scontato all'interno di una forma di governo come la monarchia amministrativa, ma che nel Decennio era stato tenuto a freno dal Consiglio di stato[2]. Ma, soprattutto, quello che colpiva gli osservatori era il clima di arbitrio imperante che regnava a Napoli, sebbene i fautori della monarchia amministrativa si affannassero a elogiare un sistema i cui fondamenti riposavano sulla certezza del diritto. Continue prevaricazioni si verificavano nelle varie branche dell'amministrazione; gli uomini del Decennio, pur tutelati dalla convenzione di Casalanza, non si fidavano dell'atteggiamento del re che, negli ambienti cortigiani, dava libero sfogo ai suoi veri sentimenti nei loro confronti e vietava che al suo cospetto qualcuno esibisse le insegne del murattiano Ordine delle Due Sicilie nonostante che dagli austriaci fosse stato costretto a mantenerlo in vita; i militari erano disorientati perché in breve lasso di tempo avevano dovuto sottostare a regolamenti di tipo diverso e per diversi anni obbedire a un generale austriaco, il Nugent; nessun superiore osava punire un inferiore se questi era stato in Sicilia; per di più si vociferava che alcuni ministri lasciassero

[2] In A. Alberti, *Atti del Parlamento delle Due Sicilie. 1820-21*, Bologna, Zanichelli, 1936, vol. V/1, p. 38. Il rapporto è del 18 ottobre 1820.

diffondere la carboneria allo scopo di favorire lo scoppio di disordini: il che avrebbe loro consentito quella repressione militare che non era stata permessa nel 1815 e il ripristino dello stato assoluto. Lo spirito di partito, insomma, aveva sfaldato un paese che ormai dal 1799 era avvezzo a scindersi in due fazioni: giacobini o sanfedisti, murattiani o borbonici, carbonari o calderari, liberali o realisti.

Apparente era la forza della monarchia nel quinquennio seguito a Casalanza, scriveva il Nitti, anche se contro di essa non c'era che una setta e al suo fianco tutte le corti legittimiste d'Europa. Ma l'età napoleonica aveva provocato profondi rivolgimenti nella società, aveva investito modi di essere e di pensare che non potevano essere cancellati ad un tratto. Militari avvezzi alle battaglie e costretti alla routine della vita di guarnigione o alla guerra «sporca» contro i briganti e impiegati della pubblica amministrazione davano segno della propria insoddisfazione entrando a far parte delle vendite carbonare; nelle province stesse i rappresentanti e i funzionari dello stato erano in conflitto tra di loro, proteggendo chi i calderari chi i carbonari, e per questa via portavano a inficiare le basi stesse di un potere che faceva dell'oggettività della prassi amministrativa il suo punto di forza; anche il malcontento contro gli articoli del recente concordato serpeggiava. Per di più la borghesia agraria provinciale formatasi nel corso del Decennio viveva con profondo disagio l'avvento della rivoluzione commerciale che, favorendo l'immissione nel paese di grani esteri, falcidiava le sue rendite sottoposte, pure, a un prelievo fiscale che veniva ritenuto gravoso.

Insomma, il sistema amministrativo impiantato negli anni napoleonici, come ebbe modo di riflettere Luigi Blanch, nutriva in sé degli elementi di debolezza che si riassumevano nella netta separazione tra potere e società e nella mancata formazione di uno spirito pubblico.

Pertanto, l'incapacità a cogliere le tensioni diffuse nell'intero corpo sociale, come la sottovalutazione dell'attività di proselitismo della carboneria in importanti e delicati settori degli apparati centrali e periferici dello stato[3], la tenace

[3] Il duca di Gallo sostenne che de' Medici ignorò deliberatamente le

convinzione che quella di Ferdinando, di de' Medici e di Tommasi fosse la miglior forma di governo possibile, portarono a clamorosi errori di valutazione, prima, e a risentiti giudizi, poi, nei confronti di coloro che avevano voluto, con il loro operato, turbare lo stato di quiete in cui si trovava il regno e portare Napoli che – scriveva Giuseppe Del Re nella *Descrizione topografica* – dopo trent'anni di lacrimevoli vicende aveva «buone leggi, buoni giudizii, buoni studii, buone arti, industria, commercio, agiatezza, pace, riposato vivere», a uno sconvolgimento che l'aveva avvilita di fronte alle nazioni d'Europa.

Il senso di umiliazione e di frustrazione del paese e dei suoi uomini politici, soprattutto per gli eventi che immediatamente seguirono alla rivoluzione e, segnatamente, per il ritorno nel regno di un esercito di occupazione, è un elemento che va tenuto nella dovuta considerazione e che orientò tanta parte dei giudizi che negli anni immediatamente successivi si diedero dell'avvenuto: incamminate sulla strada della civilizzazione, le Due Sicilie si erano guadagnate la stima degli altri paesi d'Europa e avrebbero conseguito posizioni notevoli nel consesso delle nazioni se non ci fosse stata la rivoluzione anche perché, come successivamente e da altro versante avrebbe sostenuto Lioy, quella arrestò un processo di rigenerazione sociale e politica iniziato nel 1806 e ripristinò le forme di un dispotismo che non conobbe altri freni se non quelli imposti dallo scomodo alleato austriaco. Quando l'armata imperiale sgomberò il regno lasciò un debito pubblico che di soli interessi costava allo stato 3,5 milioni di ducati annui che vennero reperiti con impopolari misure come l'aumento dei diritti doganali e delle gabelle e la deduzione di un decimo sugli stipendi degli impiegati. La buona amministrazione era stata interrotta dalla rivoluzione, l'esercito si era ammutinato e il re era stato costretto a far ricorso a una potenza straniera per ripristinare l'ordine violato e poi, addirittura, a sciogliere le proprie forze armate.

allarmate informazioni che al riguardo gli provenivano dalle autorità provinciali. In B. Maresca (a cura di), *Memorie del duca di Gallo*, in «ASPN», XIII, 1888, pp. 203-441, spec. p. 417.

L'orgoglio nazionale era stato in questo modo ferito o, forse, a essere stato colpito era quello dinastico perché al senso di umiliazione di cui si rendeva interprete la pubblicistica borbonica corrispondeva in maniera antitetica una forma di orgoglio che esaltava l'individualità della nazione napoletana e la spontaneità del moto rivoluzionario che aveva fatto di Napoli il primo esempio, nell'Italia sortita dal congresso di Vienna, di monarchia costituzionale.

A somiglianza del Decennio al quale si guardava come a una breve parentesi nella storia del regno e che aveva portato a riforme che erano state già progettate e impostate nel secondo Settecento, i moti rivoluzionari – per i filoborbonici – avevano interrotto un periodo di operosa pace, erano stati il frutto di un grande inganno collettivo e, paradossalmente, avevano palesato l'adesione della popolazione alla forma di governo vigente. L'interessato giudizio dell'assurda e ingiustificata rivoluzione era stato, così, costruito e ad esso non si sottrasse neppure Scialoia che nel suo famoso opuscolo del 1857, tratteggiando la struttura della finanza statale napoletana, esprimeva meraviglia per il fatto che un moto fosse scoppiato in tanta apparente prosperità.

Si trattava, a questo punto, di individuare le responsabilità di coloro che avevano turbato la pace del regno. I primi erano, e non poteva essere diversamente, i francesi: per l'Antonelli era stata la loro lunga permanenza in Italia a instillare nei popoli idee nuove e pericolose. Più indietro nel tempo si spingeva Gennaro Marulli il quale attribuiva alla perniciosa filosofia del XVIII secolo, diffusa nei circoli, nelle accademie e nei salotti, la responsabilità di aver portato alla propagazione dell'incredulità e dell'immoralità, alla distruzione della religione e poi, con la rivoluzione francese, all'abbattimento delle monarchie; lo spirito rivoltoso che circolava in Italia era la conseguenza delle idee venute da oltralpe, anzi, continuava il nostro con risentita generalizzazione, era da attribuire agli stranieri la causa di tutte le sventure delle Due Sicilie.

Anche Antonino Parisi nelle *Riflessioni sulla rivoluzione accaduta nel regno delle Due Sicilie* ricordava l'influsso nefasto della rivoluzione francese, opera di uomini empi e corrotti, che aveva portato a sconvolgimenti profondi nella vita di ogni paese e alle guerre che avevano devastato l'Europa. Con la caduta di Napoleone la pace era tornata sul continente e Ferdinando, ritornato sul trono napoletano, aveva dato ai suoi sudditi un corpo di leggi adatto ai bisogni del regno e riparato ai mali del governo del Decennio; egli avrebbe portato la monarchia a conseguire ulteriori traguardi di benessere se, nel 1820, non fosse intervenuta la rivoluzione a imprimere un corso diverso alla storia del paese. L'eredità francese aveva prodotto gli intrighi carbonari e questi ultimi la rivoluzione.

Nelle Due Sicilie, a parere di quegli scrittori, la situazione assumeva addirittura connotati diversi rispetto alle altre realtà statali della penisola: la pacifica e saggia amministrazione che regolava le sorti del paese era apportatrice di felicità per tutti (anche perché qualsiasi forma di dissidenza tendeva ad essere assimilata al banditismo) e i napoletani avevano voluto la rivoluzione, scriveva con improntitudine Francesco Carta nella *Storia del Reame delle Due Sicilie*, non perché scontenti del presente, ma perché temevano che quella prosperità potesse avere fine.

Valutazioni certamente curiose quelle di Carta, ma che, ancora una volta, testimoniano, al di là della piaggeria di maniera, dell'incapacità di molti di comprendere le ragioni profonde degli eventi rivoluzionari.

Biagio Gamboa, testimone e partecipe di quelle vicende, si muove sul solco di Carta e degli altri autori sopra citati introducendo, però, elementi di novità più aderenti alla configurazione che aveva assunto la monarchia amministrativa: Ferdinando, scrive egli nella *Storia della rivoluzione di Napoli*, regnava tranquillamente credendo che il suo governo si confacesse all'indole del popolo napoletano, ma ignorava che molti suoi desideri o provvedimenti da lui auspicati cadevano nel vuoto perché fra la corona e i sudditi si era frapposto il filtro dei ministri dispotici e degli intendenti tiranni. Erano stati questi ultimi, più che il fedelissimo popolo meridionale, a segnare negativamente gli ultimi anni di vita del sovrano e a rendere meno «felicissimo» il suo regno.

Da questa interpretazione non si discosta Mauro Musci il quale ribadisce la saggezza delle istituzioni napoletane della restaurazione sottolineando, però, come gli ordinamenti pubblici fossero segnati da ambizioni individuali, da odiosità personali, da animosità e da una «malignazione» che ostacolava il retto procedere delle cose. È quello del contrasto tra saggezza dell'amministrazione e insipienza degli uomini che reggevano la cosa pubblica un elemento che abbiamo già trovato e che troveremo ancora; qui assume una coloritura particolare il fatto che l'insipienza degli uomini giungesse a oscurare la mente di un re che aveva di mira soltanto il benessere del proprio popolo.

Che, per i pubblicisti borbonici, il paese non avesse bisogno di un'ennesima rivoluzione era dimostrato dal fatto che essa, tutto sommato, fosse stata pacifica, avesse visto poco spargimento di sangue (se si escludono gli eventi siciliani), si fosse quasi dappertutto trasformata – come asserì Colletta – in una festa pubblica e, soprattutto, non avesse comportato l'irrompere funesto delle plebi per le strade come invece era accaduto nei tumultuosi giorni della repubblica giacobina.

Sempre più strana, inverosimile e inesplicabile, la rivoluzione produceva significativi episodi, come quelli segnalati dal Colletta, relativi all'atteggiamento di rispetto e di deferenza del Morelli nei confronti dell'intendente di Avellino; il sottotenente si fece addirittura rilasciare dal decurionato di Mercogliano un attestato comprovante la buona condotta delle sue truppe nel corso della loro permanenza in quel paese. Nei primi giorni della rivoluzione tutto era avvenuto con moderazione, scriveva ancora il Colletta nel *Cenno storico sulla rivoluzione napoletana del 1820*, nessun delitto era stato allora consumato, la proprietà era stata rispettata, le autorità erano rimaste in carica, anche se in alcuni casi gli intendenti – come quello di Principato Ultra che aveva rifiutato di giurare fedeltà alla costituzione – erano stati di fatto esautorati. Nella relazione stesa dalla Giunta di governo (organo di coordinamento e di direzione politica sorto subito dopo la concessione della costituzione) il 2 ottobre 1820, al momento di trasferire i propri poteri al parlamento appena eletto, si sottolineava che non era mai venuto meno il rispetto e l'amore per il re e che giammai la legge e l'ordine avevano regnato nelle province come da luglio in poi: le casse pubbliche erano rispettate, le strade rese sicure ai viaggiatori, le vendette private terminate. Nessun delitto, insomma, aveva macchiato il «candore» della rivoluzione che, lo si ricordava, era nata dall'amor di patria e dal desiderio di salvare il paese dall'avvilimento in cui versava e, quindi, non poteva produrre né delitti né disordini. Per Francesco Michitelli, che stava vivendo la rivoluzione del 1848, quella del '20 non aveva avuto in sé nessuna virtù se non quella della moderazione.

Michelangelo Schipa, in tempi più recenti, non si sottraeva a considerazioni di questo tipo: riferendo dell'operato del colonnello Lorenzo De Concilii in Principato Ultra, arrivava a scrivere che tutta quella provincia «venne pacificamente avvolta nella rivoluzione assicurando allo sviluppo di essa la più rigida e più pura legalità». Di diverso tenore, nonostante i rapporti degli intendenti riferissero più volte il contrario, le valutazioni al riguardo del ministro della Giustizia Francesco Ricciardi che citava casi di magistrati e funzionari ai quali si era tolto il rispetto dovuto, ad agenti della pubblica sicurezza sottoposti al pubblico disprezzo, a leggi continuamente violate.

Ma, da parte di quasi tutti i costituzionali si tese ad accreditare, anche per rintuzzare la ricorrente taccia di giacobinismo, l'idea che quella di cui essi erano i protagonisti fosse una rivoluzione nella legalità. Essa dava prova di grande moderazione e solo il volgere drammatico degli avvenimenti l'aveva costretta a diventare vera rivoluzione; essa era una rivoluzione fatta da galantuomini, proprietari, funzionari, amministratori locali, da soldati e da miliziotti provinciali dalla quale la plebe era tenuta accuratamente lontana, insomma una rivoluzione perfettamente in linea con il regime borghese censitario introdotto nel 1806. Per questo motivo, scriveva Benedetto Croce, la rivoluzione era nata vecchia; e non poteva essere diversamente in quanto opera di uomini che avevano alle loro spalle gli anni giacobini e quelli murattiani e che, per di più, in molte circostanze diedero prova di grande faciloneria, incoscienza e confusione. Se la rivoluzione attaccava i tratti dispotici presenti nella monarchia amministrativa, quel capolavoro «dell'organismo sociale» che Zurlo riteneva fosse la sua creatura, che fosse almeno – auspicava Savarese – una rivoluzione «saggia».

I presupposti perché così avvenisse, a dir la verità, non mancavano e Gamboa rimarcava con soddisfazione il fatto che la popolazione napoletana si fosse data a manifestazioni di giubilo e non avesse funestato con i suoi eccessi la capitale come nel 1799, effetti questi di un ormai ventennale processo di civilizzazione; anche perché, è Domenicantonio Merenda a sottolinearlo nel suo *Compendio della storia del regno di Napoli*, il re «da gran politico» diede il suo giuramento alla costituzione e, così operando, spazzò ogni pretesto perché le plebi scendessero in strada in suo nome. Forse non è superfluo ricordare, però, che neppure nel 1806 le plebi erano scese in piazza e che al re nel 1820 era venuto meno il sicuro bastione della Sicilia in cui trincerarsi e da cui inviare sediziosi proclami al suo popolo.

Tutti, rivoluzionari e controrivoluzionari, ricordavano con orrore le stragi del 1799 e tutti si studiavano di limitare il più possibile l'intervento delle masse. Gli ex giacobini che attribuivano la caduta della Repubblica partenopea al mancato appoggio dei ceti popolari, schieratisi come ben si sa con la monarchia e con le armate controrivoluzionarie, tentarono di guadagnarsene l'adesione attraverso lo strumento delle vendite carbonare. In quelle sedi, ritenevano, si poteva puntare alla loro educazione e depotenziare quei caratteri anarchici che tanto funesti si erano rivelati in precedenti occasioni; i murattiani, d'altro canto, salutarono con soddisfazione l'assenza dei lazzari dallo scenario della rivoluzione anche perché, osservavano, essi avevano iniziato ad abbandonare la loro deleteria abitudine all'ozio oltre che alla sedizione e al saccheggio delle case dei galantuomini. Ma, se sostanzialmente le masse non riuscirono a dirigere il corso della rivoluzione verso obiettivi a esse più vicini nonostante le condizioni economiche non fossero delle più rosee e risentissero dei gravi effetti della carestia degli anni precedenti (svoltasi secondo le modalità tipiche delle crisi agrarie di antico regime), ciò portò, anche se su scala più ridotta, al verificarsi di quella stessa situazione che aveva inficiato in larga misura la validità delle istituzioni della monarchia amministrativa, ovvero a quell'isolamento del potere dalla società su cui avrebbe avuto motivo di riflettere Luigi Blanch.

Non era certamente vero che la rivoluzione del 1820 somigliasse, lo scrive Savarese nei suoi ricordi, a tutte le rivoluzioni che nascono perché un uomo un bel giorno osa lanciare un grido che intere popolazioni non avrebbero osato levare il giorno prima, ma la volontà dei murattiani di circoscrivere gli eventi e di limitarne la portata e il tentativo di incanalare la rivoluzione su binari rigidamente costituzionali diedero ad essa un carattere elitario e – più che settario – settoriale, rilevato anche da alcuni giornali esteri, il che costituì un potente motivo e pretesto per il re di rinnegare la parola data e di adoperarsi per il suo soffocamento.

Così, il moto rivoluzionario, a sentire i borbonici, ma anche l'ambasciatore inglese William A'Court, produsse una costituzione che sembrava un abito da figurante che si faceva indossare a un bambino e un parlamento logorroico[4].

Presuntuosi, alcuni avidi, quasi tutti ciarlieri si erano dimostrati – per Donato Casavola – i deputati; parlamento dominato dai retori e dalle iperboli era stato per Nitti quello riunitosi nella chiesa di S. Sebastiano e occupato essenzialmente a discutere animatamente di cose futili. Fra queste ultime si segnalarono le vibranti e dotte discussioni sui nuovi nomi da attribuire alle province ripescandoli tra quelli dell'età romana, «solito vanto di que' che son poveri del presente, ammantarsi delle gloriose memorie del passato»[5].

Il deputato Matteo Galdi, antico protagonista degli anni giacobini e napoleonici, era persuaso che bisognasse mutare i nomi delle province tramandati dall'età dell'oscurantismo perché quel che conveniva all'abruzzese vissuto all'ombra dei viceré spagnoli non conveniva al marso del costituzionale regno di Ferdinando I e Domenico Morici, militare proveniente dalla Calabria Citeriore, invitava a cambiare con gli ordinamenti i nomi che ricordavano un potere largamente basato sull'arbitrio: il popolo, incapace di fare astrazioni, vedeva in quelli l'espressione della schiavitù che nel passato aveva accompagnato la sua esistenza. Pure Luigi Galanti, deputato del Molise e fratello del più celebre Giuseppe Maria, riteneva che si dovesse cambiare il nome delle province, designate quasi tutte con specificazioni o con predicati oltraggiosi quali ultra, citra, I, II, III, e quello stesso dello stato

[4] Cacciatore, *Esame della Storia*, cit., p. 299.

[5] F. Carta, *Storia del Reame delle Due Sicilie*, Napoli, Ambrosio, 1848, p. 760.

(Regno dell'Italia meridionale). Egli si preoccupava di anticipare possibili obiezioni al suo ragionamento, che a qualcuno poteva sembrare dettato da pedanteria o da mera oziosità, ricordando come l'identità dei popoli si costruisse anche attribuendo loro un nome che li segnalasse e li distinguesse: dando alle province e al regno una nuova denominazione si sarebbe favorita una coesione nazionale impossibile da realizzare continuando a usare appellativi che traevano la loro origine dagli «antichi conquistatori del mondo [e] dalla loro fastosa Capitale».

Certamente i retori trovarono nel parlamento una tribuna insperata, addirittura Giuseppe Poerio (definito da Carlo De Nicola nel *Diario napoletano* un eterno predicatore) fu accusato di avere con la sua eloquenza permesso il viaggio del re a Lubiana e quindi l'intervento armato degli austriaci, ma si può del pari concordare con Antonio Lucarelli quando questi afferma che in circostanze di tal fatta le iperboli sono consuete e non furono esclusivo appannaggio di quel «Parlamento parlatore»[6] anche perché nelle sue sessioni vennero subito al pettine, come vedremo tra breve, tutte le questioni relative all'organizzazione dello stato e al rapporto tra istituzioni pubbliche e cittadini.

Facile è notare, da quest'ultimo punto di vista, come la monarchia amministrativa avesse percorso un ormai lungo cammino negli anni che separavano il regime di Giuseppe e di Murat dalla rivoluzione.

Il parlamento che il primo Napoleonide aveva disegnato nello statuto di Baiona risentiva ancora della struttura cetuale dell'antico regime e, pur attribuendo largo spazio ai proprietari, annegava la loro presenza all'interno dei sedili dei dotti, dei commercianti, degli ecclesiastici e dei nobili. Questi ultimi, come si è già detto, avrebbero potuto essere pure eletti come proprietari sì che in quell'assemblea i proprietari puri e i commercianti avrebbero costituito sempre una minoranza.

Il parlamento nazionale, modellato sulle *cortes* spagnole ed eletto all'interno di circoscrizioni provinciali, segnava,

[6] A. Lucarelli, *La Puglia nel Risorgimento (Storia documentata)*, Trani, Vecchi, 1953, vol. IV, p. 204.

invece, il vero trionfo delle province presentandosi come istituzione che dava voce e rappresentanza a tutte le articolazioni della società locale e mostrava quanto le riforme del Decennio avessero contribuito a mutare i rapporti di forza e a dare nuova configurazione alla fisionomia dello stato.

L'introduzione nel regno della costituzione spagnola del 1812 non trovò dappertutto convinti sostenitori. I murattiani ritenevano, infatti, che ai bisogni della società meridionale potesse rispondere meglio una carta alla francese con il suo sistema bicamerale piuttosto che la costituzione iberica, frutto, tra l'altro, di una guerra di popolo antinapoleonica.

Ma proprio per questo motivo, per prospettare quella iberica un modello di organizzazione sociale e statale diverso rispetto a quello realizzato nel Decennio, fu la costituzione di Cadice a essere integralmente recepita (a parte pochi e superficiali adattamenti) sull'onda di un entusiasmo e di una partecipazione che diffusero dappertutto, anche perché facilitati dal persistere tra i due paesi di vincoli derivanti da ininterrotti rapporti politici e culturali, il mito della Spagna rivoluzionaria e costituzionale.

Ci furono, tuttavia, coloro che ritenevano come l'avvenuta eversione della feudalità, la soppressione dei maggiorascati e dei fedecommessi, l'estinzione della manomorta ecclesiastica, la crescita nel numero dei proprietari fondiari avessero portato il popolo napoletano a conseguire progressi di cui non avevano potuto, invece, godere gli spagnoli costretti ancora a combattere contro le loro arcaiche istituzioni. Che quella napoletana fosse una società più avanzata rispetto alla spagnola lo aveva evidenziato pure Croce riflettendo sulla scelta dei rivoluzionari meridionali di inquadrare la loro azione nell'ambito della costituzione di Cadice; tuttavia, si può dire che nell'immaginario collettivo, oltre che nei verbali dell'assemblea parlamentare e nei giornali che in quei mesi furono fondati, la Spagna divenne il contraltare dell'Austria, la terra della libertà contro quella del dispotismo. Quella grande nazione, sosteneva frequentemente «La Minerva napolitana», con Carlo aveva restituito l'indipendenza al paese e ora, con la sua costituzione, riportava l'intero popolo napoletano all'antica grandezza.

Al Carascosa il parlamento sembrava troppo poco numeroso: le commissioni in cui si sarebbe articolato sarebbero state esangui, c'era il rischio che pochissimi imponessero la propria volontà, creato maggioranze a loro piacimento e che tutti gli interessi della società non trovassero in esso adeguata rappresentanza. In realtà, tra i deputati del Mezzogiorno continentale si annoverarono 10 ecclesiastici, 8 «professori di scienze», 24 proprietari, 11 magistrati, 9 uomini di legge, 5 militari, 2 nobili titolati, 2 impiegati, 3 negozianti. Se la presenza dei magistrati era, per «La Minerva napolitana», una lusinghiera testimonianza del ruolo da essi rivestito[7], se per alcuni gli ecclesiastici deputati risultavano troppo numerosi, erano però soprattutto i proprietari fondiari e gli interessi che patrocinavano a dare il tono alle vicende e alle discussioni che ebbero luogo in parlamento; essi, in gran parte estranei alle lotte e ai principi del XVIII secolo, sentivano il peso dei tributi e del dispotismo ministeriale pur essendo – in realtà – coloro che più avevano guadagnato dall'impianto del nuovo sistema amministrativo; su di loro si abbatterono i colpi più duri della repressione. Vincenzo Canaviello, nel suo saggio su *Gli Irpini nella rivoluzione del 1820 e nella reazione*, ci fornisce l'elenco e il numero degli amministratori destituiti: nei 136 comuni di Principato Ultra furono 81 i sindaci ad essere esautorati, 66 i primi eletti e 55 i secondi eletti, 78 i cassieri e 486 i decurioni; 8 furono i consiglieri provinciali epurati e 11 quelli distrettuali. Se si considera che tutti questi soggetti venivano eletti sulla base del principio censitario, comprendiamo come notevole fosse stato il tributo pagato dalla borghesia provinciale al progetto di un nuovo regime che coniugasse la libertà di amministrazione con quella politica sancita dalla costituzione.

Nelle pieghe della polemica contro il dispotismo si nascondevano però altre questioni che riguardavano più da vicino i rapporti sociali e le basi stesse della convivenza all'interno delle comunità locali: l'esercizio della giustizia, scriveva «La voce del popolo», era diventato funzionale agli affari

[7] Tra i 24 deputati siciliani 8 erano i nobili e 6 gli ecclesiastici il che, a dire di P. Colletta, era chiaro indizio del persistere in quel popolo delle «preminenze feudali ed ecclesiastiche» (in Id., *Storia del Reame di Napoli*, cit., libro IX, p. 263).

di coloro che disponevano della forza e della ricchezza; gli ex baroni ancora imperversavano e riuscivano a imporre nelle amministrazioni comunali uomini a sé ligi; condiscendenze e connivenze tra intendenti e notabili locali erano all'ordine del giorno sì che era proprio dalle province che venivano forti clamori contro il dispotismo amministrativo, quello giudiziario e quello – solito – esercitato dai ricchi e dai galantuomini; bisogna però anche aggiungere che quei clamori non assunsero mai la preoccupante forma della *jacquerie*.

Era necessario, e su questo la maggior parte dei deputati conveniva, riformare profondamente l'ordinamento dello stato e questo lo si poteva fare solo partendo dal basso, dai comuni e dalle province, le articolazioni periferiche della monarchia sulle quali il dispotismo ministeriale aveva prodotto i più deleteri effetti.

L'apposita commissione insediata – sull'onda delle richieste che in tal senso provenivano da tutto il paese – per elaborare e presentare un nuovo progetto di legge di amministrazione provinciale e comunale non si sottrasse al compito che il parlamento le aveva demandato.

Ad essa toccava fare i conti con la legislazione del «feroce decennio» e del «quinquennio assoluto» e diroccare un edificio, non vetusto, ma che tanti danni aveva arrecato al tessuto civile della nazione. Se di quella legislazione si poteva salvare il principio della unità di amministrazione, a esso bisognava senz'altro aggiungere quello della sua libertà. Per questo motivo si rendeva necessario intervenire soprattutto sulla figura dell'intendente, «emissario» del ministero dell'Interno istituito per centralizzare, ma in realtà inviato nelle province per «dispotizzare». Il nome di ministero dell'Interno, ignoto fino a vent'anni prima, era divenuto – sosteneva il deputato Morici – a tutti odioso soprattutto perché, nei comuni, era diventato sinonimo di oppressione.

Intendenti e sottointendenti si erano resi despoti delle popolazioni e per tale ragione erano universalmente odiati e aborriti. Perché la pubblica quiete venisse ristabilita – tuonava Gabriele Pepe dal suo seggio parlamentare – bisognava liberare i comuni dal pesante giogo che era stato loro imposto. Quale attaccamento verso la patria, incalzava infatti «La Minerva napolitana» nei suoi articoli, poteva sperarsi in popolazioni i cui interessi erano interamente affidati al ministero dell'Interno e agli intendenti?

Dalle comunità locali proveniva pressante la richiesta di ripristinare tutte le attribuzioni che avevano loro consentito, fino al 1806, la ridistribuzione di risorse ora drenate dalla fiscalità statale e, più genericamente, la possibilità di decidere della propria sorte. Ci si aggrappava, in questo modo, agli scampoli dell'antico regime, si rincorrevano funzioni e istituzioni ormai abolite da quindici anni, dagli antichi parlamenti all'istituto del «sindacato» degli ufficiali, alle annone, segno questo della profonda destrutturazione che le riforme napoleoniche avevano prodotto nei comuni che non erano stati prescelti a sede di intendenza, distretto o circondario e che quindi non avevano potuto apprezzare la bontà degli ordinamenti della monarchia amministrativa della quale, viceversa, avevano sperimentato le leve, le spese gravose per l'istruzione pubblica o per la burocrazia municipale, lo stringente controllo esercitato sui gruppi dirigenti e sulla loro attività amministrativa da parte degli intendenti e dei sottointendenti. Il poter fare giustizia nel comune, il poter spendere per opere pubbliche destinate al benessere dei propri cittadini e non ad abbellire il capoluogo provinciale definiscono una precisa e chiara individualità locale conculcata dalle omogeneizzanti leggi sulle amministrazioni civili che si erano succedute dal 1806 al 1816. Queste avevano prodotto un ordinamento che chiedeva molto ai comuni senza dare loro adeguate contropartite o benefici e che dirottava investimenti, risorse e attività politica verso quei centri che erano diventati i poli amministrativi e quindi i terminali di un'azione di governo che trovava il proprio fulcro nei ministeri napoletani. Con il regime istituzionale nato a seguito della conquista francese del regno si era accentuata la differenziazione tra aree avanzate e aree depresse, antichi legami erano stati troncati, nuove e – per molti – assurde gerarchie territoriali erano state create: dai piccoli centri partiva alta la richiesta di un ripristino delle forme autonome di governo locale precipitosamente abolite a partire dal 1806.

Il nuovo progetto di legge presentato in parlamento aboliva i consigli provinciali e distrettuali, sostituiva ai primi le deputazioni provinciali, introduceva il criterio dell'unità di amministrazione associandolo alla libertà della stessa, ma gli eventi del marzo 1821 resero quella legge poco più che una dichiarazione di principi. Solo nel parlamento del 1848, ma in termini diversi, si sarebbe ripresentato il problema delle autonomie locali.

Se la riproposizione in termini forti dell'edulcorato mito dell'autogoverno comunale e della libertà di cui godevano gli antichi parlamenti delle università serviva a rimettere in discussione l'istituto degli intendenti come la più eloquente espressione della deprecata centralizzazione napoleonica, se alla fine si arrivò a sopprimere i sottointendenti (anche se il ripristinato Consiglio di stato rinviò ad altri momenti l'approvazione del relativo decreto perché non era chiaro a chi attribuire le funzioni già svolte da quelli), per gli uomini che sedevano in parlamento o per quelli che, sempre più numerosi, operavano all'interno delle vendite carbonare, erano però tutti gli indirizzi di governo nella loro globalità che andavano rivisti, a partire dalla stessa politica dell'amalgama perseguita nel «quinquennio» che aveva prodotto scontento e frustrazioni sia tra i borbonici sempre fedeli al re che tra i murattiani, tornati da poco sudditi fedeli. Per i costituzionali bisognava procedere a drastiche epurazioni tra il personale che nutriva idee sovversive, fossero esse di matrice giacobina, calderara o carbonara, e che da tempo si annidava nelle intendenze, nelle sottointendenze e nella magistratura, composta – quest'ultima – da individui in gran parte anziani, legati ai sistemi giudiziari vigenti in antico regime e palesemente incapaci di adeguarsi al nuovo. Bisognava, pertanto, evitare il ripetersi di situazioni come quelle che nel 1815 avevano consentito a Francesco Ciaia (sottointendente a Barletta e tra i protagonisti del 1799) e a Gaetano Rodinò (famoso agitatore e autore di proclami sediziosi, sottointendente a Bovino e poi a San Severo) di mantenere il proprio posto e, nel 1817, al marchese di Pietracatella, notorio calderaro, di sostituire come intendente in Terra d'Otranto il moderato Acclavio.

Anche nei confronti dei quadri burocratici non mancavano critiche violente che ne mettevano in evidenza l'opportunismo, la neghittosità, l'ignoranza, la presunzione e la corruzione. Gli impiegati che dovevano rappresentare l'asse portante della monarchia amministrativa si regolavano secondo sistemi clientelari e discrezionali che conducevano molti di essi a esercitare, qualunque fosse il regime vigente, vere e proprie pratiche di mercatura politica: la dubbia qualità e preparazione che dimostravano avevano fatto cadere nel disprezzo e nel ridicolo l'intera amministrazione pubblica. E questo era anche dovuto al fatto che i ministri, dal favore dei quali dipendevano le carriere e gli avanzamenti, non erano riusciti a liberarsi dagli atteggiamenti tipici dei segretari di stato delle monarchie settecentesche, specie quelli che li collocavano al centro di una rete di relazioni di ordine politico che ignorava i consueti canali amministrativi; così lo spirito pubblico si era estinto e al suo posto – relazionava la Giunta di governo – si era insediato lo «spirito del governo».

Ancora una volta si palesava il contrasto tra gli uomini che dovevano reggere le istituzioni, la loro cultura e la loro formazione e la prassi quotidiana di governo della società. L'oggettività della norma scompariva dietro l'applicazione discrezionale della stessa, le prevaricazioni e le incertezze. Di fronte all'opinione pubblica non si palesavano i riti della legislazione, ma apparivano gli uomini, tutti – per un verso o per l'altro – scontenti della propria posizione o del trattamento loro riservato dalla corona.

I ministri de' Medici e Tommasi, i «duumviri», erano diventati il simbolo vivente della monarchia amministrativa e dei suoi difetti più che dei suoi pregi; essi non erano riusciti a cancellare l'impressione che nel regno tutto dipendesse da Napoli e che nella capitale ogni progetto o decisione fosse sottoposto al loro giudizio e alla loro approvazione; in questo modo essi avevano contribuito a diffondere della monarchia amministrativa l'idea di un regime dispotico e illiberale che deprimeva tutte le forme del vivere civile.

Ma chi incarnò agli occhi di tutti quel sistema, anche perché al de' Medici e al Tommasi, al seguito di Ferdinando in Sicilia negli anni napoleonici, non si potevano attribuire colpe pregresse, fu Giuseppe Zurlo che, miracolosamente indenne, aveva attraversato, ricoprendo sempre incarichi di governo, gli anni finali dell'antico regime, il periodo giacobino, il Decennio e che nei mesi della rivoluzione costituzionale visse il suo ultimo periodo di notorietà.

Nominato ministro dell'Interno, egli si trovò nella delicata posizione di chi doveva riformare una legislazione di cui era stato in gran parte l'ispiratore e l'artefice. Ma non fu questa la sola contraddizione in cui egli ebbe a operare: fiero avversario dei carbonari al tempo di Murat, fu al potere in una rivoluzione scoppiata a seguito di un moto promosso da quella setta. In ogni caso, per tutti egli era il padre della monarchia amministrativa e, in quanto tale, sospetto di eccessive simpatie filoborboniche; il che lo portò di fronte a una commissione inquirente a seguito della trasmissione agli intendenti, affinché lo divulgassero, del messaggio del re dell'8 dicembre che annunciava la sua partenza per Lubiana prima che questo fosse stato recepito dal parlamento.

Venne egli accusato in numerosi libelli di trasformismo e di eccessiva sete di potere, di aver gestito personalmente le nomine di intendenti e sottointendenti, di aver privato i comuni della loro autonomia, di non aver mai dato spazio agli onesti e ai competenti, di essersi creato un vero partito che aveva portato il paese al dispotismo ministeriale, di «errare» di progetto in progetto senza decidersi ad attuarne seriamente uno. Alcune di queste accuse risalivano ormai agli anni francesi ed erano in parte infondate, anche se sulla difesa ad oltranza che Zurlo faceva dei principi regolatori della monarchia amministrativa non tutti – anche tra i murattiani – convenivano. Il ministro riteneva, e non da allora, che le assemblee rappresentative altro non fossero che combriccole che sfruttavano a vantaggio di pochi le passioni popolari e per questo motivo solo con titubanza si arrischiò a convocare il parlamento. Come titolare del dicastero dell'Interno si ostinò a difendere il sistema che egli stesso aveva contribuito a creare, convinto com'era che esso non avesse bisogno di riforme, ma tutt'al più di qualche limitato aggiustamento che soddisfacesse le aspirazioni di coloro che, nelle province, avevano fatto la rivoluzione. Ma, come riferisce Savarese, Zurlo aveva avuto il torto di sopravvivere alle sue idee, alle sue convinzioni e alla sua popolarità.

I suoi progetti e la sua attività di ministro negli anni napoleonici avevano avuto come obiettivo una forma di centralizzazione che concedesse ampio spazio alle articolazioni amministrative provinciali; egli aveva puntato al riequilibrio dei rapporti tra Napoli e il regno, aveva mirato a far emergere nuovi gruppi dirigenti che nei comuni e nelle province avrebbero dovuto esercitare il governo locale, ma – paradossalmente – fu dalle province che giunsero le critiche più radicali al nuovo sistema. Per la prima volta nella storia plurisecolare del regno non ci si trovava di fronte a una rivolta o a un movimento politico che proveniva dalla capitale e si allargava a tutto il paese, bensì a qualcosa di profondamente diverso: erano le province che si muovevano, e lo facevano ribellandosi all'ordinamento vigente. Si trattava di una situazione la cui rilevanza non poteva sfuggire a coloro che in quei mesi assunsero incarichi di governo e se la Giunta di governo sottolineava che, in quelle circostanze, la capitale stessa attendeva dalle province le riforme, proprio la composizione del parlamento, eletto in collegi provinciali e all'interno dei quali prevalenti erano le componenti carbonare, testimonia ancora una volta del peso assunto dalle realtà periferiche del regno nello scoppio e negli orientamenti successivi del moto. Così, mentre i murattiani avevano cercato di non disgiungere amministrazione da libertà, subendo in un certo qual modo l'ultrademocratica costituzione spagnola del 1812, e di salvare per quanto era possibile la configurazione degli ordinamenti pubblici quale era stata ereditata dal Decennio, dalle province nel nome della costituzione vennero le forme di opposizione più dure al dispotismo ministeriale, le richieste più pressanti di ripristino degli antichi diritti conculcati e, quindi, la più radicale contestazione della monarchia amministrativa.

La lotta contro lo stato ereditato dal Decennio non significò soltanto opposizione ai suoi ordinamenti, ma anche alla nuova sistemazione che dei rapporti stato-chiesa era stata data col concordato del 1818. Come si ricorderà, già a ridosso della sua stipulazione non erano mancate sotterranee critiche nei confronti di un atto che era apparso come una non necessaria capitolazione dello stato. Nel 1820 emerse con forza la contrarietà di ampi strati della popolazione – compresi gli esponenti del basso clero – al concordato definito come l'opera «più tenebrosa» del «quinquennio», quella che aveva consentito il ritorno alle vecchie pratiche intrise di superstizione e all'assolutismo dinastico e che aveva reso i vescovadi appannaggio di cortigiani e di uomini vicini al re.

Il parlamento, votando il 26 luglio – dopo un acceso dibattito – la legge sulla libertà di stampa e proponendo un emendamento alla costituzione che consentisse il culto privato agli acattolici, non intese certamente aderire a istanze anticlericali, pur se per migliorare lo stato delle finanze furono introdotti provvedimenti che miravano a limitare la risorgente potenza e ricchezza della chiesa; tuttavia esso sapeva bene che quegli atti avrebbero suscitato la violenta opposizione da parte dell'episcopato. Pesanti furono, infatti, gli interventi censori del cardinale Luigi Ruffo, arcivescovo di Napoli, e di altri vescovi, fra i quali si segnalò Giuseppe Antonio De Fulgure di Taranto, che tacciarono la costituzione e le nuove leggi di empietà, frutto dell'azione di individui «corrotti nel cuore dall'abitudine ai vizi», contrarie pertanto allo spirito religioso della maggior parte della popolazione del paese. La libertà di stampa e di religione avrebbe provocato – sostenevano i vescovi – la fine dell'istituto familiare, distrutto i fondamenti del vivere civile, annichilito le tradizionali forme di pietà. Per di più, da molti pulpiti risuonò la consueta ammonizione ai principi (nel nostro caso il destinatario era il vicario Francesco) a non intaccare il prestigio e il potere della chiesa, pena la delegittimazione della propria autorità.

Il parlamento stigmatizzò il comportamento di gran parte del corpo episcopale del regno che eccitava gli animi e sembrava predisporre il popolo alla rivolta e ribadì che nessuno aveva manifestato odio contro la chiesa, anzi che gli unici scritti «odiosi» provenivano proprio dalle alte gerarchie ecclesiastiche e che la libertà dei culti non provocava danni alla religione cattolica, ma la consolidava depurandola da forme di ipocrisia e di superstizione.

Girolamo Addeo si chiede se i vescovi, con il cardinale Ruffo in testa, avessero veramente torto visto che non mancarono, in quelle circostanze, atti irriguardosi nei confronti del clero; Aurelio Lepre sottolinea – da parte sua – l'ampia diffusione di opuscoli che minacciavano l'autorità dei presuli e alimentavano una violenta polemica anticlericale. È vero, però, che il parlamento cercò in tutti i modi di venire incontro alle richieste provenienti dal mondo ecclesiastico e guardò con notevole preoccupazione a un'opposizione che non poteva non mettere in discussione il lealismo e l'adesione di gran parte della popolazione al regime costituzionale.

L'attacco alla monarchia amministrativa e ai suoi principi non sarebbe stato destinato al successo e gli strumenti della centralizzazione sarebbero rimasti in piedi fino alla fine del regno, tuttavia ciò che la rivoluzione produsse di duraturo fu una svolta, dopo un pacifico quinquennio, nei rapporti tra monarchia e paese. Che il sovrano in ogni suo atto si dimostrasse inattendibile e inaffidabile lo ricordava Guglielmo Pepe. Quest'ultimo, dipinto dal Nitti come un uomo che aveva in sé dell'eroe e del ciarlatano, vero condottiero spagnolo, in preda a morbosa vanità, capace di grande leggerezza e di straordinario eroismo, era stato accusato di essersi reso despota e di aver portato l'esercito a un disastroso confronto militare con l'Austria culminato nell'ignominiosa sconfitta di Rieti. Ma per il generale (oggetto di plauso da parte della Giunta di governo per aver salvato il trono e la patria indirizzando il movimento generale del popolo verso una nobile riforma) era stato il re, acceso persecutore dei carbonari, ma protettore negli anni palermitani di quella setta in funzione antimurattiana il responsabile di quanto accaduto. Le basi del 1820 erano state poste nel 1799, scriveva nel gennaio del 1821 «La voce del popolo»; allora si era dissolto il naturale legame tra la nazione e il suo sovrano che aveva conquistato con le armi Napoli, stracciato i patti di capitolazione della città, soppresso i sedili nobili, mandato a morte i patrioti assumendo, a differenza di Carlo III, un atteggiamento da conquistatore.

Il rispetto che la rivoluzione si era sforzata di tributare al re venne meno a Lubiana, né poteva essere altrimenti dati i non tranquillizzanti precedenti, anche se, almeno in quei momenti, la polemica contro lo sleale comportamento del sovrano fu parzialmente coperta da quella nei confronti del dispotico sistema amministrativo vigente. C'era, è vero, la possibilità di attribuire alle cancellerie europee la responsabilità di aver coartato la volontà di Ferdinando, imposto all'anziano re la ritrattazione del giuramento alla costituzione e preparato, così, l'intervento armato della Santa Alleanza nel regno; qualcuno si sdegnava perché le corti trattavano (per il momento) Napoli diversamente da Madrid ove era in atto un analogo esperimento costituzionale, ma in ogni caso – quasi tutti ne erano convinti – un intervento straniero, oltre che trovare la ferma resistenza da parte dell'esercito costituzionale, avrebbe fatto ricadere ignominia sui due Ferdinandi, quello di Borbone e quello d'Asburgo.

Di tenore completamente opposto le valutazioni di Antonino Parisi il quale ricordava come fossero stati gli intrighi carbonari, la diffusione di quella setta nelle file dell'amministrazione e dell'esercito a troncare un pacifico processo di sviluppo del regno. Bisognava ringraziare dunque la provvidenza che aveva assecondato le paterne sollecitudini del sovrano e favorito l'intervento di una potenza generosa come l'Austria per reprimere la rivolta.

Conveniva a tutti tra 1820 e 1821, e convenne anche successivamente, attribuire l'esclusiva responsabilità dello scoppio della rivoluzione al dispotismo ministeriale; conveniva ai murattiani che pure di quel sistema erano gli eredi e che miravano a esercitare un controllo stringente sugli eventi rivoluzionari e a impedire il collasso del paese; conveniva al re che scindeva in questo modo le proprie colpe da quelle dei ministri, salvo richiamarli in attività subito dopo; conveniva a coloro ai quali nelle province erano state aperte possibilità di iniziativa e che avevano conseguito gradi nelle milizie provinciali e seggi nei consigli generali e in quelli distrettuali; conveniva, infine, a quelli che non erano riusciti a trovare un'adeguata collocazione negli apparati dello stato o che avevano visto venir meno le strutture del governo patriarcale di antico regime sulle quali avevano un tempo potuto esercitare il proprio esclusivo controllo. La visione che, pertanto, circolò in tutte le sedi fu quella semplificata di un pronunciamento ordito dalla carboneria e che poggiava sul malcontento generalizzato nei confronti del dispotismo ministeriale. Ma la situazione era molto più complessa e se la carboneria aveva reclutato numerosi adepti nelle province non solo tra gli esponenti della borghesia proprietaria e dei ceti impiegatizi, oltre che – come abbiamo visto – tra figure appartenenti agli strati medio-bassi della popolazione, i gruppi che si richiamavano agli ideali della monarchia murattiana mantenevano le proprie posizioni nei ranghi dell'amministrazione dello stato e, benché spesso esautorati dai capi provinciali della carboneria, dai loro posti cercarono di imprimere al processo rivoluzionario in atto un corso più consono alle proprie vedute.

La frattura tra i due gruppi e tra le esigenze di cui essi si facevano portatori non mancò di riflettersi sul parlamento, organo di rappresentanza della volontà popolare imposto ai murattiani che notoriamente non gradivano la presenza nell'ordinamento dello stato di istituti di tal fatta. Tuttavia, almeno nei primi tempi, quando più forti si palesarono i pericoli di sgretolamento della compagine territoriale del paese, furono i murattiani asserragliati nella Giunta di governo a tenere saldamente in pugno la situazione; successivamente fu nelle aule parlamentari che i gruppi murattiani, caratterizzatisi ormai come vero e proprio partito dell'amministrazione teso alla difesa del grande patrimonio di leggi, strutture e conoscenze accumulato nel Decennio, riuscirono a rintuzzare le istanze centrifughe e radicali provenienti dal composito mondo della carboneria provinciale e a far fallire il tentativo di nominare i 24 membri del ripristinato Consiglio di stato sulla base di terne espresse dalle province.

In quel parlamento, frequentato dalla varia umanità del notabilato di paese, ove antichi giacobini convivevano con più antichi illuministi, austeri presidenti di tribunali con preti, avvocati con retori di provincia, funzionari civili con militari, gli eredi del Decennio riuscirono, infatti, a dare un'impronta moderata ai dibattiti e all'effimera legislazione che in esso fu prodotta.

Ma le fratture nel paese rimasero irreconciliabili e furono esse, secondo il parere del generale Carascosa, a determinare l'ingloriosa fine di una rivoluzione che era stata iniziata da un sergente (*sic!*) e terminata da un luogotenente. In essa predominava, nonostante tutto, lo spirito di località incarnato soprattutto dai deputati carbonari che costituivano la quasi totalità degli eletti delle province pugliesi e abruzzesi e che, in alcune occasioni, tennero in pugno l'andamento dei lavori parlamentari; inadeguata ai tempi e alle circostanze si rivelava la compagine ministeriale composta da soggetti più adatti a governare in tempo di pace che in una rivoluzione. Per di più, l'esercito, nelle sue migliori componenti impegnato in Sicilia e infiltrato da numerosi soggetti provenienti dalle vendite carbonare, aveva perso ogni capacità di opporsi validamente all'aggressione che si prospettava; né le rumorose e raccogliticce legioni provinciali, patetica immagine di una nazione che si voleva in armi, furono in grado di rafforzarlo adeguatamente. Il contrasto tra carbonari e murattiani, sempre più violento man mano che l'esercito austriaco si avvicinava ai confini, portò l'armata all'insubordinazione, la rivoluzione alla sconfitta, il parlamento alla resa nelle mani del re il 12 marzo 1821 e, secondo quanto riferisce Michele De Sangro nel suo *I Borboni nel regno delle Due Sicilie*, alla ripresa di una politica di riforme che era stata interrotta nel luglio del 1820.

3. *Al di là del Faro*

Se le vicende dell'età napoleonica avevano creato un profondo divario tra gli assetti giuridico-istituzionali vigenti nella parte continentale del regno e quelli introdotti in Sicilia nel 1812 è pur vero, secondo quanto con nota e ripetuta espressione affermato da Luigi Blanch nel suo saggio sul de' Medici, che l'isola fu una conquista postuma di Napoleone: gli ordinamenti amministrativi e giudiziari del Decennio, confermati da Ferdinando I, furono estesi anche al di là del Faro e la Sicilia conobbe un sistema di governo dal quale invece era riuscita a tenersi lontana quando le armi e la legislazione francese avevano celebrato in tutta Europa i loro trionfi. Ancora una volta i provvedimenti del 1817 che avevano portato nell'isola le leggi organiche sull'amministrazione civile già vigenti nelle province continentali del regno vennero in qualche modo retrodatati: il re – scrive Ludovico Bianchini – dimorando a Palermo, aveva capito che quel suo regno aveva urgente bisogno di incisive riforme. Tuttavia, quando quelle vennero, sebbene con un certo ritardo, la Sicilia, o almeno una parte di essa, si trasformò in un elemento di perenne instabilità per il regno e per la dinastia opponendosi con estrema fermezza ai nuovi ordinamenti e palesando così, specie in alcuni settori dei suoi gruppi dirigenti, la più aperta repulsione nei confronti di un centralismo amministrativo che aveva calpestato istituzioni che avevano dalla loro una storia plurisecolare.

Come sul continente la rivoluzione del 1820-21 aveva offerto il destro a gran parte del paese per proclamare la non accettazione di forme di governo accentratrici che conculcavano vecchi diritti e vecchie prerogative, così in Sicilia quella rivoluzione era diventata l'occasione perché esplodessero tensioni che covavano ormai dagli anni ottanta del XVIII secolo che neppure la permanenza del re a Palermo era riuscita a sopire e che, anzi, erano state enfatizzate dalle trasformazioni negli assetti amministrativi e territoriali intervenute a partire dalla nascita del regno unitario delle Due Sicilie.

Non è questa la sede per ripercorrere le confuse e contraddittorie vicende della rivoluzione nell'isola, terminata come ben si sa con la repressione effettuata da Pietro Colletta, tuttavia qui non si può non concordare con gli storici che hanno ritenuto abbastanza riduttivo definire quella siciliana del 1820 una rivolta separatista, visto che dietro di essa si celavano almeno cinque altre motivazioni: la lotta politica tra il baronaggio e il governo napoletano, il contrasto tra la vecchia aristocrazia e i nobili più recenti che cercavano di appoggiarsi alla capitale, la rivalità tra Palermo e le altre città della Sicilia, specie quelle divenute capovalli (ovvero sede di intendenze), il conflitto per l'accaparramento delle terre demaniali, la messa in discussione nei municipi dei precari e nuovi equilibri di potere. Se è dunque difficile cogliere le motivazioni unitarie che stettero dietro lo scoppio dell'insurrezione in Sicilia, è molto facile, viceversa, ricostruire il senso dei rapporti tra Napoli e l'isola, anche se porre l'accento esclusivamente sul senso di estraneità o addirittura di ripulsa con il quale le province al di là del Faro vissero i nuovi ordinamenti significa, come ha giustamente evidenziato Paolo Pezzino, precludersi la possibilità di comprendere una realtà dalle molteplici sfaccettature nella quale la legislazione uniformatrice lasciava ai gruppi dirigenti isolani spazi politici gestibili con gli strumenti della mediazione e dei rapporti informali e, quindi, determinava un rapporto più elastico e non necessariamente traumatico tra istituzioni e società.

Enrico Iachello ha recentemente posto in guardia da una lettura unidirezionale dei processi politici che si svolgevano nell'isola nel «quinquennio» e, assieme a Pezzino, ha invitato, per comprendere meglio il senso del rapporto tra la Sicilia e Napoli, a studiare – riprendendo il pionieristico lavoro di Giuseppe Giarrizzo su Biancavilla Etnea – le realtà locali, la composizione delle classi dirigenti urbane, la loro collocazione all'interno di relazioni di potere che mantenevano innegabili caratteri di fluidità.

È opportuno, dunque, non enfatizzare le testimonianze e le ricostruzioni storiche che provengono da ambienti napoletani nei quali la «paura della Sicilia» ormai era così diffusa che non lasciava alcuno spazio a valutazioni più serene delle motivazioni che avevano portato l'isola a divenire la spina nel fianco della monarchia borbonica fino a provocarne, in pratica, il dissolvimento; né è opportuno, parimenti, enfatizzare l'ottica sicilianista, nella sua *vulgata* antinapoletana come in quella antibaronale, con la quale si è guardato per tanto tempo alle ragioni della mancata integrazione tra le due parti del Mezzogiorno borbonico. Quella che per Antonino Recupero altro non è se non una costruzione mentale (a Napoli come a Palermo) che attribuiva ai siciliani una indomita capacità rivoluzionaria e che vedeva in essi un popolo incline al disordine e pronto alla violenza, in sostanza si è rivelata il filtro deformante attraverso il quale sono passate tutte le ricostruzioni della storia dell'isola nel XIX secolo.

Articolare meglio i problemi, studiare più da vicino i protagonisti, evidenziare i momenti di convergenza come quelli di frizione, zonizzare le questioni, i problemi e le risposte sono i compiti che si è assunta la storiografia isolana più recente che si è lasciata alle spalle un vecchio e nuovo sicilianismo incapace ormai di produrre convincenti interpretazioni della storia della Sicilia che vadano al di là di quelle che avevano (e hanno) come loro presupposto lo scontro tra una realtà retrograda, ma governata da propri ordinamenti che affondavano le radici nei secoli del medioevo, e una monarchia dispotica e accentratrice che aveva imposto all'isola un sistema politico, da tutti sentito come estraneo, o quello tra un'aristocrazia reazionaria e masse contadine in lotta per scuotersi da dosso gli ultimi e ancora pesanti retaggi del sistema feudale.

Allo storico spetta, tuttavia, anche il compito di spiegare perché interpretazioni di tal fatta abbiano potuto prendere piede e trovare così ampia diffusione da forgiare un'immagine della storia isolana tanto compatta nei suoi tratti. E le ragioni non possono non risiedere nel fatto che quelle interpretazioni, specie da parte siciliana, furono armi utilizzate dal ceto intellettuale locale (di estrazione aristocratica o borghese che fosse) per combattere la monarchia borbonica o dagli uomini di governo e dall'opinione pubblica napoletana per stigmatizzare forme di resistenza agli ordinamenti dello stato che erano sfociate nel separatismo. Naturalmente il fondamento storico di tutto ciò è nella indubitata peculiarità della Sicilia e della sua «costituzione», l'essere le vicende dell'isola segnate da caratteri originali diversi da quelli napoletani (il policentrismo urbano, la legazia apostolica, l'istituto parlamentare, lo scarso sviluppo di forze borghesi erano tra questi), il possedere essa una individualità che nessun suo reggitore si era sognato di (o era riuscito a) conculcare. Per questi motivi la lettura del contrasto tra Napoli e la Sicilia fu così facile e tranquillizzante ed è proprio attorno al problema dei rapporti tra le due parti del regno, come veniva visto dai contemporanei, anche al di là degli eventi del 1820-21, che ora soffermeremo l'attenzione, salvo poi a riprendere qualcuna delle considerazioni iniziali a fine paragrafo.

Il conflitto tra la dinastia e i sudditi isolani ricevette l'impulso decisivo nel momento in cui la Sicilia divenne una parte del nuovo regno perdendo la sua indipendenza, il suo esercito, la sua bandiera e, soprattutto, la sua costituzione e il suo antico parlamento.

La centralizzazione borbonica, la riduzione dell'antico e vasto regno a provincia, l'istituzione delle intendenze, la nuova organica amministrativa e territoriale provocarono il declassamento e il risentimento di Palermo, città che da capitale si trovò a essere uno dei capoluoghi dell'isola; ma bruciava di più ai siciliani il fatto che l'isola era stata il territorio che aveva conservato per ben due volte il trono a Ferdinando, che – tra 1806 e 1815 – era stata costretta a dare cariche e sovvenzioni ai napoletani «spatriati» e a tollerare ministri e cortigiani che si atteggiavano a conquistatori e che pensavano solo a ritornare a Napoli, che aveva sopportato spese inaudite per la riconquista della parte continentale del regno e che aveva – infine – consentito a Ferdinando di esercitare una sovranità che gli altri dinasti raminghi per l'Europa negli anni napoleonici non avevano più e, ciò nonostante, di essere stata da lui punita.

La categoria imperante nelle recriminazioni che seguirono all'atto istitutivo del regno delle Due Sicilie era quella della punizione; si vedeva l'incorporazione nel regno unitario sotto questa luce e da Napoli Carlo De Nicola nel suo *Diario* si faceva interprete di questa opinione riferendo che la Sicilia era diventata «provincia» di Napoli perché aveva trattato male il re riducendolo quasi in prigionia per far valere i suoi vetusti e anacronistici privilegi sotto la tutela di lord William Bentinck.

Che Ferdinando avesse accettato di mala voglia la costituzione del 1812 e che gli anni della sua residenza nell'isola non fossero stati tra i più felici della sua vita era risaputo da tutti; quel periodo era stato segnato dalle continue umiliazioni inflittegli dagli alleati inglesi che nei conflitti insorti tra la corona e il parlamento avevano preferito parteggiare per quest'ultimo e dalla riduzione della sua sovranità a pura ombra, ma i siciliani ritennero che quella da loro patita fosse una punizione che essi sentivano in cuor loro di non meritare anche perché avevano fatto per la dinastia – riferisce il Paternò Castello nel *Saggio storico e politico sulla Sicilia* – ciò che gli ungheresi, con ben diversa considerazione, avevano fatto per la propria regina Maria Teresa nella guerra del 1740-48.

Se per alcuni napoletani le condizioni di Palermo sotto Napoli erano molto migliori di quelle di Genova caduta sotto la sovranità sabauda, i siciliani tuttavia non avevano dimenticato che Ferdinando, nella prima fase del suo regno, non aveva trovato modo e tempo di visitare l'isola mentre aveva preteso da essa un donativo di 70.000 scudi per il viaggio compiuto nel 1785 nell'Italia del nord e che il viceré Caracciolo l'aveva considerata come selvaggia terra di esilio.

Più articolate si presentano alcune posizioni che facevano invece riferimento a valutazioni di segno più squisitamente politico e che riguardavano soprattutto il problema della costituzione del 1812 che, per l'Aceto, segnò un vero e proprio spartiacque nella storia dell'isola. Questa, come è noto, pur se non formalmente abrogata, si era trasformata in semplice pezzo di carta nel momento in cui era sorto il regno unitario e aveva una certa ragione Andrea Cacciatore quando affermava che sarebbe stata vera assurdità per le Due Sicilie essere rette da un sovrano che fosse costituzionale per una parte del suo regno e assoluto per l'altra. In effetti, come sostiene Carlo Ghisalberti nel suo *Dall'antico regime al 1848*, abolendo quella costituzione la monarchia aveva ripreso la politica del viceré Caracciolo e riaffermato il proprio primato di fronte alla tracotanza di un corpo intermedio; tuttavia quell'atto si era rivelato foriero di profonde ripercussioni non soltanto al livello interno, ma anche dal punto di vista delle relazioni internazionali. In tale prospettiva, infatti, il problema veniva considerato in maniera meno epidermica: se alcuni, per il semplice fatto che l'isola non era stata conquistata dalle armate francesi, ritenevano che essa non dovesse essere oggetto di alcuna trattativa nell'ambito del congresso di Vienna, de' Medici e gli uomini del ministero erano invece pienamente consapevoli di essere riusciti laddove avevano fallito Napoleone e Murat. Essi auspicavano per le Due Sicilie un ruolo di primo piano nella politica italiana e ritenevano che, separate, le due componenti della monarchia si sarebbero ridotte a essere i ducati di Parma e di Modena dell'Italia meridionale. D'altra parte, i profili che assumeva il nuovo regno trovavano elementi di confronto in altre realtà territoriali dell'Europa postnapoleonica: il regno dei Paesi Bassi composto dal Belgio e dall'Olanda, il regno di Svezia inglobante la Norvegia, l'impero russo con il granducato di Varsavia si caratterizzavano tutti per il fatto di avere un unico sovrano e forme particolari di governo che soddisfacevano in maniera più o meno adeguata le aspirazioni di autogoverno dei paesi entrati a far parte di organismi statali più vasti; tutte le monarchie europee, a partire dalla Francia e dal Regno Unito – scriveva «La Minerva napolitana» nei mesi rivoluzionari –, erano formate da parti eterogenee e congiunte poi fra di loro dalle necessità politiche o da qualche ragione fisica e «indomabile» e non si comprendeva perché i siciliani dovessero vivere come un'umiliazione la loro nuova condizione e recalcitrare di fronte a un ordinamento che avrebbe portato l'isola a compiere un notevole balzo avanti sulla via del progresso. Marulli, da parte sua, ricordava che i diplomatici convenuti tra 1814 e 1815 nella capitale austriaca erano sempre stati convinti che la pace in Europa sarebbe stata meglio salvaguardata se al di qua e al di là del Faro non regnassero due distinte dinastie e che, nonostante tutto, tra i due regni si sviluppava una forza di vicendevole attrazione che portava al loro avvicinamento. Suffragava queste convinzioni il fatto che i periodi di separazione tra le due entità avevano sempre prodotto, sin dal tempo dei vespri siciliani, reciproche guerre, determinato una diminuzione del loro peso internazionale e arrecato danni notevoli al commercio di tutti gli stati rivieraschi del Mediterraneo.

D'altra parte, si chiede Maurice Aymard, sarebbe veramente bastato che Murat fosse riuscito a salvare il suo trono napoletano perché per la Sicilia si prospettasse un'altra via di sviluppo politico?

I ministri napoletani e il luogotenente a Palermo (spesso un esponente della famiglia reale), peraltro, ritenevano di adempiere a una missione di civilizzazione che avrebbe portato l'isola, caratterizzata da arcaici ordinamenti e da un immobilismo che consentiva la prevalenza sociale ed economica delle forze più retrive, vero e proprio anacronismo nella storia d'Europa, verso quel progresso economico e civile lungo il quale ritenevano si fosse incamminato il Mezzogiorno continentale. La difesa dei caratteri unitari dello stato (Napoli era antemurale della Sicilia e quest'ultima cittadella dell'intero regno), che faceva il paio con la più moderna considerazione che i Borboni avevano conservato la Sicilia all'Italia, comportava, infatti, una visione della monarchia come di un istituto foriero di «civiltà» che avrebbe avvicinato la Sicilia all'Europa e migliorato, nel contempo, le condizioni di entrambe le componenti del paese, specialmente di quella isolana che, al riparo dei suoi privilegi, aveva vissuto per secoli nella più assoluta «barbarie». Naturalmente, bisognava spiegare ai siciliani per quale motivo essi dovessero regolarsi secondo un codice che – riferisce il Colletta – era la copia di quello bruciato, in nome dello stesso re, dal boia in una piazza di Palermo negli anni inglesi.

I benefici effetti della legislazione napoletana venivano in questo modo addotti per far capire le ragioni dell'unione e per piegare i sudditi siciliani al nuovo regime: quella che era caduta nel 1815 al ritorno del re a Napoli, ricordava loro il

Colletta, non era solo una costituzione, bensì un sistema vecchio di otto secoli.

Da parte sua Nicola Palmeri nel *Saggio storico e politico sulla Costituzione del Regno di Sicilia* ribaltava e contestava in nome di una tradizione e di una intatta identità isolana quello che per i napoletani appariva fattore di progresso: alla Sicilia erano state imposte istituzioni oppressive, il dispotismo ministeriale aveva privato il paese della sua libertà, il baronaggio – tradizionale barriera contro l'oppressione del potere monarchico assoluto – era stato mortificato, il numero degli impiegati era cresciuto a dismisura, somme enormi venivano spese in stipendi. Si erano voluti unire a forza due paesi, ribadiva il Palmeri, che la natura, gli interessi economici, il carattere degli abitanti avevano diviso; meglio sarebbe stato mantenere l'individualità dei due regni che avrebbero potuto essere tra di loro reciprocamente di freno sì che il re avrebbe potuto governarli entrambi tranquillamente come era già avvenuto nei felici anni di Carlo III. Invece l'ordinamento vigente, fondato sulle unioni pubbliche dei governi, avrebbe presto prodotto le unioni segrete dei popoli; segno di grande saggezza sarebbe stato, pertanto, anche a evitare successivi guai, applicare al Mezzogiorno d'Italia il principio del *divide et impera*.

Pur se segnato da profonde differenziazioni al suo interno, il parlamento nazionale del 1820 fu convinto sostenitore della necessità di mantenere inalterati i profili unitari dello stato. I deputati e l'opinione pubblica del paese erano disposti ad ammettere che l'introduzione del sistema legislativo e giudiziario napoletano al di là del Faro era stata troppo precipitosa e che forse era necessario apportare alcuni correttivi al funzionamento delle istituzioni pubbliche nell'isola; tuttavia ritenevano che forme di autonomia in campo giudiziario, amministrativo e finanziario, oltre che la concessione di un terzo dei seggi ai siciliani, avrebbero potuto soddisfare le loro aspirazioni. D'altra parte, sugli aspetti specifici della monarchia amministrativa si poteva anche discutere, dato che gran parte della legislazione che ad essa faceva riferimento era sottoposta a dure contestazioni nelle aule del parlamento e fuori di esse.

Modifiche si potevano, dunque, apportare alla struttura istituzionale del paese, ma si faceva comprendere che l'idea di un ritorno al vecchio stato di cose era impraticabile e che la fisionomia del nuovo stato doveva rimanere quella che era stata disegnata nel 1815.

Il regno unitario era riconosciuto a livello internazionale e avallare forme di separazione non avrebbe portato ad altro se non a rafforzare il potere del clero e del baronaggio isolano, a immiserire ancor di più il popolo, ad arrestare il processo di civilizzazione in corso e a riportare gli inglesi in Sicilia. Napoli, sosteneva il deputato Dragonetti, doveva comportarsi con quell'isola come avevano fatto i rivoluzionari francesi con la Vandea, mettendo cioè da parte moderazione e debolezze.

I connotati della Sicilia nella stragrande maggioranza del ceto politico e ministeriale napoletano ricordavano, dunque, quelli della Vandea; dalla capitale del regno si guardava all'isola come a un paese in cui gruppi oligarchici avevano innalzato il vessillo dell'indipendenza per monopolizzare un parlamento che – ben diverso da quello britannico – altro non era se non un'assemblea di «Stati generali» di antico regime, impegnata solo nella votazione di donativi e nella presentazione di suppliche e rimostranze. Se avere un senato di oligarchi rende liberi – scriveva con ironia «La Minerva napolitana» – certamente la Sicilia era stata il paese più libero del mondo.

L'aristocrazia siciliana, l'unica classe della società che i visitatori stranieri dell'isola ben conoscessero, amava assumere tratti anglicizzanti, ma per molti valevano ancora i corrosivi giudizi espressi al suo riguardo da Michele Palmieri di Micciché nei *Mœurs de la cour et des peuples des Deux-Siciles*: i nobili isolani erano ricchi, epperò ignoranti e superstiziosi, generosi, ospitali e prepotenti, pieni di debiti e tenacemente attaccati alle proprie manie di grandezza, forse perché gli spagnoli erano stati più tempo in Sicilia e avevano plasmato col loro carattere orgoglioso, rude e ignorante la sua popolazione.

Alieni da qualsiasi spirito di servizio, i baroni siciliani – a differenza di quanto avveniva in altri stati italiani – ricusavano di recarsi a corte; ciò, come a suo tempo aveva affermato il Gorani nei *Mémoires secrets et critiques des cours, des gouvernemens, et des mœurs des principaux états de l'Italie*, poteva anche risultare loro conveniente perché, non uscendo dalla loro terra, non vi facevano defluire le enormi ricchezze di cui disponevano, ma in tal modo essi continuavano a coltivare tenacemente una propria gretta peculiarità che li allontanava dal più generale sviluppo della società meridionale.

Preponderante era poi il peso di una città feudale, Palermo, che riteneva di parlare a nome di tutta l'isola. In essa, secondo quanto nel 1797 asseriva il console inglese James Tough, almeno un quinto dei suoi 140.000 abitanti era costituito da avvocati ed ecclesiastici: ciononostante a Palermo, più che altrove, era difficile ottenere giustizia, anzi lì i principi di onore e di probità, oltre che le stesse leggi, venivano sistematicamente e arrogantemente violati[8].

Era stata proprio quella città a invocare nel 1812 una costituzione «oligarchica», era stata essa a dolersi nel 1815 del suo perduto rango di capitale; ma Napoli, scriveva «La Minerva napolitana», avrebbe continuato senza esitazioni nel suo intento di estirpare la feudalità, distruggere la manomorta ecclesiastica e spargere sull'isola i benefici effetti della libertà. Allora si sarebbe visto se i siciliani avrebbero trovato ancora conveniente rivolgersi a Palermo che lottava per il ripristino delle sue prerogative perdute e che considerava gli altri abitanti dell'isola come dei «regnicoli» o a Napoli dalla quale era partita l'emancipazione di un intero popolo.

D'altra parte, lo sosteneva il Calà Ulloa nel 1838, da questo punto di vista le autorità napoletane non avevano dato prova di quella spregiudicatezza che la situazione richiedeva e avevano esitato a spingersi fino in fondo nella loro ansia di modernizzazione: avevano paura di ridimensionare il ruolo di Palermo a tal punto che di fatto il regno possedeva due capitali ed era diventato «idrocefalo»: Napoli e tante altre capitali europee erano uscite ridimensionate dal periodo «feudale» senza che per questo fossero conseguiti sconcerti o pericoli per i rispettivi stati. Era necessario agire nello stesso modo con Palermo, anzi bisognava

[8] Il giudizio è riportato da M. D'Angelo, *Mercanti inglesi in Sicilia. 1806-1815*, Milano, Giuffrè, 1988, p. 15.

conferire ai nobili siciliani «onori sospetti» e vuote preminenze a corte in modo tale da costringerli a sostenere spese rovinose che alla fine ne avrebbero distrutto, assieme ai patrimoni, l'influenza.

I rivoluzionari, come anche le autorità borboniche, enfatizzavano il ruolo della declassata capitale, anche se certamente non ignoravano che la posizione di Palermo nell'ex regno di Sicilia era completamente diversa da quella già rivestita da Napoli nei confronti dell'omonimo regno. Quello che sembrava un rigurgito di forze feudali asserragliate a Palermo poteva anche essere una forma di malcontento nei confronti di un processo che aumentava le differenziazioni zonali nell'isola e creava nuovi centri di gravitazione economica attorno a quella che di lì a poco sarebbe diventata la Sicilia degli agrumi, del vino e dello zolfo.

Tuttavia, la semplicistica visione corrente era quella di una grande Vandea, la Sicilia, con alla testa una città come Palermo che lottava, in nome dell'isola intera, per mantenere le sue tradizionali istituzioni (anche se la giunta palermitana nel 1820 adottò la costituzione spagnola e non quella del 1812), contro un parlamento consapevole del gravoso compito di tutelare e difendere i principi che avrebbero portato il paese al progresso.

Per questo motivo era necessario distruggere *in primis* la fiducia ormai mitica nella costituzione del 1812, imposta da uno straniero (che tra l'altro guardava all'Italia intera e non alla Sicilia) solo per creare imbarazzi a Napoleone e a Murat, e quindi macchina di guerra contro i francesi che aveva coinvolto la Sicilia – scriveva l'Aceto ne «Il giornale patriottico» – in «un'azione più forte di essa, legata al movimento generale della gran lotta europea». Quella costituzione, improntata a un apparente liberalismo, con il suo parlamento composto da una camera dei comuni e da una dei pari, nascondeva la sua arretratezza e tutelava il predominio politico ed economico dell'aristocrazia feudale anche se, ha giustamente considerato Romeo, era una costituzione che finalmente accordava la libertà al posto *delle* libertà di antico regime.

In secondo luogo, si riteneva nel parlamento napoletano, bisognava staccare l'intera Sicilia da Palermo. Sembrava, quest'ultimo, l'obiettivo più facile da raggiungere: alcune città avevano tratto innegabili vantaggi dall'istituzione delle intendenze e dall'introduzione dei tribunali provinciali e avevano registrato uno sviluppo comparabile a quello che avevano conosciuto talune realtà urbane del Mezzogiorno continentale e, si sosteneva, dovendo sempre dipendere da una capitale, preferivano ormai rivolgersi a Napoli più che a Palermo; d'altra parte – lo ricordava il marchese di Raddusa – una linea politica che mirasse esclusivamente a punire Palermo comportava dei costi non indifferenti. Basti pensare che la delegittimazione della giunta palermitana a seguito dell'annullamento degli accordi da essa conclusi il 5 ottobre 1820 con il generale Florestano Pepe privò la monarchia di un forte baluardo legittimista.

Ma per riguadagnare la fiducia delle classi dirigenti siciliane, che guardavano con nostalgia all'effervescenza economica degli anni inglesi segnati da uno stato di guerra che aveva fatto lievitare i prezzi delle derrate da vendere in contanti agli uomini di Sua Maestà britannica, per ritessere le trame di un'azione politica che ricomponesse tutti i motivi di scontento che avevano dato luogo alle insurrezioni isolane del 1820, per venir a capo dell'eterogeneo fronte che si muoveva contro la modernizzazione in nome dell'autonomismo, del forte municipalismo che pervadeva le popolazioni e del ribellismo contadino era necessario pervenire a una diversa impostazione dei rapporti tra le due parti del regno.

I presupposti passatistici che avevano determinato nel 1820 il conflitto armato con Napoli, la tenace difesa dell'autonomismo, il continuo inalberare antichi ideali di autogoverno non devono portare, però, a suffragare completamente interpretazioni e valutazioni che, come già detto precedentemente, hanno goduto di larghissima fortuna e che si muovono tutte nel senso di una irrecomposta frattura tra Napoli e la Sicilia e di una sopravvalutazione delle specificità di quest'ultima.

L'isola, scrive Antonino De Francesco, è stata il luogo ove si è manifestata più platealmente la crisi politico-istituzionale dell'intero Mezzogiorno e, pertanto, è necessario leggerne le vicende all'interno di un contesto che accomuni le sue valli alle province del continente. Il rigetto delle forme della monarchia amministrativa, la lotta contro il dispotismo ministeriale e la centralizzazione furono comuni da una parte e dall'altra del Faro. Inoltre, la presenza di forti vendite carbonare a Palermo aveva portato, in una certa qual misura, al superamento delle motivazioni di segno tradizionale che guidavano l'agire dei rivoltosi siciliani e alla possibilità, anche se questa non ebbe modo di tradursi in pratica, che si realizzassero significative convergenze con i carbonari napoletani.

Ma se a Napoli la repressione colpì senza annientare gli uomini di matrice murattiana che nei mesi della rivoluzione erano riusciti, pur tra mille difficoltà, a difendere il sistema politico da essi creato, in Sicilia essa riguardò tutti coloro che, a qualsiasi titolo, avevano partecipato alle vicende rivoluzionarie. In questo modo si impoverì e si radicalizzò la classe dirigente isolana espropriandola – sono parole di Renda – dei compiti tipici di un'élite, si privarono ampi settori della borghesia delle professioni, della funzione pubblica e del commercio del riferimento rappresentato dalla corona sì che, scrive De Francesco ne *La guerra di Sicilia*, «nella ferita apertasi tra monarchia e ceto civile l'irriducibile separatismo del partito baronale non avrebbe perduto l'occasione di guadagnare nuovi consensi».

Anche negli anni successivi alla rivoluzione costituzionale l'approccio del governo napoletano alla questione siciliana palesò una grande inadeguatezza a cogliere i problemi reali dell'isola e le motivazioni del malcontento che pervadeva la maggior parte della sua popolazione. Dalla corona si continuò a rivendicare l'innegabile progresso che, mercé l'unione, si era realizzato nelle valli siciliane e a proporre una politica che altro non era se non il seguito di quella svolta a Palermo dai viceré riformatori di fine Settecento e a Napoli dagli uomini del Decennio francese.

Nei primi anni trenta sembrò ai napoletani che si potesse venire incontro alle esigenze degli isolani dislocando a Palermo come luogotenente Leopoldo, fratello di Ferdinando II, il che avrebbe senz'altro rassicurato l'aristocrazia e i sudditi tutti della grande considerazione politica di cui godeva la Sicilia negli ambienti di governo; si pensò anche che la promiscuità negli impieghi avrebbe favorito l'emergere di un ceto di burocrati professionisti autonomo dalla nobiltà, oltre che una maggiore conoscenza reciproca tra i sudditi residenti al di qua e al di là del Faro.

Ma gli effetti che produssero quelle misure non furono quelli sperati: prima, il timore di Ferdinando II che la luogotenenza affidata al fratello incoraggiasse le tendenze separatiste dei siciliani lo spinse ad allontanare bruscamente Leopoldo dall'isola; successivamente, con una serie di provvedimenti presi a ridosso dei drammatici eventi che accompagnarono nel 1837 la diffusione del colera nell'isola, fu notevolmente limitata l'autonomia siciliana, soppresso il ministero per la Sicilia, ridimensionati i poteri del luogotenente. Quando il re, l'anno successivo, visitò l'isola ebbe modo di constatare quanto alto fosse il muro di diffidenza e di ostilità che separava la Sicilia dal resto del regno. D'altra parte, la repressione del 1820 e la grande epurazione tra le file degli impiegati e dei magistrati che aveva segnato il ritorno di Ferdinando I a Napoli avevano privato i nuovi gruppi dirigenti mantenutisi nel solco del lealismo dinastico del punto di riferimento rappresentato dalla corona e aveva reso ineluttabile il passaggio dal sicilianismo al separatismo.

Fare come il Belgio, staccatosi dal regno delle Province Unite, allontanarsi da una dinastia che sottoponeva i 2.000.000 di suoi sudditi che vivevano al di là dello Stretto a sofferenze e arbitri peggiori di quelli riservati dagli inglesi agli irlandesi, era ormai l'aspirazione dominante dei siciliani. I canoni della monarchia amministrativa, il messaggio di modernizzazione istituzionale e sociale che essi trasmettevano non potevano più regolare la vita dell'isola; più che a Napoli si guardava ormai, dopo il 1830, all'Italia intera e all'Europa del liberalismo e da allora il compito storico che la Sicilia si assegnò fu quello di provocare il collasso del regno nell'ambito di un processo che, come vedremo, avrebbe saldato le ragioni del separatismo a quelle del movimento nazionale unitario.

Capitolo quinto

Economia e società

1. *Interessi generali e interessi particolari*

Per coloro che percorrevano la strada consolare che da Napoli, valicando gli Appennini, portava alle province pugliesi, viaggiatori, funzionari, mercanti, procacci e tesorieri, l'attraversamento del Vallo di Bovino costituiva il momento di maggior pericolo. Qui, favorite dalla presenza di rigogliosi boschi e di impenetrabili macchie, si annidavano comitive di briganti che non esitavano a depredare i viandanti, spesso con azioni che rimanevano impresse nella memoria collettiva, o a impadronirsi della posta che proveniva da Bari e da Lecce rendendo, in questo modo, quelle contrade luoghi dai quali sembrava essere scomparsa ogni forma di umanità o di vivere civile.

Più volte, nel corso degli anni, il governo napoletano aveva cercato di debellare le bande di fuorilegge e di ridare sicurezza alle vitali comunicazioni tra la capitale e la Puglia, ma tutti i tentativi esperiti si erano risolti nel nulla. Del brigantaggio endemico che caratterizzava quelle zone neppure le forze armate di Gioacchino Murat erano riuscite a venire a capo; anzi, un sottointendente di Bovino, piccola località di Capitanata significativamente eretta a sede di distretto a rimarcare una più attiva presenza delle autorità civili e militari dello stato in quelle contrade, era stato trucidato dai banditi e negli ultimi convulsi giorni di vita del regno murattiano i briganti avevano addirittura occupato quel centro costringendo il nuovo sottointendente a un'ignominiosa fuga.

Molteplici erano le cause dell'addensarsi dei fenomeni briganteschi in Capitanata e Guglielmo Pepe, inviato nel

1818 a organizzarvi le milizie provinciali, nei suoi periodici rapporti indirizzati al direttore generale di Polizia *pro tempore*, enunciava tra quelle la generalizzata connivenza tra amministratori locali, giudici e banditi, l'omertà dei contadini e dei pastori, tra i primi a fornire ricettacolo ai briganti, la rassegnazione dei cittadini onesti, compresi coloro che risiedevano in località dello spessore demografico e dell'importanza di Lucera e San Severo, ormai diventate vere e proprie «selve». Così il brigantaggio, continuava il generale, era cresciuto nel distretto di Bovino fino ad assumere connotati di massa: ad esso si dedicavano alacremente migliaia di individui, padri e figli, che nell'assalto ai viaggiatori, alle diligenze e al procaccio trovavano la fonte primaria del proprio sostentamento.

Non è che quel tipo di brigantaggio fosse prerogativa esclusiva della più settentrionale tra le province pugliesi (le Calabrie e il Melfese ne nutrivano uno non meno pericoloso) o fosse peculiare delle Due Sicilie; anche a ridosso del Po operavano bande di grassatori, ma la soluzione militare, l'invio di colonne mobili, la mobilitazione rumorosa e quasi sempre inefficace dei proprietari in armi, insomma il *tranchant du sabre*, in Piemonte e in Lombardia costituivano solo l'ultimo rimedio per debellare quella piaga; più efficaci – riteneva Michele Palmieri di Micciché nei suoi *Pensées et souvenirs historiques et contemporains* – potevano dimostrarsi, a tal fine, le buone leggi, la giustizia, l'istruzione e la giusta proporzione tra imposte e reddito.

Tuttavia non era la strada degli interventi nell'ambito di una legislazione attenta ai bisogni delle classi più umili o alle esigenze di realtà territoriali mortificate dallo sviluppo di nuove forme di relazioni economiche quella che intendevano perseguire le autorità napoletane; non lo avevano fatto i francesi che avevano preferito affidare al Manhès una repressione nell'Abruzzo chietino, in Capitanata e nelle province calabre che tutti ancora ricordavano, a maggior ragione non lo facevano i ministri e i funzionari del restaurato regno borbonico. La via militare sembrava per tutti l'unica in grado di assicurare sicurezza alle strade e di garantire un tranquillo transito alle diligenze che faticosamente percorrevano quelle contrade; in subordine, si preferiva scendere a patti con i briganti e inquadrarli, come avvenne con la comitiva dei Vardarelli, nell'esercito regolare. I vantaggi conseguiti grazie a questa tattica erano, però, esigui e per i briganti e, soprattutto, per lo stato sì che aveva buon gioco a esercitare il suo spirito corrosivo il Palmieri di Miccichè quando annotava che, dopo aver visto battute le sue migliori truppe dai briganti Vardarelli, Ferdinando I era stato costretto a stipulare con quelli un vero e proprio trattato di pace.

I risultati dell'impegno delle forze armate nella lotta al brigantaggio, in realtà, non dovevano mancare, anche se quasi mai si rivelavano decisivi, e Giuseppe Ceva Grimaldi, marchese di Pietracatella, destinato nel 1817 intendente in Terra d'Otranto, nella sua relazione di viaggio osservava compiaciuto che la via consolare di Puglia e i territori che essa attraversava erano ormai tranquilli, addirittura percorribili di notte, anche perché erano presidiati, oltre che dalla gendarmeria, da teste di briganti chiuse in gabbie di ferro e collocate sul ponte di Bovino quale macabro ammonimento per i fuorilegge, i pastori e i contadini che frequentavano quelle località. Poco più di trent'anni dopo Cesare Malpica ricordava come «un tempo» il pugliese che avesse avuto intenzione di recarsi a Napoli chiamava il notaio e faceva testamento; «allora» i briganti spadroneggiavano per le strade anche perché le leggi erano impotenti, l'uso della forza senza effetto, la polizia inetta e spesso collusa con i malfattori. «Ora», invece, la gendarmeria vigilava in forze sul passo di Bovino e la sua sola presenza rincuorava i viandanti e scoraggiava i briganti. «Viva [dunque] la forza delle Leggi; vivano i provvedimenti del Secolo XIX! Il freno imposto a' tristi, impedendo il contagio, ha mutato i costumi del popolo – e questa è vera civiltà»[1].

Nell'immaginario dei contemporanei, nelle riflessioni di economisti, pubblicisti e uomini di governo il periodo che il paese stava vivendo si svolgeva sotto il segno della civiltà e del progresso. Che cosa fosse quella civiltà di cui tutti parlavano non era perfettamente chiaro come riconosceva Luigi

[1] C. Malpica, *Il giardino d'Italia. Scene, costumi, impressioni, paesaggi e rimembranze durante un viaggio nelle provincie del Regno*, parte I, *Le Puglie*, a cura di M. Spagnoletti, Cavallino, Capone, 1985, pp. 57-59.

Galanti in un numero de «Il Progresso» del 1832. Per alcuni era, come abbiamo già visto, l'assenza dei lazzari dallo schieramento delle forze rivoluzionarie o controrivoluzionarie del 1820-21 o le teste di briganti mozzate ed esposte lungo le strade finalmente rese sicure; per altri civiltà significava illuminazione pubblica e camposanti, per altri ancora teatri, biblioteche e scuole.

Civiltà poteva essere una compiuta e organica legislazione che poneva le Due Sicilie sullo stesso piano dei più progrediti stati europei, ben più avanti di Roma che, a parere dei parlamentari del 1820, «appart[eneva] ad un'epoca differente da quella in cui viviamo»; civiltà era pure la costante crescita delle città, da Napoli ai centri provinciali (quelli con una popolazione superiore ai 10.000 abitanti raggruppavano nel 1818 il 9,72% della popolazione della parte continentale del regno – esclusa Napoli –, mentre nel 1846 ne ospitavano il 18,98%) e il genere di vita che ivi si conduceva; e – si esaltava Gioacchino Olivieri Poli – se l'«incivilimento» di un popolo si dimostrava dalla maniera con cui costruiva e abbelliva le sue abitazioni, quello napoletano era senz'altro da ritenersi tra i più civili oltre che tra i più illuminati, governato com'era da sovrani saggi e generosi.

Civiltà poteva essere la pubblicazione degli «Annali» o de «Il Progresso», entrambi fondati nei primi anni trenta, nei quali era rifluita gran parte della tradizione razionalistica e illuministica del regno; oppure lo sviluppo delle comunicazioni o ancora l'articolarsi della vita del paese entro ambiti definiti soprattutto dai nuovi capoluoghi provinciali; per alcuni, non molti in verità, civiltà era una nuova forma del vivere associato che investiva tanto le relazioni del cittadino con il potere che quelle tra gli stessi cittadini. Curiosamente, fra i segni di civiltà non venivano annoverate né la navigazione a vapore né le ferrovie sulle quali tanti in cerca di primati del Mezzogiorno da celebrare si sarebbero soffermati, specie dopo l'Unità.

Ma era soprattutto il proliferare degli istituti nei quali trovavano posto i valori e i simboli collettivi con i quali i gruppi proprietari e la borghesia delle professioni ostentavano la propria rilevanza sociale a far parlare di civiltà.

Forme nuove di sociabilità, dai casini alle accademie, ai gabinetti letterari, alle società economiche, alle case di conversazione evidenziavano il grado di civilizzazione conseguito dal paese. In quelle istituzioni, capillarmente diffuse sul territorio e, in particolare, nei capoluoghi provinciali, si raccoglievano le élite, si leggevano i giornali provenienti dalla capitale, si trattavano gli affari, si vivevano e si esibivano le funzioni e i ranghi sociali, si praticavano tutti i rituali dello stare insieme dei galantuomini che il regime autorizzava.

Per il Ceva Grimaldi, sicuro indicatore della civiltà del popolo napoletano era il gran numero di teatri di cui esso disponeva: più teatri erano nelle città di provincia, più lì si poteva parlare di civiltà. Utilizzando questo parametro, le Due Sicilie dovevano essere considerate certamente un paese civile anche perché i 24 teatri che operavano nel 1843 nelle province al di qua del Faro (alcuni dei quali, come quello di Foggia, a dire degli «Annali», convenivano più a una capitale che a un capoluogo provinciale) e gli 11 localizzati in Sicilia erano il frutto di un impegno finanziario che ricadeva quasi esclusivamente sulle casse delle comunità locali.

La riflessione sulla funzione civilizzatrice dei teatri e, nello stesso tempo, di controllo sociale che quelli esercitavano o di omologazione delle élite a un modello consentito dalle autorità, è al centro di una famosa relazione (pubblicata da Ernesto Pontieri nel suo saggio *Per la storia della politica riformatrice di Ferdinando II*) stesa da Pietro Calà Ulloa, allora procuratore generale del re a Trapani, nell'aprile del 1838 e concernente il governo della Sicilia: era necessario – egli scriveva – che i magistrati che operavano in quell'isola possedessero le doti brillanti solite albergare in coloro che appartenevano all'alta società piuttosto che le modeste e solitarie virtù dei funzionari. Essi dovevano, pertanto, frequentare librerie, biblioteche, gabinetti letterari e istituti scientifici; il governo – da parte sua – doveva impegnarsi nell'assecondare l'imperante mania di edificazione di nuovi teatri: nelle città che ne erano prive, specie in quelle più dense di popolazione, i giovani erano portati a riunirsi in luoghi ove potevano circolare opinioni non favorevoli alla monarchia. D'altra parte, erano gli stessi consigli decurionali a reclamare la realizzazione di quei luoghi di intrattenimento e una tiepida volontà di accoglimento delle loro richieste avrebbe fornito ai siciliani ulteriori elementi di convinzione che a Napoli non si avesse a cuore l'incivilimento dell'isola.

Se quella dei teatri si colloca a ridosso della storia delle molteplici forme in cui si esprimeva la sociabilità ottocentesca, diversi sono i modi con i quali si guardava alle opere pubbliche, anche esse ritenute produttrici di un progresso che i più preferivano chiamare civilizzazione.

La consapevolezza della possibilità di ovviare alle carenti condizioni di vita in cui vivevano ampie fasce della popolazione, la diffusa percezione che il paese fosse entrato in una fase nuova della sua storia che lo costringeva a un confronto difficile, ma non impossibile, con altre realtà europee e, soprattutto, il tono diverso che aveva assunto il rapporto tra Napoli e i centri provinciali, portarono amministratori e notabili, ma non solo essi, alla persuasione di vivere in un secolo civile e alla convinzione che i segni dell'incivilimento potessero e dovessero disseminarsi fino ai lembi estremi delle Due Sicilie e non essere confinati, come già nel passato, nella grande e onnivora capitale.

Un popolo colto e civilizzato, non ignaro di vivere in un'epoca in cui tutte le aspettative di progresso potevano essere realizzate aveva bisogno, pertanto, di opere pubbliche, strade, collegi, scuole, fontane, camposanti, teatri e biblioteche.

Su questo tema la sensibilità dimostrata dai Napoleonidi era stata notevole, ma – rifletteva il Ceva Grimaldi – negli anni del loro governo le ingenti somme destinate alle opere pubbliche da eseguirsi nelle province erano state quasi sempre inghiottite dalle incessanti guerre; solo la separazione della gestione della tesoreria reale da quelle provinciali aveva permesso, a suo parere, la ripresa di una politica di lavori pubblici su ampia scala a partire dal 1815.

Cimiteri, strade interne, edifici pubblici sorsero e vennero realizzati così nelle città come nei paesi; si convenne da più parti sull'esigenza di trasferire fuori dai centri abitati opifici, molini e frantoi che con le loro esalazioni ammorbavano l'aria e producevano putride acque di scolo, fu ritenuto segno di civiltà dirottare le produzioni più inquinanti all'esterno delle città, allontanare le stalle e il bestiame, spostare i mattatoi.

L'Ottocento borbonico doveva essere il secolo della civiltà; che questa si dispiegasse sotto il segno della politezza, della razionalità e della rispettabilità borghese, che fosse il frutto del concorde operare delle istituzioni dello stato e degli apparati amministrativi locali era un dato ovvio e scontato e giustamente Giuseppe Giarrizzo, nel suo denso *«Borghesia e provincia» nel Mezzogiorno durante la restaurazione*, ha invitato gli storici dell'Ottocento borbonico a guardare alle città, con le loro nuove gerarchie economiche e sociali, con il loro consumo di merci e di cultura come al «vero palinsesto da studiare».

Tuttavia, al di là degli aspetti di facciata e al di là della lettera dei molteplici statuti, regolamenti comunali e deliberati delle commissioni edilizie che, rimaneggiando gli antichi quartieri, abbattendo le vecchie cinte murarie, creando nuove zone di espansione, stavano rimodellando la fisionomia delle città si intravedeva una società che non poteva essere inquadrata tutta entro gli schemi della sociabilità e del disciplinamento borghese e che non si riconosceva nella visione corrente del brigantaggio e nelle cause che venivano generalmente accreditate sulla sua diffusione.

Quegli stessi gruppi che dai municipi si impegnavano presso le intendenze e i consigli provinciali o distrettuali per essere destinatari di flussi di risorse economiche da impiegare in opere pubbliche e che si dimostravano i più accesi fautori della civilizzazione, erano coloro che molto spesso usavano il banditismo come forma di lotta politica e di risoluzione delle faide di paese.

Né questo destava allora meraviglia, dato che il brigantaggio aveva una lunga tradizione di incontro e di collusione con la dinamica politica. Le bande che operavano dalla Capitanata al Cilento, dal Molise alle Calabrie erano avvezze a giustificare le loro imprese nel segno della lotta politica: antifrancesi negli anni napoleonici, calderari nei primi anni della restaurazione, carbonari negli anni venti, i banditi, nei fatti, non scatenarono nessuna guerra sociale contro i proprietari né furono solo il prodotto dell'emarginazione o della disintegrazione di un tessuto sociale. In moltissimi casi il brigantaggio fu strumento di contesa per l'acquisizione del potere amministrativo e del controllo delle risorse della comunità; a volte esso giunse a configurarsi come un vero e proprio sostituto delle liste degli eligibili.

La civilizzazione trovava così nei piccoli centri ostacoli insormontabili che derivavano dalla debolezza stessa delle strutture sociali e istituzionali che la dovevano promuovere. Le élite locali – come ricorda Paolo Pezzino nel suo *Il paradiso abitato da diavoli* – si erano precipitate a occupare tutti gli spazi aperti dal nuovo sistema politico senza dar luogo a forme di collaborazione con le istituzioni statali che denotassero o almeno prefigurassero un convinto sostegno ai fini ultimi dai quali esse erano mosse. Anche per questo avveniva che, in particolari contesti locali (a volte molto ampi nella loro estensione), le famiglie emergenti preferissero affidare la propria fortuna e le proprie ambizioni al furto del procaccio, al sequestro di persona, agli attentati contro la proprietà altrui.

Ma, a prescindere da coloro che nel brigantaggio individuavano una propria e originale via di ascesa sociale, non tutti erano in grado di apprezzare i benefici risultati della civilizzazione e, pertanto, non erano inclini a sobbarcarsi spese che incidevano profondamente sugli esigui bilanci comunali e su quelli, in proporzione ancor più magri, familiari. In molte località istituire nuove scuole, dotare la comunità di fontane o di fogne, stipendiare un maestro per la scuola primaria o un medico condotto o un impiegato che tenesse le carte del municipio apparivano oneri insopportabili e a volte incomprensibili nelle loro finalità anche perché, abbastanza ripetutamente, alla destinazione dei fondi per opere pubbliche non ne seguiva l'effettiva realizzazione. Senza considerare poi che le scuole spesso erano poco frequentate, e per la necessità delle famiglie di umili condizioni di non privarsi del lavoro dei propri figli e per il prevalere, in ambienti più economicamente solidi, della convinzione che la società sarebbe stata facile preda delle forze sovversive se si fosse permesso ai figli dei contadini di accedere alle scuole primarie volute dai Napoleonidi e di impadronirsi, quindi, dei primi rudimenti dell'istruzione.

È pur vero che più volte, specie dopo il 1821, fu il governo il massimo eversore della sua stessa legislazione procedendo al licenziamento o alla sostituzione di maestri in odore di settarismo o, peggio, ritenuti colpevoli di condotta immorale; ma in comuni con budget ridotti all'osso non fu certo l'istruzione dei fanciulli, nonostante velleitarie dichiarazioni di principio, la preoccupazione principale degli amministratori. Addirittura, un decreto del 1831 cercò di alleviare i pesi municipali autorizzando quei comuni che ne avessero ravvisato l'opportunità a sopprimere le scuole primarie, a partire da quelle femminili.

I problemi di bilancio si facevano comunque sentire a tutti i livelli giungendo anche a impedire o a bloccare la realizzazione delle opere pubbliche, compresi gli edifici destinati a ospitare le intendenze, le caserme, le prigioni, gli archivi, le scuole. Eppure la recente soppressione degli ordini religiosi aveva messo a disposizione delle amministrazioni centrali e periferiche dello stato un ragguardevole patrimonio edilizio, ma si rivelò sempre problematico il reperimento dei fondi necessari ad adattare quegli edifici alle nuove destinazioni per essi previste anche perché non si capiva bene chi dovesse accollarsi l'onere delle relative spese: lo stato, l'istituzione che occupava l'edificio, il comune al cui interno si trovava l'edificio o quelli che si servivano dell'istituzione.

Tuttavia, a dispetto delle ristrettezze di bilancio, non mancavano gli sprechi e numerose erano le opere realizzate e non utilizzate. Accadeva così, per fare un esempio, che in Calabria fino al 1851 si fossero spesi 16.412 ducati per costruire nuovi cimiteri, ma – rifletteva Vincenzo Padula – «non ne abbiamo» e che, d'altra parte, il cimitero di Longobardi, come quelli di tanti altri piccoli centri, rimanesse deserto perché il popolo era tenacemente refrattario a quella nuova forma di inumazione.

In ogni caso, il processo di civilizzazione si muoveva sotto il segno dell'egemonia dei notabili e, per questo motivo, si riteneva che esso si realizzasse quando coincideva con la visione che quelli avevano delle relazioni sociali e del proprio ruolo piuttosto che con l'effettiva costruzione delle opere pubbliche e delle infrastrutture di cui aveva bisogno il regno: il progresso delle Due Sicilie coincideva con quello dei suoi proprietari, non con quello della gran massa della popolazione. Era pur vero che ampi strati sociali, come sosteneva Matteo De Augustinis, avevano migliorato le proprie condizioni di vita e avevano ormai accesso a un'alimentazione meno misera e più variata che comprendeva addirittura... il caffè e che la stessa crescita demografica poteva essere vista come il segno della prosperità generale; ma era altrettanto vero che i viaggiatori stranieri continuavano a restare colpiti dalle gravi condizioni di vita del popolo delle Due Sicilie, già ampiamente e crudamente testimoniate dalle *Relazioni* che avevano accompagnato la statistica murattiana.

Che i giudizi di segno negativo provenissero soprattutto da osservatori di nazionalità francese, ai quali premeva sottolineare l'attività riformatrice del Decennio troppo presto interrotta dal ritorno del Borbone, non è motivo che possa portare a inficiarne la validità complessiva anche se in molti ambienti quelle osservazioni che tanto ferivano la suscettibilità e le certezze di ministri, funzionari e galantuomini venivano viste come frutto di una profonda e ingiusta polemica nei confronti del regno e della sua dinastia.

D'altra parte, civiltà e progresso per tutti avrebbero dovuto comportare non solo una più ampia apertura delle Due Sicilie verso i paesi europei maggiormente avanzati dal punto di vista economico e sociale, ma soprattutto profondi mutamenti nelle sue strutture produttive. E, come ci si rifiutò di procedere a un inasprimento della pressione fiscale che avrebbe senz'altro procurato più consistenti risorse finanziarie da destinare a opere pubbliche, così si guardò a nuove forme di organizzazione del lavoro e della produzione come a qualcosa che avrebbe finito per stravolgere le basi stesse del vivere civile e comportato costi per il paese difficilmente sostenibili. Le considerazioni che a tale riguardo espresse Giacinto De Sivo dovevano essere condivise certamente da larghi strati dell'opinione pubblica: «Molti saccenti credono esser civiltà e progresso quello che vedono in Francia e in Inghilterra, e quanto dissomiglia dicon barbarie [...] noi Napoletani [...] abbiam singolarissime usanze, sembianze greche e latine originali, e modi di vita tenaci, che paion talvolta incivili allo straniero che in fretta giudica dalla scorza»[2].

[2] De Sivo, *Storia delle Due Sicilie*, cit., vol. II, p. 65.

Così, scrive Biagio Salvemini nella sua monografia su Luca de Samuele Cagnazzi, di fronte alla convinzione che una più spregiudicata politica economica avrebbe prodotto effetti dirompenti sulle arretrate strutture economiche e sociali del paese, perdevano di forza le vecchie parole d'ordine genovesiane di «fare come l'Inghilterra», paese la cui ricchezza – riferivano gli «Annali» in un numero del 1844 – era fondata sul lavoro di immense turbe di operai per i quali si prospettava solo un destino di miseria e di abiezione morale.

A Napoli si preferiva, così, relativizzare il concetto di civiltà, ovvero esaltare le peculiarità del popolo meridionale, produrre un pulviscolo di microinterventi governativi che miravano a tutelare i più vari settori della società e, soprattutto, proseguire sulla sperimentata via di non gravare i sudditi con un eccessivo peso fiscale e di ricercare invece nelle usate forme di paternalismo il sistema per avvicinare alla corona i ceti più umili della popolazione. Il popolo napoletano – scriveva ancora De Sivo riecheggiando un diffuso e consolante *topos* – è felice con poco ed è pericoloso svegliarlo dalla sua quiete per suscitargli desideri impossibili da appagare.

Ma quell'accarezzare sempre il popolo, quell'assumere da parte delle autorità atteggiamenti improntati a facile familiarità, spesso a sfacciata demagogia, quel voler cercare il consenso delle plebi piuttosto che quello dei ceti intellettuali e dei segmenti borghesi della società (il che, in fin dei conti, produsse il prevalere nel paese degli interessi settoriali su quelli pubblici) può spiegarsi anche con il timore nutrito negli ambienti del governo e dell'amministrazione di mostrarsi incapaci di gestire un processo di trasformazione che avrebbe comportato costi elevatissimi per tutto il regno con risultati non necessariamente scontati dal punto di vista delle relazioni tra la monarchia e il popolo delle Due Sicilie.

La civilizzazione doveva essere dunque un fatto riservato alle élite borghesi o ai settori del ceto impiegatizio o delle professioni che nella partecipazione in posizione variamente subordinata alla gestione dello stato vedevano un momento della propria emancipazione e una certa sintonia (spesso epidermica) con i progressi del secolo; per gli altri erano sufficienti l'intervento della mano pubblica, una particolare politica fiscale ed economica, una rete assistenziale che, pur se laicizzatasi, era generalmente in grado di rispondere alle più elementari e pressanti esigenze del vivere quotidiano e... la gendarmeria.

Le trionfali certezze venivano però periodicamente scosse; le bande dei briganti annientate si ricostituivano, i furti clamorosi del procaccio non cessavano, le opere pubbliche non decollavano a fronte dei gravosi impegni finanziari richiesti per la loro realizzazione; ma soprattutto, erano le ricorrenti e funeste epidemie di tifo petecchiale, di peste e di colera che mietevano numerose vittime tra la popolazione a ricordare a tutti la fragilità di una società che si riteneva civilizzata.

Non è che lo stato borbonico si presentasse disarmato di fronte a flagelli di tale natura: già la peste di Conversano del 1690-92 era stata circoscritta alla zona sudorientale di Terra di Bari grazie a particolari misure legislative e ad efficaci cordoni sanitari che avevano impedito al morbo di dilagare per tutto il paese come era avvenuto invece nel 1656. A partire dagli anni francesi si era proceduto a una progressiva statalizzazione dell'assistenza sanitaria, all'istituzione di organismi preposti alla tutela della salute come il Consiglio di sanità, il Regio magistrato di sanità, i tribunali di salute nelle province. Ampie competenze in materia sanitaria erano state attribuite agli intendenti, la campagna per l'inoculazione del vaccino antivaioloso vedeva all'opera le autorità civili e i parroci impegnati in una capillare opera di sensibilizzazione e di convincimento, nuove leggi miravano a introdurre norme igieniche che avrebbero reso più difficile la propagazione della morbilità epidemica.

Pertanto, quando all'inizio degli anni trenta si diffuse la notizia della comparsa del colera nel Mediterraneo, gli intendenti furono allertati onde preparare strutture nelle quali offrire assistenza e cura ai colpiti da epidemie che potessero funestare il regno e si intensificò la lotta al contrabbando ritenuto una delle cause dell'introduzione del morbo; ma le pessime condizioni igieniche in cui conducevano la loro esistenza ampi strati della popolazione, la quasi completa assenza di fogne, il generalizzato uso di acqua tratta da pozzi inquinati, la riluttanza a costruire o a utilizzare i cimiteri, sebbene la legge dell'11 marzo 1817 ne avesse prescritto l'uso, vanificarono in gran parte l'efficacia delle misure sanitarie adottate dallo stato.

Nel 1816-17 il regno aveva vissuto una tipica crisi di antico regime all'insegna del binomio carestia-epidemia. In Puglia, la cittadina di Noja (odierna Noicattaro) tra 1815 e 1816 era stata colpita dalla peste, originata probabilmente dall'immissione nel paese di merce di contrabbando, ultimo episodio epidemico di cui fu protagonista in Italia quella malattia.

Nel 1836-37 fu la volta del colera che, manifestatosi dapprima lungo i centri costieri pugliesi, passò a Napoli, ove fece 18.000 morti, e successivamente in Sicilia. Anche in questo caso i provvedimenti previsti e adottati (cordoni sanitari, ricovero degli ammalati, forme particolari di inumazione) furono quasi tutti annullati dalle precarie condizioni igieniche generali che costituirono terreno fertile di diffusione per l'epidemia.

Di fronte al propagarsi inarrestabile del colera, paradossalmente favorito dai progressi intervenuti dappertutto nella rete delle comunicazioni che rendevano meno efficaci i cordoni sanitari e vano il lavoro del personale sanitario e degli amministratori, non restò altro da fare che invocare «ufficialmente» l'aiuto di Dio e dei santi anche perché lo sconcerto e il terrore non risparmiarono neppure medici e uomini di scienza alle prese con un morbo, comparso allora per la prima volta in Europa, di cui non si conoscevano né l'agente patogeno né i rimedi per debellarlo. Così, mentre i cadaveri venivano sepolti di notte e quasi clandestinamente, furono organizzate processioni e riti penitenziali, provvedimenti questi che facevano da *pendant* alla certezza che il terrificante colera fosse l'ennesimo flagello di Dio o che venisse provocato da un veleno diffuso dai ricchi per annientare i poveri. In Sicilia addirittura si pensò che dell'epidemia fossero responsabili untori inviati dal re che così si liberava di molti suoi indocili sudditi. Disordini e linciaggi costellarono nell'isola i tristi mesi del 1837 e fu per un sollevamento popolare nel quale era stato trucidato l'intendente che Siracusa perse lo status di città capovalle a favore di Noto. Quei disordini, si diceva a Napoli, erano un'ulteriore dimostrazione che tutte le lusinghe adoperate per guadagnarsi la fiducia dei siciliani ad altro non erano valse che ad accrescere la loro insoddisfazione e le loro smoderate pretese.

Quando l'epidemia cessò, con il catastrofico bilancio di oltre 170.000 morti, profondamente incrinate risultavano le aspettative di progresso che si erano accompagnate all'avvento al trono di Ferdinando II ed erano aumentati i motivi di scontento e di sospetto dei siciliani nei confronti della dinastia.

Asseriva Matteo De Augustinis, a rintuzzare le insolenze dei giornalisti che scrivevano sul paese e a respingere i pregiudizi che su di esso si erano addensati, che le Due Sicilie avevano vissuto un periodo di grande progresso tra 1806 e 1833: la produzione agricola era aumentata, il numero dei contribuenti e dei proprietari fondiari aveva registrato sensibili incrementi, erano state impiantate nuove manifatture, si era estesa la classe dei mercanti e dei negozianti: non si sarebbe potuto trovare un paese e un'epoca in cui si fosse giunto per opera concorde del governo e della nazione a trarre tutti i possibili profitti dai vantaggi derivanti dalla «naturale» feracità del suolo.

Era quella dell'economista campano una posizione che, benché improntata ad atteggiamenti e a valutazioni eccessivamente ottimistiche sulla situazione reale (frutto – come già visto – di quelle aspettative di progresso che i gruppi intellettuali napoletani nutrivano nei primi anni trenta) e pur non sottacendo gli elementi di debolezza del paese, si distanziava notevolmente dai consueti giudizi di coloro (presenti anche tra i ceti colti del resto dell'Italia) che del Mezzogiorno avevano sempre preferito mettere in evidenza esclusivamente l'abbondanza e fertilità dei terreni, la mitezza del clima, la disponibilità delle risorse.

Tal Vincenzo Corrado, ex celestino, a fine Settecento in un suo farraginoso *Notiziario* aveva addirittura paragonato il regno alla Città del Sole di campanelliana memoria, considerato che in esso – a suo parere – era unito e riepilogato tutto il buono che era disperso per l'Europa: il paese, florido e «delizioso», riconosceva nel proprio re il supremo regolatore della sua prosperità e della concordia civile.

Per fortuna delle Due Sicilie era quella degli apologeti ad ogni costo una genìa in estinzione, anche perché, a loro tempo, erano stati i riformatori settecenteschi a prestare una nuova attenzione agli uomini, agli assetti sociali e agli istituti di governo che, nonostante i presunti vantaggi offerti dall'ambiente e dal clima, producevano arretratezza.

Così, nella sua *Economia rustica per lo Regno di Napoli* il Granata trovava posto per i consueti toni trionfalistici che disegnavano il regno, con le sue amene valli, i numerosi fiumi, i monti poco aspri, come la miglior contrada d'Europa; tuttavia egli non esitava a ricordare che, se il paese produceva con dovizia ciò che gli era necessario, questo dipendeva più dalla natura che aveva fatto tutto per l'uomo che dall'uomo che poco o nulla aveva fatto e faceva per sé.

Quel giudizio era consueto negli scrittori di cose rustiche e poteva essere interpretato nei più svariati modi. Poteva, in ogni caso, essere letto come un auspicio a regolare meglio le questioni dell'economia e a sfruttare finalmente, con una coerente e sagace azione di governo, i vantaggi che offriva la natura; era quello che auspicava l'a noi già noto Francesco Saverio Bruno il quale non si sottraeva alla dovuta encomiastica considerazione del regno come dello stato più ricco, esteso, potente e illuminato d'Italia, sottolineando, nel contempo, che il più eminente grado dell'incivilimento di un paese si manifestava nell'esatto censimento delle proprietà dei suoi abitanti e, quindi, si misurava su un'accorta politica che favorisse i ceti produttivi.

Ma, come si è visto, una politica economica che avesse di mira lo sfruttamento razionale delle risorse del paese, un incremento della produzione che non si esprimesse soltanto in termini quantitativi, un adeguamento delle infrastrutture ai reali bisogni del paese, un inserimento dello stesso in quella rivoluzione commerciale che stava investendo altre realtà italiane ed europee avrebbe, secondo il modo di vedere della monarchia, comportato costi forse troppo elevati per la tranquillità del regno.

D'altra parte, le istanze che provenivano da ampi settori della società che chiedevano di poter procedere più speditamente sulla strada della civilizzazione inducevano il governo a tener conto degli interessi che essi rappresentavano e a provvedere a valide forme di tutela degli stessi.

Tuttavia, le due esigenze spesso entravano in collisione tra di loro, il conservatorismo di fondo che animava ministri e funzionari non riusciva a garantire completamente la pace sociale né a sostenere efficacemente le ragioni di coloro che al progresso e alla civilizzazione affidavano le proprie aspettative di crescita economica.

Ne conseguiva, pertanto, che le Due Sicilie si presentavano – nonostante l'impianto dello stato amministrativo – come un paese a debole tasso di centralizzazione delle decisioni: provvedimenti legislativi in sintonia con quelli emanati in altre parti d'Italia e d'Europa, a volte addirittura li sopravanzavano, venivano vanificati nella prassi non solo dalla cronica e risaputa mancanza di fondi, ma soprattutto dalle pressioni, dalle resistenze, dai molteplici condizionamenti che provenivano dalla società, a partire dai suoi gruppi egemoni che avevano la forza di insabbiare o di piegare alle proprie esigenze quei provvedimenti, ma non di creare sviluppo generale.

La politica di infrastrutture viarie costituisce un tipico esempio di questo atteggiamento e, pertanto, su di essa conviene soffermarsi in maniera più distesa.

Come aveva avuto modo di notare Giuseppe Ceva Grimaldi nelle sue *Considerazioni sulle pubbliche opere della Sicilia di qua dal Faro*, i francesi nella loro decennale permanenza nel Mezzogiorno non soltanto si erano premurati di abbellire la capitale, il che non si discostava molto dalla tradizionale politica urbanistica dei sovrani assoluti, ma avevano impostato una politica di lavori pubblici che, se attuata, avrebbe fatto dello spazio dell'intero regno un grande cantiere. Tuttavia i loro intendimenti erano stati in gran parte frustrati dalle guerre che avevano prosciugato i fondi destinati alla realizzazione di opere pubbliche nelle province e avevano reso inderogabile la progettazione e la costruzione di particolari infrastrutture che rivestivano una certa priorità dal punto di vista militare. Così, se le necessità strategiche avevano spinto i Napoleonidi a completare la strada delle Calabrie, i criteri con i quali i lavori erano stati condotti a termine, la stessa «struttura» della strada, non erano tali da favorire lo sviluppo del traffico civile in quelle province.

Di conseguenza, degli anni francesi era rimasto il retaggio di una grande progettualità, testimoniata dall'istituzione nel 1809 del Real Corpo degli ingegneri di Ponti e Strade (sciolto nel 1817 e sostituito da una direzione dipendente dal ministero dell'Interno, esso fu ricostituito nel 1826), ma poche opere messe in cantiere e pochissime quelle effettivamente portate a termine. In ogni caso, la spesa sostenuta dallo stato nel settore delle opere viarie era senz'altro superiore a quella registrata nelle ultime fasi dell'antico regime.

In realtà, a prescindere dall'emergenza bellica, i problemi che si erano prospettati ai governanti del Decennio non erano di facile soluzione. Il sistema viario meridionale presentava una tipologia che era il portato della storia e dei pesanti condizionamenti derivanti dalla conformazione fisica del paese, attraversato per tutta la sua lunghezza dalla dorsale appenninica. Basti pensare che la posizione eccentrica di Napoli rispetto al resto del regno aveva prodotto nei secoli la sedimentazione di un reticolo viario strettamente funzionale alle esigenze di quella città: i quattro «cammini reali» di cui disponeva il paese partivano tutti dalla capitale per raggiungere i confini con lo Stato pontificio, gli Abruzzi, le province pugliesi e quelle calabre. Di scarso rilievo era la viabilità provinciale incentrata in molte zone solo su cammini «naturali» o su tratturi.

Piuttosto che operare per correggere le distorsioni del sistema viario (anche perché ne mancò il tempo), si preferì finalizzare gli sforzi al soddisfacimento delle necessità strategiche (testimoniato dalla nomina a direttore del Corpo dei generali David Campredon e Pietro Colletta) che, come già visto, spinsero a dispiegare un impegno prioritario attorno alla realizzazione della strada della Calabria, di vitale importanza per il controllo di quell'inquieta regione e della dirimpettaia Sicilia. Se scarso fu l'impegno per la costruzione di nuove strade, a fronte dei numerosi progetti approntati, notevole fu, tuttavia, quello nella manutenzione delle strade già esistenti.

La situazione sembrò mutare negli anni della restaurazione quando, venuta meno la tensione bellica che aveva portato a dirottare ingenti risorse umane e finanziarie verso i teatri di guerra, nella politica delle opere pubbliche prevalse la «razionalità civile» e venne abbandonata quella «razionalità militare» verso la quale si indirizzavano le feroci critiche dei pubblicisti borbonici per i quali il Decennio, come ben si sa, altro non era se non un periodo di occupazione straniera che aveva pervaso col suo carattere marziale tutta la società. Certo, vi era chi come il generale Pignatelli Strongoli si soffermava ancora sul valore strategico che dovevano assumere strade, ponti, canali, porti; ma egli ricordava pure che la difesa militare doveva avere sempre di mira gli interessi commerciali di una nazione.

Ma quali erano i veri interessi delle Sicilie, quali le infrastrutture viarie che avrebbero potuto tutelarli?

Si diffuse nei primi anni della restaurazione la consapevolezza della scarsa funzionalità della rete viaria di cui disponeva il paese, incentrata quasi esclusivamente su Napoli e, di conseguenza, venne sentita sempre più forte l'esigenza di creare un articolato sistema stradale provinciale che prescindesse da un obbligatorio collegamento con la capitale. Il risultato fu una politica di opere pubbliche mirante a dotare le province di infrastrutture viarie, a collegare i comuni ai propri capoluoghi amministrativi, a creare vie traverse o bretelle che mettessero in comunicazione tra di loro le principali strade o i singoli comuni. In questo modo si dava positiva risposta alle esigenze dei gruppi della borghesia provinciale i quali provvidero, all'interno delle istituzioni del governo locale in cui erano presenti, a reperire, mediante «ratizzi» o imposizioni addizionali sulla tassa fondiaria, i finanziamenti necessari alla realizzazione di quelle opere.

Ma quel modo di agire non poteva che favorire – come ha ripetutamente sottolineato Angelo Massafra – le province e i comuni più ricchi, quelli più capaci di reperire risorse o collocati nelle aree centrali dello stato (tra 1815 e 1838 il 37% delle spese per opere pubbliche fu destinato alle province di Napoli e di Terra di Lavoro), a tutto discapito dei meno favoriti dal punto di vista economico e territoriale. Il governo, non operando se non in minima parte una ridistribuzione delle risorse, favorì in questo modo l'ulteriore marginalizzazione di ampie aree del paese, specie di quelle della dorsale appenninica.

Negli anni trenta il sistema stradale nelle province continentali del regno si presentava ormai con una sua nuova e ben definita fisionomia: esso aveva un carattere policentrico, imperniato com'era su una viabilità provinciale adriatica e su una tirrenica, la prima orientata secondo la direttrice interno-mare, la seconda estesa longitudinalmente. Le esigenze del commercio e della grande produzione, come quelle amministrative, erano tutelate; ma si era dimostrata appieno l'inadeguatezza dello stato borbonico, nonostante l'impegno profuso da Carlo Afán de Rivera – per quasi trent'anni direttore generale di Ponti e Strade – a centralizzare impulsi e direttive e ad omogeneizzare gli interventi in materia di infrastrutture: in pratica agli ingegneri reali era stata lasciata solo la gestione tecnica delle opere mentre l'individuazione dei tracciati e il reperimento delle risorse finanziarie erano prerogative dei consigli d'intendenza, dei consigli provinciali e delle deputazioni dei lavori pubblici, ovvero di coloro che riuscivano meglio di altri a sostenere i propri interessi.

Estese zone del regno continuavano così ad essere malamente collegate al resto del paese, molte località erano completamente isolate o raggiungibili solo con faticosi percorsi a dorso di mulo; la maggior parte dei comuni della Basilicata, la più vasta provincia delle Due Sicilie, si trovava in questa situazione e così molte località calabresi.

Parziale alleviamento alla carenza di strade era, nei centri costieri, la possibilità di utilizzare il mare per i traffici e le comunicazioni. Un minuto commercio di cabotaggio si svolgeva, dunque, lungo le coste del regno e questo spiega anche il costante incremento in numero e tonnellaggio della marineria napoletana e lo sviluppo di una linea di governo che propugnava la convenienza del trasporto marittimo per un paese circondato per tre quarti dalle acque e per questo riteneva superflua la costruzione di un'ampia e ramificata rete ferroviaria.

Alle stesse logiche obbediva la situazione siciliana, pur in presenza di più marcati fattori di arretratezza rispetto a quelli che si registravano nelle province continentali.

Nell'isola la quasi completa assenza di strade carrozzabili aveva indotto la monarchia a stilare alla fine degli anni settanta del XVIII secolo un piano che, se attuato, avrebbe comportato la realizzazione di 700 miglia di strade, ma al 1790 solo 160 miglia ne erano state effettivamente costruite e concentrate essenzialmente nella parte nordoccidentale dell'isola; per di più, queste risultavano generalmente impraticabili per la mancanza della necessaria manutenzione. Fu solo a partire dal 1824 e facendo ricorso a prestiti internazionali che si ebbe un adeguamento delle infrastrutture viarie alle esigenze della Sicilia che questa volta interessò la parte centrale e occidentale dell'isola.

Anche per quanto riguarda la politica di tutela del territorio, specie quella che si realizzava attraverso le bonifiche, si verificò una netta discrasia tra una legislazione in molti tratti all'avanguardia e la capacità delle autorità centrali di governare i processi e le tecniche, oltre che di coinvolgere i ceti dirigenti provinciali in una serie di operazioni che, se condotte a termine, avrebbero arrecato innumerevoli vantaggi a tutta la collettività.

Ma, scrive Piero Bevilacqua nei suoi numerosi lavori dedicati all'argomento, le operazioni di bonifica e di inalveamento di alcuni corsi d'acqua, pur portando in alcuni contesti territoriali a risultati soddisfacenti che consentirono il recupero all'agricoltura di circa un milione di ettari (Fondi, Salpi, parti del Vallo di Diano), incontrarono la tenace ostilità di ampi settori del mondo rurale; non solo, ma, dati gli elevati costi che esse comportavano, i risultati conseguiti (si veda quel che avvenne nel Vallo di Diano) vennero quasi immediatamente perduti.

La nozione di interesse generale collideva con consuetudini, pratiche di vita, atteggiamenti mentali da lungo tempo sedimentati che portavano gli agricoltori delle località interessate alla bonifica a rifiutare il pagamento delle tasse imposte a scopo di manutenzione provocando così il deperimento delle opere già completate. Le amministrazioni municipali e il clero locale furono in prima fila nel difendere gli interessi settoriali, fossero quelli dei proprietari espropriati dei fondi, o dei semplici cittadini costretti a sostenere ripetuti «ratizzi» per i necessari lavori di ripristino degli alvei, dei canali e degli argini. Capri espiatori divennero, come già verificatosi per le infrastrutture viarie, gli ingegneri, accusati di essere mossi da principi generali e astratti difficilmente compatibili con la sfaccettata realtà locale, oltre che i ministeri dell'Interno, delle Finanze e dei Lavori pubblici (quest'ultimo era stato istituito nel 1847) ai quali si addebitava un'eccessiva ingerenza negli affari delle singole comunità. La legge dell'11 maggio 1855 che impiantava l'Amministrazione generale delle Bonifiche e ribadiva la centralità degli interessi generali e i doveri dell'intera collettività vide la luce troppo tardi per riuscire a porre rimedio al dissesto idrogeologico che interessava larghe parti del territorio meridionale e per dar luogo a significativi e duraturi risultati. Essa altro non fu, per usare le parole di Bevilacqua, che un grande lascito che un'esperienza operativa di prim'ordine consegnava al nuovo stato unitario. Per il momento la sconfitta storica degli uomini nel controllo del territorio si trasformava, nella loro coscienza, in realtà immodificabile della natura[3].

Se Costanza D'Elia sostiene che non è storicamente corretto parlare di un centro modernizzante e di periferie chiuse nelle loro strutture e nei loro atteggiamenti arcaici, se Enrica Di Ciommo si interroga sul complesso rapporto tra un'amministrazione accentrata tesa a realizzare le riforme anche attraverso un più stretto controllo del territorio e un notabilato in cui prevalevano interessi variegati e particolaristici[4], forse più proficuo risulta – a spiegare gli atteggiamenti di ampi e non marginali settori della società meridionale nei confronti della politica di bonifica, ma non solo di quella – il ricorso a concetti quali quelli di interesse generale e interesse settoriale: certamente non erano di segno arcaico le motivazioni che inducevano i proprietari presenti in gran numero nei consigli provinciali o nei decurionati a caldeggiare la costruzione di strade che avrebbero permesso un più agevole smercio dei prodotti dei propri fondi e certamente non erano segno di anacronistici convincimenti le variegate e pittoresche forme di opposizione ai lavori di bonifica intrapresi dal governo, anche perché le zone ove erano già praticate le colture irrigue non erano certamente assenti dal paesaggio agrario del paese. Erano quelle dei proprietari, scrive la D'Elia, posizioni assolutamente compatibili con le strutture produttive esistenti

[3] È quanto sosteneva l'Afán de Rivera. Citato in P. Bevilacqua e M. Rossi Doria, *Le bonifiche in Italia dal '700 a oggi*, Roma-Bari, Laterza, 1984, p. 45.

[4] C. D'Elia, *«Dannata opera», «opera gloriosa»: alcune visioni della bonifica borbonica in Vallo di Diano*, in *Fra storia e storiografia*, cit., pp. 729-748, spec. p. 745; Di Ciommo, *Elites provinciali*, cit., p. 1013.

che, si riteneva, non sarebbero state suscettibili di significativi mutamenti e miglioramenti dall'espansione delle aree sottoposte a bonifica. Anche in questo caso videro la prevalenza gli interessi settoriali, adeguatamente e demagogicamente sostenuti dalla pressione popolare, che dissolsero la nozione stessa di interesse collettivo. D'altra parte, è la stessa studiosa a ricordarlo, lo stato borbonico ottocentesco non disponeva, per i suoi interventi, di quella forza che aveva dispiegato il regime franco-napoletano del Decennio e, pertanto, aveva bisogno di operare con il consenso delle élite locali. In questo modo si giunse a una forte divaricazione tra le istanze razionalizzatrici coltivate dall'Afán de Rivera e dagli ambienti ministeriali e i diritti accampati dai proprietari con il risultato che a uno stato «demiurgo», capace di produrre e sostenere l'interesse generale, se ne sovrappose uno «padre» in grado di assicurare, spesso malamente, le esigenze di tutti.

Si può dire, insomma, che l'intera politica di intervento e di tutela del territorio fosse segnata dal prevalere degli interessi particolari su quelli generali; vittima di questa situazione fu anche – e non poteva essere diversamente – la legislazione in materia forestale (un'Amministrazione generale di Acque e Foreste era stata introdotta nel 1812) alla quale si muoveva il paradossale appunto di favorire la distruzione dei boschi. Alla fine del Decennio Vincenzo Cuoco aveva auspicato l'emanazione di una serie di provvedimenti che dessero modo ai proprietari di intervenire contro coloro che, attuando una dissennata politica di diboscamento, concorrevano a incrementare i fattori di instabilità del suolo; in questo modo – osservava lo scrittore molisano – si sarebbe impegnato «l'interesse privato a concorrere col pubblico»[5]. Ma i boschi, si leggeva su un numero de «La voce del popolo» del dicembre 1820, sarebbero stati meglio protetti se fosse stata soppressa l'amministrazione forestale e la loro conduzione fosse stata restituita ai rispettivi proprietari. Il governo del nonimestre sembrava aderire a questi convincimenti anche se, sottolineava Pasquale Tortora nel suo *Sulle acque e foreste e sul Pubblico Demanio*, era ben strano

[5] In Bevilacqua e Rossi Doria, *Le bonifiche*, cit., p. 171.

che la legislazione di un governo costituzionale avesse di mira l'interesse dei singoli piuttosto che quello pubblico.

Pure la successiva legge forestale, emanata il 21 agosto 1826, sebbene di avanzatissima concezione, all'atto pratico si rivelò inadatta a frenare la distruzione dei boschi, affidati alla tutela e alla vigilanza dei loro proprietari che procedettero, invece, a un intenso lavoro di diboscamento e di dissodamento e alla deforestazione di ampie parti del territorio meridionale.

Così, nel panorama politico italiano cominciava ad apparire altamente improbabile quello che auspicava l'anonimo autore de *I tre periodi degli ultimi oscillamenti* del regno, ovvero che le Due Sicilie si sarebbero caratterizzate come un sistema «civilizzatore e progredente [che avrebbe messo] in equilibrio le risorse e i rapporti sociali da ritrarre dalla prosperità generale dello stato, la speciale dei nazionali e viceversa».

2. *Gli assetti produttivi: terra e grano*

Ben pochi, ritengo, sarebbero oggi disposti a sottoscrivere il giudizio formulato, oltre un quarto di secolo fa, da Ruggero Moscati che vedeva nel Mezzogiorno di Ferdinando II un regno tranquillo e fiorente, con un'aristocrazia senza nessun potere politico, una borghesia agraria lieta di essere la meno tassata d'Europa, un ceto medio impiegatizio pago di avviare alla carriera amministrativa e giudiziaria i propri figli e una plebe rurale e urbana alla quale fosse comunque garantito il lato materiale dell'esistenza[6], e non perché, nei fatti, questa descrizione non contenga elementi di veridicità, quanto perché in essa vengono occultate e schiacciate le contraddittorie dinamiche sociali ed economiche che caratterizzarono tutto l'Ottocento borbonico.

Quegli assetti che il Moscati vedeva pacificamente realizzati nelle Due Sicilie erano, infatti, il frutto di processi che si

[6] R. Moscati, *Il Mezzogiorno nel Risorgimento italiano*, in *Questioni di storia del Risorgimento e della Unità d'Italia*, cit., pp. 253-290, spec. p. 275.

erano avviati negli anni tumultuosi dei Napoleonidi e che erano in corso nei decenni centrali della prima metà del secolo, anzi sembravano ricevere un decisivo impulso proprio nelle fasi iniziali del regno di Ferdinando II.

Giuseppe Del Re nella sua *Descrizione* sottolineava con vigore che, ai suoi tempi, le vendite dei beni immobili e le divisioni e gli accorpamenti dei campi avvenivano di giorno in giorno, che cresceva il numero dei proprietari terrieri e che nei ruoli della tassa fondiaria risultavano iscritti ben 1.338.997 articoli diversi. Che le vicende del paese si inquadrassero in quelle della sua agricoltura era per tutti una pacifica certezza: le riforme francesi, l'eversione della feudalità, le vendite fondiarie succedutesi a partire dal 1806, le quotizzazioni dei demani avevano favorito l'affermazione di una borghesia agraria che riusciva a far sentire la sua voce, a esprimere e a tutelare i suoi interessi all'interno degli organismi del potere locale che le leggi sull'amministrazione civile avevano predisposto. La nuova viabilità provinciale soddisfaceva, parimenti, esigenze amministrative ed esigenze economiche, soprattutto quelle che stavano più a cuore ai proprietari fondiari; istituti culturali che rispondevano alla necessità di coagulare e di rappresentare gli interessi erano sorti nelle province. Al primo posto tra questi si ponevano le Società di agricoltura, introdotte nel 1810, che due anni dopo si erano trasformate in Società economiche, segno questo, sottolinea Guido Pescosolido nel suo contributo apparso sulla laterziana *Storia d'Italia*, della «naturalità» di una visione che faceva coincidere lo sviluppo economico con quello agricolo in un regno che nel 1843 contava, a considerarne la condizione professionale, una popolazione formata per il 76% da possidenti e da contadini.

Un paese agricolo erano dunque le Due Sicilie, non lontano dagli standard degli altri stati dell'Italia del tempo, nel quale, tuttavia, attorno al settore primario si muovevano e si dinamizzavano, più che altrove, gruppi e interessi e sul quale si appuntava la vigile attenzione del governo; un paese, tuttavia, pienamente inserito nella rivoluzione commerciale, con figure sociali pronte ad approfittare delle occasioni che il mercato internazionale offriva, disposte a correre dei rischi e aperte alle innovazioni.

Ma ribaltare vecchie e consolidate posizioni storiografiche e non guardare più al sud come a un'immensa periferia ai margini dello sviluppo europeo, non deve indurre a sottacere le difficoltà e i limiti che quella struttura sociale incontrava, né tantomeno a scorgere intraprendenza, spirito di iniziativa, adesione al nuovo sempre e dappertutto.

Le discussioni che avevano luogo all'interno delle Società agrarie testimoniano dell'apertura intellettuale dei loro soci, ma, al contempo, sono la prova più evidente della quasi generalizzata incapacità di tradurre l'ampia e variegata progettualità maturata in quelle sedi in concreti interventi sulle strutture produttive.

Scriveva Mauro Luigi Rotondo nel suo *Saggio politico su la popolazione e le pubbliche contribuzioni* che, a parte le dottissime prolusioni e le memorie erudite, egli non conosceva alcun progresso che potesse ritenersi dovuto all'impegno delle illuminate persone che si raccoglievano in quelle società.

I più recenti studi che hanno avuto come oggetto l'attività delle Società agrarie hanno sostanzialmente confermato quel giudizio: un fermento di idee, una grande apertura al dibattito economico, anche esperimenti di selezione di nuove sementi e di introduzione di più moderne attrezzature si traducevano in «sapienti elucubrazioni», in astrattezza, in sterili forme di filantropismo, nel conformismo nei momenti cruciali della storia del paese, nella pratica e generalizzata difficoltà all'attuazione dei proponimenti che derivavano da una struttura sociale e produttiva che palesava vistosi segni di arretratezza e nelle continue geremiadi contro proprietari fondiari e contadini, gli uni testardi e gli altri «ignoranti».

L'esame differenziale del Mezzogiorno ribadisce in gran parte il quadro già messo in luce per il Settecento da Paolo Macry di un regno nel quale coesistevano, fianco a fianco, le province dai «prezzi bassi» e quelle dai «prezzi alti» ed esalta certamente la vivacità delle zone costiere della parte continentale del paese, da Terra di Bari studiata da Biagio Salvemini a Terra di Lavoro (specie quella fascia che si addensava a ridosso della provincia di Napoli) o ad alcune zone della Sicilia, il loro incessante sforzo di adattamento al mercato, l'inseguire – a volte spasmodico – da parte dei mercanti e dei proprietari fondiari che ivi operavano le opportunità che offriva al paese intero la rivoluzione commerciale. Ma, è opportuno ribadirlo, le differenziazioni e le gerarchizzazioni spaziali non furono per il Mezzogiorno ottocentesco un pacifico retaggio della sua lunga storia: lo sviluppo realizzatosi nella prima metà del secolo accentuò tradizionali differenze e ne creò delle nuove; allargò lo iato tra province – specie quelle interne – che erano e rimasero ai margini e nelle quali continuò a essere predominante la forza dell'ambiente e della geografia e quelle che, sin dagli esordi dell'età moderna, si erano segnalate per maggior vivacità economica, più elevati tassi di produttività, diffusi collegamenti con i mercati e più ampie articolazioni sociali. Nello stesso tempo, però, le generali vicende economiche ottocentesche pongono in risalto i caratteri non decisivi e gli aspetti effimeri del successo registrato nelle zone che allora apparivano le più favorite: l'incessante sforzo di adattamento al mercato, come il saper approfittare degli stimoli che provenivano dall'esterno diedero luogo a episodi di crescita gravati da forti ipoteche; il mercato – privo di adeguate sollecitazioni interne – si rivelava vieppiù dominato dalle politiche commerciali e industriali di alcuni stati europei, in particolare Francia e Gran Bretagna.

Non è che questo venisse percepito come un aspetto che connotasse negativamente le dinamiche e gli assetti produttivi del paese; il regno, con la fine del blocco continentale, era stato costretto a misurarsi con un sistema economico internazionale nel quale sapeva di giocare un importante ruolo, come dimostrato dalle vicende relative alla produzione ed esportazione dell'olio, del vino e degli agrumi; ma le aperture, gli spazi che si creavano, le relazioni che si intessevano, si muovevano, oltre che nel segno di un'ineludibile periferizzazione, in quello dell'ulteriore emarginazione per le zone che si collocavano al di fuori delle aree «centrali» del paese o che erano caratterizzate da un inserimento «passivo» nei circuiti del mercato interno e internazionale.

Se, infatti, è vero che le Due Sicilie presentavano uno squilibrio pronunciato, ma non abissale, rispetto ad altri stati della penisola (almeno fino a metà secolo) e che il divario ottocentesco si deve misurare tra l'Italia nel suo complesso e l'Europa, se è vero che ha poco senso chiedersi se allora ci fossero due, tre o cento Italie[7], è indubitabile però che la rivoluzione commerciale operava drastiche selezioni fra diverse aree economiche e che quel divario si palesava soprattutto in termini di sistema viario e ferroviario, di strutture creditizie, financo di sviluppo civile. Le vicende della cerealicoltura, chiave di volta dell'intera agricoltura meridionale, sono emblematiche da questo punto di vista.

Notava il generale Carascosa, riflettendo sulle cause della rivoluzione del luglio 1820, che l'aver permesso l'importazione di grani provenienti da Odessa in un paese produttore di cereali come le Due Sicilie si era rivelato, sin da subito, un grave errore politico ed economico: i prezzi dei grani «nazionali» erano crollati ponendo in serie difficoltà i produttori e facendo apparire più gravoso il carico fiscale sulla terra, già calcolato sulle medie delle annate dei prezzi alti, che – tra 1817 e 1820 – giunse a erodere il 26% dei profitti e nel 1824-26 addirittura il 50%.

La scelta in senso liberista compiuta dal governo restaurato, che confermava, in questo modo, analoghi atteggiamenti tenuti da Murat negli ultimi anni del suo regno, imponendo elevatissimi dazi sulle esportazioni e favorendo invece le importazioni, aveva dunque depresso la produzione del paese, della sua parte continentale come di quella insulare. Per il grano siciliano che aveva vissuto l'ultimo suo boom negli anni inglesi si chiudevano progressivamente i mercati esteri e la liberalizzazione imposta sulle esportazioni con i decreti del giugno 1819 si rivelò tardiva e di scarsa efficacia, anche perché – sottolinea Aurelio Lepre nel suo libro *Contadini, borghesi ed operai nel tramonto del feudalesimo napoletano* – la libertà di commercio da sola non bastava a creare un mercato unitario; per questo occorrevano le strade e le infrastrutture di cui il paese non disponeva in misura adeguata, oltre che una forte borghesia commerciale.

Così, la politica doganale del ministero napoletano aveva prodotto – secondo il parere del Carascosa – come unico risultato il malcontento dei proprietari fondiari delle provin-

[7] A. Massafra, *Campagne e territorio nel Mezzogiorno tra Settecento e Ottocento*, Bari, Dedalo, 1984, p. 20.

ce e, nel 1820, la loro adesione alle istanze costituzionali (viceversa è tutta da valutare l'esistenza di legami tra la altrettanto pesante crisi del 1847 e la rivoluzione nazionale scoppiata l'anno successivo).

Le difficoltà in cui versava la cerealicoltura, però, più che dalle importazioni di grano russo, traevano origine dalla gravissima crisi agraria che aveva segnato la fine delle guerre napoleoniche e che aveva portato nelle Due Sicilie il prezzo del grano a toccare, tra 1816 e 1817, vette mai più raggiunte fino al 1860; ma quella crisi era anche il segno di una debolezza di fondo delle strutture agrarie (e non solo agrarie) del paese che non sarebbe mai stata colmata: le continue oscillazioni nei prezzi, solo parzialmente correlate al volume dei raccolti, diedero ampio spazio alle strategie dei proprietari terrieri, dei monopolisti e degli speculatori, scatenarono periodicamente i timori dei contadini e delle popolazioni e fecero affiorare i ricordi della tremenda carestia del 1764. Le difficoltà che incontravano i produttori, specie quelli medio-piccoli, vennero acuite dall'incerta politica doganale; le tariffe del 1823-24, quasi *corn laws* alla rovescia, consentivano l'esportazione di cereali solo in presenza di abbondanti raccolti nel regno, senza che si tenesse conto dell'andamento del mercato europeo, mentre ne permettevano l'importazione quando i prezzi interni salivano. In questo modo, si contribuiva a perpetuare un mercato depresso nel quale scarsa era la remuneratività per gli operatori agricoli.

Neppure l'istituzione dei «monti frumentari» (che effettuavano prestiti in granaglie) e poi di quelli «pecuniari» servì a tranquillizzare i contadini, stretti tra la tenaglia dei bassi prezzi e l'incudine della sovrapproduzione. Questi enti, a metà strada tra gli istituti di beneficenza e quelli di credito fondiario, finirono per diventare preda delle élite locali che provvidero ad operare sostanziosi intacchi dei loro capitali.

Da parte loro, le autorità dello stato si dimostrarono incapaci di arginare le speculazioni attorno a un mercato incerto nel quale buon gioco avevano gli intermediari e gli speculatori e non riuscirono a convincere le popolazioni che il liberismo praticato, nei fatti, si risolveva nell'esportazione di grano verso l'estero in quantità insignificanti (tra il 3 e il 4%) della produzione globale[8].

Così, gli episodi di carestia, reale o fittizia che fosse, seguivano il consolidato copione delle minacce degli intendenti nei confronti degli accaparratori e nell'invito ai proprietari «filantropi» a mettere a disposizione delle comunità le loro scorte, dell'assalto ai forni e delle barocche e truculente minacce di «strascinamento» dei sindaci; a sua volta, il governo rispondeva con le solite e periodiche misure di blocco delle esportazioni e di diminuzione dei dazi di importazione dei cereali; sempre più difficile, però, si rivelava il conseguimento dell'obiettivo di rendere remunerative per i proprietari le coltivazioni mantenendo, altresì, bassi i prezzi al consumo.

Ciononostante la produzione cerealicola continuava ad essere considerevole, anzi registrava fasi di crescita; essa si concentrava essenzialmente nelle province pugliesi, in quella parte della Basilicata che gravitava verso il porto di Barletta, in alcune zone della Calabria jonica e in Sicilia e si indirizzava in larga misura verso il mercato della capitale e delle grandi città del regno (il mercato estero era ormai – come già detto – precluso a causa delle massicce esportazioni dei grani dai paesi che si affacciavano sul mar Nero). Prevalevano, nella cerealicoltura, pratiche di coltura estensiva che prevedevano ancora il riposo periodico del suolo, che favorivano sia la debole propensione dei proprietari all'investimento che un individualismo agrario cresciuto attorno alle usurpazioni dei demani e sancito dal punto di vista legislativo con i provvedimenti eversivi del Decennio e, infine, l'impiego sul latifondo di un lavoro bracciantile condotto in forme tali da rendere estremamente difficile qualsiasi seria possibilità di innovazione.

La scarsità di terre o la debolezza tecnologica venivano, infatti, compensate dall'ampia disponibilità di mano d'ope-

[8] Ma gli effetti si rivelavano drammatici su scala provinciale: i 1.400.000 tomoli esportati nel 1856 rappresentavano circa il 35% della produzione cerealicola di Capitanata dell'anno precedente. L. Palumbo e B. Salvemini, *Aspetti del mercato del grano in Terra di Bari nell'Ottocento borbonico*, in A. Massafra (a cura di), *Il Mezzogiorno preunitario*, cit., pp. 201-227, spec. p. 212.

ra, fosse essa residente o proveniente – come avveniva per la Capitanata – da altre zone del paese; i particolari contratti di affitto o di mezzadria facevano del lavoro contadino, più che del capitale, il protagonista delle vicende delle campagne meridionali. Qui i limitati investimenti effettuati dai proprietari fondiari, che spesso disponevano di notevoli capitali tesaurizzati o affidati a forme di impiego parassitario, erano in gran parte finalizzati all'espansione del seminativo e alla messa a coltura di nuove terre (ritagliate all'interno dei demani regi e comunali) in sintonia con scelte economiche e con una mentalità che sembrava orientata, in larga parte del regno, a mantenere un valore altamente simbolico al possesso della terra e a perpetuare vecchi rapporti di produzione.

La Capitanata fu la provincia in cui si registrò la più intensa e veloce espansione delle aree destinate alla coltura granaria. Nel Tavoliere, già sede di una cerealicoltura incentrata attorno a grandi masserie condotte con largo impiego di lavoro salariato che producevano essenzialmente per il mercato, il rilevante sforzo di antropizzazione del territorio compiuto nel primo periodo borbonico e che aveva portato alla fondazione di una serie di borghi rurali conobbe un forte impulso a seguito della legge del 21 agosto 1806 che concedeva in censo agli antichi «locati» e ai coloni i suoli appartenenti al «regio fisco» e già sottoposti al regime della Dogana. Tuttavia, la «savia legge» del 13 gennaio 1817, emanata sotto la pressione dei più potenti gruppi armentizi abruzzesi e di alcuni settori del mondo intellettuale e burocratico che stigmatizzavano la scelta operata in favore di una cerealicoltura subito alle prese con l'invasione dei grani russi, ripristinò parzialmente la situazione precedente imponendo ai nuovi conduttori, che già si erano notevolmente esposti finanziariamente con investimenti miranti a dotare quelle contrade delle necessarie e vitali infrastrutture, un aumento dei canoni, vietando loro la possibilità di riscattarli e proibendo la messa a coltura di una parte delle terre delle «locazioni». Il che portò all'abbandono di ampie estensioni di terreno e al fallimento di un gran numero di ditte incapaci di far fronte ai pagamenti.

Per il Sismondi quella legge, limitando i dissodamenti e punendo di fatto i censuari, faceva della Capitanata una nuova Tartaria; per «La voce del popolo», essa era un imperituro monumento alla cecità dei governi assoluti[9].

Ma, nonostante gli ostacoli legali, il processo di privatizzazione dei suoli del Tavoliere non conobbe soste e la provincia fu interessata da un mutamento radicale del proprio paesaggio agrario che si mosse per gran parte della prima metà del XIX secolo essenzialmente nel segno della cerealicoltura.

Non possiamo tuttavia non ricordare qui, sia pur di sfuggita, che le grandi trasformazioni intervenute nel Tavoliere non avrebbero ottenuto effetti così profondi se non si fosse giunto a stabilire una feconda correlazione con il mercato e se non si fossero attivate *in loco* forze, capacità e saperi in grado di approfittare della mutata situazione e di piegarla alle nuove esigenze economiche[10].

Di converso, l'economia dell'Abruzzo Ulteriore II, provincia che viveva in un regime simbiotico con quello del Tavoliere, subì drastici colpi che portarono alla liquidazione dei grandi patrimoni armentari e alla crisi della pastorizia transumante. Veniva meno così quel rapporto pianura-montagna che aveva segnato per lungo tempo i tratti di un sistema economico agropastorale che aveva rappresentato la fonte di sostentamento e di ricchezza per innumerevoli famiglie di locati. Sopravvisse la pastorizia stanziale, ma l'importazione di nuove e più pregiate lane e la palese incapacità ad operare una riconversione a forme di allevamento che mirassero, più che alla produzione di lana, a quella di carne e latticini depressero l'economia dell'intera provincia aquilana e aprirono per le sue popolazioni la strada dell'emigrazione di massa.

Nelle province interne del regno e nelle tre Calabrie la corsa alla cerealicoltura, che rispondeva non tanto a precise

[9] Granata, *Economia rustica*, cit., vol. II, p. 120; «La voce del popolo», dicembre 1820, pp. 288 e 311.

[10] Mutuo queste osservazioni da A. Massafra, *Equilibri territoriali, assetti produttivi e mercato in Capitanata nella prima metà dell'Ottocento*, in Id. (a cura di), *Produzione, mercato e classi sociali nella Capitanata moderna e contemporanea*, Foggia, Amministrazione provinciale, 1984, pp. 5-56, spec. p. 39.

strategie di mercato quanto a quelle più elementari di sopravvivenza dei ceti rurali più disagiati, provocò indiscriminati e rovinosi diboscamenti che alterarono profondamente il paesaggio agrario. In queste regioni, infatti, segnate dal prevalere del paesaggio montuoso e dall'assenza di strade rotabili, persistevano elementi di cantonalità e forme di accentuato isolamento; ad ogni accenno di crisi di sussistenza si facevano risalire le colture, specie quelle cerealicole, lungo i pendii delle montagne e neppure il «gran bosco d'Italia», la Sila, pur oggetto di una sollecita politica di tutela delle autorità borboniche che – specie tra gli anni trenta e quaranta – portò all'emanazione di decreti contro le usurpazioni, uscì indenne dall'ennesima e forsennata opera di deforestazione e di cesinazione.

I recenti studi su alcune aziende agrarie, in particolare quelle (ed erano la maggioranza) nelle quali continuò a prevalere il «modello aristocratico» di gestione, hanno confermato un quadro generale largamente noto. Se per un gran numero di casate l'eversione della feudalità e la soppressione dei fedecommessi e dei maggiorascati ne segnarono il tracollo economico (molto spesso, però, le difficoltà erano preesistenti al 1806), se per alcune il danno più rilevante provenne, più che dalla perdita delle terre e delle giurisdizioni baronali, da pesanti indebitamenti che erano anche il segno del venir meno della loro capacità di controllare la società locale, per molte altre quella legge – pur cagionando ai patrimoni perdite dolorose – garantì il mantenimento di una ragguardevole presenza nel panorama produttivo del paese.

Tuttavia, ampi settori dell'ex baronaggio – specie quelli più legati alle dinamiche economiche e sociali locali – rimasero attaccati alle vecchie abitudini e non riuscirono a inserirsi nel nuovo contesto; gran parte dell'azienda agricola continuò a essere condotta in affitto, riservandosene la gestione diretta alle produzioni che garantivano i maggiori utili (per quelle si ricorreva all'affitto solo in momenti di crisi) e si mantenne permanentemente instabile nella sua composizione e organizzazione interna; anche quando si palesò una forte spinta all'innovazione, specie a seguito della diffusione di culture commerciabili alternative a quella granaria, vistose resistenze furono opposte dalla struttura stessa del mercato del lavoro incentrato su masse di contadini scarsamente proletarizzati. Così nel settore della cerealicoltura il Mezzogiorno rimase il campo di pacifiche e consolidate certezze o di iniziative sparpagliate che non diedero luogo a processi cumulativi di crescita, oltre che il terreno di coltura di un ceto agricolo subalterno esasperato perché costretto a sottostare a sempre più precarie condizioni di vita.

Quello della gestione e della quotizzazione dei demani fu il campo in cui si manifestò con maggior forza il contrasto tra il mondo dei lavoratori delle campagne e quello dei proprietari fondiari, di origine nobiliare o borghese che fossero.

Si sono spesso messe in evidenza, a questo proposito, le matrici settecentesche di un processo che, con l'eversione della feudalità, aveva mutato radicalmente i termini della questione agraria nel Mezzogiorno. Si è sottolineato il fatto che la ridistribuzione dei beni demaniali avesse conosciuto significative anticipazioni in Sicilia, con la quotizzazione delle terre dei gesuiti espulsi e di quelle appartenenti al patrimonio ecclesiastico di regio patronato, e in Calabria ad opera della Cassa Sacra istituita a seguito del disastroso terremoto del 1783, che una prammatica emanata già nel 1792 avesse previsto la divisione dei demani universali e che – infine – nel Decennio venissero spesso riconfermate divisioni che nei fatti erano già avvenute. Si è, d'altra parte, annotato che le quotizzazioni avessero, a volte, tratto origine, più che dalla legislazione borbonica, da abusi, usurpazioni e conflitti di vecchia data che avevano opposto i baroni alle comunità o a settori particolari delle stesse.

Esse, però, lungi dal favorire il sorgere di una piccola e diffusa proprietà contadina, provocarono una drastica riduzione delle aree (boschi e pascoli) dalle quali l'economia comunitaria traeva risorse alternative e complementari rispetto a quelle offerte dai fondi in conduzione; spesso, pure le terre già demaniali che erano state concesse in censo ai contadini vennero rapidamente abbandonate o perché quelli erano impossibilitati a pagare i canoni o perché incapaci di resistere alle attenzioni e alle pretese dei grandi proprietari fondiari o, come avvenne nell'Abruzzo aquilano, di quelli armentari i quali riuscirono a impedire la divisione dei demani comunali già destinati al pascolo estivo delle proprie greggi. Accadeva così, ad esempio, che in Terra d'Otranto l'intendente Acclavio, pur svolgendo una dura politica antibaronale che lo poneva addirittura in contrasto con David Winspeare, procuratore generale presso la commissione feudale, si muovesse per mantenere inalterato il regime e la consistenza del latifondo rifiutando od ostacolando la partizione dei demani comunali e feudali e che dappertutto emergessero due contrastanti concezioni dell'utilizzo di quelle terre: la prima tendeva a vedere in esse un bene collettivo da tutelare e l'altra, invece, sottolineava l'anacronismo di forme comunitarie di sfruttamento e auspicava una loro rapida privatizzazione; il tutto si risolveva in una conflittualità endemica e in un ginepraio di contese legali che sarebbero passate in eredità, quasi in blocco, al nuovo stato unitario.

Ma, in ogni caso, quel modello piccolo proprietario che aveva costituito il punto di riferimento della legislazione borbonica tardosettecentesca non aveva potuto prendere piede nel regno; le usurpazioni già avvenute ne avevano reso impossibile l'applicazione e la politica svolta dalle autorità franco-napoletane a partire dal 1806 aveva avuto di mira obiettivi di tutt'altro segno.

Le indagini di Pasquale Villani per l'Italia meridionale, quelle di Zangheri, Zaghi, Poni, Porisini, Notario per le altre parti della penisola sottoposte al controllo napoleonico hanno posto in evidenza le modalità attraverso le quali si svolsero le operazioni di vendita e di quotizzazione delle terre appartenenti agli ordini ecclesiastici regolari o alla feudalità. Per quanto riguarda le prime, tutti gli autori sopra citati concordano pienamente nel fatto che grazie a quelle operazioni venisse immesso nel circuito economico un esteso patrimonio fondiario fino ad allora bloccato dalla manomorta; viceversa, più sfumato è il giudizio che essi danno a proposito dell'impatto della legislazione eversiva sui destini della proprietà nobiliare. Quest'ultima, infatti, non si ridusse in modo apprezzabile, anche se l'abolizione degli istituti giuridici che ne tutelavano l'integrità (oltre che i debiti pregressi) provocò il suo successivo ridimensionamento; tuttavia, la nuova concezione della proprietà disegnata dalla legislazione e dai codici francesi spostò definitivamente l'equilibrio del possesso fondiario a favore dei ceti borghesi (anche se ciò non sempre significò l'introduzione di rapporti di produzione di tipo borghese), sì che nobiltà e borghesia vennero a costituire ormai un unico ceto di proprietari terrieri. Le vendite delle terre operate nel corso del Decennio favorirono infatti dappertutto banchieri, militari, speculatori, nobili, ex baroni e solo in piccola parte riguardarono esponenti della piccola borghesia o del mondo contadino.

L'individualismo agrario celebrava così, in quegli anni, i suoi trionfi, la proprietà borghese cresceva, quella nobiliare si manteneva e neppure il tardivo scioglimento delle «soggiogazioni» in Sicilia, compensato – per altro – da quello dei diritti promiscui (imposto con un decreto del 1817, ma con regolamento di attuazione del 1825), permise un'ampia ridistribuzione delle terre appartenute alle casate della vecchia feudalità: quei fondi, molto spesso, passarono da un ramo all'altro della stessa famiglia o furono acquistati da membri della piccola nobiltà provinciale; solo in pochi casi entrarono a far parte dei patrimoni di famiglie appartenenti ad altri strati sociali che, peraltro, tesero a omologarsi, negli stili di vita praticati, all'aristocrazia tradizionale.

Anche lo scioglimento delle promiscuità non ottenne gli esiti sperati: nell'isola molto raramente si procedette alle quotizzazioni e i demani comunali rimasero spesso indivisi, appannaggio di esponenti delle élite locali che, grazie al controllo esercitato sui municipi, riuscirono a ottenerne l'affitto in blocco a canoni irrisori.

Ai contadini del Mezzogiorno continentale e della Sicilia furono lasciati brandelli di demani organizzati in «microfondi» che diedero luogo, oltre che alle situazioni vischiose di cui parla Francesco Barra, a un'agricoltura «fuggitiva» (tale veniva definita in un numero degli «Annali» del 1844), ovvero senza piante, né siepi, né avvicendamenti, che riposava su un esiguo e precario capitale: la zappa e la salute dei contadini. Per di più quella manodopera, spesso addensata nelle grandi *agrotowns* pugliesi o siciliane, fu sottoposta dai proprietari fondiari a forme di controllo del lavoro e della produzione che, ormai dappertutto, si erano liberate dei tratti paternalistici di cui era stato solito ammantarsi il regime feudale.

Il latifondo cerealicolo sul quale turbe di braccianti trascinavano la loro esistenza divenne così elemento caratterizzante di gran parte del paesaggio agrario meridionale, arretrato nelle forme, ma non per questo privo di una sua razionalità. Tuttavia ci si sbaglierebbe se si volesse guardare solo alla cerealicoltura e ai rapporti di produzione che la connotavano come all'elemento che esaurisse in sé tutte le capacità e le potenzialità dell'agricoltura delle Due Sicilie e dei gruppi sociali che da essa, a vario titolo, traevano i propri redditi o la legittimazione del proprio ruolo sociale e politico.

Accanto a un Mezzogiorno del grano si era, infatti, sviluppato da tempo un Mezzogiorno dell'olio e, da meno, un Mezzogiorno del mais e della patata.

3. *L'altra agricoltura, il commercio, le manifatture*

Il mais e la patata costituirono la risposta all'impetuoso sviluppo demografico, alla riconosciuta impossibilità a tener dietro all'accresciuto bisogno di cereali solo attraverso la quotizzazione dei demani, lo scioglimento delle promiscuità, l'assalto al bosco o ai pascoli, la persistenza di regimi fondiari che prevedevano il riposo della terra, insomma attraverso le tradizionali risposte che erano state date nel secondo Settecento dal mondo dell'agricoltura meridionale alle ricorrenti emergenze alimentari. L'espansione della coltura del mais e della patata avvenne principalmente nelle fasce pedemontane caratterizzate dalla presenza della piccola proprietà contadina e fu il segno del prevalere in quelle zone di un'agricoltura strettamente legata alle esigenze dell'autoconsumo familiare.

Più lenta, rispetto a quella del mais, si rivelò la diffusione della patata, a lungo considerata un genere esotico e buono tutt'al più per l'alimentazione animale. Nei suoi confronti permase un atteggiamento di scetticismo, favorito dal conservatorismo di fondo di proprietari e contadini, che confinò la coltivazione di quel tubero in porzioni esigue dei fondi almeno fino agli anni quaranta, quando la crisi agraria e i connessi alti prezzi dei cereali portarono la patata a far parte in maniera stabile dell'avvicendamento agricolo in alternanza col grano e col mais.

Così, nell'Abruzzo aquilano la carestia del 1816-17 favorì la diffusione della patata e del mais; la produzione di quest'ultimo – scrive Angiola De Matteis – passò da un rapporto di 1:8,5 rispetto al grano (1810) a 1:4,7 nel 1853 e in alcuni distretti addirittura a 1:2,6.

Nel Molise, a partire dagli anni successivi a quelli della summenzionata carestia, il mais entrò con sempre maggiore regolarità nelle rotazioni delle colture; la sua produzione giunse a collocarsi, a metà secolo, su un rapporto di 2:1 con quella del frumento e a interessare non solo i piccoli produttori, ma anche i grandi proprietari che destinarono alla coltivazione maidica una parte consistente delle proprie terre.

Se l'introduzione del mais e della patata, con la conseguente modifica dei rapporti tra quelle colture e le tradizionali, fa riferimento soprattutto alla sfera della sussistenza contadina e della crescita demografica, di diverso segno fu la diffusione della agrumicoltura.

Le città del Mezzogiorno erano generalmente circondate da un anello di terre irrigue, fitto di giardini recintati, orti e agrumeti i cui frutti erano prevalentemente destinati all'autoconsumo o al ristretto mercato urbano. Nel corso del XVIII secolo le aree del giardino mediterraneo avevano preso progressivamente ad allargarsi allontanandosi sempre di più dalle città, ma fu nell'Ottocento, soprattutto nella parte della Sicilia che andava da Palermo a Messina e da Messina a Catania oltre che nel Reggino, che si verificò una grande trasformazione che giunse a ridisegnare il paesaggio agrario di quelle zone soprattutto come effetto della diffusione di agrumeti la cui ampia produzione non era più finalizzata alla dolceria, ma all'alimentazione e veniva destinata essenzialmente al mercato estero. Attorno all'agrumicoltura, caratterizzata da prezzi altamente remunerativi, pur permanendo forme «signorili» e aristocratiche di considerazione del prodotto, si sviluppò un ceto di agricoltori, magazzinieri, consegnatari inseriti tutti in un ampio circuito internazionale che giungeva fino alle lontane Americhe e che faceva di quel settore uno dei principali elementi della proiezione commerciale estera delle Due Sicilie.

Anche la viticoltura conobbe una notevole fase di espansione, ma con caratteristiche completamente diverse da quelle riscontrabili per l'agrumicoltura. Il vino, quello da pasto in particolare, divenne una presenza sempre più familiare sulle mense urbane (il grande mercato napoletano assorbiva quasi interamente la produzione enologica di Terra di Lavoro) oltre a rappresentare una delle più importanti voci del paniere delle esportazioni del regno: fu soprattutto negli anni cinquanta che l'allargamento delle aree a vigneto divenne più intenso, anche se non paragonabile a quello registrato dal gelso e dagli agrumi, e le viti fuoriuscirono dal tradizionale circuito delle rare vigne suburbane, delle «vigne baronali» o dei fazzoletti di terra nei quali vivevano consociate agli olivi e ai mandorli, per articolare e modificare – in Capitanata e in Terra di Bari in maniera significativa – il paesaggio agrario. In questo settore, come in quello dell'agrumicoltura e dell'olivicoltura, protagonisti della trasformazione furono i contadini che vennero sottoposti a contratti miglioratari (la cosiddetta *pastinatio*) che comportavano censi non molto elevati accompagnati, però, dall'obbligo di impiantare piantagioni di viti, agrumi e olivi che dopo un certo numero di anni sarebbero tornati in pieno godimento del proprietario.

In alcuni distretti della Sicilia si ebbe un vero e proprio «trionfo della vigna» che aveva le sue motivazioni nell'esigenza di venire incontro alla crescente domanda di vino della flotta inglese di stanza a Malta e nel Mediterraneo e a quella, proveniente da un altro tipo di consumatori, di marsala. In talune zone del distretto di Acireale la superficie occupata dai vigneti raggiunse quote pari al 50% del totale coltivato; cantinieri, armatori, padroni di barche che spesso partivano con i loro carichi di vino senza un acquirente predeterminato (come era avvenuto nel Settecento per l'olio di Terra di Bari), bottai, carrettieri si muovevano attorno al vino, personaggi di un mondo in viva «fermentazione».

Si configurava, così, attorno alla produzione enologica e al commercio che la sorreggeva una Sicilia ad intenso sviluppo, punto di partenza di consistenti traffici che giungevano a toccare i porti statunitensi, nella quale operava un ceto mercantile e imprenditoriale di origine locale o straniera (esso annoverava le figure di Benjamin Ingham o di Vincenzo Florio) e che si contrapponeva a quella statica ancorata ai grandi latifondi cerealicoli dell'interno.

Ad influire però in maniera più positiva sulla struttura economica del paese e sulla sua bilancia commerciale furono la produzione e l'esportazione dell'olio.

Utilizzato, oltre che per usi alimentari, nelle manifatture tessili inglesi e nelle fabbriche di sapone di Marsiglia, l'olio conobbe, dopo un periodo di crisi dovuto alle guerre napoleoniche e al blocco continentale, un'ininterrotta dilatazione del suo mercato alla quale corrispose un'espansione senza precedenti dell'olivicoltura che superò i già ragguardevoli livelli settecenteschi soprattutto nelle aree di antica specializzazione di Terra di Bari, di Terra d'Otranto e della Calabria reggina.

I nuovi flussi di esportazione del prodotto che si determinarono accentuarono quello che Bevilacqua ha definito il passaggio del regno da un'economia mondo ad un'altra: non più le metropoli italiane del settentrione, non più Venezia, Ferrara, Trieste si ponevano come paesi destinatari delle esportazioni olivicole, ma le regioni dell'Europa industrializzata; l'Adriatico cessava di fungere da grande arteria di collegamento del Mezzogiorno con il resto della penisola o con gli avamposti del mondo danubiano; sulle sue opposte sponde ormai si fronteggiavano non più economie complementari, bensì concorrenti.

Quelle esportazioni diedero luogo a un'integrazione con alcuni paesi europei maggiore di quella realizzata con gli altri stati italiani e avrebbero avuto al momento dell'unificazione conseguenze di grande rilievo, ma negli anni della restaurazione contribuirono a dare grande vivacità e dinamismo, oltre che alla bilancia commerciale del regno, alle forze sociali e imprenditoriali che attorno all'olio costruivano la propria fortuna.

I progressi dell'olivicoltura e l'incremento delle esportazioni olearie (il 40% del totale), il ruolo trainante che esse assunsero rispetto ad altre produzioni o, in alcune realtà subprovinciali, alla crescita del mercato interno favorirono nelle Due Sicilie l'affermazione di nuove gerarchie economiche: nelle province pugliesi il predominio di Terra d'Otranto e del porto di Gallipoli – legato nel Settecento alle esportazioni verso i mercati inglesi e baltici – venne definitivamente meno, nonostante che in quella zona si registrasse la maggior percentuale di superficie destinata all'olivicoltura (16,2%), a favore di Terra di Bari. Forse la provincia idruntina fu penalizzata dall'arretratezza dei sistemi di raccolta delle olive, dalla cattiva qualità del suo olio e da un'organizzazione mercantile che sanciva la debolezza della locale borghesia imprenditoriale incapace di fare efficacemente da tramite tra i produttori, la miriade di piccoli mediatori e i negozianti stranieri.

Sul capoluogo di Terra di Bari e su pochi altri porti limitrofi si polarizzò circa la metà dell'intera estrazione di olio del regno che tra 1833 e 1855 – nonostante alcuni momenti di crisi – assommò a una media di 300.000 cantaia annue. In quella provincia la fascia costiera centrale si presentava come una ininterrotta selva di oliveti che occupavano oltre il 42% della sua superficie; ivi la produzione conobbe sensibili incrementi e miglioramenti anche grazie all'introduzione e alla celere diffusione dei torchi meccanici ad opera del provenzale Pietro Ravanas. Così, in Terra di Bari l'innovazione aveva portato al raffinamento degli oli, ormai tutti da tavola, al miglioramento delle loro qualità organolettiche e al rafforzamento dei grandi proprietari non più costretti a fare i conti, come nel passato, con la facile deperibilità del prodotto e con le cogenti necessità dell'intermediazione mercantile.

A fine Settecento, considerando il volume delle esportazioni di olio da Terra di Bari, le modalità con cui esse avvenivano, il ruolo che vi svolgevano i mercanti e gli armatori locali, Giuseppe Palmieri aveva tratto la conclusione che quella barese fosse l'unica provincia del regno nella quale si praticasse un commercio attivo, ovvero quello «a cui la nazione quando le piace o torna a conto imprima il moto e dia principio»[11].

Terra di Bari costituiva dunque una vistosa eccezione nel quadro dell'economia del paese; la provincia dell'olio era riuscita a imprimere connotati particolari a un commercio

[11] Citato in P. Chorley, *Oil, Silk and Enlightenment. Economic Problems in XVIIIth Century Naples*, Napoli, Istituto italiano per gli studi storici, 1965, p. 51.

che altrove si muoveva sull'onda di sollecitazioni provenienti esclusivamente dai mercanti e dai mercati forestieri.

L'Ottocento borbonico non conobbe sensibili variazioni a questo quadro; ma un elemento accomunava la provincia pugliese alle altre: la sua grande esposizione mercantile, e su questo punto conviene ora soffermarsi brevemente.

In un suo saggio apparso nel 1987 Pietro Bevilacqua si chiedeva se le caratteristiche merceologiche dei prodotti esportati dal regno e il fatto che gran parte del commercio estero fosse concentrato nelle mani di società e operatori stranieri non si risolvessero in un'eccessiva esposizione mercantile del Mezzogiorno e non facessero delle Due Sicilie un «paese in ostaggio».

Egli allora rispondeva negativamente a tale quesito ricordando la ormai avvenuta divisione internazionale del lavoro e invitando gli storici a stabilire volta per volta la linea di confine tra la determinazione esterna del mercato e le capacità di iniziative autonome e a guardare ai prodotti dell'agricoltura specializzata che costituivano gran parte del commercio estero del paese non come a un retaggio secolare che fosse stato consegnato ai suoi abitanti dalla natura, ma come il frutto di una precisa politica economica: agli stimoli sempre più forti che provenivano dai settori industriali dei paesi europei più avanzati, il regno non poteva rispondere – secondo Bevilacqua – che con l'agricoltura. La limitatezza dei mercati interni, la scarsità e la precarietà di forze imprenditoriali che operavano nei settori secondario e terziario portarono a privilegiare quello agricolo e ad attuare una politica che mirava al conseguimento di sbocchi esterni alla produzione. Tutto ciò, ricorda Giovanni Levi in un suo contributo apparso nella *Storia dell'economia italiana* della Einaudi, si risolveva nell'incremento delle specializzazioni produttive, ma portava anche a un'economia completamente esposta al mercato estero e inidonea a fronteggiare con le proprie risorse la crescita della popolazione.

Ma nelle Due Sicilie il mercato internazionale non giunse mai a costituire l'elemento motore dello sviluppo e acutamente Salvemini ha sottolineato in un suo denso saggio che il mancato controllo delle dinamiche operanti nel mondo industrializzato europeo e l'assenza di un adeguato mercato interno creavano, anche nelle zone più progredite del paese, imprenditori «scentrati» e una struttura economica che non riusciva a generare da sé una domanda capace di assorbire gli stessi prodotti nazionali[12].

Eppure tra 1825 e 1835 era sembrato possibile rimettere in discussione il ruolo del regno come esclusivo fornitore di prodotti agricoli o di materie prime, sulla scia del combinato effetto di alcuni provvedimenti legislativi e di una favorevole congiuntura economica che stava ponendo le premesse per una crescita, seppur lenta e contraddittoria, della società meridionale.

L'introduzione di tariffe protettive nel 1823-24, impedendo la libera immissione dall'estero di quei manufatti che erano prodotti all'interno del regno e lasciando agli «amanti della vanità [più] che della patria e del proprio bene»[13] l'acquisto di merci straniere, determinava infatti una vigorosa espansione del comparto manifatturiero che, in alcune zone del paese, portò alla creazione di veri e propri distretti industriali.

Non è che la produzione nel settore secondario fosse stata fino ad allora assente dal panorama economico del regno, ma, nella maggior parte dei casi, essa era il frutto di iniziative sparse incardinate su piccoli laboratori o sull'industria a domicilio e generalmente rivolte a soddisfare le esigenze dell'autoconsumo o di ristretti circuiti commerciali. Le modalità della lavorazione del cotone, praticata soprattutto in Terra d'Otranto e in Principato Citra, costituiscono l'esempio dell'arretratezza che caratterizzava nel XVIII secolo il sistema manifatturiero del regno: diffusa sotto la forma di industria a domicilio quella si caratterizzava – come ha scritto Maria Antonietta Visceglia – per la scadente produzione, per l'impiego di manodopera non qualificata, per fasi di lavorazione disperse e per l'assenza delle macchine.

[12] B. Salvemini, *Ceti mercantili e crescita urbana in Terra di Bari (1815-1830)*, in *Atti del 3° Convegno di studi Il Risorgimento in Puglia. L'età della Restaurazione (1815-1830)*, Bari, Bracciodieta, 1983, pp. 539-562.

[13] Così scriveva l'anonimo autore di *Dei vantaggi e degli ostacoli a' progressi delle arti e delle industrie ne' Reali Domini di qua del faro* apparso nel fasc. VII degli «Annali» del 1834.

Anche la seta, l'industria cittadina per antonomasia che aveva rappresentato uno dei prodotti di punta delle manifatture meridionali nella prima età moderna e che aveva annoverato i suoi più importanti laboratori in Calabria e in Sicilia, non sfuggì a un declino che era la conseguenza dell'espansione della gelsibachicoltura nell'Italia centrosettentrionale, della diffusione della sericoltura in aree – come Lione – fino ad allora importatrici di quel prodotto, dell'eccessiva pressione fiscale sul prodotto, oltre che dell'arretratezza delle tecniche impiegate. Le Due Sicilie, nonostante alcuni tentativi esperiti in precedenza da Carlo di Borbone e da Ferdinando, erano ormai diventate fornitrici di materie prime o dei generi agricoli necessari a soddisfare le richieste delle manifatture francesi o inglesi.

Pur se in un contesto estremamente difficile, la situazione iniziò a modificarsi nel corso del Decennio francese quando il blocco continentale favorì lo sviluppo nel regno di una serie di iniziative industriali legate soprattutto all'attività di imprenditori elvetici attirati nel sud dalla notevole disponibilità di materie prime, dal basso costo del lavoro e dagli incentivi che il governo murattiano offriva alla produzione.

Sorsero in tal modo ad opera di Jacques Egg (il primo svizzero a effettuare investimenti nel regno), di David Wonwiller, di James Schlaepfer e di altri cotonifici, lanifici, cartiere, localizzate in prossimità di corsi d'acqua e nacquero distretti industriali nella valle del Liri (specie a Isola e ad Arpino), in quella dell'Irno, a Piedimonte d'Alife; a Castellamare si sviluppò un'intensa attività cantieristica, mentre la produzione metalmeccanica, legata alle commesse dell'esercito o alle esigenze dell'embrionale rete ferroviaria del paese, si concentrava in officine ubicate a Napoli e nei suoi immediati dintorni. Anche l'industria serica, sostenuta da un vigoroso incremento della gelsibachicoltura, conobbe una nuova, seppur effimera, felice stagione; essa alimentò consistenti esportazioni di prodotto semilavorato che giunsero ad attestarsi, alla fine degli anni trenta, su una quota che raggiungeva, in valore, poco meno della metà di quella dell'olio.

Ma, complessivamente, il vecchio continuava a prevalere: le iniziative industriali erano troppo localizzate, le fabbriche erano di dimensioni ridotte, assente era qualsiasi spinta propulsiva nei confronti di altri settori, le tecniche impiegate risultavano quasi dappertutto quelle tradizionali e non sempre l'installazione di opifici in determinate località veniva vista dai residenti come fattore di progresso economico e civile; sussistevano forme di industria domestica e artigianale, mancava – come vedremo – un ceto imprenditoriale nazionale disposto a investire i propri capitali nelle manifatture e non in altre e variegate forme di impiego e, soprattutto, il mercato, non così ampio da assorbire la produzione e da creare nuova domanda, era sottoposto – anche in questo caso – alle fluttuazioni dei cicli economici esteri.

Dopo gli anni dell'euforia che si accompagnarono all'ascesa al trono di Ferdinando II, il boom si arrestò e si constatò che l'espansione manifatturiera non aveva mutato significativamente il panorama economico del regno né la sua collocazione internazionale: il colera del 1837 segnò l'inizio della fine per le speranze di una crescita industriale delle Due Sicilie tale da cambiare i destini del paese.

Ripresero allora vigore gli interessi dei ceti agrari, conculcati dalle tariffe protezionistiche; si ritenne che il destino del Mezzogiorno poggiasse sull'agricoltura, propiziata da una natura particolarmente benevola e da suoli fertili, e che quindi nei confronti del settore primario dovessero indirizzarsi tutti gli sforzi del governo per incrementare la produzione e la ricchezza nazionale e, soprattutto, per sostenere la tranquillità sociale. Se nel 1834, in pieno boom industrialista, gli «Annali» esortavano a essere «operai e manifattori» senza dimenticare l'agricoltura, la vera sorgente della ricchezza nazionale, anzi impegnandosi in quelle produzioni che più erano ad essa legate (cotone, seta, lana, ecc.), più tardi non fu più possibile né opportuno «fare come l'Inghilterra»: la felicità pubblica, auspicava nel 1853 Carlo Santangelo, direttore del Reale Istituto di Incoraggiamento (organismo fondato da Giuseppe Bonaparte e preposto a raccogliere i voti espressi dalle Società economiche), poteva conseguirsi in altri modi. Nel 1845 e 1846 erano stati stipulati nuovi trattati commerciali con la Gran Bretagna che avevano smontato l'imponente bardatura protezionistica elevata oltre venti anni addietro: era la definitiva rinuncia da parte delle Due Sicilie a perseguire un progetto di sviluppo industriale che non aveva portato ai risultati sperati.

All'ombra del protezionismo, infatti, la subordinazione al mercato e alle potenze estere non era venuta meno. E il segno era dato dalle colonie di operatori stranieri attivi a Napoli e dalle modalità attraverso le quali si svolgeva il commercio internazionale.

Un folto gruppo di mercanti o di agenti di case commerciali britannici si era installato nella capitale curando l'esportazione verso la madrepatria di quei generi agricoli e minerari di cui il regno abbondava. Nonostante l'ampio spettro di attività economiche da essi curato e la loro, a volte, lunga permanenza nel Mezzogiorno essi, a parte rare eccezioni, non giunsero mai a integrarsi nella realtà cittadina, ma vissero come un'«isola» lasciando ai negozianti napoletani il compito di provvedere all'acquisto delle merci dai produttori locali, al loro immagazzinamento, al loro trasporto dall'interno del paese. Essi si limitavano, oltre che a finanziare la catena degli intermediari regnicoli, a inoltrare all'estero i prodotti meridionali su navi che avevano già sbarcato manufatti, pesce, generi coloniali, che venivano assorbiti quasi esclusivamente dal mercato della capitale. Le colonie dei mercanti stranieri obbedivano, infatti, sempre alle logiche e alle direttive delle case madri e alle esigenze di un grande commercio che aveva in Napoli solo uno dei tanti terminali.

Uno dei primi atti del governo borbonico restaurato era stato quello di accordare alle navi nazionali o battenti bandiera spagnola, francese o inglese una riduzione del 10% sui dazi di entrata delle merci prodotte in quei paesi. Questo provvedimento, dettato da necessità di politica estera, avrebbe potuto favorire la marineria nazionale, ma finì per conseguire risultati diversi rispetto a quelli auspicati: l'assenza di controlli sulla provenienza delle merci imbarcate sulle navi straniere, assieme all'incapacità della flotta napoletana di assicurare la copertura di tutte le rotte attraverso le quali passava il commercio estero del regno, favorirono, infatti, un aumento della presenza del naviglio straniero nei porti del Mezzogiorno e contribuirono a deprimere ancora di più la produzione nazionale.

La situazione mutò con la legislazione protezionistica del 1823-24 che, pur mantenendo il privilegio di cui godevano

Spagna, Francia e Inghilterra, introdusse tariffe differenziate a seconda che una merce venisse importata o esportata su naviglio nazionale o estero.

Se questi provvedimenti contribuirono a far crescere in numero e tonnellaggio la flotta mercantile napoletana, la subordinazione commerciale del regno non venne meno e fu la vicenda degli zolfi a mostrare come ancora lunga fosse la strada da percorrere perché le Due Sicilie potessero porsi su un piano di pari dignità con le grandi potenze commerciali europee e aspirare a uno sviluppo che coniugasse progresso tecnologico, imprenditorialità e benessere della nazione.

Sulla questione degli zolfi conviene spendere qui qualche parola utile non solo per caricare di ulteriori contenuti il tema della subordinazione di larga parte dell'economia meridionale alle esigenze e alle direttive dei paesi protagonisti della rivoluzione commerciale e di quella industriale, ma anche per rimarcare le particolari forme che aveva assunto lo sviluppo nella parte insulare del regno.

Come è risaputo, il fabbisogno di soda artificiale e di acido solforico da parte delle industrie inglesi e francesi aveva determinato un incremento della produzione di zolfo estratto dalle miniere siciliane e, contemporaneamente, vistosi aumenti del prezzo di quel minerale. La crescita dell'offerta, dovuta anche allo sfrenato sfruttamento delle miniere, portò nel 1833 a una crisi di sovrapproduzione che si ripercosse negativamente sui volumi delle esportazioni, gestite da mercanti inglesi. Il governo cercò di ovviare a tale situazione stipulando nel 1838 una convenzione con la società francese Taix e Aycard alla quale fu affidato in regime di monopolio il commercio dello zolfo. Tale mossa provocò, però, le rimostranze degli operatori inglesi, validamente spalleggiati dal loro governo, che costrinsero Napoli, dopo alcuni timidi tentativi di reazione, a un'umiliante retromarcia.

Ancora una volta il regno dovette piegarsi di fronte a un *diktat* proveniente da una potenza estera, in questo caso l'Inghilterra, e ancora una volta la Sicilia dovette fare i conti con l'abbondanza dei suoi prodotti che, come scrive Ida Fazio, contemporaneamente la salvava e la rovinava: nel nostro caso l'ampia produzione di zolfo e la correlata disponibilità di manodopera a basso costo erano elementi tali da scoraggiare gli investimenti e le innovazioni tecnologiche.

L'immobilismo dei suoi proprietari, quelli dei latifondi o delle miniere, avrebbe così continuato a fare di gran parte della Sicilia una realtà dagli assetti sociali ed economici pietrificati.

Se dal commercio estero e dalle relazioni internazionali che lo sostenevano si passa al commercio interno, i tratti dell'innovazione precaria assumono aspetti ancor più marcati.

Come si ricorderà, all'ampliamento della rete stradale era stata attribuita una delle cause della più celere diffusione del colera su tutto il territorio del regno, ma la nonostante tutto perdurante debolezza della struttura viaria, solo in parte compensata dallo sviluppo che aveva assunto il cabotaggio marittimo, incideva in maniera notevole sul sistema distributivo delle merci. La già fitta rete di fiere e mercati di cui disponeva il Mezzogiorno tese, infatti, a ispessirsi nel corso dell'Ottocento borbonico, segno più evidente, questo, oltre che dell'isolamento in cui versavano intere contrade del paese, dell'arretratezza degli assetti produttivi e distributivi delle Due Sicilie. La miriade di mercati locali che si affiancavano alle grandi fiere di origine medievale e aragonese visualizzava la tenace persistenza di forme di commercio periodico in un contesto caratterizzato da irrisolte marginalità e da profonda asfissia economica. L'incontro che avveniva in piazza tra i produttori, i commercianti e i consumatori si risolveva, nella maggior parte dei casi, in scambi di modesta entità concernenti articoli che tendevano a soddisfare grame esigenze legate a forme elementari del vivere associato.

Anche in questo campo, tuttavia, l'Ottocento borbonico si presenta segnato da forti polarizzazioni. Da una parte si assistette all'incremento nel numero di quelle manifestazioni, specie nelle province interne e nelle aree più isolate, dall'altra vi furono realtà in cui il circuito delle fiere e dei mercati cedette lentamente il passo alla diffusione di forme di commercio stabile, praticate soprattutto da «negozianti puri».

Così, specie nelle città più popolose delle Due Sicilie, il commerciante entrò stabilmente nell'universo delle relazioni sociali e amministrative locali affiancandosi ai proprietari fondiari, ai burocrati, agli esponenti dei ceti intellettuali e distaccandosi da quei proprietari che rivestivano ruoli commerciali e che riuscivano a coprire un ampio spettro di attività sia nell'ambito della produzione che in quello della distribuzione. In alcuni centri urbani, si pensi a Bari, a Salerno, a Catania, la pratica del negozio divenne il bandolo attorno al quale si costruirono o si rafforzarono identità di famiglie e di gruppi. Tuttavia forti ostacoli allo sviluppo del mondo dei commercianti provennero dall'asfittica struttura creditizia (solo dal 1857 fu operante a Bari il Banco delle Due Sicilie e solo nel 1859 si progettò l'apertura di altri sportelli a Chieti e a Reggio Calabria) che consegnava i gruppi sociali che si riconoscevano nel commercio a forme più o meno latamente usuraie di finanziamento alle quali si dedicavano alacremente numerose famiglie appartenenti ai ceti fondiari oltre che coloro, tra gli stessi commercianti, che disponevano di grandi risorse monetarie.

La figura del commerciante, anche per questo motivo, continuò a presentarsi con tratti che la rendevano indistinguibile rispetto ad altri strati della popolazione. L'attività di prestito ai contadini nella forma dei tradizionali «contratti alla voce», lo smercio dei prodotti dell'agricoltura, la proprietà fondiaria, le stesse strategie matrimoniali praticate rimandavano di continuo al mondo della campagna e anche quando si prospettava per qualche rampollo una fuoriuscita dall'ambiente del negozio verso il mondo delle professioni civili o il ceto dei «galantuomini», questa avveniva sotto il manto rassicurante della possidenza agraria. Anche in questo campo le innovazioni, quando vi furono, si mossero nel segno della precarietà: rare furono le famiglie di commercianti, a differenza di quanto avveniva per quelle impiegatizie, che mantennero intatta nel tempo la propria fisionomia professionale; per quelle che più di altre vi riuscirono fu determinante il collegamento con le compagnie commerciali napoletane.

A questi comportamenti si adeguarono anche gli imprenditori che operavano a Napoli: alieni da ogni specializzazione della propria attività, legati a filo doppio al mondo degli appalti e delle regie (e legati, quindi, al potere politico), inclini a investimenti speculativi che presentavano un alto grado di redditività, essi conservavano un profilo che li avvicinava per molti tratti al mondo dei finanzieri di antico regime. La loro scarsa consistenza numerica, il loro spesso breve impegno nel settore secondario, il non configurarsi come gruppo sociale omogeneo portatore di ben precisi interessi, ne resero limitata l'influenza nella vita pubblica del paese. Essi, per dirla con Davis, furono imprenditori dell'arretratezza; per Galasso, le loro vicende vanno lette all'interno di un contesto caratterizzato dal prevalere di componenti agrarie e rurali[14].

A definire la natura di larga parte delle vicende del Mezzogiorno sono stati sovente usati i contrapposti aggettivi «attivo» e «passivo». Da Giuseppe Palmieri che aveva parlato di Terra di Bari come dell'unica provincia attiva del regno a Vincenzo Cuoco che aveva definito passiva la rivoluzione napoletana del 1799 sembra che la riflessione politico-economica di fine XVIII e inizio XIX secolo non abbia trovato modo migliore per leggere le peculiarità del mondo meridionale e per esprimere, nello stesso tempo, il suo non essere riconducibile a un unico e omogeneo quadro. Recentemente Biagio Salvemini ha fatto ricorso ai due termini per distinguere le zone del regno che, pur integrate nel circuito delle economie forti europee, esercitavano funzioni subalterne nell'organizzazione degli scambi da quelle che avevano al proprio interno il «cervello» delle operazioni che le legava al mercato internazionale e riuscivano, così, a trattenere parte del profitto commerciale e a tradurlo in strumento di attivazione della propria vita economica[15]. Anche Luciano Cafagna si serve dei contrapposti aggettivi per distinguere tra una modernizzazione attiva e una passiva: nella prima risulta essenziale l'identificazione tra collettività ed élite modernizzante, nella seconda prevalgono gli elementi di sollecitazione esterna e quindi l'identificazione tra settori modernizzanti e collettività nel suo insieme appare labile o assente[16].

[14] J.A. Davis, *Società e imprenditori nel regno borbonico. 1815-1860*, Roma-Bari, Laterza, 1979, p. 215; G. Galasso, *L'imprenditore*, in Id., *L'altra Europa. Per un'antropologia storica del Mezzogiorno d'Italia*, Milano, Mondadori, 1982, pp. 191-216, spec. p. 203.

[15] B. Salvemini, *Note sul concetto di ottocento meridionale*, in «Società e storia», VII, 1984, pp. 917-945, spec. p. 927.

[16] L. Cafagna, *Modernizzazione attiva e modernizzazione passiva*, in «Meridiana», n. 2, 1988, pp. 229-240, spec. pp. 236-237.

I due termini, più di tanti altri, sembrano adatti a spiegare le numerose dicotomie all'interno delle quali si è svolta la storia del regno: città-campagna, pianura-montagna, grano-pascolo, interno-esterno, centro-periferia, parte continentale-parte insulare, Napoli-Sicilia, Palermo-Sicilia e così via, ma soprattutto sembrano dar conto di una complessità di sviluppo che certamente non è racchiudibile nell'antitesi moderno-antimoderno, progresso-arretratezza.

La veloce rassegna che in queste pagine è stata fatta dei caratteri e dei problemi dell'economia meridionale nella prima metà del XIX secolo ha tenuto costantemente presente il valore concettuale dei due lemmi e, credo, abbia evidenziato come gli elementi di positività presenti in maniera non trascurabile nelle linee di sviluppo economico, sociale e civile del paese, per una serie di motivi che vanno dal prevalere degli interessi particolari su quelli collettivi, alla debole direzione politica, alla persistenza di modelli culturali di antico regime, alla stessa struttura sociale e demografica, alle forme di organizzazione del lavoro, oltre che – naturalmente – alla collocazione del regno nel mercato internazionale, non riuscissero a dar luogo a uno sviluppo pervasivo.

Nelle Due Sicilie gli elementi che definivano una situazione attiva erano tali solo perché ad essi si contrapponevano quelli che dominavano nelle province passive di palmieriana memoria.

Capitolo sesto

Il dissolvimento del regno meridionale

1. *L'autodifesa della dinastia*

Il regno delle Due Sicilie si considerava parte integrante del concerto delle potenze europee e negli anni quaranta dell'Ottocento manteneva rapporti diplomatici diretti con Austria, Brasile, Francia, Gran Bretagna, Prussia, Russia, Santa Sede, Sardegna, Spagna, Svezia, Stati Uniti d'America e indiretti con altri stati tedeschi e italiani. Ciononostante, a livello delle cancellerie, come di opinione pubblica, esso tendeva a configurarsi alla stessa stregua delle repubbliche oligarchiche italiane del XVIII secolo, ovvero come un anacronismo storico, un vero e proprio relitto del passato, non da ammirare come la Venezia che avevano conosciuto i viaggiatori europei del *grand tour*, ma da distruggere o, almeno, da emendare in profondità nei suoi ordinamenti.

Erano stati, sosteneva Michele De Sangro, gli oltre 2.000 scienziati italiani (però – a suo parere – quelli erano pseudoscienziati e settari mascherati) che nel 1845 avevano celebrato a Napoli il loro VII congresso a propalare dappertutto idee sbagliate sul regno; ma in realtà erano stati i dispacci degli ambasciatori stranieri, la *Protesta* del Settembrini, le lettere del Gladstone, l'opuscolo di Scialoia a diffondere nelle corti e nelle cancellerie l'idea dell'incompatibilità di un sovrano come Ferdinando II e dello stesso regno indipendente con il quadro politico europeo: il civile secolo XIX non poteva tollerare una dinastia che si reggeva su forme assolutistiche di potere, che non esitava a reprimere con la forza le proteste dei suoi sudditi, che metteva a ferro e fuoco la propria capitale (anche se non era solo il re di Napoli a farlo), che appariva completamente scissa dai ceti intellettuali della nazione, che incoraggiava il fanatismo e l'intolleranza delle masse, che dava prova di un populismo a buon mercato che ad altro non serviva se non a nascondere la radicata inerzia degli apparati governativi.

La grande repressione del 1799 con le forme di anarchia popolare che l'avevano caratterizzata continuava a proiettare un'ombra sinistra sulla storia del regno e accompagnava tutte le mosse dei suoi sovrani; per di più, il tradimento perpetrato dal re a Lubiana nel 1821, se aveva mantenuto il paese nel sistema della Santa Alleanza, aveva incrinato la fiducia di molti paesi europei nelle attitudini politiche dei Borboni.

Neppure i primi momenti del regno di Ferdinando II, quelli che pure videro l'eliminazione delle misure più impopolari prese negli anni precedenti, il riaccostamento ai gruppi murattiani in gran parte ridotti dagli esiti della rivoluzione del 1820-21 al silenzio o costretti all'esilio e il lancio di una campagna propagandistica che tendeva a presentare Carlo Alberto di Savoia e Francesco IV di Modena come i veri campioni del reazionarismo in Italia, servirono a rendere accettabile la dinastia borbonica a coloro che avevano a cuore le cose della penisola.

Francia, Gran Bretagna, Austria, per motivi diversi e con finalità particolari, guardavano tutte con preoccupazione alla situazione interna del regno meridionale, i loro ambasciatori esaminavano con attenzione il livello delle relazioni tra il sovrano e il suo popolo, si interrogavano sulla capacità di tenuta dello stato e delle sue istituzioni, scommettevano, e a volte giocavano, sull'integrità territoriale delle Due Sicilie.

Veniva messa in discussione, a poco a poco, da parte di alcune potenze europee (specie la Francia e la Gran Bretagna), la legittimità dei Borboni e la configurazione istituzionale dello stato. Agli occhi di quelle tutto nel paese sembrava denunciare forme di marcata arretratezza che venivano ascritte in blocco o alle cattive abitudini delle popolazioni meridionali o al malgoverno. Ma, se per il Blanch i giudizi negativi erano un effetto delle discordie civili che annullavano le opinioni moderate e ponevano in secondo piano gli uomini che le professavano[1], gli

[1] L. Blanch, *Gladstone e il regno di Napoli,* in Id., *Scritti storici*, cit., vol. II, pp. 380-389, spec. p. 382.

ambienti ministeriali napoletani e l'opinione pubblica più legata alla corona disponevano di un argomento da contrapporre alle critiche che venivano rivolte al regno e al suo sovrano, sul quale anche i detrattori – specie quelli di nazionalità francese, sempre pronti, come ben si sa, a ricordare i meriti dei Napoleonidi e ad avanzare l'ipotesi di una restaurazione murattiana – avrebbero dovuto convenire, ed era proprio quello rappresentato dalla legislazione delle Due Sicilie.

E fu su questo versante che si produsse una non indifferente mobilitazione a favore del sistema vigente di giusperiti, amministratori e pubblicisti, alcuni dei quali giunsero addirittura a esaltare la fino ad allora espunta esperienza del Decennio. Questo non deve meravigliare, dal momento che i funzionari di origine murattiana e, in genere, gli assertori della bontà degli ordinamenti di cui si era dotata la monarchia amministrativa nell'età napoleonica, videro nella temperie che stava maturando alla fine degli anni quaranta l'ultima occasione per presentarsi come classe dirigente nazionale. In tale veste essi procedettero a una difesa a oltranza delle istituzioni del regno e propugnarono una politica di caute riforme che consolidasse, con le proprie posizioni, quelle della corona.

La forma istituzionale del regno – si sosteneva – ricalcava quella che gli era stata data negli anni dell'«occupazione militare» e che, con grande prova di lungimiranza, Ferdinando I aveva mantenuto e anzi migliorato. Le Due Sicilie si regolavano, infatti, su una legislazione all'avanguardia, invidiata e imitata dagli altri stati italiani, che le collocava allo stesso livello delle più civili monarchie d'Europa. Tutto il sistema della pubblica amministrazione presentava i tratti dell'organicità e della semplicità costituendo, come riconosce Antonio Saladino, un mirabile congegno che armonizzava l'operato delle sue componenti e regolava minuziosamente tutti gli affari del paese, dalla capitale fino al più sperduto comune[2].

Ma il vero cavallo di battaglia per i filoborbonici (che

[2] A. Saladino, *La crisi della pubblica amministrazione alla vigilia del crollo del regno delle Due Sicilie*, in «ASPN», LXXVII, 1958, pp. 303-323.

diedero prova di notevole solerzia nel confutare le affermazioni di Gladstone) era rappresentato dal sistema giudiziario: Napoli aveva dato i natali all'immortale Filangieri e contava su un gran numero di sommi giureconsulti che onoravano non solo le Due Sicilie, ma l'Italia intera; le sue leggi penali erano tra le migliori d'Europa ed erano ispirate alla filosofia e al rispetto dell'uomo; esse prevedevano inusitate garanzie per l'imputato ed erano così savie che nel 1835 la Francia, in procinto di riformare i suoi codici, si era ispirata a quelli napoletani; la magistratura era indipendente dal potere politico e, fedele alle sue tradizioni, lavorava in concordia con il mondo degli avvocati; i suoi procedimenti – come era avvenuto in occasione del processo alla setta «L'Unità Italiana» – erano improntati a senso di giustizia e di equità; vigeva l'uguaglianza nell'esercizio dei diritti civili, la legge assicurava protezione alle persone e alle proprietà; sì che nel regno borbonico si compivano integralmente i veri voti del popolo che ad altro non aspirava se non a disporre di pane in abbondanza e a godere di una giustizia imparzialmente amministrata. D'altra parte, a sottolineare paradossalmente la bontà degli ordinamenti del regno, era il fatto che nel 1847, mentre nel resto dell'Italia si chiedevano le riforme, a Napoli si guardava più avanti e si invocava la costituzione; anzi sarebbe stata vera rivoluzione per gli altri stati, specie quello pontificio (consueta e facile pietra di paragone per il regno borbonico), il voler ricalcare l'architettura istituzionale della monarchia napoletana.

Ambienti della magistratura, del governo e della cultura meno propensi all'acquiescenza verso la dinastia, come anche gli ambasciatori delle potenze estere residenti nella capitale, potevano confermare la sostanziale correttezza di queste affermazioni, anche se – scriveva il Blanch riferendosi agli imputati nel processo intentato agli aderenti a «L'Unità Italiana» – dispiaceva vedere galantuomini probi e stimati essere trattati nei bagni penali alla stregua di incalliti delinquenti. Tuttavia, dispiaceva a molti, soprattutto, il fatto che le tanto vantate norme e procedure giudiziarie, come quelle amministrative, venissero disattese nel quotidiano comportamento di coloro che detenevano cariche pubbliche e, soprattutto, in quello dello stesso sovrano. Se il regno non aveva bisogno di riforme che mutassero le sue istituzioni, scriveva C. Crisci nel suo *Dello stato delle opinioni e de' mezzi di governo nel regno di Napoli*, bisognava almeno cambiare gli uomini che erano ad esse preposti; se la legislazione era saggia, non altrettanto si poteva affermare dell'agire degli ufficiali amministrativi e giudiziari, per non parlare degli organi di polizia; se le garanzie erano «belle» sulla carta, in realtà si mostravano inefficienti; insomma, lo ammetteva Nicola Nicolini alla fine del 1847, nelle Due Sicilie il governo lottava con le buone istituzioni e dappertutto, dalle aule dei tribunali alle anticamere dei ministeri e del palazzo reale, trionfavano inefficienza e corruzione che svuotavano di significato il concetto stesso di buona amministrazione.

Le manchevolezze che rendevano nei fatti anomalo l'ordinamento giuridico e amministrativo dello stato erano da ascrivere pressoché esclusivamente a Ferdinando II che aveva centralizzato nella sua persona, specie a partire dal 1849, tutti gli affari del paese. Egli – sottolineava De Sanctis – nel suo modo di atteggiarsi sembrava ricalcare contemporaneamente Luigi XIV, un sovrano illuminato del Settecento e un re napoleonide[3]; dava prova di pietà e moderazione, era giunto a separarsi dai reazionari e a circondarsi di murattiani, ma temeva un ritorno al dispotismo ministeriale, memore dei limiti invalicabili che prima l'Acton e poi il de' Medici avevano imposto al nonno nell'esercizio della sovranità.

Vi era chi attribuiva al re buone intenzioni, ma queste – si diceva – venivano alterate fino ad essere annullate dalle influenze degli egoistici ambienti ministeriali. Se quella del re buono e capace e dei ministri inetti e dispotici è un'immagine generalizzata in tutte le riflessioni politiche di qualsiasi epoca e di qualsiasi paese, bisogna, però, dire che all'origine del comportamento inetto dei suoi ministri era il re stesso la cui smania di esercitare un potere assoluto lo aveva portato a sminuire il rango di molti suoi collaboratori, a trasformare alcuni ministeri in direzioni generali o in ministeri senza portafoglio, a circondarsi di personaggi di dubbie capacità e

[3] E. Cione, *Francesco De Sanctis contro il murattismo*, in F. De Sanctis, *Pagine sparse*, a cura di B. Croce, Bari, Laterza, 1941, pp. 41-76.

in perenne contrasto tra di loro sui quali egli avrebbe avuto facile gioco a imporre le proprie vedute. I ministri si erano così ridotti a semplici referendari completamente dipendenti dalla volontà del re (i tanto celebrati viaggi del sovrano nelle province portavano a situazioni di inerzia negli apparati della capitale) e pure i liberali moderati del 1848, con il loro eccessivo legalitarismo, contribuirono a mantenere Ferdinando II al centro del sistema politico del paese.

Concorreva alla scarsa qualità degli uomini di governo che attorniavano il sovrano l'esaurimento della generazione murattiana che aveva vissuto l'esperienza della rivoluzione costituzionale del 1820 e che era stata lungamente accarezzata da Ferdinando II.

Su questa generazione, negli anni del Risorgimento, si addensarono giudizi non certamente lusinghieri: troppo diverso era lo stato amministrativo che gli uomini del Decennio avevano edificato e che ancora avevano in mente rispetto alle esigenze di libertà, di partecipazione politica e, poi, di unità nazionale che venivano prospettate. Silvio Spaventa guardava agli ufficiali murattiani come ai migliori dal punto di vista professionale, ma di nessuna fede politica: essi disprezzavano i Borboni pur servendoli, erano amici della libertà in privato, ma in pubblico erano i più efficaci strumenti della tirannide; furono costoro, secondo Francesco De Sanctis, ad appoggiare l'assolutismo di Ferdinando II vedendovi una garanzia di ordine e di buona amministrazione. In questo modo i murattiani si trasformavano in partito conservatore e diventavano i più accesi sostenitori del borbonismo; Giuseppe Massari, pur lodando il fatto che essi erano fautori di una libertà temperata, criticava il loro spirito squisitamente «municipale» e non italiano e la loro adesione, come era avvenuto con Luigi Blanch, a moduli di governo che avrebbero fatto scaturire dall'ordine civile forme di progresso politico. Ma, che quei murattiani fossero ormai al tramonto, che su di loro pesasse oltre che l'anagrafe, lo scetticismo e la diffidenza nei confronti della dinastia e del nuovo lo dimostra il fatto che – secondo quanto asserisce Massari ne *I casi di Napoli* – Gabriele Pepe e Luigi Dragonetti, tra i più facondi oratori nel parlamento del 1820, in quello del 1848 parlarono poco.

Attorno al trono cresceva il potere e l'influenza dell'esercito al quale il re aveva affidato più che l'improbabile – fino al 1859 – compito di difendere l'indipendenza dello stato, quello di mantenere l'ordine nelle province e di schiacciare briganti e sovversivi.

Con una forza pari a 60.000 uomini in tempo di pace, in grado di mobilitarne 100.000 in caso di guerra, l'esercito delle Due Sicilie era il più numeroso tra quelli che i sovrani italiani potessero schierare in campo, anzi – riteneva il Nitti nella sua *Napoli e la questione meridionale* – esso da solo superava quelli degli altri stati della penisola messi insieme. Quello si configurava, però, come un esercito essenzialmente dinastico, legato al sovrano più che al paese. Numerosi furono coloro che ne criticarono l'ampiezza (ma si rispondeva che a Napoli c'era un soldato su 140 abitanti mentre in Russia ce n'era 1 su 57, in Francia 1 su 77, in Austria 1 su 116)[4], la pesantezza, il sistema francese adottato che ne aveva fatto un esercito da caserma pieno di coscritti (la ferma durava cinque anni, seguiti da altri cinque nella riserva), il fatto di essere integrato da alcuni reggimenti di soldati svizzeri che ne costituivano la punta di diamante e che rivelarono la loro micidiale efficacia nella giornata del 15 maggio 1848.

Ma, soprattutto, si criticava la sua inutilità (già Giuseppe Gorani a fine Settecento aveva definito quella napoletana come l'«armée [...] la belle inutile»), il suo assorbire da solo 18 dei 30 milioni di ducati del bilancio dello stato e l'essere più numeroso di quello di cui disponeva il regno di Sardegna, confinante non con lo Stato pontificio, ma con la Francia e con l'Austria.

Per Silvio Spaventa l'esercito pesava sul paese come una torma conquistatrice e Luigi Settembrini era del parere che avrebbe giovato agli interessi del regno più una forte marina che un'armata di terra dai ranghi gonfiati all'eccesso[5].

Ma, se le feroci critiche provenienti dall'interno e dall'estero, specie dopo i fatti del 15 maggio 1848, e un ammu-

[4] «Annali», 1836, XIX, pp. 58-61.

[5] L. Settembrini, *Opuscoli politici editi e inediti (1847-1851)*, a cura di M. Themelly, Roma, Ateneo, 1969, p. 322.

tinamento dalle non chiare motivazioni avrebbero portato Francesco II a sciogliere i reggimenti svizzeri, qualcosa in quegli anni mutava nel rapporto tra dinastia ed esercito. Quest'ultimo nel 1848 aveva combattuto a fianco della monarchia, a differenza di quanto era avvenuto nel 1820, e si era reso conto della sua forza; esso era consapevole di aver salvato il trono, di aver riconquistato la Sicilia, di aver domato le insorgenze in Calabria e, soprattutto, di aver spazzato via le barricate che, si ricordava, fino ad allora – da Parigi a Vienna – avevano sempre segnato la vittoria degli insorti. L'esercito nel 1848 e nel 1849 aveva dunque puntellato il trono, tutelato l'onore del paese, impedito l'intervento di truppe straniere e rafforzato la monarchia che si presentava come l'approdo sicuro per quei sovrani, come il granduca di Toscana e il papa, che erano stati costretti ad abbandonare precipitosamente Firenze e Roma. Erano in pochi, e non tutti napoletani, a sottolineare allora che mentre sardi e altri italiani combattevano in Lombardia e in Veneto contro gli austriaci, l'esercito meridionale era occupato nella sua quasi totalità (con l'eccezione di Guglielmo Pepe impegnato con un pugno di uomini nella difesa di Venezia) a soffocare le insurrezioni dei calabresi e dei siciliani combattendo una guerra ingrata e priva di gloria. Era pur vero, però, come avrebbe ricordato alcuni anni dopo lo stesso Settembrini, che ufficiali e soldati borbonici – oggetto di ingenerose e pretestuose critiche da parte dei liberali – in Sicilia stavano compiendo, a prezzo di numeroso sangue, il proprio dovere.

Ad onta dei giudizi negativi che sull'esercito si erano addensati, un nuovo spirito di corpo si cementava, alimentato da una pubblicistica militare, che ricuperava anch'essa, con la tradizione napoleonica e murattiana, il ricordo delle imprese compiute dai napoletani sotto le opposte bandiere di Ferdinando o di Gioacchino nell'Europa delle coalizioni. Dopo il 1849, di fronte alla reazione imperante, l'esercito prese dunque ad assumere maggior peso nella vita del regno e molti osservatori (tra i quali Silvio Spaventa) notarono come le sentenze emesse dalle corti militari spesso fossero più umane di quelle delle corti civili. Contemporaneamente, alcune funzioni amministrative tendevano ad essere delegate ai comandi provinciali dell'armata e gradualmente venne a sovrapporsi un nuovo e alternativo circuito di potere a quello normale incardinato sulla rete delle intendenze e sugli uffici delle varie branche dell'amministrazione civile.

La cultura militare che aveva annoverato, come si ricorderà, i primi due direttori di Ponti e Strade, che aveva formato personaggi come Carascosa, Pignatelli, Pepe e Blanch, avrebbe potuto contribuire almeno a rinnovare i fasti di una buona amministrazione che ormai cedeva dappertutto il passo di fronte all'invadenza della polizia e all'assolutismo meschino e paternalistico di un re che aveva preso a modello lo zar Nicola I; ma l'età avanzata dei generali murattiani ancora in servizio, le modalità stesse di selezione dei quadri e di avanzamento nei gradi, le particolari forme del suo impiego resero l'esercito un segmento separato della società, animato da spirito profondamente conservatore, devoto al sovrano, ma incapace di compiere quel passo che stavano compiendo altri eserciti dinastici, a cominciare da quello sabaudo (costretto, tra l'altro, ad abbandonare a malincuore la bandiera dinastica per il tricolore): la trasformazione in esercito nazionale.

Nella seconda metà degli anni cinquanta tesero ad allentarsi pure i legami con il sovrano: sempre più timoroso e sospettoso, specie dopo l'attentato di Agesilao Milano, l'esplosione di una polveriera a Napoli e il misterioso affondamento di una fregata, il re perse la sua fiducia in una ufficialità che vedeva non completamente immune dalle idee liberali e che cominciava ad averne abbastanza di essere impiegata in compiti di polizia. In questo modo, scisse tra filoliberali e ultraconservatori nei loro ranghi medio-alti, con uno stato maggiore in cui prevalevano ufficiali anziani (alcuni avevano fatto le campagne napoleoniche) e, per dirla con il Pisacane, formato da una schiera di cortigiani[6], con una pletorica truppa di umile estrazione animata da un rumoroso quanto inutile lealismo e sottoposta a pratiche di esasperato devozionismo, le forze armate delle Due Sicilie affrontarono nel 1860 la loro ultima e non esaltante impresa.

[6] C. Pisacane, *Guerra combattuta in Italia negli anni 1848-49*, a cura di A. Romano, Milano, Avanti, 1961, p. 309.

Se l'esercito, pur presentandosi come un corpo separato, aspirava a offrire di sé un'immagine di efficienza che contrastava con le lungaggini e i formalismi delle amministrazioni civili, diversa si presentava la situazione per quanto riguarda il funzionamento degli apparati di governo, specie nelle province.

Gli strali – in questo caso – si appuntavano soprattutto sul personale, sulle sue qualità, sulla sua competenza, sui metodi di selezione e di reclutamento, sulle funzioni che era chiamato ad assolvere. Per Francesco Crispi l'amministrazione era ormai delegata a sbirri e spie; impiegati e funzionari (il cui numero ascendeva a quasi 25.000 alla vigilia dell'unificazione) venivano tutelati sempre e comunque dalle frequenti accuse di abusi e di inefficienza che loro venivano rivolte; dappertutto, anche nelle amministrazioni locali, gli organi di governo e gli uomini ad essi preposti si erano trasformati in strumenti dell'assolutismo regio[7].

Questa situazione non avrebbe registrato sensibili miglioramenti neppure nel 1848 con l'introduzione del sistema costituzionale: funzionari e magistrati abituati ad operare in un regime segnato da tratti di dispotismo e avvezzi a prestare, come scriveva il periodico popolare «Padre Rocco», docile esecuzione a qualunque ordine mantenevano i loro posti; alcuni si erano rapidamente e opportunisticamente convertiti alle nuove idee, la maggior parte erano rimasti attaccati alle vecchie e costituivano – con l'inerzia, l'immobilismo e spesso l'aperto boicottaggio che improntavano il loro agire – una vera e propria spina nel fianco del governo. Era questo uno dei limiti più profondi del nuovo regime che non aveva voluto dar corso a epurazioni o a sostituzioni specie nel delicato settore delle intendenze e delle sottointendenze, cosicché, scriveva il Michitelli con una certa esagerazione nelle sue *Rimostranze al governo*, ci si aspettava di leggere ogni giorno sul «Giornale costituzionale delle Due Sicilie» notizie su avvicendamenti e rimozioni, ma su quei fogli trovavano posto solo le notizie di scontate manifestazioni di giubilo in onore del re costituzionale e gli elenchi degli alunni più meritevoli dei collegi del regno.

[7] F. Crispi, *Scritti e discorsi politici (1849-1890)*, Torino-Roma, Casa Editrice Nazionale, 1903[2], pp. 169-181.

Sui sottointendenti si soffermava particolarmente Francesco De Sanctis: essi erano la base principale del sistema di governo di Ferdinando II, fatti a sua immagine, ultimi tirannelli di una lunga catena di despoti, coadiuvati da impiegati ignoranti e ambiziosi, pronti ai soprusi e alle ruberie e acquiescenti nei confronti dei notabili di paese[8]. Per Francesco Michitelli erano quelli i gendarmi nelle province, i veri rappresentanti dello stato, coloro che conculcavano la volontà delle popolazioni con un autoritarismo che aveva un corrispettivo solo nei pascià ottomani.

I decurionati, scriveva Pandullo, si erano ormai ridotti a meri fantasmi, teatro degli intrighi e delle discordie municipali, mentre i consigli d'intendenza, l'istituto da cui sarebbero potuti sortire i nuovi quadri dirigenti provinciali, avevano perso ogni rilevanza. Intendenti e sottointendenti – annotava Giacinto De Sivo – erano solo passacarte, privi di ogni autonomia decisionale, sottoposti a pressioni fortissime provenienti da ogni dove, frustrati, i migliori, per un lavoro che riservava loro un tenue soldo e che veniva in ogni momento vanificato dall'ingerenza dei ministri e dei direttori, specie quelli dell'Interno e di Polizia.

Riemergevano, negli anni a ridosso del 1848, le critiche nei confronti del sistema amministrativo vigente che già erano state espresse nel corso della rivoluzione costituzionale del 1820-21 e che – come vedremo – porteranno all'ordine del giorno nel parlamento la questione municipale. Nei comuni, scriveva Liborio Romano, era risorto il feudalesimo attorno a uomini potenti che dilapidavano le finanze pubbliche[9]; in Sicilia, confermava Giuseppe Giovanni Rossi, i disordini seguiti al distacco dalla corona avevano portato al potere in ogni villaggio veri e propri «regoli»; i consigli decurionali si erano riempiti di villanzoni – annotava il pur cauto Calà Ulloa – e le liste degli «attendibili», stilate dopo il 1849, avevano prosciugato quelle degli eligibili allontanando da

[8] F. De Sanctis, *Il Mezzogiorno e lo Stato unitario*, a cura di F. Ferri, Torino, Einaudi, 1972, pp. 346-347.

[9] L. Romano, *Memorie politiche*, a cura di F. D'Astore, Milano, Giuffrè, 1992, p. 73.

esse il fior fiore dei cittadini, in particolare gli uomini di cultura. I colori rosei con i quali gli intendenti descrivevano lo spirito pubblico nelle province, specie nelle relazioni di apertura dei consigli provinciali solertemente pubblicate sugli «Annali», nascondono più del dovuto una situazione che registrava un inesorabile scollamento tra il governo e le élite locali più consapevoli dei guasti che un sistema dispotico e centralizzatore, sorretto da una burocrazia irresponsabile e definita dal Weil un vero flagello per il paese, poteva introdurre nell'ordinamento politico e giudiziario e nel costume civile delle Due Sicilie.

Un paese nel quale secondo l'arguta annotazione di Luigi Settembrini si facevano grazie ogni anno in coincidenza con l'aumento del numero dei membri della famiglia reale, ma raramente giustizia, era destinato a incontrare non superabili ostacoli nella costruzione di un rapporto con quelle importanti frazioni dei ceti dirigenti che, non ancora allontanatesi dal lealismo dinastico, avevano a cuore il progresso dello stato in una cornice normativa che definisse le relazioni tra i molteplici soggetti politici e sociali del regno e assicurasse nei fatti la certezza del diritto all'ombra della buona amministrazione.

E tale cornice, alla fine degli anni quaranta, non poteva che essere rappresentata dalla costituzione.

2. *La costituzione*

Nel vivo delle polemiche che accompagnarono i tumultuosi mesi della rivoluzione del 1848-49 e nelle riflessioni che ne seguirono la tragica conclusione il problema della costituzione del regno assunse una dimensione centrale e rappresentò, assieme a quello dell'unificazione italiana, l'elemento di discriminazione tra coloro che si muovevano attorno al trono e coloro che, invece, ritenevano esaurito il compito storico della dinastia borbonica.

Lo scioglimento del parlamento, decretato da Ferdinando II asserragliato a Gaeta il 13 marzo 1849, paradossalmente di pochi giorni successivo all'atto costituzionale con il quale egli, finalmente e inutilmente, concedeva ai siciliani di regolarsi secondo la costituzione del 1812, comportò l'automatica abrogazione dello statuto del 10 febbraio dell'anno precedente, la fine di quella che l'articolo I dello stesso definiva una «monarchia temperata» e il ritorno del regno all'assolutismo. Ma, per i filoborbonici, la decisione del re non faceva altro che conferire maggiore forza e legittimità a un ordinamento che, parzialmente abbandonato tra 1848 e 1849, affondava le sue radici negli anni della restaurazione della dinastia sul trono napoletano.

Per Epifanio Di Gregorio, autore dell'apologetico *L'astro nella tenebra*, infatti, scopo di una qualsiasi costituzione era quello di assicurare al popolo forme di progresso economico e civile che non potevano essere realizzate se non dal sovrano con il concorso dei ceti più illuminati, e questo era a Napoli un obiettivo pienamente raggiunto grazie al benefico governo di Ferdinando I: vera costituzione era stato il suo proclama del 20 maggio 1815 con il quale egli aveva assicurato ogni forma di libertà individuale e civile, l'inviolabilità della proprietà, la garanzia del debito pubblico, un sistema fiscale non arbitrario, la tutela della religione cattolica; vere camere erano le consulte e il Consiglio di stato, vera e propria *magna charta libertatum* era stato il trattato di Casalanza.

Ancora una volta, anche dopo il 1849, le Due Sicilie tendevano a presentarsi come un paese per molti versi più avanzato rispetto agli altri stati italiani e a ridurre al puro ambito amministrativo le esigenze di regolamentazione dei rapporti tra sudditi e sovrano.

Anche perché – si sosteneva negli scritti di coloro che furono incaricati di confutare le affermazioni contenute nelle lettere del Gladstone – la costituzione del 1848, ottenuta con la frode e con l'inganno da un «partito» per condurre a termine disegni criminosi, per la maggior parte degli abitanti del reame si era dimostrata una parola vuota e aveva apportato al paese più lutti che progresso, più lacerazioni che solidarietà al punto che – scriveva con notevole dose di compiacimento il già citato Giovanni Giuseppe Rossi – i comuni, le «corporazioni» professionali, i singoli cittadini invocavano il re affinché revocasse un documento che nei fatti si era dimostrato incompatibile col benessere sociale.

Poteva stupire i più scaltriti osservatori che Ibrahim pascià, il conquistatore di Missolungi nonché lo sconfitto di Navarrino, nei primi mesi del 1848 in visita a Napoli, applaudisse alla concessione di una costituzione mentre nel suo paese, in Egitto, usava il palo per eliminare i suoi oppositori, ma non doveva stupire il fatto che, agli occhi dei sostenitori del re, costituzione significasse fine dell'ordine pubblico, anarchia, sfrenata e offensiva libertà di stampa, epurazioni di funzionari, disordine nelle finanze pubbliche, diffusione delle idee dei «socialisti alemanni», trionfo della parola progresso e del «partito» che mirava alla completa distruzione del paese, uno stato giovane e vigoroso – ricordava un apologeta – che sotto la guida di Ferdinando «il pio» era chiamato a esercitare una grande influenza sull'avvenire dell'Europa.

D'altra parte, scriveva il Blanch, la «fazione» aveva riaperto nel regno la serie delle rivoluzioni quando le finanze erano state rimesse in sesto e le persecuzioni politiche erano cessate.

Le immagini del 1789 francese ritornavano alla mente: i deputati riuniti a Monteoliveto alla vigilia del 15 maggio sembravano scimmiottare il giuramento della pallacorda; essi non avevano a cuore i veri interessi del popolo anche perché, riteneva Raffaele Santoro, erano orgogliosi e ricchi, filosofi e legisti, quindi soliti «cavare il sottile dal sottile». Il populismo della monarchia, propagandato dai suoi corifei, aveva ancora una volta individuato nelle classi colte e possidenti del paese i nemici da battere e aveva, così, reso ancor più fragili le basi di un potere che mirava a sostenersi sui lazzari napoletani, tornati alla ribalta nel 1848, e sulle plebi senza terra delle campagne.

Il «partito» – scriveva Santoro –, forte della costituzione ottenuta, aveva discreditato il governo e il paese e si era fatto portatore di richieste sempre più esiziose: si volle cambiare lo statuto appena promulgato, lo si volle trasformare da ottriato in un contratto e in un dovere, il che mostrava a sufficienza quali fossero i veri intendimenti dei «settari». Rincarava la dose Giacinto De Sivo, a unificazione ormai avvenuta: prima si voleva il progresso, poi le costituzioni, poi le federazioni, ora l'unità, domani si vorrà la repubblica e poi?

Erano, queste valutazioni, il frutto più amaro della repressione seguita alla conclusione della rivoluzione nazionale o degli sviluppi che avrebbero portato nel 1860 alla fine dell'indipendenza del regno, ma per coloro che (da una parte o dall'altra) credettero nel valore e nella forza della costituzione e videro in essa lo strumento per allineare Napoli al generale movimento politico italiano, le riflessioni di segno più retrivo cedevano il passo a ragionamenti che concernevano questioni che avevano una reale attinenza con la vita del paese e con la sua struttura sociale.

Una di queste era data dalle forme di rappresentanza della volontà popolare e dal tipo di equilibrio che si doveva realizzare tra la corona e il parlamento e, soprattutto, dal tipo di costituzione di cui il paese si doveva dotare.

Per i napoletani, alle soglie del 1848, erano disponibili numerosi modelli costituzionali, espressione dei più diversi ordinamenti politici e delle più varie forme di organizzazione dello stato, ma fra i tanti non mancavano quelli che con più forza si presentavano sullo scenario meridionale, alcuni eredi di un'autorevole tradizione storica, altri più confacenti – si riteneva – agli assetti sociali delle Due Sicilie.

Della costituzione siciliana del 1812, con il suo bicameralismo incentrato su una camera dei pari e una dei comuni, non era da tener conto per una serie di ragioni che rinviavano alla particolare congiuntura che aveva vissuto il Mezzogiorno intero negli anni in cui essa era stata in vigore e per i connotati squisitamente aristocratici che la marcavano, a mala pena temperati da una sottile patina di liberalismo all'inglese. Per di più, nel momento in cui si era costituito il regno unitario delle Due Sicilie essa aveva perduto ogni vigenza venendo nei fatti cancellata dai nuovi ordinamenti politici di cui si era dotato il paese. Anno di un'altra costituzione era stato il 1812, quella di Cadice, nata nel vivo della guerra di liberazione spagnola contro le armate napoleoniche, che un riottoso Ferdinando VII non aveva mai voluto sanzionare. Il sistema monocamerale che essa contemplava, l'assenza di diritto di veto per il sovrano, il largo, seppure scaglionato su più gradi, suffragio che essa prevedeva ne avevano fatto il punto di riferimento principale per gli abitanti delle Due Sicilie e del regno di Sardegna nel 1820-21. Ma tale costituzione, annotava Cesare Balbo nel *Sommario della storia d'Italia*, ricalcata in gran parte su quella francese del 1791, aveva prodotto una monarchia retta da istituzioni repubblicane, dunque la peggiore delle monarchie e delle repubbliche. Per questo motivo, la costituzione che aveva infiammato gli animi nel 1820 non poteva essere riproposta anche perché in quella occasione numerose e autorevoli si erano levate le voci, specie da parte dei murattiani, contro la sua letterale e integrale recezione nell'ordinamento pubblico napoletano.

Quegli uomini allora avevano guardato con favore alla *Charte* concessa nel 1814 da Luigi XVIII che aveva introdotto in Francia un regime costituzionale nell'ambito del quale il sovrano disponeva di estesi poteri, con una camera dei pari (in parte ereditari e in parte nominati dal re) e una dei deputati, eletti da un ristrettissimo corpo elettorale selezionato su base censitaria, e che, quindi, si riteneva particolarmente consona a un paese come le Sicilie in cui gli assetti borghesi non si presentavano particolarmente solidificati. Ma nel 1820 non era stato possibile riprodurre quel testo costituzionale a Napoli e perché esso avrebbe di fatto comportato un riconoscimento della funzione politica dell'aristocrazia, contraddicendo in questo modo ai principi ispiratori della legislazione del Decennio e del «quinquennio», e perché di altro tipo erano le aspirazioni dei gruppi carbonari ai quali premeva porre fine, attraverso la costituzione di Cadice, a quello che era il lascito più importante dell'esperienza napoleonica, ovvero la monarchia amministrativa.

Estremamente minoritarie apparvero dunque, nel 1848, le posizioni di coloro che si muovevano per un ripristino della costituzione del 1820, seppure adattata ai tempi, che – dicevano – era stata giurata dal re e, quindi, era diventata parte integrante del diritto pubblico napoletano. Per di più, il parlamento, elevando alta la propria voce e rivendicando il proprio diritto alla salvaguardia delle ragioni della nazione di fronte alla violenza che veniva inferta da Ferdinando I e dagli austriaci invasori, aveva proclamato l'intangibilità della costituzione che il paese si era dato.

Per un certo periodo di tempo si era guardato con interesse, specie da parte del mondo carbonaro, alla costituzione statunitense, giudicata per alcuni versi quasi perfetta. Ma a partire dagli anni trenta l'attenzione verso quel testo era scemata anche perché espressione di un paese che praticava la schiavitù e uno spregiudicato espansionismo territoriale che ricordava quello delle monarchie assolute.

Dalla Francia, logoratosi ormai con il fallimento dei moti del 1820-21 il mito della costituzione di Cadice, veniva un altro modello di costituzione, quella del 1830 che si era accompagnata all'avvento della monarchia orleanista: con essa era stato abolito il principio dell'ereditarietà per i membri della camera dei pari, l'iniziativa legislativa era stata affidata alla camera dei deputati che la divideva con il re, era stato abbassato il censo elettorale richiesto ai cittadini. Si trattava, ricorda Carlo Ghisalberti, di una carta che si presentava particolarmente ricca di pregi: pur se *octroyée*, univa il principio della legittimità dinastica a quello della sovranità nazionale e tutelava i diritti di libertà; era, insomma, più aderente al carattere borghese che la società meridionale aveva assunto negli anni di Ferdinando II.

Infatti, fu quella, integrata in alcune parti da articoli tratti dalla costituzione del regno belga del 1831, a essere adottata nel 1848 in quanto ritenuta negli ambienti governativi (essa fu stesa materialmente da Francesco Paolo Bozzelli, già protagonista dei moti del '20 e ministro dell'Interno nel primo governo costituzionale di Ferdinando II) la più idonea a rappresentare le tradizioni delle Due Sicilie, il livello delle relazioni politiche, gli assetti sociali esistenti e, come sottolinea Antonino De Francesco, la più adatta a riannodare le fila con la Sicilia in rivolta che aveva ripristinato la costituzione aristocratica del 1812.

Paradossalmente, l'impianto costituzionale transalpino al quale guardavano in Italia sovrani e liberali moderati nella sua terra d'origine subiva una brutale sconfessione con l'insurrezione di Parigi del 22 febbraio 1848 e con la proclamazione della repubblica.

Quella napoletana del 1848 era ritenuta, quindi, una costituzione figlia del progresso, della civiltà e dei lumi e non l'effetto di una rivoluzione provocata da carbonari e da militari disertori; ciononostante essa era uno statuto ottriato che il re si era «degnato» di concedere al suo popolo, destinato però, a differenza di quello accordato da Carlo Alberto ai suoi sudditi, ad avere una vita assai breve.

Se alcuni come il Michitelli potevano plaudire a essa come a un atto che completava finalmente l'opera intrapresa nel Decennio, per i democratici andava, invece, radicalmente emendata in punti qualificanti come l'elevato censo richiesto agli elettori, il fatto che il diritto di voto attivo e passivo fosse commisurato alla rendita (24 ducati per gli elettori e 240 per gli eligibili) e solo in misura subordinata alla capacità professionale, la responsabilità del ministero verso il re e non verso il parlamento, il mantenimento del diritto di veto nelle mani del sovrano il quale «concorreva» con le camere nell'esercizio dell'attività legislativa, il bicameralismo incentrato su una camera dei deputati elettiva e una dei pari di nomina regia.

Ma, se su alcune questioni Ferdinando II si mostrò possibilista (si parlò allora di «svolgere» la costituzione), se su altre non era possibile intervenire senza snaturare l'essenza della monarchia temperata, su quella della camera dei pari il dibattito fu intenso e assunse toni politicamente accesi.

Con la paria entravano in conflitto, da una parte, una concezione del potere che si rifaceva a norme ereditate dall'antico regime e che prevedevano, a garanzia contro lo scivolamento in senso dispotico dell'azione regia, la presenza di corpi intermedi tra il sovrano e i sudditi (quindi, manteneva un ruolo ben preciso all'aristocrazia che il Canosa aveva visto come il necessario puntello a una forte monarchia) e, dall'altra, una più moderna che rinviava a un concetto diverso di rappresentanza.

Coloro che difesero l'impianto bicamerale e si fecero sostenitori dell'opportunità dell'istituzione di una camera dei pari di nomina regia che si affiancasse a quella dei deputati, pur se in posizione minoritaria nello schieramento politico napoletano, non intesero però mai ribadire e valorizzare con essa il ruolo e la funzione di un'aristocrazia, che già nel parlamento del 1820 – come si ricorderà – appariva assimilata, quanto ai diritti elettorali attivi e passivi riservati ai suoi membri, al resto della popolazione. La paria si configurava invece come il punto di equilibrio tra un potere monarchico incline per sua natura a cadere nel dispotismo e un potere parlamentare destinato a travalicare presto nell'anarchia in quanto sottoposto alla pressione delle piazze. Giovanni Sorega ricordava che già nel passato l'ordinamento del regno aveva previsto, con i sedili e con il corpo degli eletti della città di Napoli, garanzie certe contro la deriva assolutistica, ma quelle antiche istituzioni erano state soppresse ai tempi di Napoleone, un uomo che sulle basi di una repubblica aveva voluto erigere un trono dispotico. A suo dire una camera dei pari era particolarmente adatta a quei popoli che all'improvviso passavano alla libertà: essa avrebbe permesso di ridurre gli eccessi che si sarebbero potuti registrare nell'attività legislativa e gli uomini saggi che l'avrebbero composta avrebbero limitato il rischio di un ritorno della dinastia a pratiche assolutistiche di governo; d'altra parte, se un regno poteva disporre di uomini che – in gran quantità – si segnalavano per titoli, ricchezze, cultura perché non conferire loro un segno di distinzione e renderli, così, cointeressati al mantenimento della costituzione?

Un autorevole corpo intermedio poteva essere, dunque, la paria sulla quale, riteneva Calà Ulloa, doveva poggiare una monarchia che aveva ormai perduto ogni fisionomia feudale e Giacinto Galanti tra i precetti dettati dal buon senso che spandeva a piene mani (il censo non deve essere né troppo alto né troppo basso, la sovranità inviolabile, la stampa libera ma senza trascendere ecc.) dichiarava il suo pieno consenso all'idea di una seconda camera composta da membri ereditari e, per questo motivo, dotati di indipendenza, forza e libertà d'azione, qualità queste difficilmente riscontrabili nella paria vitalizia.

Più chiare, anche nella loro apparente contraddizione, le posizioni di Michele Solimene, autore di un progetto di costituzione che, per i suoi contenuti avanzati, non aveva trovato gradimento presso la corona. Egli richiamava l'attenzione dei suoi lettori sul fatto che una seconda camera di nomina regia fosse presente nell'ordinamento costituzionale della monarchia orleanista francese e di quella inglese, ma parimenti sosteneva che non tutte le istituzioni fossero importabili e non sempre potessero assumere in un paese la funzione che rivestivano in un altro. Più che barriera contro l'assolutismo del trono e contro gli eccessi di una malintesa democrazia della camera dei deputati, la paria si configurava come un potere non neutro e che, nello stesso tempo, complicava e impacciava la macchina governativa. Per di più, l'indeterminatezza nel numero dei suoi componenti (ma i vescovi e gli arcivescovi non dovevano essere più di dieci), laddove i deputati della parte continentale del regno erano 164 (eletti su base distrettuale uno ogni 40.000 abitanti), portava alla concreta possibilità che venissero snaturati a tutto vantaggio del re e del potere esecutivo la dialettica politica e il potere «popolare». Meglio dunque, se non se ne poteva fare a meno, una paria con un numero di membri definito, vitalizia e non ereditaria; meglio se si fossero prescelti i pari tra coloro che avessero già maturato un'esperienza parlamentare di almeno due legislature, meglio ancora se quegli uomini – rappresentando la nazione alla stessa stregua dei deputati – fossero scelti dalla nazione stessa.

I discorsi e le proposte dei costituzionalisti, al di là delle soluzioni tecniche affacciate, mostravano come si fosse ormai consapevoli che una nuova concezione della sovranità si era fatta strada nel mondo politico e culturale napoletano; molti però paventavano, più del dispotismo regio, la prevalenza del potere legislativo esercitato dai membri di una sola camera elettiva.

Fatto è che, come già ricordato, con la soluzione bicamerale a Napoli non si era voluta chiudere la porta in faccia ai siciliani e alla loro costituzione.

Quest'ultima manteneva la camera dei pari (che si sarebbe voluta chiamare senato) nella quale sedevano molti baroni che avevano vissuto l'esperienza del parlamento del 1812 e gli alti prelati della chiesa siciliana che continuava ad essere vista come il più prezioso gioiello della corona. La sua impronta fortemente nobiliare, rileva il Manna, l'aveva distinta da tutte le altre che erano state promulgate tra il 1791 e il 1814, anni in cui veniva escluso ogni elemento aristocratico dalle norme fondamentali degli stati che allora si erano dotati di una costituzione (il Manna dimentica però lo statuto di Baiona con il suo seggio dei nobili); a maggior ragione essa era in sintonia con le aspettative e le aspirazioni del tempo che guardavano con favore al ripristino di organi di rappresentanza in cui fosse in qualche modo tutelato il «principio aristocratico».

Tuttavia era – quella siciliana – la costituzione di un popolo in rivolta che presto avrebbe dichiarato la decadenza dei Borboni da ogni diritto sull'isola.

Con l'avvicinarsi del 18 aprile 1848, data di convocazione dei comizi elettorali, la questione della composizione del parlamento napoletano si radicalizzò e, pur di fronte all'atteggiamento conciliante assunto dal re che invitò i collegi elettorali a presentargli dei nomi tra i quali egli avrebbe prescelto i primi cinquanta pari, i neodeputati, forti del generalizzato consenso dei propri elettori che si rifiutarono di indicare i nomi dei pari, intesero ridiscutere tutto il problema e molti si mostrarono propensi a un'abolizione pura e semplice della camera di nomina regia.

Il violento scontro sulla formula del giuramento che doveva contenere in sé elementi che facessero pensare a una prossima revisione della costituzione portò alla tragica giornata del 15 maggio. La camera dei deputati intendeva porsi come assemblea costituente e decidere così dell'organizzazione istituzionale dello stato, ma essa non fu in grado di raccogliere attorno a sé forze sufficienti per imporre le proprie vedute e dovette subire l'umiliazione dello scioglimento prima ancora di essere legalmente costituita.

Fatto è che a Napoli nel 1848 erano giunti al pettine quei nodi che tutte le assemblee legislative degli stati italiani che si erano dotati di statuti costituzionali dovevano impegnarsi a sciogliere. Dalla ridefinizione, in termini di partecipazione politica, degli assetti borghesi maturati nei decenni precedenti all'eredità napoleonica con la quale bisognava una volta per tutte fare i conti, alle forme e agli strumenti con i quali si doveva realizzare l'equilibrio tra i poteri, alla stessa questione nazionale, tutto fu oggetto di dibattiti e discussioni nelle aule parlamentari e fuori, nelle piazze e sui giornali che allora, a seguito dell'introduzione della libertà di stampa, conobbero una vigorosa diffusione.

La questione dell'intervento nella guerra che si combatteva in alta Italia divideva gli animi, ma, se sia i moderati che i democratici erano convinti della necessità dell'impegno napoletano sui campi di battaglia, se il ministero presieduto da Carlo Troya si adoperò per una politica estera più attiva in senso nazionale, se molti generali ritenevano non consona alla dignità del regno e del suo esercito assistere passivamente alle vittorie riportate dall'armata piemontese, divergenti erano le valutazioni sulle forme attraverso le quali si doveva concretizzare tale impegno.

Fu in questa occasione che si manifestò, attorno a una politica di segno «municipalista», una forte saldatura tra i superstiti esponenti della generazione murattiana, i liberali moderati e la dinastia, favorita anche dalla poco accorta conduzione del conflitto da parte di Carlo Alberto.

Le perplessità che a questo riguardo venivano nutrite non erano di poco conto e non provenivano soltanto dal regno borbonico. Il re di Sardegna appariva come colui che stava combattendo non una guerra di indipendenza, ma una tipica guerra dinastica, condotta sulla linea del tradizionale espansionismo sabaudo, che avrebbe portato all'ingrandimento del proprio stato e a minacciare l'indipendenza degli altri principati italiani. Il partito «albertista» operante anche a Napoli, pur sollecitando il contributo militare di Ferdinando II alla causa nazionale, non si pronunciava circa il destino del regno e della penisola una volta terminata la guerra; quello «municipalista», invece, riteneva che un qualsiasi impegno militare dovesse essere subordinato a precise condizioni e alla creazione di un sistema peninsulare pluridinastico, al limite una federazione, che conservasse le più importanti formazioni territoriali italiane e che, addirittura – come affermava il Blanch in alcuni articoli apparsi sul giornale «Omnibus» – consentisse ingrandimenti territoriali pure per le Due Sicilie in direzione dei territori pontifici. E se Cesare Balbo affermava che la guerra in corso si combatteva nel nome dell'Italia e che, quindi, nessuno stato si sarebbe dovuto aspettare da essa ingrandimenti territoriali, alcuni generali napoletani ritenevano che un conflitto dall'esito vittorioso in Val Padana avrebbe indotto gran parte delle popolazioni dell'Italia centrale ad aderire spontaneamente al regno meridionale piuttosto che a quello sabaudo.

Viceversa, si stigmatizzava la poco felice mossa dei siciliani di offrire la corona al figlio di Carlo Alberto che faceva ricredere sull'opportunità di un intervento che, alla fine, si sarebbe risolto nell'ingrandimento del regno di Sardegna fino all'Isonzo e nell'amputazione delle Due Sicilie che si sarebbero ridotte soltanto ai domini al di qua del Faro. Crescevano così le preoccupazioni per le conseguenze che sarebbero derivate dalla partecipazione alla guerra e per lo sviluppo della situazione nel nord della penisola: si pensava che dalla sconfitta dell'Austria avrebbero tratto vantaggi solo i Savoia, mentre una vittoria delle armate imperiali avrebbe posto il regno alla mercé del suo antico e tradito alleato. Buon gioco ebbe così Ferdinando II, dopo i fatti del 15 maggio, a imporre il ritiro del suo paese da un conflitto che, condotto con spirito dinastico, avrebbe sancito soltanto – se risoltosi positivamente – l'egemonia sarda sulla penisola.

Così le Due Sicilie divennero, secondo le parole del Massari (definito dal Paladino l'albertista per eccellenza), l'Austria d'Italia, ma nell'ottica dinastica imperante le motivazioni dei municipalisti napoletani e dei governanti degli altri stati italiani, soprattutto di quelli toscani, addotte per giustificare il proprio disimpegno dal teatro di guerra, non erano prive di fondamento visto che l'annessionismo praticato da Carlo Alberto, oltre che ignorare completamente le aspirazioni dei patrioti della Lombardia e del Veneto, offendeva la sensibilità dei sovrani della penisola che pur erano chiamati a contribuire allo sforzo bellico dell'esercito sabaudo.

Il dilemma, al quale i circoli governativi di Torino non intendevano per il momento dare risposta, era se si dovesse arrivare a un sistema che conservava sui loro troni le principali dinastie del paese, legate tra loro da vincoli federativi, secondo uno schema simile a quello a suo tempo individuato dal Gioberti, o si dovesse pervenire invece a una fusione sotto l'egida di casa Savoia, o ancora a una federazione o a una confederazione. E, in questi ultimi casi, si riteneva che non tutte le cinque dinastie della penisola potessero sopravvivere, dato che ad alcune (come i Lorena o gli Asburgo-Este) veniva rinfacciata l'origine straniera o la loro incompatibilità, secondo le parole di un anonimo, con la prosperità italiana. Dovevano, in sostanza, essere mantenute le individualità territoriali preesistenti o si doveva costituire un nuovo stato pervenendo in questo modo, come affermava il Crisci, a costruire una nuova nazionalità distruggendo le basi di quella più elementare e vicina, quella dello stato di appartenenza?

Silvio Spaventa, come già Cesare Balbo, riteneva praticabile per la penisola una sistemazione che ricalcasse quella della confederazione americana, con «congressi» dei singoli stati e un congresso federale, anche se ne subordinava l'istituzione alla liberazione dell'Italia dal dominio straniero e alla problematica accettazione del pontefice di porsene a capo; da parte sua, Pietro Calà Ulloa era del parere che il modello repubblicano americano fosse irrealizzabile per i principati italiani, come lo era uno che ricalcasse gli ordinamenti della confederazione elvetica o di quella germanica in cui pur conviveva l'idea nazionale rappresentata dai singoli membri che ne facevano parte e quella sovranazionale incarnata dall'imperatore[10].

Ma l'esito infausto della guerra pose fine a queste discussioni e aprì la strada alla guerra di popolo del 1849 all'interno della quale maturarono prospettive diverse di organizzazione della penisola. Fu allora che, contro la soluzione monarchica unitaria di stampo sabaudo, si svilupparono – specie con Carlo Cattaneo e con Giuseppe Ferrari – idee nuove che guardavano con un'attenzione scevra da preconcetti al modello confederale elvetico.

Per quanto riguarda Napoli, la discussione sul futuro assetto da dare all'Italia si presentava con una drammaticità sconosciuta ad altri stati della penisola, non solo perché quelli erano più deboli rispetto al grande regno meridionale, quanto perché le Due Sicilie dovettero presto sperimentare sulla propria pelle le conseguenze della diffusione delle idee federaliste e, per quel che riguarda la Sicilia, secessioniste.

La rivolta siciliana e la successiva proclamazione del distacco dell'isola dal regno erano, per molti, i frutti avvelenati di un malinteso federalismo che ad altro non serviva se non a tutelare interessi angustamente particolaristici e municipalisti. Per di più, la chiamata al trono di Ferdinando Alberto di Savoia mostrava le forti venature di conservatorismo di cui erano intrise le posizioni di coloro che avevano voluto la secessione da Napoli. E giustamente Pisacane, ricordando

[10] P. Calà Ulloa, *De' fatti dell'ultima rivoluzione derivanti da' giudizi politici del reame di Napoli*, Napoli, Stamperia Reale, 1854, p. 63.

come il governo separatista siciliano fosse il meno rivoluzionario tra quelli sorti nel 1848, si chiedeva perché un sistema politico e amministrativo che aveva fallito sotto i Borboni dovesse dare invece prova di vitalità con un sovrano appartenente a un'altra dinastia, mentre Piersilvestro Leopardi e Vincenzo Gioberti sottolineavano il fatto che per amore della patria italiana i napoletani – a differenza dei siciliani – si fossero astenuti dal compiere una rivoluzione.

Le sempre più ampie concessioni che Ferdinando II aveva accordato agli isolani in rivolta, compreso il ritorno alla costituzione del 1812, si erano infatti scontrate con la decisa volontà di quelli di porre fine all'esperienza del governo borbonico nell'isola, ma in questo modo essi avevano contribuito a indebolire, come già era avvenuto nel 1820, i settori più moderati del mondo politico napoletano.

Nel parlamento nazionale e nell'opinione pubblica del Mezzogiorno continentale ripresero vigore le valutazioni che guardavano alla Sicilia come a una realtà retrograda e ingrata, dominata da oligarchi e da signori che, in cuor loro, auspicavano un ripristino della feudalità. Una costituzione conservatrice era, dunque, quella che si era data la Sicilia e pure quella di luglio, che presentava caratteri più marcatamente democratici, aveva in sé ineliminabili ambiguità: essa, per il Solimene, assomigliava al testamento di un padre astioso; più che costruire le basi di una nazione essa le distruggeva ed era ben strano, rifletteva quel giurista, che in pochi mesi si fosse passato da una costituzione aristocratica di stampo inglese a una che riecheggiava largamente – seppur superficialmente – quella americana.

Di parere opposto erano, naturalmente, coloro tra i siciliani (a partire da Francesco Ferrara) che, rifiutando l'impostazione settoriale e privilegiata del problema della costituzione che l'isola si era data, guardavano al proprio destino da prospettive completamente diverse: era stato il movimento insurrezionale partito da Palermo a spingere il re a concedere lo statuto alle Due Sicilie; l'indebolimento dei moderati napoletani conseguente alla rivolta che la secessione provocava non era sottaciuto, ma era questo il prezzo da pagare per sgretolare il sistema borbonico nel continente e sull'isola e per fare di quella napoletana e siciliana una questione italiana. D'altra parte, la repressione del 15 maggio e la progressiva chiusura del regime costituzionale favorirono una alleanza fra coloro, al di qua e al di là del Faro, che avevano tutto da temere da un ritorno all'assolutismo di Ferdinando II.

Le vicende siciliane conobbero il loro tragico epilogo il 15 maggio del 1849 con la resa di Palermo all'esercito del generale Filangieri. Le discordie imperanti nel campo dei rivoltosi avevano facilitato la riconquista dell'isola; era mancato allora, come scrissero Cattaneo e Amari, il coraggio di proclamare la repubblica e quello di scatenare una guerra civile che avrebbe messo alla fine completamente fuori gioco quegli oligarchi e quei grandi borghesi che avevano imposto il ripristino della costituzione del 1812 e che ora aprivano la strada al ritorno dei Borboni.

La questione siciliana, come molti alla fine capirono e auspicarono, si sarebbe risolta solo nell'ambito di quella italiana (per fare l'unità dovevano sparire tutte le Due Sicilie non solo quella insulare, scriveva Crispi); ma negli anni immediatamente successivi al 1849 essa contribuì ad avvelenare i rapporti tra il regno e l'Inghilterra la cui diplomazia aveva dispiegato una notevole (e interessata) attività per la composizione del conflitto.

Antonio Calà Ulloa, fratello del più celebre Pietro, si chiedeva da dove derivasse la «tenerezza» degli inglesi verso le ricorrenti insurrezioni siciliane; per il Blanch la stampa inglese aveva dato sulla questione prova di grande ipocrisia: aveva condannato gli insorti di Cuba, ma non quelli siciliani che pure avevano dichiarato decaduta la propria legittima dinastia e avevano combattuto con ferocia e determinazione contro l'esercito del re. Dipendeva questo dal fatto che una Cuba indipendente sarebbe diventata presto un protettorato statunitense mentre un ricostituito regno di Sicilia avrebbe favorito, quasi fosse una Malta più grande, gli interessi britannici nel Mediterraneo?[11]

Il discorso della corona tenuto in occasione dell'apertura delle camere il 1° luglio 1848 può essere considerato, dopo la

[11] Il giudizio su Malta espresso dal Blanch è in Zazo, Il *giornalismo politico napoletano*, cit., pp. 258-259.

giornata del 15 maggio, un vero e proprio spartiacque nella complessa vicenda del biennio rivoluzionario napoletano. In tale frangente il re, oltre che ribadire le tradizionali linee di politica estera, da cui momentaneamente si era discostato con l'effimera e sciatta partecipazione alla guerra in Val Padana, invitava i deputati, i pari e gli uomini di governo ad occuparsi di questioni interne, dall'amministrazione locale alla Guardia nazionale, dall'istruzione pubblica alle finanze.

Quel discorso segnala l'ormai avvenuto trionfo del partito municipalista napoletano (la costituzione era ancora in vigore, le camere nella condizione di legiferare, la libertà di stampa operante) e l'ancora intatta possibilità che si pervenisse ad un accordo tra monarchia e ceto politico liberale che, ponendo ormai da parte la questione italiana, aprisse la strada a una serie di riforme tali da modificare gli aspetti della legislazione del Decennio e del «quinquennio» che erano ritenuti non più aderenti allo spirito dei tempi.

Erano questi gli intendimenti dei municipalisti e dei circoli dinastici, ma – come ben si sa – le vicende complessive della penisola, la rivolta siciliana, i violenti sommovimenti popolari nelle campagne impressero agli eventi tutt'altro corso.

Cionostante, nelle sessioni parlamentari trovarono spazio tematiche e discussioni, certamente attinenti alla politica interna come auspicava il sovrano, ma che portavano i deputati e i ministri costituzionali a esprimere posizioni o ad adottare provvedimenti che sugli assetti del paese avrebbero avuto effetti non meno dirompenti di una partecipazione alla guerra di liberazione.

In questa sede si porrà l'accento solo su due delle questioni che vennero allora affrontate, strettamente intrecciate tra di loro, una delle quali aveva attraversato in maniera sotterranea tutta la storia dello stato napoletano a partire dal Decennio, l'altra espressione di più recenti forme di rivendicazione politica.

Il riferimento è al problema degli assetti da dare al governo dei comuni e delle province e a quello della formazione della Guardia nazionale. Quest'ultima era stata istituita il 13 marzo 1848, anche se sulla sua organizzazione e sulla sua funzione si continuò a dibattere a lungo, mentre sulla questione dell'amministrazione locale le discussioni portarono alla formulazione di vari progetti che non sfociarono, però, in nessun provvedimento legislativo.

Che il sistema amministrativo ereditato dai francesi e rimasto in vigore negli anni di Ferdinando II si rivelasse ormai inadeguato a esprimere le capacità e le potenzialità di una società meridionale che era ben diversa da quella che si era confrontata con Giuseppe e con Gioacchino era ormai cosa nota a tutti coloro che avevano a cuore il problema del buon funzionamento degli organi dello stato. L'accentramento napoleonico – secondo l'opinione di Giovanni Manna – non si era rivelato foriero di progresso, anzi aveva confinato la stragrande maggioranza delle comunità del regno in uno stato di arretratezza civile ed economica. La legislazione del Decennio, infatti, accordando molteplici poteri agli intendenti e ai sottointendenti, li aveva messi in grado di esercitare una tutela stringente sui municipi soprattutto attraverso il controllo praticato sui processi di selezione dei loro gruppi dirigenti e sulla loro politica di spesa.

Questi aspetti del sistema amministrativo vigente – come si ricorderà – erano già stati sottoposti a durissime contestazioni nel paese e nel parlamento del 1820-21 che aveva abbozzato un testo di riforma degli ordinamenti locali. Nella nuova situazione che si trovava a vivere il regno le critiche furono ancora più feroci ed evidenziarono un grado di consapevolezza politica del problema non ravvisabile prima (anche perché nel 1848 sullo scenario politico del regno erano apparse quelle masse contadine con le loro rivendicazioni che erano state assenti nel corso della precedente rivoluzione costituzionale). Nel paese, ai tradizionali motivi di polemica, si aggiungevano le forti riserve sulla qualità e competenza dei funzionari dello stato inviati nelle province e sui tratti di dispotismo che molti tra gli intendenti e i sottointendenti avevano assunto, rafforzati e sostenuti dalle continue ingerenze del ministero di Polizia nelle questioni amministrative. Le teorie sul potere municipale come uno dei cinque in cui si articolava il governo di una società (essendo gli altri quello elettorale, legislativo, esecutivo, giudiziario) e che, rappresentando un potere indipendente da quello centrale, escludeva quest'ultimo da tutte le questioni concernenti l'interesse locale, costituivano un supporto alle discussioni politiche che si svolgevano in parlamento o sulle pagine dei giornali. Nel mondo dei giuristi come tra gli amministratori locali si guardava agli antichi parlamenti municipali come alle istituzioni che, se ripristinate, avrebbero consentito ai comuni di dispiegare quella libertà che non erano in grado di garantire consigli decurionali rivelatisi, nella migliore delle ipotesi, succubi degli intendenti.

Delle posizioni maturate a tale riguardo tra gli amministrativisti napoletani si è già dato conto nel capitolo dedicato alla monarchia amministrativa, qui converrà aggiungere qualche altro e non sussidiario elemento.

Si trattava tra 1848 e '49, infatti, non solo di riformare profondamente gli organi del governo municipale e i meccanismi elettorali che selezionavano i gruppi dirigenti locali, ma anche di mutare la composizione di questi ultimi e di pervenire a forme diverse di coordinamento con le istituzioni del governo provinciale. Si riteneva che ciò si potesse realizzare sostituendo ai consigli decurionali un parlamento e a una lista degli eligibili una di elettori, individuando nuove forme della partecipazione dei cittadini alla vita pubblica, ponendo infine gli amministratori locali nella condizione di regolare in via primaria gli interessi della comunità pur all'interno del contesto provinciale.

Il progetto di legge presentato dai deputati Francesco De Blasiis e Giuseppe Polsinelli recepiva ampiamente tutti gli aspetti del dibattito: in ogni comune il consiglio municipale sarebbe stato eletto a suffragio universale; il consiglio avrebbe nominato sia il sindaco che una giunta; i consiglieri municipali di tutta la provincia avrebbero eletto il consiglio provinciale; quest'ultimo avrebbe nominato una commissione permanente alla testa della quale si sarebbe posto l'intendente; le sottointendenze venivano soppresse. Rimaneva la tutela degli intendenti sui comuni, intesa essenzialmente come funzione di indirizzo sugli organi amministrativi locali e come strumento atto a depotenziare lo spirito di campanile.

Si riteneva, in tal modo, che le esigenze di autogoverno come quelle di maggior partecipazione dei cittadini alla gestione della cosa pubblica sarebbero state rispettate senza scardinare completamente l'impianto dello stato amministrativo che aveva nel coordinamento gerarchico fra le varie istituzioni presenti sul territorio il suo punto di forza.

La partecipazione dei cittadini non si esauriva però, nell'ordinamento dello stato che i parlamentari prefiguravano, solo all'interno delle istituzioni del governo locale, ma – è questo il segno della novità rispetto ai progetti del 1820-21 – anche in forme che con l'amministrazione non avevano immediata relazione.

L'istituzione in ogni comune della Guardia nazionale rispondeva infatti a nuove esigenze, frutto dello spirito dei tempi. Era quella un corpo militare a base civica, presente ormai in tutta Italia, nato per supplire alla deficienza di organi di polizia e di governo ormai in fase di delegittimazione e, quindi, incaricato di vegliare sul rispetto della legge e dell'ordine nelle province. Ma i compiti dei borghesi in armi (era necessario disporre di una certa rendita per esservi arruolati) non si fermavano qui: la Guardia nazionale – scriveva Gerolamo Scalamandrè nell'opuscolo *Delle università e de' comuni del reame di Napoli* – doveva essere «organata» secondo i principi delle nuove istituzioni e, quindi, ad essa spettava garantire, come tutrice della libertà, anche i diritti costituzionali giungendo, nel caso, a costituire un contrappeso «nazionale» all'esercito dinastico. Per Giovanni Sorega l'esistenza o meno della Guardia nazionale era la migliore garanzia della lealtà del capo dello stato alla costituzione; ma Ferdinando non la pensava allo stesso modo e riuscì a riservarsi la nomina degli ufficiali superiori, lasciando ai cittadini l'elezione di quelli inferiori, e vietando l'accorpamento dei distaccamenti municipali che avrebbe portato i militi della Guardia nazionale a esercitare le proprie incombenze su scala sovracomunale.

Certamente non dappertutto quel corpo operò secondo gli intendimenti di coloro che ad esso avevano guardato come al migliore palladio della libertà. Se a Napoli la Guardia nazionale partecipò alla giornata del 15 maggio venendo, in conseguenza di ciò, sciolta, in molti comuni essa si configurò come un vero e proprio corpo franco nel quale confluirono cittadini non sempre animati da spirito patriottico. I disordini e gli episodi di violenza in cui la Guardia nazionale fu coinvolta, a volte da essa stessa fomentati, indussero il generale Nunziante, impegnato nella repressione dei moti contadini calabresi, a scioglierla in diverse località di quelle province; spesso essa diventò il punto di approdo di ambiziosi e di prepotenti di paese che nelle spalline di ufficiale vedevano un ulteriore elemento per accrescere il proprio prestigio e la propria autorità più che di uomini consapevoli che la difesa della patria dovesse costituire il dovere primario di un cittadino.

3. *Conclusione*

Il biennio rivoluzionario si chiuse, per quel che riguarda le Due Sicilie, con i cittadini e i consigli decurionali e provinciali, epurati dalle loro componenti «sovversive», che chiedevano a gran voce al re la revoca della costituzione; si era rotto ormai anche quel filo che teneva uniti i liberali moderati e i municipalisti alla corona, si apriva per il regno l'ultimo decennio della sua storia, ma si apriva contemporaneamente, in termini diversi rispetto agli anni quaranta, il dibattito sul destino degli stati italiani.

Crollata ogni prospettiva neoguelfa sotto il peso del fallimento della guerra regia del 1848, entrata in crisi l'idea federalista nei termini in cui si era disegnata allora, pure se il libro di Gioberti continuava a conoscere una grande diffusione negli ambienti della cultura meridionale, erano il movimento democratico e quello unitario a proporre soluzioni più adeguate al nuovo contesto politico.

Non era, infatti, solo il federalismo indicato dallo scrittore torinese, con la sua lega italiana presieduta dal pontefice, ad essere entrato in crisi, ma anche quello propugnato dai siciliani in rivolta che si era rivelato troppo condizionato da fermenti particolaristici e troppo attento alle ragioni dell'aristocrazia e dell'alta borghesia isolana. Già il Gioberti aveva rimproverato, come si è visto, i siciliani di essere stati troppo municipalisti e di avere anteposto, a differenza dei napoletani, i propri interessi a quelli nazionali e Cattaneo aveva stigmatizzato il fatto che essi avessero chiamato a reggerli un Savoia mentre avrebbero dovuto rompere decisamente con il passato e introdurre nell'isola un regime repubblicano; ma la repubblica costituiva veramente – negli anni cinquanta – la scelta migliore?

I tentativi e gli intrighi murattiani (ai quali dava il suo sostegno pure Aurelio Saliceti, già ministro della Giustizia nel 1848 e triumviro della Repubblica romana) rivelavano che i gruppi dirigenti meridionali potevano disporre di un'arma di riserva da contrapporre a coloro, rivoluzionari, secessionisti o semplicemente contadini senza terra, che lottavano per una diversa configurazione dello stato, per un nuovo assetto territoriale dell'intera penisola o – infine – per migliorare le proprie condizioni di vita. Il federalismo democratico, quello che esaltava le idee di libertà e di uguaglianza sociale a scapito financo di quelle di indipendenza, era nei fatti impraticabile al pari di quello giobertiano e, certamente, quest'ultimo non aveva più la forza dirompente con la quale si era presentato sullo scenario politico italiano degli anni quaranta.

Il timore delle «repubblichette» ritornava ad agitare le menti di coloro che riflettevano sull'infausto epilogo della guerra albertina del '48; restava Cattaneo a esaltare l'esperienza rivoluzionaria del '49 e a difendere le repubbliche di Venezia e di Roma che, a suo dire, avevano opposto agli austriaci e ai francesi una resistenza proporzionalmente maggiore di quella della Sicilia all'esercito napoletano e restava Pisacane con il suo democratismo venato di socialismo a riflettere in maniera impietosa sul conflitto appena terminato.

Ma, per coloro che avevano combattuto il Borbone da posizioni liberali, oltre che per i municipalisti, le repubblichette erano sinonimo di rivoluzione. La soluzione unitaria acquisiva così sempre maggiori consensi e, nel generale sfacelo provocato dall'assolutismo repressivo di Ferdinando II e nel timore dell'insorgere di una questione sociale dai contorni drammatici, sembrava la migliore. Le stesse peculiarità del pensiero politico meridionale – scrive De Ruggiero – dopo il 1848 si offuscarono fino a scomparire del tutto; sempre di più si guardava al Piemonte di Cavour che accoglieva in gran numero gli esuli napoletani e siciliani. Questi ultimi – sottolinea De Francesco – vedevano nell'accettazione di casa Savoia (alcuni anche a costo di pervenire all'annessione della sola Sicilia a un regno dell'alta Italia sotto Vittorio Emanuele II) l'opportunità per eliminare una volta per tutte il «giogo» di Napoli e per ricontrattare la propria adesione al nuovo stato, dai profili ancora incerti (ma certamente rispettoso della funzione e della posizione economica e sociale delle élite tradizionali), che si andava delineando. Se per Pasquale Stanislao Mancini il problema era quello di conciliare la nazionalità italiana con le esigenze delle singole parti della penisola, per la maggior parte dei moderati napoletani esuli a Torino alla crisi dello stato borbonico si doveva porre rimedio soprattutto con la sua eliminazione come soggetto politico autonomo.

All'interno della prospettiva unitaria, avviata a diventare predominante, il destino dei sovrani degli stati italiani appariva segnato e soprattutto appariva segnato quello dei Borboni, una dinastia che – ricordava il Crispi – neppure nel nome era riuscita a fondere le due parti del territorio sul quale regnava.

Per Cattaneo non erano i soldati, né le armi, neppure il buon volere del popolo ad essere mancati a Ferdinando II perché egli assumesse un ruolo di rilievo nella guerra d'indipendenza; l'atteggiamento e le ambiguità dimostrate in tale occasione erano la più chiara prova che i suoi interessi non erano affatto coincidenti con quelli della nazione italiana. D'altra parte, non è che il re delle Due Sicilie fosse il solo a non nutrire sentimenti nazionali: la repressione delle rivolte scoppiate nelle città della penisola, da Genova a Messina, era stata operata – puntualizzava Carlo Cattaneo – in gran parte da eserciti di sovrani italiani.

Fatto è che il risultato più lusinghiero conseguito dalla rivoluzione del '48-49, nonostante la sconfitta finale, era stato la delegittimazione delle antiche dinastie della penisola e certamente sbagliava Nicola Nisco, uno dei più attivi protagonisti delle vicende di quegli anni, a scrivere che Ferdinando II aveva fatto per distruggere la sua casa regnante più di quanto Carlo III avesse fatto per costruirla.

Il nome di Missolungi, l'eroica città greca che aveva resistito all'esercito turco-egiziano di Ibrahim pascià, compare di frequente, a proposito o a sproposito, nei testi degli storiografi del tempo. Se Calà Ulloa paragonava l'assedio di Gaeta del 1860-61 a quello di Missolungi, con maggiore aderenza alla realtà i messinesi ritenevano di aver vissuto, tra 1848 e 1849, un'esperienza simile a quella della città greca. Missolungi era il simbolo di un popolo intero che si ribellava, che resisteva e che veniva piegato solo con la forza, era la metafora dello scollamento tra un popolo e una dinastia.

Ferdinando II in visita in Sicilia nel 1852 fu turbato – scrive Francesco Guardione – dal paragone di Messina con Missolungi, ma anche altre e più piccole realtà come i ducati padani e il granducato di Toscana conobbero la delegittimazione delle proprie case regnanti, un fenomeno che si verificò con una rapidità sconvolgente se si pensa alle manifestazioni di giubilo e al generale consenso che nel 1847-48 avevano accompagnato la stipulazione della lega doganale e la concessione degli statuti.

Negli anni cinquanta l'eventualità che scomparissero vecchie dinastie e stati plurisecolari era ormai entrata nel comune sentire e credo che su questo mutamento dell'opinione pubblica, da quella più placidamente moderata a quella più attenta alle tematiche patriottiche e nazionali, ci si dovrebbe interrogare più di quanto non si sia finora fatto.

Non penso che l'ineluttabile scomparsa dell'Italia degli antichi stati fosse dovuta solo al dispotismo dei propri sovrani, alle repressioni operate, all'assenza di diritti politici, all'imporsi di una prospettiva che vedeva giunto finalmente il momento che la nazione italiana creasse uno stato italiano, all'azione di proselitismo o di convincimento dei gruppi più impegnati politicamente, dai democratici di Pisacane e di Mazzini ai liberali raccoltisi attorno alla Società Nazionale.

Il dissolvimento delle varie identità statuali italiane fu generalizzato, investì regimi autoritari come quello borbonico e regimi moderati come quello lorenese e avvenne in un lasso di tempo estremamente breve se paragonato alla durata plurisecolare di quegli organismi territoriali. Basti pensare che ancora nel 1820-21 i napoletani esprimevano il loro orgoglio per aver fatto da soli la rivoluzione e per averne pacificamente sostenuto gli ideali fino all'intervento armato austriaco.

Forse una spiegazione, ma solo una fra le tante possibili, della delegittimazione della quale furono vittime alcune tra le dinastie della penisola, non più «nazionali» o meno «straniere» delle altre, la si può offrire guardando un poco all'indietro nella storia dello stato meridionale e delle altre formazioni territoriali italiane e la si può sintetizzare in una sola parola: paura.

La paura del socialismo, la paura dell'intervento delle masse popolari e delle barricate, la paura di sanguinosi assedi e repressioni che avrebbero fatto delle città italiane tante Missolungi, ma soprattutto la paura di vivere in un mondo che appariva troppo grande rispetto alle piccole realtà locali, agli stati dalle «dimensioni di fattoria»[12].

Nei primi anni dell'Ottocento, frutto della rivoluzione francese, erano venute meno le entità sovranazionali e i rassicuranti scudi protettivi sulle realtà locali, fossero l'impero, la chiesa, l'aristocrazia, che fino al Settecento inoltrato erano stati in grado di armonizzare i particolarismi e, segnatamente, il «piccolo stato» con i più generali movimenti dell'economia e della politica. Il frastuono delle armi napoleoniche aveva allargato a dismisura i confini all'interno dei quali si svolgeva la vita della maggior parte degli uomini, ma alla fine aveva ingenerato, non solo nei conservatori e nei reazionari, una forte nostalgia di una vita piccola e dignitosa.

Luigi Blanch, forse il più acuto tra i «municipalisti» napoletani, ricordava come nel 1815 gran parte d'Italia «si era rinchiusa nello spirito locale e non sospirava che a tornare Toscana, Romana, Parmigiana, Piemontese, e ripensava al tempo dei [suoi] particolari governi come a quello del benessere ed anche della dignità»[13].

I soldati austriaci stanziati in Calabria avevano a mente, come si ricorderà, il buon governo di Maria Teresa, i siciliani – costretti nel 1815 alla perdita della propria individualità statuale – paragonavano l'appoggio dato a Ferdinando a quello che l'imperatrice asburgica aveva ricevuto dai suoi sudditi magiari, il mito di Carlo III continuò ad essere coltivato nei 45 anni di vita del regno delle Due Sicilie, a Ferdinando II spesso si contrapponevano non i coevi monarchi d'Europa, ma Giuseppe II, Pietro Leopoldo, lo stesso Carlo III.

Forte era, pertanto, la nostalgia di un Settecento ormai «monumentalizzato», ma le vecchie dinastie ancora sui troni apparivano retaggio di un passato che era divenuto troppo ingombrante per essere sostenuto; le ridotte dimensioni non

[12] L'espressione è di Francesco Domenico Guerrazzi ed è citata da S. Soldani, *Il lungo Quarantotto degli italiani*, in *Storia della società italiana*, Milano, Teti, 1986, vol. XV, pp. 259-343, spec. p. 307.

[13] Blanch, *La campagna di Murat*, cit., pp. 299-300.

proteggevano più (nemmeno una «piccolezza» relativa come quella delle Due Sicilie), il sistema internazionale che aveva sapientemente accostato l'impero di origine medievale alle grandi monarchie assolute e ai piccoli stati principeschi e repubblicani aveva ceduto il posto a più aggressive e spregiudicate politiche di potenza. La marginalizzazione, non solo nell'economia e non solo per il Mezzogiorno, era un rischio concreto; forse fu anche per questo che, nel plebiscito del 21 ottobre 1860, 1.313.376 italiani del sud votarono sì all'unificazione nel nome di Vittorio Emanuele II e solo 10.312 no.

Bibliografia

Bibliografia

La bibliografia sul regno delle Due Sicilie è sterminata, pertanto qui si dà conto solo dei testi utilizzati per la stesura del presente lavoro.

Per avere un'idea della produzione storiografica sull'Italia meridionale tra XVIII e XIX secolo si può ricorrere ai seguenti repertori bibliografici:

R. Moscati, *Il Regno delle Due Sicilie* e F. Brancato, *La Sicilia*, entrambi in *Bibliografia dell'età del Risorgimento*, in onore di A.M. Ghisalberti, 3 voll., Firenze, Olschki, 1971-1974, vol. II; *Bollettino bibliografico della storia del Mezzogiorno d'Italia (1910-1950)*, s.c., Napoli, Società Napoletana di Storia Patria, 1991; *Bollettino bibliografico della storia del Mezzogiorno d'Italia (1951-1960)*, a cura di G. Meter Vitale, Napoli, Società Napoletana di Storia Patria, 1961; *Bollettino bibliografico della storia del Mezzogiorno d'Italia (1961-1970)*, a cura di G. D'Agostino, Napoli, Società Napoletana di Storia Patria, 1971; *Mezzogiorno libri*, a cura di D. Macellaro, supplemento al numero 1/1994 della «Rivista storica del Sannio».

La proiezione esterna del regno di Napoli e il congresso di Vienna

Sull'Italia della restaurazione cfr. N. Bianchi, *Storia documentata della diplomazia europea in Italia dall'anno 1814 all'anno 1861*, 8 voll., Torino, Utet, 1865-1872, vol. I; L. Bulferetti, *La Restaurazione*, in E. Rota (a cura di), *Questioni di storia del Risorgimento e dell'Unità d'Italia*, Milano, Marzorati, 1951, pp. 111-181; G. Candeloro, *Storia dell'Italia moderna*, Milano, Feltrinelli, 1958, vol. II; A. De Francesco, *Ideologie e movimenti politici*, in G. Sabbatucci e V. Vidotto (a cura di), *Storia d'Italia*, vol. I, *Le premesse dell'Unità*, Roma-Bari, Laterza, 1994, pp. 229-336; D. De Pradt, *Du Congrès de Vienne*, 2 voll., Paris, Crapelet, 1815; G.G. Gervinus, *La Restaurazione e il trattato di Vienna*, Milano, Corona e Caimi, 1871; A. Gramsci, *Il Risorgimento*, Roma, Editori Riuniti, 1975; B. Maresca, *Gioacchino Murat e il Congresso di Vienna del 1815*, in «ASPN», VI, 1881, pp.

732-773; W. Maturi, *Il Congresso di Vienna e la Restaurazione dei Borboni a Napoli*, in «Rivista storica italiana», III della V serie, 1938, fasc. 3, pp. 32-72; fasc. 4, pp. 1-61; N. Nada, *Stati preunitari*, in F. Levi, U. Leva e N. Tranfaglia (a cura di), *Il mondo contemporaneo. Storia d'Italia*, Firenze, La Nuova Italia, 1978, vol. III, pp. 1288-1317; G. Ratti, *Egemonia austriaca e restaurazione negli stati italiani*, in N. Tranfaglia e M. Firpo (a cura di), *La Storia*, Torino, Utet, 1986, vol. VIII/3, pp. 85-105; A. Scirocco, *L'Italia del Risorgimento*, Bologna, Il Mulino, 1990; C. Spellanzon e E. Di Nolfo, *Storia del Risorgimento e dell'Unità d'Italia*, 8 voll., Milano, Rizzoli, 1933-1965.

Sulle proiezioni esterne, F. Barra, *Il Mezzogiorno nelle relazioni internazionali*, in *Storia del Mezzogiorno*, Napoli, Edizioni del Sole, 1991, vol. IX/2, pp. 172-229.

Sulla vulnerabilità di Napoli si veda A. Simioni, *La spedizione dell'ammiraglio La Touche-Tréville a Napoli nel dicembre 1792*, in «ASPN», XXXVII, 1912, pp. 90-119 e 175-210.

Sulla condotta degli eserciti napoletani: T. Battaglini, *Il crollo militare del Regno delle Due Sicilie*, 2 voll., Modena, Società tipografica modenese, 1938; M. Carascosa, *Mémoires historiques, politiques et militaires, sur la révolution du Royaume de Naples en 1820 et 1821*, London, Treuttel *et al.*, 1823; P. Colletta, *Difesa della frontiera di terra del Regno di Napoli*, in Id., *Opere inedite o rare*, 2 voll., Napoli, Stamperia nazionale, 1861, vol. I, pp. 395-496; R. Moscati (a cura di), *G. Pepe*, Roma, Vittoriano, 1938, vol. I (1797-1831); F. Pignatelli Strongoli in Id., *Considerazioni strategiche sul sistema di difesa del Regno di Napoli*, Napoli, Accademia Marina, 1820.

Il regno indipendente

Opere di carattere generale che danno il senso dello sviluppo politico e del dibattito intellettuale nel corso del Settecento sono D. Carpanetto e G. Ricuperati, *L'Italia del Settecento*, Roma-Bari, Laterza, 1986; E. Chiosi, *Il regno dal 1734 al 1799*, in *Storia del Mezzogiorno*, cit., vol. IV/2, pp. 371-467; P. Colletta, *Storia del Reame di Napoli. Dal 1734 al 1825*, Torino, Pomba, 1852; B. Croce, *Storia del Regno di Napoli*, a cura di G. Galasso, Milano, Adelphi, 1992; G. Galasso, *Considerazioni intorno alla storia del Mezzogiorno d'Italia*, in Id., *Mezzogiorno medievale e moderno*, Torino, Einaudi, 1975, pp. 13-59; Id., *La filosofia in soccorso de' governi. La cultura napoletana del Settecento*, Napoli, Guida, 1989; A. Lepre, *Storia del Mezzogiorno d'Italia*, 2 voll., Napoli, Liguori, 1986; A. Pannone, *Lo stato borbonico*, Firenze, Sceber, 1924; A.M. Rao, *Il regno di Napoli nel Settecento*, Napoli, Guida, 1983; Id., *Il riformismo borbonico a Napoli*, in *Storia della società italiana*, Milano, Teti, 1989, vol. XII, pp. 215-290; M. Schipa, *Il regno di Napoli al tempo di Carlo Borbone*, 2 voll., Milano-Roma-Napoli, Albrighi e Segati, 1923; F. Venturi, *Settecento riformatore. Da Muratori a Beccaria*, Torino, Einaudi, 1969.

Su Napoli capitale cfr. G. Alessi, *Giustizia e polizia. Il controllo di una capitale: Napoli 1779-1803*, Napoli, Jovene, 1992; L. Barletta, *Il carnevale del 1764 a Napoli. Protesta e integrazione in uno spazio urbano*, Napoli, SEN, 1981; G. d'Agostino, *Napoli capitale (1266-1860)*, in *Storia del Mezzogiorno*, cit., vol. V, pp. 1-94; C. de Brosses, *Viaggio in Italia*, Roma-Bari, Laterza, 1992; G. Galasso, *Lo sviluppo demografico del Mezzogiorno prima e dopo l'unità*, in Id., *Mezzogiorno medievale e moderno*, cit., pp. 301-441; Id., *Professioni, arti e mestieri della popolazione di Napoli nel secolo XIX*, in «Annuario dell'istituto storico italiano per l'età moderna e contemporanea», XIII-XIV, 1961-1962, pp. 106-179; Id., *Intervista sulla storia di Napoli*, a cura di P. Allum, Roma-Bari, Laterza, 1978; C. Petraccone, *Napoli dal '500 all'800. Problemi di storia demografica e sociale*, Napoli, Guida, 1974; A. Placanica, *La capitale, il passato, il paesaggio: i viaggiatori come fonte della storia meridionale*, in «Meridiana», n. 1, 1987; F. Venturi, *Napoli nell'anno della fame*, in «Rivista storica italiana», LXXXV, 1973, pp. 394-472; Id., *Napoli capitale nel pensiero dei riformatori illuministi*, in *Storia di Napoli*, Napoli, ESI, 1981, vol. IX, pp. 233-284.

Sulle finanze, sul sistema fiscale e sul catasto onciario si vedano L. Bianchini, *Storia delle finanze del Regno di Napoli*, ed. Palermo, 1839, rist. anast. Bologna, Forni, 1983; A. Bulgarelli Lukacs, *L'imposta diretta nel regno di Napoli in età moderna*, Milano, Angeli, 1993; P. Villani, *Il catasto onciario e il sistema tributario*, in Id., *Mezzogiorno tra riforme e rivoluzione*, Roma-Bari, Laterza, 1973², pp. 105-153.

Sul governo delle università A. Allocati, *Il Comune meridionale nel periodo borbonico*, in «Clio», III, 1967, pp. 153-169; N.F. Faraglia, *Il comune nell'Italia meridionale (1100-1806)*, Napoli, s.e., 1883, rist. anast. Bologna, Forni, 1978; A. Spagnoletti, *«L'incostanza delle umane cose». Il patriziato di Terra di Bari tra egemonia e crisi*, Bari, Edizioni dal sud, 1981.

Sull'ordinamento giudiziario e amministrativo si vedano R. Ajello, *Il problema della riforma giudiziaria e legislativa nel Regno di Napoli durante la prima metà del secolo XVIII*, Napoli, Jovene, 1961; A.M. Rao, *Galanti, Simonetti e la riforma della giustizia nel regno di Napoli (1795)*, in «ASPN», CII, 1984, pp. 281-340.

Sull'influenza austriaca nel regno, R. Ajello, *I filosofi e la regina. Il governo delle due Sicilie da Tanucci a Caracciolo (1776-1786)*, in «Rivista storica italiana», CIII, 1991, pp. 398-454 e 657-738; G. Nuzzo, *La difficile eredità del ministero Caracciolo. I matrimoni austriaci*, in «ASPN», LXXIV, 1955, pp. 401-431.

Sulla feudalità, A. Massafra, *Giurisdizione feudale e rendita fondiaria nel Settecento napoletano: un contributo alla ricerca*, in

«Quaderni storici», VII, 1972, pp. 187-252; Id., *Una stagione di studi sulla feudalità nel Regno di Napoli*, in P. Macry e A. Massafra (a cura di), *Fra storia e storiografia. Scritti in onore di Pasquale Villani*, Bologna, Il Mulino, 1994, pp. 103-129; A.M. Rao, *L'«amaro della feudalità». La devoluzione di Arnone e la questione feudale a Napoli alla fine del '700*, Napoli, Guida, 1984; Id., *Nel settecento napoletano: la questione feudale*, in R. Pasta (a cura di), *Cultura, intellettuali e circolazione delle idee nel '700*, Milano, Angeli, 1990, pp. 51-106; P. Villani, *La questione feudale*, in Id., *Mezzogiorno tra riforme e rivoluzione*, cit., pp. 176-181.

Sulla Sicilia cfr. A. Coco, *La Sicilia di Caramanico fra «ardita novità» e crisi di fine secolo*, in R. De Lorenzo (a cura di), *L'organizzazione dello stato al tramonto dell'antico regime*, Napoli, Morano, 1990, pp. 119-128; G. Falzone, *La politica di Carlo di Borbone in Sicilia (1734-1759)*, Bologna, Pàtron, 1977; F. Gallo, *L'alba dei gattopardi. La formazione della classe dirigente nella Sicilia austriaca (1719-1734)*, Catanzaro, Meridiana, 1996; G. Giarrizzo, *La Sicilia dal Cinquecento all'Unità d'Italia*, in V. D'Alessandro e G. Giarrizzo, *La Sicilia dal Vespro all'Unità d'Italia*, vol. XVI della *Storia d'Italia* diretta da G. Galasso, Torino, Utet, 1989, pp. 97-793; D. Mack Smith, *Storia della Sicilia medievale e moderna*, Roma-Bari, Laterza, 1994; M.I. Finley, D. Mack Smith e C. Duggan, *Breve storia della Sicilia*, Roma-Bari, Laterza, 1990; E. Pontieri, *Lettere del marchese Caracciolo, viceré di Sicilia, al ministro Acton (1782-1786)*, in «ASPN», LIV, 1929, pp. 206-311; LV, 1930, pp. 201-312; LVII, 1932, pp. 251-296; F. Renda, *Storia della Sicilia dal 1860 al 1970*, vol. I, *I caratteri originari e gli anni dell'unificazione italiana*, Palermo, Sellerio, 1984; M. Verga, *Il «Settecento del baronaggio». L'aristocrazia siciliana tra politica e cultura*, in F. Benigno e C. Torrisi (a cura di), *Élites e potere in Sicilia*, Catanzaro, Meridiana, 1995, pp. 87-102.

La repubblica giacobina e la prima restaurazione

Sul giacobinismo in Italia, sulla Repubblica napoletana, sul sanfedismo cfr. A. Anzilotti, *Movimenti e contrasti per l'unità italiana*, a cura di A. Caracciolo, Milano, Giuffrè, 1964; M. Battaglini, *Atti, leggi, proclami ed altre carte della repubblica Napoletana. 1798-99*, 3 voll., Cosenza, Società Editrice Meridionale, 1983; G. Cingari, *Giacobini e sanfedisti in Calabria*, Messina-Firenze, D'Anna, 1957; R. Colapietra, *Per una rilettura socio-antropologica dell'Abruzzo giacobino e sanfedista: il fanatismo come «mostro della ragione»*, in A. Cestaro e A. Lerra (a cura di), *Il Mezzogiorno e la Basilicata fra l'età giacobina e il decennio francese*, 2 voll., Venosa, Osanna, 1992, vol. I, pp. 101-117; V. Cuoco, *Saggio storico sulla rivoluzione na-*

poletana del 1799, a cura di P. Villani, Roma-Bari, Laterza, 1976; J.A. Davis, *1799: The «Santafede» and the Crisis of the «Ancien Régime» in Southern Italy*, in J.A. Davis e P. Ginsborg (a cura di), *Society and Politics in the Age of the Risorgimento*, Cambridge, Cambridge University Press, 1991, pp. 1-25; G. Galasso, *I giacobini meridionali* e *La legge feudale napoletana del 1799*, in Id., *La filosofia in soccorso*, cit., pp. 509-548 e 633-660; C. Ghisalberti, *Dall'antico regime al 1848*, Roma-Bari, Laterza, 1974; A. Lerra, *Il 1799 in Basilicata*, in Cestaro e Lerra (a cura di), *Il Mezzogiorno e la Basilicata*, cit., vol. I, pp. 119-165; B. Maresca, *I due trattati stipulati dalla corte napoletana nel settembre 1805*, in «ASPN», XII, 1887, pp. 589-683; M. Battaglini (a cura di), *Il Monitore napoletano. 1799*, Napoli, Guida, 1974; A. Monti, *Il Risorgimento*, 2 voll., Milano, Vallardi, 1955; C. Nassini, *L'ordinamento costituzionale delle repubbliche giacobine*, in *Storia della società italiana*, cit., 1985, vol. XIII, pp. 93-104; C. Petraccone, *Il giacobinismo napoletano*, in M.L. Salvadori e N. Tranfaglia (a cura di), *Il mondo contemporaneo. Il modello politico giacobino e le rivoluzioni*, Firenze, La Nuova Italia, 1984, pp. 132-153; C. Petraccone, *Napoli nel 1799. Rivoluzione e proprietà*, Napoli, Morano, 1989; A.M. Rao, *L'ordinamento e l'attività giudiziaria della repubblica napoletana del 1799*, in «ASPN», XC, 1973, pp. 73-145; Id., *La repubblica napoletana del 1799*, in *Storia del Mezzogiorno*, cit., vol. IV/2, pp. 470-539; Id., *Esuli: l'emigrazione politica italiana in Francia: 1792-1802*, Napoli, Guida, 1992; N. Rodolico, *Il popolo agli inizi del Risorgimento nell'Italia meridionale. 1799-1801*, Firenze, Le Monnier, 1925; E. Rota, *Le origini del Risorgimento*, 2 voll., Milano, Vallardi, 1948; A. Saitta, *Per un aggiornamento culturale: bilanci e prospettive. La questione del giacobinismo italiano*, in «Critica storica», IV, 1965, pp. 249-304; A. Sinisi, *Antigiacobinismo e sanfedismo*, in *Storia della società italiana*, cit., vol. XIII, pp. 219-252; I. Tognarini, *Giacobinismo, rivoluzione, Risorgimento. Una messa a punto storiografica*, Firenze, La Nuova Italia, 1977; Id., *Le repubbliche giacobine*, in *Storia della società italiana*, cit., vol. XIII, pp. 59-92; P. Villani, *Giuseppe Zurlo la crisi dell'antico regime e la ricostruzione dello stato*, in Id., *Mezzogiorno tra riforme e rivoluzione*, cit., pp. 213-330.

Sulla prima restaurazione si vedano L. Blanch, *Il regno di Napoli dal 1801 al 1806*, in Id., *Scritti storici*, a cura di B. Croce, 3 voll., Bari, Laterza, 1945, vol. I, pp. 3-292; Maresca, *I due trattati stipulati dalla corte napoletana nel settembre 1805*, cit.; A.M. Rao, *La prima restaurazione borbonica*, in *Storia del Mezzogiorno*, cit., vol. IV/2, pp. 541-574; P. Pieri, *Il regno di Napoli dal luglio 1799 al marzo 1806*, in «ASPN», LI, 1926, pp. 5-163 e LII, 1927, pp. 136-286.

Il Decennio francese

In generale sull'età napoleonica in Italia, G. Astuti, *Il code Napoléon in Italia e la sua influenza sui codici degli stati italiani successori*, in Atti del Convegno *Napoleone e l'Italia*, 2 voll., Roma, Accademia Nazionale dei Lincei, 1973, vol. I, pp. 175-237; G. Candeloro, *Storia dell'Italia moderna*, Milano, Feltrinelli, 1956, vol. I; C. Capra, *Età napoleonica*, in *Il mondo contemporaneo. Storia d'Italia*, cit., vol. I, pp. 362-376; F. Della Peruta, *Esercito e società nell'Italia napoleonica*, Milano, Angeli, 1988; Ghisalberti, *Dall'antico regime al 1848*, cit.; Id., *Unità nazionale e unificazione giuridica in Italia*, Roma-Bari, Laterza, 1979; C. Capra (a cura di), *L'età rivoluzionaria e napoleonica in Italia. 1796-1815*, Torino, Loescher, 1978; *L'Italia giacobina e napoleonica*, vol. XIII della *Storia della società italiana*, cit.; P. Villani, *Italia napoleonica*, Napoli, Guida, 1978; S.J. Woolf, *Il Risorgimento italiano*, vol. I, *Dall'età delle riforme all'Italia napoleonica*, Torino, Einaudi, 1981; Id., *Napoleone e la conquista dell'Europa*, Roma-Bari, Laterza, 1990.

Sulla Sicilia, oltre alle opere precedentemente citate, cfr. G. Aceto, *Della Sicilia e dei suoi rapporti con l'Inghilterra nell'epoca della costituzione del 1812*, con Introduzione di F. Valsecchi, Palermo, Edizioni della Regione siciliana, 1970; J. Rossell, *Lord William Bentinck and the British Occupation of the Sicily. 1811-1814*, Cambridge, Cambridge University Press, 1956.

Sul regno di Napoli nel Decennio si veda G. Addeo, *La stampa periodica napoletana nel Decennio francese*, in «ASPN», CIII, 1985, pp. 401-449; V. Aversano, *Geografia e catasto napoleonico: analisi territoriale del Principato Citra*, Napoli, ESI, 1987; F. Barra, *Cultura e pensiero politico (1799-1815)*, in *Storia del Mezzogiorno*, cit., 1991, vol. X/3, pp. 257-275; L. Blanch, *La campagna di Murat del 1815*, in Id., *Scritti storici*, cit., vol. I, pp. 293-387; G. Cassandro, *La costituzione del Regno di Napoli sotto i napoleonidi*, in *Atti del 2° Convegno di studi Il Risorgimento in Puglia. Il Decennio francese (1806-1815)*, Bari, Bracciodieta, 1981, pp. 155-188; N. Cortese, *L'esercito napoletano nelle guerre napoleoniche*, in «ASPN», LI, 1926, pp. 164-339; Id., *Il Murat e la carboneria napoletana nella prima metà del 1814*, in *Studi storici in onore di G. Volpe*, Firenze, Sansoni, 1958, vol. I, pp. 209-224; A. Cutolo, *Il regno di Napoli ai tempi di Gioacchino Murat (dalle lettere di un diplomatico contemporaneo)*, in «ASPN», LXI, 1936, pp. 380-423; F.C. Dandolo, *La proprietà monastica in Puglia nella prima metà dell'Ottocento*, Napoli, Istituto italiano per gli studi filosofici, 1994; J.A. Davis, *The Impact of French Rule in the Kingdom of Naples (1806-1815)*, in «Ricerche storiche», XX, 1990, pp. 367-405; Id., *The Political Role of the Neapolitan Army during the Decennio Francese*, in A.M. Rao (a cura di), *Esercito e società nell'età rivoluzionaria e napoleonica*, Napoli, Morano, 1990, pp. 151-171; R. De Lorenzo, *Proprietà fondiaria e fisco nel Mezzogiorno: la riforma della tassazione nel decennio francese (1806-1815)*, Salerno, Centro studi per il Cilento e il Vallo di Diano, 1984; D. Demarco (a cura di), *La «Statistica» del Regno di Napoli nel 1811*, 4 voll., Roma, Accademia nazionale dei Lincei, 1988; F. De Sanctis, *Guglielmo Pepe*, in F. Ferri (a cura di), *Il Mezzogiorno e lo Stato unitario*, Torino, Einaudi, 1972, pp. 44-51; J.P. Garnier, *Murat roi de Naples*, Paris, Plon, 1959; F. Guardione, *Gioacchino Murat in Italia*, Firenze, Le Monnier, 1916; G. La Volpe, *Gioacchino Murat re di Napoli. Amministrazione e riforme economiche*, in «Nuova rivista storica», XIV, 1930, pp. 538-559 e XV, 1931, pp. 124-141; N. Cortese (a cura di), *Memorie di un generale della Repubblica e dell'Impero. Francesco Pignatelli principe di Strongoli*, 2 voll., Bari, Laterza, 1927; C. D'Elia (a cura di), *Il Mezzogiorno agli inizi dell'800*, Roma-Bari, Laterza, 1992; S. Martuscelli (a cura di), *La popolazione del Mezzogiorno nella Statistica di re Murat*, Napoli, Guida, 1979; J. Rambaud, *Naples sous Joseph Bonaparte. 1806-1808*, 2 voll., Paris, Plon-Nourrit, 1911; G. Savarese, *Tra rivoluzioni e reazioni. Ricordi su Giuseppe Zurlo (1759-1828)*, Torino, Einaudi, 1941; D. Spadoni, *La conversione italiana del Murat*, in «Nuova rivista storica», XIV, 1930, pp. 217-252; A. Lepre (a cura di), *Studi sul Regno di Napoli nel Decennio francese (1806-1815)*, Napoli, Liguori, 1985; R. Trifone, *Feudi e demani. Eversione della feudalità nelle province napoletane*, Milano, Società Editrice Libraria, 1909; A. Valente, *Gioacchino Murat e l'Italia meridionale*, Torino, Einaudi, 1965; P. Villani, *La vendita dei beni dello Stato nel Regno di Napoli*, Milano, Banca Commerciale, 1964; Id., *Il Decennio francese*, in *Storia del Mezzogiorno*, cit., vol. IV/2, pp. 575-639.

Recente rassegna storiografica sul periodo in P. Villani, *L'età rivoluzionaria e napoleonica*, in L. De Rosa (a cura di), *La storiografia italiana degli ultimi vent'anni. II. L'età moderna*, Roma-Bari, Laterza, 1989, pp. 163-207.

Il «quinquennio», la rivoluzione costituzionale, Francesco I

Sui tratti della restaurazione a Napoli cfr. L. Blanch, *Luigi de' Medici come uomo di stato e amministratore*, in Id., *Scritti storici*, cit., vol. II, pp. 5-126; Candeloro, *Storia dell'Italia moderna*, cit., vol. II; A. Caracciolo, *La storia economica*, in *Storia d'Italia*, Torino, Einaudi, 1973, vol. III, pp. 509-693; G. Carano Donvito, *L'economia meridionale prima e dopo il Risorgimento*, Firenze, Vallecchi, 1927; N. Cortese, *Per la storia del regno delle Due Sicilie dal 1815 al 1820*, in «ASPN», LI, 1926, pp. 198-226; Id., *Tito Manzi e gli avvenimenti napoletani del 1799 e del 1815*, in *Studi di storia napoletana in onore di M. Schipa*,

Napoli, ITEA, 1926, pp. 583-602; De Francesco, *Ideologie e movimenti politici*, cit.; N. Del Corno, *Gli «scritti sani». Dottrina e propaganda nella pubblicistica reazionaria italiana dalla Restaurazione all'Unità*, Milano, Angeli, 1992; R. Feola, *Dall'Illuminismo alla Restaurazione. Donato Tommasi e la legislazione delle Sicilie*, Napoli, Jovene, 1982; A. Lepre, *Storia del Mezzogiorno nel Risorgimento*, Roma, Editori Riuniti, 1974; W. Maturi, *La politica estera napoletana dal 1815 al 1820*, in «Rivista storica italiana», IV, serie V, 1939, pp. 226-272; Id., *Il principe di Canosa*, Firenze, Le Monnier, 1944; W. Palmieri (a cura di), *Il Mezzogiorno agli inizi della Restaurazione*, Roma-Bari, Laterza, 1993; N. Nada, *Il regno di Napoli nell'età della Restaurazione secondo i giudizi di Tito Manzi*, in «Rassegna storica del Risorgimento», XLVIII, 1961, pp. 627-645; G. Pescosolido, *L'economia e la vita materiale*, in G. Sabbatucci e V. Vidotto (a cura di), *Storia d'Italia*, vol. I, *Le premesse dell'Unità*, cit., pp. 3-118; R. Petroni, *Censimento ossia Statistica de' Reali Dominii di qua dal faro del Regno delle due Sicilie*, Napoli, De Bonis, 1826; R. Romeo, *Momenti e problemi della Restaurazione nel Regno delle Due Sicilie (1815-1820)*, in Id., *Mezzogiorno e Sicilia nel Risorgimento*, Napoli, ESI, 1963, pp. 51-114; A. Scirocco, *I problemi del Mezzogiorno negli atti dei Consigli Provinciali (1808-1830)*, in «ASPN», LXXXVIII, 1970, pp. 115-138; Id., *Governo assoluto ed opinione pubblica a Napoli nei primi anni della restaurazione*, in «Clio», XXII, 1986, pp. 203-224; Id., *Dalla seconda restaurazione alla fine del regno*, in *Storia del Mezzogiorno*, cit., vol. IV/2, pp. 643-682; Trifone, *Feudi e demani*, cit.; S.J. Woolf, *Il Risorgimento italiano*, vol. II, *Dalla Restaurazione all'Unità*, Torino, Einaudi, 1981.

Le questioni relative al brigantaggio sono affrontate da J.A. Davis, *Legge e ordine. Autorità e conflitti nell'Italia dell'800*, Milano, Angeli, 1989; per alcune realtà provinciali cfr., per ora, R. Church, *Brigantaggio e società segrete nelle Puglie*, Firenze, Barbera, 1899; A. Lucarelli, *La Puglia nel Risorgimento (Storia documentata)*, Trani, Vecchi, 1953, vol. IV.

Sul 1820-21: G. Addeo, *La libertà di stampa nel nonimestre costituzionale a Napoli*, in «ASPN», CVII, 1989, pp. 337-380 e CX, 1992, pp. 83-274; Carascosa, *Mémoires historiques, politiques et militaires*, cit.; N. Cortese, *La condanna e l'esilio di Pietro Colletta*, Roma, Vittoriano, 1938; De Sanctis, *Guglielmo Pepe*, cit.; O. Dito, *Massoneria, carboneria ed altre società segrete nella storia del Risorgimento italiano*, Torino-Roma, Casa Editrice Nazionale, 1905; A. Galante Garrone e F. Della Peruta, *La stampa italiana del Risorgimento*, Bari, Laterza, 1979; A. Lepre, *La rivoluzione napoletana del 1820-21*, Roma, Editori Riuniti, 1967; M. Manfredi, *Luigi Minichini e la Carboneria a Nola*, Firenze, Le Monnier, 1932; M. Romano, *Un grande del Risorgimento. Gabriele Pepe*, Modena, Società tipografica modenese, 1940; G. Pepe, *Relazione delle circostanze relative agli avvenimenti politici e militari in Napoli nel 1820 e nel 1821*, Paris, s.e., 1822; Savarese, *Tra rivoluzioni e reazioni*, cit.

Sul regno di Francesco I si vedano I. Ascione, *Consulta di stato, Consiglio di stato, Consulta di Napoli: Aspetti e fasi del rinnovamento amministrativo dal 1824 al 1861*, in A. Massafra (a cura di), *Il Mezzogiorno preunitario. Economia, società, istituzioni*, Bari, Dedalo, 1988, pp. 622-635; P. Calà Ulloa, *Il regno di Francesco I*, in R. Moscati (a cura di), Napoli, Guida, 1933; G. Cingari, *Mezzogiorno e Risorgimento. La restaurazione a Napoli dal 1821 al 1830*, Bari, Laterza, 1976[2]; R. Feola, *Le Consulte di Stato nelle Sicilie*, in «Clio», XXII, 1986, pp. 23-49; A. Genoino, *Re cospiratori e ministri nel processo De Mattheis. 1822-1830*, Cava dei Tirreni, Salsano, 1933; Id., *Le Sicilie al tempo di Francesco I (1777-1830)*, Napoli, Guida, 1934; Moscati, *Il Mezzogiorno nel Risorgimento*, cit.

Sui moti del Cilento ampia è la bibliografia; si citano qui M. Mazziotti, *La rivolta del Cilento nel 1828*, Roma-Milano, Albrighi *et al.*, 1906; O. Valio, *I fratelli De Mattia e i fatti del Cilento*, Napoli, Pierro, 1897 e, per i rapporti con il brigantaggio, M. Autuori, *Storia sociale della banda Capozzoli (1817-1827). Lotte municipali e brigantaggio* e M. Vozzi, *La comitiva armata dei fratelli Capozzoli e la rivoluzione cilentana del 1828. Lotta politica e brigantaggio*, in Massafra (a cura di), *Il Mezzogiorno preunitario*, cit., pp. 1127-1141 e 1143-1157.

Ferdinando II e la fine del regno

Sui primi anni del regno di Ferdinando II si vedano L. Blanch, *Memoria sullo stato del Regno di Napoli (dicembre 1830)*, in Id., *Scritti storici*, cit., vol. II, pp. 303-334; G. Cingari, *Ferdinando II e il «colpo di stato» del ministro Nicola Intonti (1830-1833)*, in *Fra storia e tempo*, cit., vol. II, pp. 111-150; E. Morelli, *Note sul biennio 1831-32*, in *Studi storici in onore di G. Volpe*, cit., vol. II, pp. 665-677; F. Guardione, *Il dominio dei Borboni in Sicilia dal 1830 al 1861*, 2 voll., Palermo, Reber, 1901; R. Moscati, *Ferdinando di Borbone nei documenti diplomatici austriaci*, Napoli, ESI, 1947; Id., *I rapporti austro-napoletani nei primi anni di regno di Ferdinando II*, in «ASPN», LXIV, 1939, pp. 138-200; G. Paladino, *La congiura del «Monaco» (1830-33)*, in «ASPN», LIII, 1928, pp. 285-387 e Id., *A Napoli nei primi mesi del 1831*, in *Studi di storia napoletana in onore di M. Schipa*, cit., pp. 729-747.

Sul periodo 1848-60 cfr. Battaglini, *Il crollo militare del Regno delle Due Sicilie*, cit.; G. Candeloro, *Storia dell'Italia moderna*, Milano, Feltrinelli, voll. III e IV, rispettivamente 1964 e 1970; R.P. Coppini, *Il Piemonte sabaudo e l'unificazione (1849-1861)*, in G. Sabbatucci e V. Vidotto (a cura di), *Storia d'Italia*, vol. I, *Le premesse dell'unità*, cit., pp. 337-429; N. Cortese, *Ricerche e documenti sul 1848 napoletano*, in «ASPN», LXXXIX, 1971, pp. 307-374; F. Curato, *La situazione interna delle Due Sicilie nel 1847 secondo i dispacci degli inviati francese e inglese a Napoli*, in *Studi storici in onore di G. Volpe*, cit., vol. I, pp. 225-260; R. De Cesare, *La fine di un regno*, Napoli, Celi, 1969, 3 voll.; F. Guardione, *La reazione borbonica in Sicilia e il trionfo della rivoluzione unitaria*, Palermo, Sanzo, 1929; B. King, *Storia dell'unità d'Italia*, 4 voll., Roma, Editori Riuniti, 1960; A. Lucarelli, *I moti rivoluzionari del 1848 nelle provincie della Puglia*, in «ASPN», LXX, 1947-49, pp. 427-467; E. Masi, *Il Risorgimento italiano*, 2 voll., Firenze, Sansoni, 1937; Memor (R. De Cesare), *La fine di un regno dal 1855 al 6 settembre 1860*, Città di Castello, Lapi, 1895; Monti, *Il Risorgimento*, cit.; R. Moscati, *Un duro antagonista della rivoluzione del '48: Ferdinando II*, in «ASPN», LXX, 1947-49, pp. 1-27; Id., *Ferdinando di Borbone nei documenti diplomatici austriaci*, Napoli, ESI, 1947; Id., *Il Mezzogiorno nel Risorgimento italiano*, in *Questioni di storia del Risorgimento e dell'Unità d'Italia*, cit., pp. 253-290, ripubblicato in Id., *Il Mezzogiorno d'Italia nel Risorgimento*, Firenze-Messina, D'Anna, 1953, pp. 51-106; Id., *Ferdinando II e la crisi napoletana del '48*, *ibidem*, pp. 107-136; Id., *La fine del Regno di Napoli. Documenti borbonici del 1859-60*, Firenze, Le Monnier, 1960; G. Paladino, *La rivoluzione napoletana nel 1848*, Milano, Vallardi, 1914; Id., *Il processo per la setta l'«Unità italiana» e la reazione borbonica dopo il '48*, Firenze, Le Monnier, 1928; T. Pedio, *La Basilicata durante la dominazione borbonica*, Matera, Montemurro, 1961; Id., *I moti contadini del 1848 nelle province napoletane*, in «ASPN», XCV, 1977, pp. 125-176; Id., *Classi e popolo nel Mezzogiorno d'Italia alla vigilia del 15 maggio 1848*, Bari, Levante, 1979; R. Romeo, *Il Risorgimento in Sicilia*, Bari, Laterza, 1950; Id., *Mezzogiorno e Sicilia nel Risorgimento*, Napoli, ESI, 1963; E. Rota, *Il 1848 nella storia italiana ed europea*, Milano, Vallardi, 1948; A. Saladino, *La crisi della pubblica amministrazione alla vigilia del crollo del regno delle Due Sicilie*, in «ASPN», LXXVII, 1958, pp. 303-323; S. Soldani, *Il lungo Quarantotto degli italiani*, in *Storia della società italiana*, vol. XV, cit., pp. 259-343; Id., *Risorgimento*, in *Il mondo contemporaneo. Storia d'Italia*, cit., vol. III, pp. 1132-1166; P. Visani, *Guerre d'indipendenza*, *ibidem*, vol. II, pp. 530-548; M.H. Weil, *Le condizioni del regno di Napoli nell'autunno del 1843 e dopo la fucilazione dei fratelli Bandiera*, in «ASPN», XLVII, 1922, pp. 364-388; A. Zazo, *La politica estera del Regno delle Due Sicilie nel 1859-60*, Napoli, Miccoli, 1940.

I Borboni, i Napoleonidi

Sull'immagine dei Borboni e dei Napoleonidi si vedano P. Adone, *Elementi della storia del Regno delle Due Sicilie compilati da P.A. (ad uso delle alunne del convitto Regina Isabella di Borbone)*, Napoli, Giordano, 1850; V. Albarella D'Afflitto, *Gli ultimi Borboni al cospetto dell'attuale libertà d'Italia. Risposte alle Lettere Napoletane pubblicate da P.C. Ulloa per l'avv. V.A. d'A.*, Bari, De Ninno, 1865; A. Antonelli, *Memorie del regno di Napoli. Rivoluzione del 1820*, Aquila, Aternina, 1848; C. Bertini, *I re di Napoli. Ossia storia del Regno di Napoli*, Palermo, Dato, 1846; F.S. Bruno, *Sulla necessità di un catasto definitivo ed idea di un lavoro preparatorio da servire alla formazione dello stesso*, Lecce, s.e., 1847; G. Buttà, *I Borboni di Napoli al cospetto di due secoli*, 3 voll., Napoli, Perrone, 1877 (Bologna, 1965); A. Cacciatore, *Esame della Storia del Reame di Napoli di Pietro Colletta dal 1734 al 1825*, Napoli, Stabilimento Tipografico, 1850; P. Calà Ulloa, *Intorno alla Storia del reame di Napoli di Pietro Colletta, annotamenti di P.C. Ulloa duca di Lauria*, Napoli, De Bonis, 1877; Id., *Il regno di Francesco I*, cit.; Id., *Il regno di Ferdinando II*, a cura di G.F. De Tiberiis, Napoli, ESI, 1967; L. Canosino, *Rovescio della medaglia per l'opuscolo pubblicato da Mariano d'Ayala sulla vita, costumi ed ingegno del re di Napoli. Poche parole del dottor ZN*, Torino, Favale, 1857; B. Cantalupo, *Rapida enunciazione del sistema legislativo delle Due Sicilie*, Napoli, s.e., 1830; Id., *I principj e gli effetti del sistema governativo delle Due Sicilie dal 1830 al 1848*, Napoli, s.e., 1850; G. Carelli, *Della fondazione della monarchia borbonica di Napoli per la vittoria riportata dagli spagnoli sul campo bitontino. Cenno storico del dottor G.C.*, Napoli, Fibreno, 1835; M. Carpino, *Le vite istoriche dei re di Napoli*, Napoli, Ranucci, 1847; F. Carta, *Storia del Reame delle Due Sicilie*, Napoli, Ambrosio, 1848; D. Casavola, *Raccolta di opere tradotte dal Francese, Inglese e Tedesco distribuite in tre distinte serie e corredata di una elaborata prefazione che fra l'altro presenta un compendio del regno de' Borboni dal 1799 al 1860*, Bari, Gissi, 1864; C. Colletta, *Diario del Parlamento nazionale delle Due Sicilie negli anni 1820 e 1821 illustrato dagli atti e documenti di maggiore importanza relativi a quelle discussioni*, Napoli, Stamperia dell'Iride, 1864; P. Colletta, *Storia del Reame di Napoli dal 1734 al 1825*, cit.; Id., *Elogio di Giuseppe De Thomasis*, in Id., *Opere inedite o rare*, 2 voll., Napoli, Stamperia nazionale, 1861, vol. II; Id., *Memoria militare sulla campagna d'Italia nel 1815*, *ibidem*, vol. I; N. Dal Forno, *La storia civile del Regno di Napoli in compendio per introduzione allo studio della giurisprudenza*, Napoli, s.e., 1838; F. De Angelis, *Storia del Regno di Napoli sotto la dinastia borbonica*, 4 voll., Napoli, Morosino, 1817; *Della civiltà delle Sicilie dal MDCCXXXIV al MDCCCXXX*, in «Annali civili del Regno delle Due Sicilie», 1833, fasc. I, pp. 23-40; L. Del Pozzo, *Cronaca civile e militare delle Due Sicilie sotto la dinastia borbonica*, Napoli, Stamperia Reale, 1857; G. Del Re, *Descrizione topografica fisica economica politica de' Reali Dominij al di qua del Faro nel Regno delle Due Sicilie*, Napoli, Turchini, 1830; G. De Sanctis, *Dizionario statistico de' paesi del Regno delle Due Sicilie*, Napoli, s.e., 1840; M. De Sangro, *I Borboni nel Regno delle Due Sicilie*, Como, s.e., 1884, rist. anast. Bologna, Forni, 1979; G. De Sivo, *Storia delle Due Sicilie dal 1847 al 1861*, 2 voll., Napoli, Berisio, 1964 (1ª ed. Napoli, 1868); F. Dias, *Quadro storico-analitico del governo de' Domini di qua del Faro*, Napoli, Dell'industriale, 1833; A. Dumas, *I Borboni di Napoli*, 5 voll., Napoli, s.e., 1862; U. Caldora (a cura di), *Diario di Ferdinando IV di Borbone (1796-1799)*, Napoli, ESI, 1965; *Elementi della storia e della geografia del Regno delle Due Sicilie... ordinati a domande e risposte per uso delle scuole*, Napoli, Fernandes, 1828; G. Fortunato, *Appunti di storia napoletana dell'Ottocento*, Bari, Laterza, 1931; B. Gamboa, *Storia della rivoluzione di Napoli entrante il luglio del 1820*, s.l., il Trani, s.d.; J.W. Goethe, *Viaggio in Italia*, a cura di L. Rega, Milano, Rizzoli, 1991; *I tre periodi degli ultimi oscillamenti sociali del Reame delle Due Sicilie. Osservazioni filosofico-politiche di un antico professore di diritto pubblico, socio di varie accademie*, s.l., s.e., 1850; C. Lancellotti, *Memorie istoriche di Ferdinando I re del Regno delle Due Sicilie*, Napoli, A. Trani, 1827; Id., *Elogio di Maria Carolina arciduchessa d'Austria regina del regno delle Due Sicilie*, Napoli, Flautina, 1829; G. Lazzaro, *Saggio storico cronologico de' fatti pubblici delle Due Sicilie*, Napoli, Lauriel, 1854; G. Marulli, *Ragguagli storici sul regno delle Due Sicilie dall'epoca della francese rivolta fino al 1815*, Napoli, Favarini, 1844; Id., *La cattiva letteratura e le buone truppe*, Napoli, Canavaccioli, 1852; D. Merenda, *Compendio della storia del regno di Napoli dalla decadenza dell'impero romano sino all'anno MDCCCXX*, Napoli, Severino, 1820; N. Morelli, *Biografia de' re di Napoli*, Napoli, Nicola Gervasi, 1825; M. Musci, *Storia civile e militare del regno delle Due Sicilie sotto il governo di Ferdinando II. Dal 1830 al 1849*, 2 voll., Napoli, Poliorama, 1850; Id., *Storia di cinque mesi del reame delle Due Sicilie*, Napoli, Gioia, 1859; N. Nisco, *Storia del reame di Napoli dal 1824 al 1860*, Napoli, Lanciano e Veraldi, 1908[5]; N. Palmeri, *Saggio storico e politico sulla Costituzione del Regno di Sicilia infino al 1816*, Lausanne, Bonnici, 1847; M. Palmieri di Micciché, *Pensées et souvenirs historiques et contemporains*, 2 voll., Palermo, Edizioni della Regione siciliana, 1969; D. Pandullo, *Compendio della storia patria ovvero del reame delle Due Sicilie dalla sua origine sino ai tempi nostri*, Napoli, Rondinella, 1848; Pepe, *Relazione delle circostanze*, cit.; G.G. Rossi, *Storia dei rivolgimenti politici nelle Due Sicilie dal 1847 al 1850*, 2 voll., Napoli, Fibreno, 1851; M.L. Rotondo, *Saggio politico su la popolazione e le pubbliche contribuzioni del Regno delle Due Sicilie al di qua del Faro*,

Napoli, Flauti, 1834; Savarese, *Tra rivoluzioni e reazioni*, cit.; L. Settembrini, *Ricordanze della mia vita*, a cura di P. Treves, Napoli, Rondinella, 1935; Id., *Lettera di Carlo III a Ferdinando II*, in M. Themelly (a cura di), *Opuscoli politici editi ed inediti (1847-1851)*, Roma, Edizioni dell'Ateneo, 1969, pp. 305-375; N. Tommaseo, *Dell'Italia*, 2 voll., Torino, Utet, 1926; A. Zezon, *Storia del Regno di Napoli dalla fondazione della monarchia infino al XIX secolo scritta e pubblicata da A.Z.*, Napoli, Zezon, 1838.

Tra le opere più recenti si sono utilizzate: H. Acton, *I Borboni di Napoli (1734-1825)*, Milano, Martello, 1960; B. Croce, *Storia della storiografia italiana nel secolo decimonono*, 2 voll., Bari, Laterza, 1921; G. Cacciatore, *Profilo di Michelangelo Schipa*, in Macry e Massafra (a cura di), *Fra storia e storiografia*, cit., pp. 187-203; N. Cortese, *La prima rivoluzione separatista siciliana, 1820-1821*, Napoli, Libreria Scientifica, 1951; B. Croce, *Uomini e cose della vecchia Italia*, Bari, Laterza, 1927, serie II, pp. 206-306 (per il profilo della regina Maria Cristina); Id., *Storia del Regno di Napoli*, cit.; Davis, *The Political Role of the Neapolitan Army during the Decennio Francese*, cit.; Id., *The Mezzogiorno and Modernization: Changing Contours of Public and Private during the French Decennio*, in Macry e Massafra (a cura di), *Fra storia e storiografia*, cit., pp. 691-707; Della Peruta, *Esercito e società nell'Italia napoleonica*, cit.; G. Falzone, *Il regno di Carlo di Borbone in Sicilia (1734-1759)*, Bologna, Pàtron, 1964; L. Mascilli Migliorini, *La caccia al tempo dei Borbone*, Firenze, Vallecchi, 1994; R. Moscati, *I Borboni d'Italia*, Roma, Newton Compton, 1973; L. Parente, *Dibattito sul divorzio (1809). Una battaglia politica nel Mezzogiorno napoleonico*, Benevento, Associazione istorica beneventana, 1990; Pieri, *Il regno di Napoli dal luglio 1799 al marzo 1806*, cit.; A.M. Rao, *Giacobini e giacobinismo nella cultura meridionale italiana del primo Ottocento*, in «Lectures», 1989/1, pp. 201-219; Id., *Carlos de Borbòn en Nàpoles*, in «Trienio», 24, 1994, pp. 5-41; C. Salvati, *La formalità degli atti della pubblica amministrazione borbonica negli anni della Restaurazione*, in *Studi in memoria di Nino Cortese*, Roma, Istituto per la storia del Risorgimento italiano, 1976, pp. 461-481; Schipa, *Il regno di Napoli al tempo di Carlo di Borbone*, cit.; A. Simioni, *Le origini del Risorgimento politico dell'Italia meridionale*, 2 voll., Messina, Principato, 1925; M.A. Tallarico, *Il vescovo B. della Torre e i rapporti stato-chiesa nel Decennio francese a Napoli (1806-1815)*, in «Annuario dell'Istituto storico italiano per l'età moderna e contemporanea», XXVI-XXVIII, 1975-1976, pp. 129-397; L. Tomeucci, *Genesi del conflitto tra la Sicilia e i Borboni (1734-1816)*, Bologna, Zanichelli, 1964; Trifone, *Feudi e demani*, cit.; A. Valente, *Una fiera ed eloquente protesta di Giuseppe Poerio contro le pretese francesi di aver civilizzato l'Italia meridionale*, in «Rassegna storica del Risorgimento», XXII, 1935, pp. 428-441.

Sugli ingressi dei sovrani a Napoli, sui viaggi nelle province e sui cerimoniali praticati cfr. A. Bulifon, *Giornale del viaggio d'Italia dell'invittissimo e gloriosissimo monarca Filippo V*, Napoli, Nicola Bulifon, 1703; S. Cabibbo, *La santità femminile dinastica,* in L. Scaraffia e G. Zarri (a cura di), *Donne e fede*, Roma-Bari, Laterza, 1994, pp. 399-418; C. Canonici, *Giuramenti, adesioni, ritrattazioni nel periodo napoleonico e nella restaurazione. Il caso della diocesi di Sutri*, in «Rivista di storia della Chiesa in Italia», XL, 1986, pp. 405-445; S. Daconto, *La Terra di Bari nel periodo storico del Risorgimento. Parte I, 1789-1821*, Trani, Vecchi, 1911; C. D'Elia, *«Dannata opera», «opera gloriosa»: alcune visioni della bonifica borbonica in Vallo di Diano*, in Macry e Massafra (a cura di), *Fra storia e storiografia*, cit., pp. 729-748; R. De Lorenzo, *Strategie del territorio e indagini statistiche nel Mezzogiorno fra Settecento e Ottocento*, in Id. (a cura di), *L'organizzazione dello Stato al tramonto dell'Antico Regime*, cit., pp. 129-185; G. Galasso, *Una capitale dell'impero*, in Id., *Alla periferia dell'impero. Il regno di Napoli nel periodo spagnolo (secoli XVI-XVII)*, Torino, Einaudi, 1994, pp. 335-369; M. Meriggi, *Corte e società di massa: Vienna 1806-1918*, in C. Mozzarelli e G. Olmi (a cura di), *La corte nella cultura e nella storiografia. Immagini e posizioni tra Otto e Novecento*, Roma, Bulzoni, 1983, pp. 135-165; F. Nicolini, *L'Europa durante la guerra di successione di Spagna. Con particolare riguardo alla città e regno di Napoli*, 3 voll., Napoli, R. Deputazione di Storia patria, 1937-1939; A. Pinelli, *Feste e trionfi: continuità e metamorfosi di un tema*, in S. Settis (a cura di), *Memoria dell'antico nell'arte italiana*, Torino, Einaudi, 1985, vol. II, t. 2, pp. 279-350; P. Prodi, *Il sacramento del potere. Il giuramento politico nella storia costituzionale dell'Occidente*, Bologna, Il Mulino, 1992; A. Saitta, *Le riforme di Ferdinando II di Sicilia nel giudizio dei diplomatici della monarchia di luglio. Appunti e documenti*, in «Annuario dell'Istituto storico per l'età moderna e contemporanea», VI, 1954, pp. 179-331; R. Villari, *Napoli ribelle e fedele*, in Macry e Massafra (a cura di), *Fra storia e storiografia*, cit., pp. 551-557; M.A. Visceglia, *Rituali religiosi e gerarchie politiche a Napoli in età moderna*, *ibidem*, pp. 587-620; J.C. Waquet, *Les fêtes royales sous la Restauration. Ou l'ancien régime retrouvé*, Genève, Droz, 1981; L. Zingarelli, *Modelli Ancien Régime, sociabilità borghese*, in F. Tateo (a cura di), *Storia di Bari. L'Ottocento*, Roma-Bari, Laterza, 1994, pp. 373-432.

La nobiltà nell'Ottocento borbonico

Sul tema della nobiltà nell'Ottocento cfr. G. Aliberti, *Potere e società locale nel Mezzogiorno dell'800*, Roma-Bari, Laterza, 1987; Id., *Lo Stato postfeudale. Un secolo di potere pubblico nel Mezzogior-*

no italiano (1806-1910), Napoli, Guida, 1993; A.M. Banti, *Strategie matrimoniali e stratificazione nobiliare. Il caso di Piacenza*, in *Les noblesses européennes au XIXᵉ siècle*, con Introduzione di G. Delille, Roma, École Française, 1988, pp. 451-471; L. Buccino Grimaldi, *La legislazione fedecommissaria nell'Italia del Sud dal 1806 fino all'Unità, ibidem*, pp. 435-449; M. Caffiero, *Tradizione o innovazione? Ideologie e comportamenti della nobiltà romana in tempo di crisi*, in M.A. Visceglia (a cura di), *Signori, patrizi e cavalieri nell'Italia moderna*, Roma-Bari, Laterza, 1992, pp. 369-389; C. Capra, *Nobili, notabili, élites: dal «modello» francese al caso italiano*, in «Quaderni storici», XIII, 1978, pp. 12-42; A. Daumard, *Noblesse et aristocratie en France au XIXᵉ siècle*, in *Les noblesses*, cit., pp. 81-104; Del Corno, *Gli «scritti sani»*, cit.; F. Diaz, *Divagazioni sulla nobiltà nel Settecento*, in «Rivista storica italiana», CII, 1990, pp. 340-357; A. Mayer, *Il potere dell'ancien régime fino alla prima guerra mondiale*, Roma-Bari, Laterza, 1992; M. Meriggi, *Funzionari e carriere nella Lombardia della restaurazione (1816-1848)*, in «Società e storia», III, 1980, pp. 61-96; Id., *Corte e società di massa*, cit.; R. Romanelli, *Nobiltà europee dell'Ottocento. In margine a un convegno di studi*, in «Passato e presente», n. 11, 1986, pp. 133-146; Id., *Famiglie e patrimonio nei comportamenti della nobiltà borghese dell'800*, in L. Frattarelli Fischer e M.T. Lazzarini (a cura di), *Palazzo de Larderel*, Milano, Electa, 1992, pp. 9-27; P. Ruiz Torres, *La aristocracia en el país valenciano: la evoluciòn dispar de un grupo privilegiado en la España del siglo XIX*, in *Les noblesses*, cit., pp. 137-163; L. Stone e J.C. Fawtier Stone, *Una élite aperta. L'Inghilterra tra 1540 e 1880*, Bologna, Il Mulino, 1989.

Sulla nobiltà napoletana e sulla legislazione che la concerneva si vedano Blanch, *Il Regno di Napoli dal 1801 al 1806*, cit.; Id., *Mémoire sur le Royaume de Naples. Octobre 1822*, in Id., *Scritti storici*, cit., vol. II, pp. 267-297; F. Bonazzi, *I registri della nobiltà delle province napoletane*, Napoli, De Angelis, 1879; Id., *Registro dei cavalieri ammessi ai reali baciamani esistenti nell'Archivio Municipale di Napoli*, Napoli, Detken, 1882; F. De Giorgio, *Delle cerimonie pubbliche, delle onorificenze, della nobiltà e de' titoli e degli onori cavallereschi nel Regno delle Due Sicilie*, Napoli, Fabbricatore, 1854; F. Dias, *Collezione di reali rescritti, regolamenti, istruzioni ministeriali*, Napoli, Pellizzone, 1856-1859; P. Di Gregorio, *Nobiltà e nobilitazione nel lungo Ottocento*, in «Meridiana», n. 19, 1994, pp. 83-112; G. Landi, *Istituzioni di diritto pubblico del Regno delle Due Sicilie (1815-1861)*, 2 voll., Milano, Giuffrè, 1977; L. Marta, *Costumi della festa di Carnevale data nella Reggia di Napoli il 20 febbraio 1854*, rist. anast., Bologna, Forni, 1975; G. Montroni, *I gentiluomini della chiave d'oro*, in «Meridiana», n. 19, 1994, pp. 59-82, rifuso in Id., *Gli uomini del re. La nobiltà napoletana nell'Ottocento*, Catanzaro, Meridiana, 1996;

F.S. Nitti, *Sui moti di Napoli del 1820*, in *La vita italiana nel Risorgimento*, 3 voll., Firenze, Bemporad, s.d., serie I, vol. I, pp. 139-169; M. Palmieri di Micciché, *Mœurs de la cour et des peuples des Deux-Sicilies*, Paris, Levasseur, 1837; R. Ruo, *Saggio storico degli ordini cavallereschi antichi e moderni estinti ed esistenti istituiti nel regno delle due Sicilie sotto varie dinastie*, Napoli, Società Filomatica, 1832; A. Spagnoletti, *Profili giuridici delle nobiltà meridionali fra metà Settecento e Restaurazione*, in «Meridiana», n. 19, 1994, pp. 29-58; V. Tafuri, *Della nobiltà, delle sue leggi e dei suoi instituti nel già reame delle Sicilie*, Napoli, Accattoncelli, 1869; G. Ungaro, *Prospetto economico-politico-legale del Regno di Napoli*, Napoli, Raimondi, 1807; G. Volpicelli, *Cenno storico su i miglioramenti legislativi ed amministrativi operati nel reame di Napoli dal 1830 al 1847*, Napoli, Dante, 1851.

Sull'impiego dei nobili nelle istituzioni amministrative, M.S. Corciulo, *I Consigli generali e distrettuali di Terra d'Otranto dal 1808 alla rivoluzione del 1820-21*, in Massafra (a cura di), *Il Mezzogiorno preunitario*, cit., pp. 393-410; F. D'Agostino, *Il Consiglio provinciale di Terra di Bari*, in *Atti del 3° Convegno di studi Il Risorgimento in Puglia. L'età della Restaurazione (1815-1830)*, Bari, Bracciodieta, 1983, pp. 277-294; E. Di Ciommo, *Élites provinciali e potere borbonico. Note per una ricerca comparata*, in Massafra (a cura di), *Il Mezzogiorno preunitario*, cit., pp. 965-1038; A. Scirocco, *I corpi rappresentativi nel Mezzogiorno dal «decennio» alla restaurazione: il personale dei consigli provinciali*, in «Quaderni storici», XIII, 1978, pp. 102-125; A. Spagnoletti, *La formazione di una nuova classe dirigente in provincia di Bari. Sindaci e decurioni tra 1806 e 1830*, in «Archivio storico pugliese», XXXVI, 1983, pp. 117-165.

Sulla funzione militare svolta si vedano Carascosa, *Mémoires historiques*, cit.; L. Ceva, *Il comando degli eserciti in Europa fra età di mezzo e restaurazione*, in «Rivista storica italiana», XCVIII, 1986, pp. 463-499; Della Peruta, *Esercito e società nell'Italia napoleonica*, cit.; R. De Lorenzo, *Esercito, amministrazione, finanze nel Mezzogiorno durante il Decennio francese*, in Della Peruta, *Esercito e società*, cit., pp. 151-171; C. Donati, *Esercito e società civile nella Lombardia del secolo XVIII: dagli inizi della dominazione austriaca alla metà degli anni sessanta*, in «Società e storia», V, 1982, pp. 527-554; *Memorie di un generale della Repubblica e dell'Impero*, cit.; A.M. Rao, *Esercito e società a Napoli nel secondo Settecento*, in «Studi storici», XXVIII, 1987, pp. 623-677; S.J. Woolf, *Napoleone e la conquista dell'Europa*, Roma-Bari, Laterza, 1990; Id., *The «Grande Armée»: Army and Society in the Revolutionary-Napoleonic Era*, in Della Peruta, *Esercito e società*, cit., pp. 9-26.

Alcune questioni storiografiche

Le rassegne storiografiche più recenti sono quelle di A.M. Rao, *Temi e tendenze della recente storiografia sul Mezzogiorno nell'età rivoluzionaria e napoleonica*, in A. Cestaro e A. Lerra (a cura di), *Il Mezzogiorno e la Basilicata fra l'età giacobina e il Decennio francese*, cit., pp. 41-85, di S. Russo, *La storiografia sul Mezzogiorno nell'ultimo quarantennio*, in C. Cassina (a cura di), *La storiografia sull'Italia contemporanea*, Pisa, Giardini, 1991, pp. 315-329 e di Villani, *L'età rivoluzionaria e napoleonica*, cit.

Sui caratteri generali della monarchia amministrativa cfr. P. Aimo, Introduzione a *L'Italia napoleonica: l'amministrazione come amministrazione dello Stato*, in *L'amministrazione nella storia moderna*, «Archivio ISAP» n. 3, n.s., 1995, pp. 541-573; G. Aliberti, *L'organizzazione dello Stato nel Mezzogiorno napoleonico*, in A. Cestaro e A. Lerra (a cura di), *Il Mezzogiorno tra ancien régime e Decennio francese*, Venosa, Osanna, 1992, pp. 9-31; Id., *Lo Stato postfeudale*, cit.; R. Feola, *La monarchia amministrativa. Il sistema del contenzioso nelle Sicilie*, Napoli, Jovene, 1984; Id., *Accentramento e giurisdizione. Il progetto amministrativo nel primo Ottocento napoletano*, in «ASPN», CIII, 1985, pp. 451-474; C. Ghisalberti, *Contributo alla storia delle amministrazioni preunitarie*, Milano, Giuffrè, 1963; Liberati, *L'organizzazione amministrativa*, in *Atti del 3° Convegno sul Risorgimento*, cit., pp. 89-182; P. Pezzino, *Autonomia e accentramento nell'Ottocento siciliano. Il caso di Naro*, in «Annali della Fondazione Lelio e Lisli Basso-Issoco», IX, 1989, pp. 15-94.

Sulla nuova visione della storia degli antichi stati italiani cfr. M. Mirri, *Dalla storia dei «lumi» e delle «riforme» alla storia degli «antichi stati italiani»*, in *Pompeo Neri. Atti del Colloquio di Studi di Castelfiorino*, Castelfiorino, Società storica della Valdelsa, 1992, pp. 401-540.

Sull'impatto delle nuove istituzioni sulla società cfr. Introduzione di A. Massafra a *Il Mezzogiorno preunitario*, cit. e G. Aliberti, *Mezzogiorno e modernizzazione istituzionale da Giuseppe Bonaparte a Gioacchino Murat*, in «Ricerche di storia sociale e religiosa», XV, 1986, pp. 41-78; E. Iachello, *Il Mezzogiorno nell'età della Restaurazione. Nuove indicazioni di ricerca*, in «Società e storia», VIII, 1985, pp. 649-672.

Sul rapporto con i moduli francesi di governo si veda J. Godechot, *Originalità e imitazione nelle istituzioni italiane dell'epoca giacobina e napoleonica*, in N. Raponi (a cura di), *Dagli stati preunitari d'antico regime all'unificazione*, Bologna, Il Mulino, 1981, pp. 191-205.

Sugli elementi di novità presenti nello stato napoleonico cfr. G. Galasso, *Potere e istituzioni in Italia. Dalla caduta dell'Impero romano ad oggi*, Torino, Einaudi, 1974, pp. 160-167 e Romeo, *Momenti e problemi della Restaurazione nel Regno delle Due Sicilie (1815-1820)*, cit., pp. 51-114.

Sui rapporti con la politica delle riforme settecentesche cfr. R. Ajello, *Il governo delle province: un problema costituzionale*, presentazione ad A. De Martino, *La nascita delle Intendenze. Problemi dell'amministrazione periferica nel regno di Napoli. 1806-1815*, Napoli, Jovene, 1984; Dias, *Quadro storico-analitico degli atti del governo de' Domini di qua del Faro*, cit.; Feola, *Dall'Illuminismo alla Restaurazione*, cit.; Villani, *G. Zurlo. La crisi dell'antico regime e la ricostruzione dello Stato*, cit. (la versione del saggio apparsa nell'«Annuario dell'Istituto storico italiano per l'età moderna e contemporanea», VI, 1955, contiene la «Memoria» cui si fa riferimento nel testo); R. Zerbi, *La polizia amministrativa municipale del Regno delle Due Sicilie*, Napoli, Tipografia dell'Urania, 1846.

Sulla soppressione del Consiglio di stato cfr. L. Tomeucci, *Breve storia dell'accentramento amministrativo nel Regno delle Due Sicilie. 1816-1860*, Bologna, Pàtron, 1966 e A. Saladino, *Il Supremo Consiglio di Cancelleria del Regno delle Due Sicilie*, in *Studi in onore di R. Filangieri*, 3 voll., Napoli, L'arte tipografica, 1959, vol. III, pp. 377-410.

L'ordinamento amministrativo

Sulla scienza amministrativa meridionale cfr. O. Abbamonte, *Potere pubblico e privata autonomia. Giovanni Manna e la scienza amministrativa nel Mezzogiorno*, Napoli, Jovene, 1991; G. Capone, *Discorso sopra la storia delle leggi patrie all'altezza reale del principe D. Ferdinando duca di Calabria*, Napoli, Porcelli, 1840²; I. Carli, *Dell'amministrazione comunale, e provinciale per uso de' sindaci ed altri impiegati minori*, L'Aquila, Rietelliana, 1818; N. Comerci, *Corso di Diritto Amministrativo per lo Regno delle Due Sicilie*, 3 voll., Napoli, Stabilimento dell'Ateneo, 1836-1841; M. De Simone, *Manuale ad uso de' Sindaci del Regno delle Due Sicilie*, Napoli, Stamperia Reale, 1819; F. Dias, Introduzione a *Amministrazione finanziera del Regno delle Due Sicilie*, Napoli, Pellizzone, 1858; P. Liberatore, *Dizionario legale contenente la definizione e la spiegazione dei vocaboli e modi di dire usati nell'antica e nuova legislazione*, Napoli, Rusconi, 1834; Id., *Istituzione della legislazione amministrativa vigente nel regno delle Due Sicilie*, Napoli, Palma, 1836; G. Manna, *Il Diritto amministrativo del Regno delle Due Sicilie. Saggio teorico Storico e Positivo*, Napoli, Porcelli, 1840, parte I; C. Marini, *Sul Diritto Pubblico e Privato del Regno delle due Sicilie quale è stato fino al 1809, quale è al presente e quale potrà essere nel tempo avvenire*, Napoli, Marini, 1848; L. Martone, *La scienza amministrativa nel Regno delle Due Sicilie (1815-1848). Diritto e politica*, in

«Rivista trimestrale di Diritto pubblico», 1980, fasc. 3, pp. 1052-1078; R. Mercurio, *Trattato di competenze delle autorità locali*, Napoli, Nobile, 1852; G. Muscari, *Osservazioni sulle leggi dell'amministrazione civile e del contenzioso amministrativo del Regno delle Due Sicilie*, Napoli, Marotta, s.d.; P. Petitti, *Repertorio amministrativo*, 6 voll., Napoli, Sautto, 1856[6]; G. Rosati, *Il diritto pubblico del Regno delle Due Sicilie considerato ne' suoi principali, e più interessanti oggetti*, Napoli, Simoniana, 1820; Volpicelli, *Cenno storico su i miglioramenti legislativi ed amministrativi operati nel reame di Napoli*, cit.

Sull'ordinamento giudiziario si vedano U. Bile, *L'archivio del ministero di Grazia e Giustizia*, in Massafra (a cura di), *Il Mezzogiorno preunitario*, cit., pp. 637-671; Feola, La *monarchia amministrativa*, cit.; G. Greco, *La giurisdizione dei giudici di circondario nel Regno delle Due Sicilie*, in «Clio», XXV, 1989, pp. 659-668; N. Nicolini, *Istruzione per gli atti giudiziari di competenza de' giudici di pace*, Napoli, s.e., 1812; A. Spagnoletti, *Giudici e governatori regi nelle università meridionali*, in «ASPN», CV, 1987, pp. 415-454.

Sull'ordinamento amministrativo e sui ceti dirigenti locali, sui funzionari e gli impiegati cfr. L. Antonielli, *I prefetti dell'Italia napoleonica*, Bologna, Il Mulino, 1983; G. Civile, *Appunti per una ricerca sull'amministrazione civile nelle province napoletane*, in «Quaderni storici», XIII, 1978, pp. 228-263; Id., *Il comune rustico. Storia sociale di un paese del Mezzogiorno nell'800*, Bologna, Il Mulino, 1990; Corciulo, *I consigli generali e distrettuali di Terra d'Otranto*, cit., pp. 393-410; Id., *Dall'amministrazione alla costituzione. I consigli generali e distrettuali di Terra d'Otranto nel Decennio francese*, Napoli, Guida, 1992; D'Agostino, *Il consiglio provinciale di Terra di Bari*, cit.; De Francesco, *Ideologie e movimenti politici*, cit.; R. De Lorenzo, *Il personale delle finanze nel Regno di Napoli durante il «decennio» francese*, in «Quaderni storici», XIII, 1978, pp. 264-283; Id., *Una fonte per la conoscenza del Mezzogiorno nel Decennio francese: gli atti dei consigli distrettuali del 1808*, in «ASPN», XCVI, 1978, pp. 273-308; D. Demarco, *Per la storia delle classi sociali nel regno di Napoli nella prima metà del secolo XIX*, in «ASPN», LXX, 1947-49, pp. 40-61; De Martino, La *nascita delle Intendenze*, cit.; Di Ciommo, *Élites provinciali e potere borbonico*, cit.; Galasso, *Professioni, arti e mestieri*, cit.; Id., *Lo sviluppo demografico del Mezzogiorno prima e dopo l'Unità*, cit.; E. Iachello, *Potere locale e mobilità delle élites a Riposto nella prima metà dell'ottocento*, in Massafra (a cura di), *Il Mezzogiorno preunitario*, cit., pp. 915-933; Id., *Appunti sull'amministrazione locale in Sicilia tra la costituzione del 1812 e la riforma amministrativa del 1817*, in «Rivista italiana di studi napoleonici», XXVIII, 1991, pp. 125-165; Id., *Il vino e il mare. «Trafficanti» siciliani tra '700 e '800 nella contea di Mascali*, Catania, Maimone, 1991; Landi, *Istituzioni di diritto pubblico del Regno delle Due Sicilie (1815-1861)*, cit.; R. Marino, *Nuova borghesia e amministrazione locale nelle cronache giudiziarie del Principato Citra*, in Massafra (a cura di), *Il Mezzogiorno preunitario*, cit., pp. 1087-1101; S. Martuscelli, *Il collegio elettorale dei possidenti in Terra di Lavoro sotto Gioacchino Murat*, in «ASPN», XCIV, 1976, pp. 323-342; G. Moricola, *Élite economica ed élite amministrativa della città di Avellino dopo il Decennio napoleonico*, in Massafra (a cura di), *Il Mezzogiorno preunitario*, cit., pp. 831-845; P. Muzi, *La presenza borghese nei Consigli generali e distrettuali di Abruzzo Ulteriore II (1808-1830)*, *ibidem*, pp. 411-427; C. Petraccone, *Mobilità sociale e coscienza di classe: il caso di Napoli a metà Ottocento*, in «Società e storia», I, 1978, pp. 257-279; C. Romita, *L'impegno degli enti locali nelle opere pubbliche*, in *Atti del 3° Convegno sul Risorgimento*, cit., pp. 515-538; F. Rugge, *Le nozioni di città e cittadino nel lungo Ottocento. Tra «pariforme sistema» e nuovo particolarismo*, in M. Meriggi e P. Schiera (a cura di), *Dalla città alla nazione. Borghesie ottocentesche in Italia e in Germania*, Bologna, Il Mulino, 1993, pp. 47-64; S. Russo, *Storie di famiglie. Mobilità della ricchezza in Capitanata tra Sette e Ottocento*, Bari, Edipuglia, 1985; A. Saladino, *I collegi elettorali dei possidenti e dei commercianti del regno di Napoli per la formazione del Parlamento Nazionale del 1811*, in *Atti dell'Accademia Nazionale di Scienze morali e politiche in Napoli*, LXVIII (1957), pp. 169-249; Id., *I lavori preparatori per la convocazione del parlamento nazionale del Regno di Napoli nel 1811*, in Id., *Saggi di storia civile e storia delle istituzioni pubbliche nel Regno di Napoli*, Roma, Centro ricerca, 1981, pp. 87-105; G. Scalamandrè, *Delle università e de' comuni del reame di Napoli*, Napoli, A. Festa, 1848; Scirocco, *I corpi rappresentativi nel Mezzogiorno dal «decennio» alla restaurazione: il personale dei consigli provinciali*, cit.; Spagnoletti, *La formazione di una nuova classe dirigente in provincia di Bari*, cit.; Id., *Il controllo degli intendenti sulle amministrazioni locali nel Regno di Napoli*, in *L'amministrazione nella storia moderna*, cit., vol. I, pp. 953-1019; Id., *Apparati pubblici e vita politica: dalle riforme francesi alla crisi dello Stato amministrativo*, in F. Tateo (a cura di), *Storia di Bari. L' Ottocento*, cit., pp. 163-211; G. Zella Milillo, *Ricchezza pubblica e privata del Regno delle Due Sicilie*, Bari, Cannone, 1848; G. Zurlo, *Rapporto sullo stato del regno di Napoli presentato al re nel suo Consiglio di Stato dal ministro dell'Interno*, Napoli, il Trani, 1812.

Il territorio, le province, la capitale

G. Aliberti, *Ambiente e società nell'Ottocento meridionale*, Roma, Ediz. di Storia e Letteratura, 1974; U. Caldora, *Calabria napoleonica*, Napoli, Fiorentino, 1960; J.A. Davis, *Naples during the French «Decennio»: A Problem Unresolved?*, in *Villes et territoire pendant la période napoléonienne (France et Italie)*, con Introduzione di G. Limoncini, Roma, École Française de Rome, 1987, pp. 327-354; E. Di Ciommo, *Piccole e medie città meridionali tra antico regime e periodo napoleonico*, *ibidem*, pp. 355-421; L. Gambi, *I valori storici dei quadri ambientali*, in *Storia d'Italia*, Torino, Einaudi, 1972, vol. I; Id., *Le «regioni» italiane come problema storico*, in «Quaderni storici», XII, 1977, pp. 275-298; Id., *Le «regioni» negli stati preunitari*, in *Studi di Storia medievale e moderna per E. Sestan*, Firenze, Olschki, 1980, vol. II, pp. 885-901; G.M. Galanti, *Della Descrizione geografica e politica delle Sicilie*, a cura di F. Assante e D. Demarco, 2 voll., Napoli, ESI, 1969; G. Galasso, *Motivi, permanenze e sviluppi nella storia regionale in Campania*, in Id., *L'altra Europa. Per un'antropologia storica del Mezzogiorno d'Italia*, Milano, Mondadori, 1982, pp. 337-372; Id., *Gli insediamenti e il territorio*, *ibidem*, pp. 13-63; Id., *Regione, province e storia nazionale: il caso della Puglia*, in «Società e storia», XIII, 1990, pp. 667-674; D'Elia (a cura di), *Il Mezzogiorno agli inizi dell'Ottocento. Il Decennio francese*, cit., pp. 187-216; G. Labrot, *La città meridionale*, in *Storia del Mezzogiorno*, cit., 1991, vol. VIII/1, pp. 215-292; P. Macry, *L'area del Mezzogiorno continentale*, in *Storia d'Italia Einaudi. Atlante*, Torino, 1976, pp. 606-625; E. Manzi, *Aree «trascurate» e aree «centrali» nella cartografia ufficiale pre-unitaria del Mezzogiorno*, in *Cartografia e istituzioni in età moderna*, Roma, Ministero dei Beni Culturali e Ambientali, 1987, vol. II, pp. 527-541; L. Masella, *La difficile costruzione di una identità (1880-1980)*, in L. Masella e B. Salvemini (a cura di), *Storia d'Italia. Le regioni dall'Unità a oggi. La Puglia*, Torino, Einaudi, 1989, pp. 279-438; A. Musi, *Regione storica, provincia e società nel Mezzogiorno moderno*, in «Quaderni sardi di storia», n. 1, 1980, pp. 83-100; F.S. Nitti, *Napoli e la questione meridionale*, Napoli, Pierro, 1903, pp. 42-50; M. Palumbo, *I comuni meridionali prima e dopo le leggi eversive della feudalità*, Montecorvino, Rovella, 1910-1916, rist. anast., 2 voll., Bologna, Forni, 1979; R. Pilati, L*a popolazione di Napoli dal 1790 al 1820*, in *Studi sulla società meridionale*, Napoli, Guida, 1978, pp. 1-46; D. Ruocco, *La Campania*, vol. XIII de *Le regioni d'Italia*, Torino, Utet, 1965; A. Spagnoletti, *Territorio e amministrazione nel Regno di Napoli (1806-1816)*, in «Meridiana», n. 9, 1990, pp. 79-101; Talamo, *Napoli da Giuseppe Bonaparte a Ferdinando II*, in *Storia di Napoli*, cit., pp. 109-125; C. Troya, *Memoria sulla divisione fisica e politica delle Calabrie*, Napoli, Trani, 1816; P. Villani, *Napoli capitale. 1815-1860*, in *Le città capitali degli stati preunitari*, s.l., Istituto per la storia del Risorgimento italiano, 1988, pp. 267-281; Id., *L'eredità storica e la società rurale*, in P. Macry e P. Villani (a cura di), *Storia d'Italia. Le regioni dall'Unità a oggi. La Campania*, Torino, Einaudi, 1990, pp. 5-90; M.A. Visceglia, *Regioni e storia regionale nel Mezzogiorno d'Italia: note per un profilo storiografico*, in A. Musi (a cura di), *Dimenticare Croce? Studi e orientamenti di* *storia del Mezzogiorno*, Napoli, ESI, 1991, pp. 13-41; M. Zani, *Le circoscrizioni comunali in età napoleonica. Il riordino dei dipartimenti del Reno e del Panaro tra 1802 e 1814*, in «Storia urbana», n. 51, XIV, 1990, pp. 43-97; Zurlo, *Rapporto sullo stato del Regno di Napoli per gli anni 1810, 1811*, cit.

La chiesa

Sulle vicende della chiesa meridionale nel XVIII secolo si vedano: L. Barletta, *Chiesa e vita religiosa*, in *Storia del Mezzogiorno*, cit., vol. IX/2, pp. 415-481; G. Brancaccio, *La geografia ecclesiastica*, *ibidem*, pp. 233-276; A. Cestaro, *Strutture ecclesiastiche del Mezzogiorno nell'età moderna*, in Raponi (a cura di), *Dagli stati preunitari d'antico regime all'unificazione*, cit., pp. 343-363; M. Rosa, *Politica concordataria, giurisdizionalismo e organizzazione ecclesiastica nel regno di Napoli sotto Carlo di Borbone*, in Id., *Riformatori e ribelli nel '700 religioso italiano*, Bari, Dedalo, 1969, pp. 111-163; Id., *Il giurisdizionalismo borbonico a Napoli nella seconda metà del settecento*, in «Società e storia», XIV, 1991, pp. 53-76.

Per quanto riguarda il periodo napoleonico e la restaurazione, cfr. F. Agostini, *La riforma statale della chiesa nell'Italia napoleonica*, in G. De Rosa, T. Gregory e A. Vauchez (a cura di), *Storia dell'Italia religiosa, 3. L'età contemporanea*, Roma-Bari, Laterza, 1995, pp. 3-23; Aliberti, *Mezzogiorno e modernizzazione istituzionale*, cit.; L. Allegra, *Il parroco: un mediatore tra alta e bassa cultura*, in *Storia d'Italia Einaudi. Annali 4*, Torino, 1981, pp. 895-947; G. Barone, *Vescovi e città: le nuove diocesi di Caltagirone e Noto (1778-1844)*, in C. Torrisi (a cura di), *Città capovalli nell'Ottocento borbonico*, Caltanissetta-Roma, Sciascia, 1995, pp. 57-83; F. Barra, *Il problema della ristrutturazione delle circoscrizioni diocesane del Regno di Napoli tra Decennio e Restaurazione*, in A. Cestaro (a cura di), *Studi di storia sociale e religiosa. Scritti in onore di Gabriele de Rosa*, Napoli, Ferraro, 1980, pp. 537-573; G. Battelli, *Clero secolare e società italiana tra Decennio napoleonico e primo Novecento. Alcune ipotesi di rilettura*, in M. Rosa (a cura di), *Clero e società nell'Italia contemporanea*, Roma-Bari, Laterza, 1992, pp. 43-123; Blanch, *Luigi de' Medici*, cit.; P. Borzomati, *Chiesa e società meridionale. Dalla Restaurazione al 2° dopoguerra*, Roma, Ed. Studium, 1982; A. Cestaro, *Le diocesi di Conza e di Campagna nell'età della Restaurazione*, Roma, Edizioni di Storia e Letteratura, 1971; Id., *Il Mezzogiorno fra l'età giacobina e il Decennio francese: aspetti e problemi*, in Cestaro e Lerra (a cura di), *Il Mezzogiorno e la Basilicata*, cit., vol. I, pp. 19-39; Cortese, *Per la storia del Regno delle Due Sicilie dal 1815 al 1820*, cit.; V. De Vitiis, *Il Concordato del 1818 e la proprietà ecclesiastica: restituzione e ristrutturazione nel Molise*, in G. Galasso e C. Russo (a cura di), *Per la storia sociale e religiosa del Mezzogiorno d'Italia*, Napoli, Guida, 1980, vol. I, pp. 531-577; Id., *Chiese ricettizie e organizzazione ecclesiastica nel Regno delle Due Sicilie dal Concordato del 1818 all'Unità*, ivi, 1982, vol. II, pp. 349-481; R. Giura Longo, *Quadro sommario delle disposizioni pie nel regno delle Due Sicilie (1806-1840)*, in «Archivio storico pugliese», XX, 1967, pp. 19-66; P. Liberatore, *Della polizia ecclesiastica nel regno delle Due Sicilie*, Napoli, Salvatore, 1852[4]; L. Mascilli Migliorini, *Chiesa e Stato*, in *Storia del Mezzogiorno*, cit., 1993, vol. IX/1, pp. 311-342; W. Maturi, *Il Concordato del 1818 tra la Santa Sede e le Due Sicilie*, Firenze, Le Monnier, 1929; D. Menozzi, La *chiesa, la rivoluzione francese e l'impero napoleonico*, in *Storia della società italiana*, cit., vol. XIII, pp. 143-187; M. Miele, *Il governo francese a Napoli e la residenza dei vescovi nell'Italia meridionale (1806-1815)*, in «Rivista di storia della Chiesa in Italia», XXIX, 1975, pp. 453-481; Id., *Il clero nel regno di Napoli. 1806-1815*, in «Quaderni storici», XIII, 1978, pp. 284-313; Id., *I domenicani del sud nell'Ottocento dalla ripresa degli anni Venti alla crisi del Sessanta*, in «ASPN», CVII, 1989, pp. 381-458; G.M. Monti, *Stato e Chiesa durante la rivoluzione napoletana del 1820-21*, in *Chiesa e Stato. Studi storici e giuridici per il decennale della conciliazione tra la Santa Sede e l'Italia*, Milano, Vita e Pensiero, 1939, pp. 1-73; B. Pellegrino, *Legittimismo borbonico e temporalismo: i vescovi del Mezzogiorno e il rifiuto della rivoluzione nazionale del 1860*, in «Società e storia», I, 1978, pp. 501-530; *Rapporto sullo stato attuale dei ministeri degli affari ecclesiastici, della polizia generale e della giustizia presentato al parlamento nazionale nell'adunanza del dì... dicembre 1820*, in F. Ricciardi, *Scritti e documenti varii di F.R. preceduti dalla sua vita scritta da suo figlio Giuseppe*, Napoli, Nobile, 1873; E. Robertazzi Delle Donne, *Potere politico e clero parrocchiale nel regno di Napoli durante il governo dei napoleonidi*, in «Rivista di storia sociale e religiosa», 13, 1978, pp. 147-167; Romeo, *Momenti e problemi della Restaurazione nel Regno delle Due Sicilie (1815-1820)*, cit., pp. 51-114; D. Sacco, *La beneficenza in Basilicata durante il Decennio francese*, in Cestaro e Lerra (a cura di), *Il Mezzogiorno e la Basilicata*, cit., vol. II, pp. 525-549; F. Scaduto, *Stato e Chiesa nelle due Sicilie*, con Introduzione di A.C. Jemolo, 2 voll., Palermo, Edizioni della Regione siciliana, 1969; A. Scirocco, *Il Concordato del 1818 nel giudizio dell'opinione pubblica napoletana*, in «Clio», XXV, 1989, pp. 457-474; M. Spedicato, *L'episcopato pugliese durante il Decennio francese*, in «Quaderni dell'Istituto di scienze storico-politiche. Facoltà di Magistero. Università degli studi di Bari», 1, 1980, pp. 389-426; Tallarico, *Il vescovo B. della Torre e i rapporti stato-chiesa*, cit.; G. Verucci, *Chiesa e società nell'età della Restaurazione (1814-1830)*, in Raponi (a cura di), *Dagli stati preunitari*, cit., pp. 399-426.

La rivoluzione costituzionale

Ai titoli citati nel capitolo I si aggiungano, per quanto riguarda il giudizio dei contemporanei, Antonelli, *Memorie del regno di Napoli*, cit.; Blanch, *Luigi de' Medici*, cit.; Cacciatore, *Esame della Storia del Reame di Napoli*, cit.; Carascosa, *Mémoires historiques, politiques et militaires*, cit.; Carta, *Storia del Reame*, cit.; Casavola, *Raccolta di opere*, cit.; P. Colletta, *Cenno storico sulla rivoluzione napoletana del 1820*, in Id., *Opere inedite*, cit., vol. I; Dal Forno, La *storia civile del Regno di Napoli*, cit.; M. De Augustinis, *Della condizione economica del Regno di Napoli*, Napoli, Mauri, 1833; *Decisioni della Gran Corte Speciale di Napoli specialmente delegata da SM proferite contro dei rei contumaci nella causa così detta dei rivoltosi di Monteforte*, Napoli, Società Filomatica, 1823; C. De Nicola, *Diario napoletano. 1798-1825*, 3 voll., Napoli-Roma, Pierro, 1906; *Difesa del barone Poerio in confutazione di un articolo dell'Omnibus*, s.l., s.e., s.d.; Lioy, *Le finanze napoletane*, cit.; Gamboa, *Storia della rivoluzione*, cit.; *I governi rappresentativi al congresso di Troppau, opuscolo del Sig. Vatout, antico sotto-prefetto*, Napoli, Orlando e Nobile, 1821; Marulli, La *cattiva letteratura* e *Ragguagli storici*, cit.; B. Maresca (a cura di), *Memorie del duca di Gallo*, in «ASPN», XIII, 1888, pp. 203-441; *Memorie di un generale della Repubblica e dell'Impero*, cit.; Merenda, *Compendio della storia del regno di Napoli*, cit.; Musci, *Storia civile e militare*, cit.; *Notizie su la condotta politica di Giuseppe Zurlo*, s.l., s.e., s.d.; A. Parisi, *Riflessioni sulla rivoluzione accaduta nel Regno delle Due Sicilie nell'anno 1820*, Napoli, Chianese, 1822; Pepe, *Relazione delle circostanze*, cit.; A. Stassano, *Memorie storiche del regno (1799-1821)*, Venosa, Osanna, 1994.

Per quanto riguarda le ricostruzioni più recenti, sono da vedere anche G. Berti, *I democratici e l'iniziativa meridionale nel Risorgimento*, Milano, Feltrinelli, 1962; V. Cannaviello, *Gli Irpini nella rivoluzione del 1820 e nella reazione*, Avellino, Pergola, 1940; G. Caro, *La Carboneria di Capitanata (dal 1816 al 1820) ne la storia del Risorgimento italiano*, in «ASPN», XXXVIII, 1913, pp. 543-573; M.S. Corciulo, *La stampa «costituzionale» napoletana del 1820-21 e la sua polemica contro la camera alta*, in «Trimestre», XXI, 1988, pp. 13-29; Id., *Il parlamento napoletano del 1820-21 nel giudizio dei contemporanei: «La Minerva Napolitana»*, in «Rivista italiana di studi napoleonici», XXI, 1984, pp. 63-77; G. De Ruggiero, *Il pensiero politico meridionale nei secoli XVIII e XIX*, Bari, Laterza, 1954; R. Moscati, *Il Mezzogiorno nel Risorgimento italiano*, in Id., *Il Mezzogiorno d'Italia nel Risorgimento*, Messina-Firenze, D'Anna, 1953, pp. 51-106; Id., *Su la rivoluzione napoletana del 1820-21*, in *Scritti in memoria di Leopoldo Cassese*, Napoli, Libreria Scientifica Editrice, 1971, vol. II, pp. 29-43; Nitti, *Sui moti di Napoli del 1820*, cit.; M.

Palomba, *La crisi agraria del 1815-1817*, in Massafra (a cura di), *Il Mezzogiorno preunitario*, cit., pp. 149-168; C. Rocco, *La crisi dei prezzi nel regno di Napoli nel 1820-21*, *ibidem*, pp. 169-179; M. Schipa, *Cause e importanza della rivoluzione napoletana del 1820*, in «ASPN», XLV, 1920, pp. 110-127; A. Scirocco, *Il problema dell'autonomia locale del Mezzogiorno durante la rivoluzione del 1820-21*, in *Studi in memoria di N. Cortese*, Roma, cit., pp. 485-528; A. Spagnoletti, *Centri e periferie nello Stato napoletano del primo Ottocento*, in Massafra (a cura di), *Il Mezzogiorno preunitario*, cit., pp. 379-391; G. Spini, *Mito e realtà della Spagna nelle rivoluzioni italiane del 1820-21*, Roma, Perrella, 1950; P. Verrengia, *Le istituzioni a Napoli e la rivoluzione del 1820-21*, in Massafra (a cura di), *Il Mezzogiorno preunitario*, cit., pp. 549-564; P. Villani, *La rivoluzione napoletana del '20-'21 in un recente libro americano*, in «ASPN», LXXI, 1950-51, pp. 185-194.

L'attività del governo e del parlamento si può ricostruire attraverso A. Alberti, *Atti del Parlamento delle Due Sicilie. 1820-21*, 5 voll., Bologna, Zanichelli, 1926-31; C. Colletta, *Diario del Parlamento nazionale*, cit.; *Relazione della Giunta di stato*, Napoli, s.e., 1820.

Sulla libertà di stampa e sul contrasto con la chiesa cfr. Addeo, *La libertà di stampa nel nonimestre costituzionale a Napoli*, cit.; *Catechismo costituzionale per uso del regno Unito delle Sicilie*, Napoli, Sangiacomo, 1820; [Giuseppe Antonio De Fulgure], *Osservazioni dell'arcivescovo di Taranto sulle modificazioni della costituzione di Spagna intorno alla Religione, alla stampa, ed al foro ecclesiastico*, Napoli, s.e., 1821.

Al di là del Faro

Oltre alle opere citate nei capitoli precedenti, si vedano G. Aceto, *«Il giornale patriottico» (1814-1816) e «Il giornale patriottico di Sicilia» (1820). Antologia*, Introduzione di G. Berti, Palermo, Edizioni della Regione siciliana, 1969; M. Aymard, *Economia e società: uno sguardo d'insieme*, in M. Aymard e G. Giarrizzo (a cura di), *Storia d'Italia. Le Regioni. La Sicilia*, Torino, Einaudi, 1987, pp. 3-37; L. Bianchini, *Storia economico-civile della Sicilia*, a cura di F. Brancato, Napoli, ESI, 1971; O. Cancila, *Palermo*, Roma-Bari, Laterza, 1988; A. Capograssi, *L'espulsione di Maria Carolina dalla Sicilia*, in «ASPN», LXVII, 1942, pp. 230-248; N. Cortese, *La prima rivoluzione separatista siciliana, 1820-1821*, Napoli, Libreria Scientifica, 1951; M. D'Angelo, *Mercanti inglesi in Sicilia. 1806-1815*, Milano, Giuffrè, 1988; A. De Francesco, *Church e il nastro giallo. L'immagine del 1820 in Sicilia nella storiografia del XIX secolo*, in «Rivista italiana di studi napoleonici», XXVIII, 1991, pp. 23-90; Id., *Anni inglesi, anni francesi, mesi spagnoli. Classi dirigenti e lotta politica a Catania dall'antico regime alla rivoluzione, 1812-1821, ibidem*, pp. 167-223; Id., *La guerra di Sicilia. Il distretto di Caltagirone nella rivoluzione del 1820-21*, Catania, Bonanno, 1992; C. Ghisalberti, *Per una storia dell'autonomia siciliana*, in «Clio», XXIX, 1993, pp. 389-408; G. Gorani, *Mémoires secrets et critiques des cours, des gouvernemens, et des moeurs des principaux états de l'Italie*, Paris, Buisson, 1793, t. I; E. Iachello, *La formazione di un nuovo apparato statale in Sicilia nell'età della Restaurazione*, in Torrisi (a cura di), *Città capovalli*, cit., pp. 31-56; E. Iachello e A. Signorelli, *Borghesie urbane dell'Ottocento*, in M. Aymard e G. Giarrizzo (a cura di), *Storia d'Italia Einaudi. Le regioni dall'unità a oggi. La Sicilia*, cit., pp. 87-155; G. Giarrizzo, *Un comune rurale della Sicilia etnea (Biancavilla 1810-1860)*, Catania, Società di Storia patria della Sicilia orientale, 1963; S. Lupo, *Spazio regionale e spazi municipali nel lungo ottocento: tra storia e storiografia*, in F. Benigno e C. Torrisi (a cura di), *Elites e potere*, cit., pp. 135-150; A. Mozzillo, *La frontiera del Grand Tour. Viaggi e viaggiatori nel Mezzogiorno borbonico*, Napoli, Liguori, 1992; F. Paternò Castello, *Saggio storico e politico sulla Sicilia dal cominciamento del secolo XIX al 1830*, Palermo, Edizioni della Regione siciliana, 1969; Pezzino, *Autonomia e accentramento nell'Ottocento siciliano*, cit.; G. Piana, *Una «guerra civile». Il 1820 a Caltanissetta*, in Torrisi (a cura di), *Città capovalli*, cit., pp. 305-337; E. Pontieri, *Per la storia della politica riformatrice di Ferdinando II di Borbone in Sicilia*, in «ASPN», LXVII, 1942, pp. 287-337; F. Renda, *Risorgimento e classi popolari in Sicilia*, Milano, Feltrinelli, 1968; C.R. Ricotti, *Il costituzionalismo britannico nel Mediterraneo (1794-1818): Alle origini del «modello siciliano»*, in «Clio», XXXI, 1995, pp. 5-63; G. Rota, *Società politica e rivoluzione nel Mezzogiorno: la carboneria palermitana, 1820-1822*, in «Rivista italiana di studi napoleonici», XXVIII, 1991, pp. 225-261; Romeo, Il *Risorgimento in Sicilia*, cit.; H. Tuzet, *La Sicile au XVIIIe siècle vue par les voyageurs étrangers*, Strasbourg, Heitz, 1955.

La civilizzazione

Sul brigantaggio cfr. A. Albanese, *Crimini e criminalità in Terra di Bari nell'età della Restaurazione (1818-1835). Le comitive armate*, in Massafra (a cura di), *Il Mezzogiorno preunitario*, cit., pp. 1055-1068; Autuori, *Storia sociale della banda Capozzoli*, cit.; F. Barra, *Cronache del brigantaggio meridionale. 1806-1815*, Salerno-Catanzaro, Società Editrice Meridionale, 1981, pp. 363-374; G. Fiume, *Bandits Violence and the Organization of Power in Sicily in the Early Nineteenth Century*, in J.A. Davis e P. Ginsborg (a cura di), *Society and Politics in the Age of the Risorgimento*, cit., pp. 70-91; F. Franco, *Il furto del procaccio: borghesia rurale e delinquenza organizzata*, in Massafra (a cura di), *Il Mezzogiorno preunitario*, cit., pp. 1103-1125; F. Lo Faro, *Ordine pubblico e disciplina collettiva in Sicilia tra la fine del XVIII secolo e la rivoluzione del 1820*, in «Rivista italiana di studi napoleonici», XXVIII, 1991, pp. 91-123; R. Marino, *Nuova borghesia e amministrazione locale nelle cronache giudiziarie del Principato Citra*, in Massafra (a cura di), *Il Mezzogiorno preunitario*, cit., pp. 1087-1101; M. Platania, *Instabilità sociale e delinquenza*, *ibidem*, pp. 1069-1085; A. Scirocco, *Briganti e società nell'Ottocento: il caso Calabria*, Cavallino, Capone, 1991; Stassano, *Memorie storiche del regno*, cit.; M. Themelly, *Trasgressione, criminalità, comportamenti collettivi nelle province meridionali*, in Massafra (a cura di), *Il Mezzogiorno preunitario*, cit., pp. 1039-1054; Vozzi, *La comitiva armata dei fratelli Capozzoli*, cit.

Sul concetto e sugli aspetti della «civilizzazione» si vedano R.M. Abbondanza, *L'istruzione pubblica nel Regno di Napoli dalla Rivoluzione al Decennio*, in Cestaro e Lerra (a cura di), *Il Mezzogiorno e la Basilicata*, cit., vol. II, pp. 405-429; G. Angelini, *Il governo dei fenomeni urbanistici in un nuovo capoluogo. Il caso di Potenza*, in Torrisi (a cura di), *Città capovalli*, cit., pp. 161-183; E. Bosna, *Scuola e società in Capitanata e in Terra di Bari agli inizi del XIX secolo*, in *Atti del 3° Convegno sul Risorgimento*, cit., pp. 189-224; G. Ceva Grimaldi, *Itinerario da Napoli a Lecce e nella provincia di Terra d'Otranto nell'anno 1818*, Napoli, Porcelli, 1821; L. Allegra e R. De Lorenzo (a cura di), *Città di periferia. Cosenza nell'Ottocento*, Messina, Rubbettino, 1996; V. Corrado, *Notiziario delle produzioni particolari del regno di Napoli e delle cacce riserbate al real divertimento*, Napoli, Russo, 1792; Davis, *The Mezzogiorno and Modernization*, cit.; Di Ciommo, *Piccole e medie città meridionali*, in *Villes*, cit.; F. Fusco e R. Nicodemo, *La scuola pubblica primaria ed il suo personale in Basilicata ed a Napoli nella prima metà dell'Ottocento attraverso l'archivio del Consiglio Superiore di Pubblica Istruzione*, in Massafra (a cura di), *Il Mezzogiorno preunitario*, cit., pp. 429-448; G. Giarrizzo, *Borghesia e «provincia» nel Mezzogiorno durante la Restaurazione*, in *Atti del 3° Convegno sul Risorgimento*, cit., pp. 21-33; Labrot, La *città meridionale*, cit.; M. Malatesta, *Il concetto di sociabilità nella storia politica italiana dell'Ottocento*, in «Dimensioni e problemi della ricerca storica», 1/1992, pp. 59-71; C. Malpica, *Il giardino d'Italia. Scene, costumi, impressioni, paesaggi e rimembranze durante un viaggio nelle provincie del Regno*, parte I, *Le Puglie*, a cura di M. Spagnoletti, Cavallino, Capone, 1985; M. Meriggi, *Società, istituzioni e ceti dirigenti*, in G. Sabbatucci e V. Vidotto (a cura di), *Storia d'Italia*, vol. I, *Le premesse dell'Unità*, cit., pp. 119-228; G.M. Olivieri Poli, *Abbellimento della città di Napoli*, Napoli, Zambrano, 1839; V. Padula, *La Calabria prima e dopo l'Unità*, a cura di A. Marinari, 2 voll., Roma-Bari, Laterza, 1977, vol. II; B. Salvemini, *Economia politica e arretratezza meridionale nell'età del*

Risorgimento. Luca De Samuele Cagnazzi e la diffusione dello smithianesimo nel regno di Napoli, Lecce, Milella, 1981; Id., *La «città del negozio». Mercato, identità, poteri*, in Tateo (a cura di), *Storia di Bari. L'Ottocento*, cit., pp. 289-340; A. Signorelli, *Socialità e circolazione di idee: l'associazionismo culturale a Catania nell'Ottocento*, in «Meridiana», nn. 22-23, 1995, pp. 39-65; M.L. Storchi, *La vita quotidiana delle popolazioni meridionali. Dal 1800 alla Grande Guerra*, Napoli, Liguori, 1995; C. Vetro, *L'associazionismo borghese nella Sicilia dell'800: la casa di compagnia*, in «Il Risorgimento», XLVI, 1994, pp. 297-304; L. Zingarelli, *Teatri nuovi e nuova domanda*, in Massafra (a cura di), *Il Mezzogiorno preunitario*, cit., pp. 945-964.

Sulle malattie ed epidemie e, più in generale, sulla politica sanitaria e assistenziale, si vedano M.L. Betri, *Le grandi malattie sociali*, in L. Gambi *et al.* (a cura di), *Vita civile degli italiani*, Milano, Electa, 1990, vol. IV, pp. 136-147; G. Botti, *Strutture sanitarie e malati nell'Ottocento borbonico*, in Massafra (a cura di), *Il Mezzogiorno preunitario*, cit., pp. 1221-1230; G. Da Molin, *Una crisi di mortalità nell'età della restaurazione: la carestia e l'epidemia del 1816-17 in Puglia*, in *Atti del 3° Convegno sul Risorgimento*, cit., pp. 295-346; F. Della Peruta, *Malattia e società nell'Italia dell'Ottocento*, in *Storia della società italiana*, cit., 1986, vol. XV, pp. 127-150; E. Delle Donne, *L'organizzazione della salute pubblica dai napoleonidi alla Restaurazione*, in Cestaro e Lerra (a cura di), *Il Mezzogiorno e la Basilicata*, cit., pp. 431-456; L. Del Panta, *Le epidemie nella storia demografica italiana (secoli XIV-XIX)*, Torino, Loescher, 1980; A. Forti Messina, *Società ed epidemia. Il colera a Napoli nel 1836*, Milano, Angeli, 1979; Id., *L'Italia dell'Ottocento di fronte al colera*, in *Annali 7* della *Storia d'Italia Einaudi*, Torino, 1984, pp. 429-494; C. Petraccone, *La difesa contro la peste: prevenzione e controllo dell'epidemia nelle pestilenze di Terra di Bari (1690-1692) e Noja (1815-1816)*, in «ASPN», XCV, 1977, pp. 253-280; P. Sorcinelli, *Nuove epidemie e antiche paure. Uomini e colera nell'Ottocento*, Milano, Angeli, 1986; C. Torrisi (a cura di), *Il Cholera morbus a Caltanissetta. Istituzioni e società (1837)*, Caltanissetta, Archivio di Stato, 1988; L. Valenzi, *Linee di intervento del governo borbonico nei confronti della povertà*, in Massafra (a cura di), *Il Mezzogiorno preunitario*, cit., pp. 1207-1219; Id., *Poveri, ospizi e potere a Napoli (XVIII-XIX secolo)*, Milano, Angeli, 1995.

Sulle opere pubbliche, specie quelle concernenti la viabilità, cfr. L. Bortolotti, *Viabilità e sistemi infrastrutturali*, in *Annali 8* della *Storia d'Italia Einaudi*, Torino, 1985, pp. 287-366; A. Bulgarelli Lukacs, *Le comunicazioni nel Mezzogiorno dall'arrivo di Carlo di Borbone al 1815. Strade e poste*, parte II, in «ASPN», XCIII, 1977, pp. 281-341; Id., *Rete stradale ed opere pubbliche durante il Decennio francese in un inedito rapporto di Pietro Colletta*, in «ASPN», XCV, 1979, pp. 325-343; G. Ceva Grimaldi, *Considerazioni sulle pubbliche opere della*

Sicilia di qua dal Faro dai Normanni sino ai nostri tempi, Napoli, Flautina, 1839; C. D'Elia, *Stato padre, stato demiurgo. I lavori pubblici nel Mezzogiorno (1815-1860)*, Bari, Edipuglia, 1996; De Lorenzo, *Esercito, amministrazione, finanze nel Mezzogiorno durante il Decennio francese*, cit.; A. Giannetti, *La strada dalla città al territorio: la riorganizzazione spaziale del Regno di Napoli nel Cinquecento* in *Annali 8* della *Storia d'Italia Einaudi*, cit., pp. 241-285; Id., *L'ingegnere moderno nell'amministrazione borbonica: la polemica sul Corpo di Ponti e Strade*, in Massafra (a cura di), *Il Mezzogiorno preunitario*, cit., pp. 935-944; A. Massafra, *Infrastrutture e sviluppo: la rete viaria provinciale in Puglia dalla Restaurazione agli anni Trenta*, in *Atti del 3° Convegno sul Risorgimento*, cit., pp. 431-480; Id., *Dinamiche territoriali e formazione della rete viaria in Puglia dalla fine del Settecento all'Unità*, in Id., *Campagne e territorio nel Mezzogiorno fra Settecento e Ottocento*, Bari, Dedalo, 1984, pp. 149-318; Id., *En Italie méridionale: déséquilibres régionaux et réseaux de transport du milieu du XVIII*[e] *siècle à l'unité italienne*, in «Annales», 1988, n. 5, pp. 1045-1080; Id., *Rete viaria e dinamiche territoriali nel Mezzogiorno d'Italia tra la seconda metà del XVIII e l'inizio del XX secolo*, in F. Lomonaco (a cura di), *Cultura società potere. Studi in onore di Giuseppe Giarrizzo*, Napoli, Morano, 1990, pp. 131-209; W. Maturi, *Ilarione Petitti e il problema delle strade ferrate nel Regno di Napoli*, in «ASPN», LXVII, 1942, pp. 250-287; Romita, *L'impegno degli enti locali nelle opere pubbliche*, cit.; A. Spagnoletti, *Apparati pubblici e vita politica: dalle riforme francesi alla crisi dello Stato amministrativo*, in Tateo (a cura di), *Storia di Bari. L'Ottocento*, cit., pp. 163-211.

Sui problemi legati all'assetto del territorio si vedano P. Bevilacqua, *La bonifica nel Mezzogiorno (alcune considerazioni)*, in «Rivista di storia dell'agricoltura», XXVII, 1987, n. 2, pp. 175-185; Id., *Acque e bonifiche nel Mezzogiorno nella prima metà dell'Ottocento*, in Massafra (a cura di), *Il Mezzogiorno preunitario*, cit., pp. 337-359; Id., *Le rivoluzioni dell'acqua. Irrigazione e trasformazioni dell'agricoltura fra Sette e Novecento*, in Id. (a cura di), *Storia dell'agricoltura italiana in età contemporanea*, Venezia, Marsilio, 1989, vol. I, pp. 255-318; Id., *Terre del grano. Terre degli alberi. L'ambiente nella storia del Mezzogiorno*, Rionero in Vulture, Calice, 1992; P. Bevilacqua e M. Rossi Doria, *Le bonifiche in Italia dal '700 a oggi*, Roma-Bari, Laterza, 1984; R. Ciasca, *Storia delle bonifiche del Regno di Napoli*, Bari, Laterza, 1928; G. Foscari, *Prassi amministrativa e attività pubblicistica a tutela del territorio: l'opera di Carlo Afàn de Rivera nell'Ottocento borbonico*, in «Clio», XXX, 1994, pp. 223-255; L. Granata, *Economia rustica per lo Regno di Napoli*, 2 voll., Napoli, Pasca, 1830; A. Sinisi, *Mutamenti colturali ed irrigazione nel Principato Citra*, in Massafra (a cura di), *Il Mezzogiorno preunitario*, cit., pp. 103-120; M.L. Storchi, *Fonti documentarie per la storia delle bonifiche nel Mezzogiorno dal 1806 al 1860*, *ibidem*, pp. 697-722; P.

Tino, *La montagna meridionale. Boschi, uomini, economie tra Otto e Novecento*, in P. Bevilacqua (a cura di), *Storia dell'agricoltura italiana in età contemporanea*, cit., vol. I, pp. 677-754; P. Tortora, *Sulle acque e foreste e sul Pubblico Demanio*, in *Il Mezzogiorno agli inizi della Restaurazione*, W. Palmieri (a cura di), Roma-Bari, Laterza, 1993, pp. 28-33.

Gli assetti produttivi: terra e grano

I caratteri generali dei processi descritti nel paragrafo possono ritrovarsi in C. Afán de Rivera, *Considerazioni su i mezzi da restituire il valore proprio a' doni che ha la natura largamente conceduto al regno delle Due Sicilie*, 2 voll., Napoli, Stamperia del Fibreno, 1833[2]; F. Assante, *Città e campagne nella Puglia del sec. XIX*, Genève, Droz, 1975; Aymard, *Economia e società: uno sguardo d'insieme*, cit.; P. Bevilacqua, *Breve storia dell'Italia meridionale*, Roma, Donzelli, 1993; G. Biagioli, *Agricoltura e sviluppo economico: una riconsiderazione del caso italiano nel periodo preunitario*, in «Società e storia», III, 1980, pp. 679-703; L. Cafagna, *Modernizzazione attiva e modernizzazione passiva*, in «Meridiana», n. 2, 1988, pp. 229-240; B. Caizzi, *Storia dell'industria italiana dal XVIII secolo ai giorni nostri*, Torino, Utet, 1965; A. Caracciolo, *La storia economica*, in *Storia d'Italia Einaudi*, vol. III, cit.; O. Cancila, *L'economia della Sicilia. Aspetti storici*, Milano, Il Saggiatore, 1992; Carano Donvito, *L'economia meridionale prima e dopo il Risorgimento*, cit., 1927; G. Coniglio, *Note sulla politica economica di Ferdinando II di Borbone*, in «ASPN», LXXIV, 1955, pp. 291-315; D. Demarco, *Il crollo del regno delle Due Sicilie. La struttura sociale*, Napoli, Biblioteca degli Annali dell'Istituto di storia economica e sociale, 1960; F. Della Peruta, *Realtà e mito nell'Italia dell'Ottocento*, Milano, Angeli, 1996; A. Di Biasio, *L'agricoltura del Regno di Napoli nella prima metà del XIX secolo: produzione e tecniche agronomiche*, in «Annuario dell'Istituto storico italiano per l'età moderna e contemporanea», XXXI-XXXII, 1979-1980, pp. 297-432; L. Faccini, *L'agricoltura italiana dal 1815 al 1859*, in *Storia della società italiana*, vol. XV, cit., pp. 89-108; G. Galasso, *Strutture sociali e produttive, assetti colturali e mercato dal secolo XVI all'Unità*, in A. Massafra (a cura di), *Problemi di storia delle campagne meridionali nell'età moderna e contemporanea*, Bari, Dedalo, 1981, pp. 159-172; G. Giorgetti, *Contadini e proprietari nell'Italia moderna*, Torino, Einaudi, 1974; A. Lepre, *Il Mezzogiorno dal feudalesimo al capitalismo*, Napoli, SEN, 1979; Id., *Contadini, borghesi ed operai nel tramonto del feudalesimo napoletano*, Milano, Feltrinelli, 1963; A. Lepre e P. Villani, *Il Mezzogiorno nell'età moderna e contemporanea*, Napoli, Guida, 1974; P. Macry, *Mercato e società nel regno di Napoli. Com-*

mercio del grano e politica economica del '700, Napoli, Guida, 1974; Id., *L'area del Mezzogiorno continentale*, in *Storia d'Italia Einaudi. Atlante*, Torino, 1976, pp. 606-625; Massafra, *Campagne e territorio nel Mezzogiorno*, cit.; N. Ostuni, *Finanza ed economia nel regno delle Due Sicilie*, Napoli, Liguori, 1992; Pescosolido, *Dal sottosviluppo alla questione meridionale*, in *Storia del Mezzogiorno*, cit., 1991, vol. XII, pp. 17-90; A. Placanica, *I caratteri originali*, in P. Bevilacqua e A. Placanica (a cura di), *Storia d'Italia. Le regioni. La Calabria*, Torino, Einaudi, 1985; Pescosolido, *L'economia e la vita materiale*, cit.; M. Romani, *Storia economica d'Italia nel secolo XIX*, Bologna, Il Mulino, 1982; R. Romani, *L'industria italiana dalla restaurazione all'unità*, in *Storia della società italiana*, cit., vol. XV, pp. 109-126; E. Sereni, *Storia del paesaggio agrario italiano*, Bari, Laterza, 1972; *Storia dell'economia italiana. L'età moderna. Verso la crisi*, Torino, Einaudi, 1991, vol. II; P. Villani, *Il capitalismo agrario in Italia (secoli XVII-XIX)*, in Id., *Feudalità, riforme, capitalismo agrario*, Bari, Laterza, 1967, pp. 111-164; Id., *L'eredità storica e la società rurale*, cit.

Sulle società economiche, sulla politica economica e sugli operatori economici cfr. A. Allocati, *Le Società Economiche di Calabria*, in *Atti del 2° Congresso storico calabrese*, Napoli, Fiorentino, 1961, pp. 407-435; P. Chorley, *Oil, Silk and Enlightenment. Economic Problems in XVIIIth Century Naples*, Napoli, Istituto italiano per gli studi storici, 1965; M. Fantasia, *Le relazioni alla Società economica di Terra di Bari*, in *Atti del 3° Convegno sul Risorgimento*, cit., pp. 405-417; I. Fazio, *La politica del grano. Annona e controllo del territorio in Sicilia nel Settecento*, Milano, Angeli, 1993; C. Fumian, *Gli agronomi da ceto a mestiere*, in P. Bevilacqua (a cura di), *Storia dell'agricoltura italiana*, cit., 1991, vol. III, pp. 345-389; G. Galasso, *L'imprenditore*, in Id., *L'altra Europa*, cit., pp. 191-216; G. Laurita, *Comportamenti matrimoniali e mobilità sociale a Napoli*, in «Quaderni storici», XIX, 1984, pp. 433-465; S. Lupo, *I proprietari terrieri nel Mezzogiorno*, in P. Bevilacqua (a cura di), *Storia dell'agricoltura italiana*, cit., 1990, vol. II, pp. 105-149; G. Montroni, *Una famiglia borghese a Caserta (1815-1855)*, in Massafra (a cura di), *Il Mezzogiorno preunitario*, cit., pp. 821-830; M. Morano, *La Real società economica di Basilicata*, *ibidem*, pp. 469-485; G. Moricola, *Elite economica ed élite amministrativa della città di Avellino dopo il decennio napoleonico*, *ibidem*, pp. 831-845; R. Moscati, *Una famiglia «borghese» del mezzogiorno*, Napoli, ESI, 1964; L. Parente, *Ideologia politica e realtà sociale nell'attività pubblicistica di Matteo de Augustinis*, in «ASPN», XC, 1973, pp. 29-137; E. Pennetta, *La Real Società Economica di Terra d'Otranto nel Risorgimento salentino*, in «ASPN», LXXI, 1950-51, pp. 195-207; M. Petrusewicz, *Agromania: innovatori agrari nelle periferie europee dell'Ottocento*, in P. Bevilacqua (a cura di), *Storia dell'agricoltura italiana*, cit., 1991, vol. III, pp. 295-343; P. Pezzino, *Il paradiso abitato da diavoli. Società, élites, istituzioni nel Mezzogiorno contemporaneo*, Milano, Angeli, 1992; A. Placanica, *Il mondo agricolo meridionale: usure, caparre, contratti*, in P. Bevilacqua (a cura di), *Storia dell'agricoltura italiana*, cit., 1990, vol. II, pp. 261-324; A. Saladino, *I monti frumentari e l'istituzione dei monti pecuniari nel Principato citeriore*, in Id., *Saggi di storia civile e storia delle istituzioni pubbliche nel Regno di Napoli*, Roma, Il Centro di ricerca, 1981, pp. 269-321.

Sul paesaggio agrario e sugli assetti produttivi e le strutture sociali con particolare riferimento al pascolo e alla cerealicoltura si vedano: N. Antonacci, *Le città rurali dell'Italia meridionale nel XIX e XX secolo. Rassegna critica e prospettive di ricerca*, in «Società e storia», XIX, 1996, pp. 109-137; Id., *Terra e potere in una città rurale del Mezzogiorno: le élites di Andria*, Bari, Edipuglia, 1996; F. Assante, *Le trasformazioni del paesaggio agrario*, in Massafra (a cura di), *Il Mezzogiorno preunitario*, cit., pp. 29-53; Id., *Rapporti di produzione e trasformazioni colturali in Basilicata e Calabria nel secolo XIX*, *ibidem*, pp. 55-69; M. Aymard, *Il Sud e i circuiti del grano*, in P. Bevilacqua (a cura di), *Storia dell'agricoltura italiana*, cit., vol. I, pp. 755-787; E. Cerrito, *La produzione dei cereali nelle province continentali del regno delle Due Sicilie dal 1826 al 1833*, in Massafra (a cura di), *Problemi di storia delle campagne*, cit., pp. 475-493; A. Cormio, *Strutture feudali ed equilibri sociali in Terra di Bari nei secoli XVIII e XIX*, in *Economia e classi sociali in Puglia nell'età moderna*, Napoli, Guida, 1974, pp. 17-59; F. Corvese, *La crisi del 1853 in Terra di Lavoro*, in Massafra (a cura di), *Il Mezzogiorno preunitario*, cit., pp. 181-199; A. De Bernardi, *Il granturco e i maccheroni*, in L. Gambi *et al.* (a cura di), *Vita civile degli italiani*, cit., vol. IV, pp. 120-135; A. De Matteis, *«Terra di mandre e di emigranti». L'economia dell'Aquilano nell'Ottocento*, Napoli, Giannini, 1993; C. Felice, *Il sud tra mercati e contesto. Abruzzo e Molise dal Medioevo all'Unità*, Milano, Angeli, 1995; P. Di Cicco, *Il Tavoliere di Puglia nella prima metà del XIX secolo*, Foggia, s.e., 1966; A. Lepre, *Feudi e masserie. Problemi della società meridionale nel '600 e nel '700*, Napoli, Guida, 1973; Id., *Produzione e mercato dei prodotti agricoli: vecchio e nuovo nella crisi della prima metà dell'Ottocento*, in Massafra (a cura di), *Il Mezzogiorno preunitario*, cit., pp. 121-131; L. Martucci, *La riforma del Tavoliere e l'eversione della feudalità in Capitanata*, in «Quaderni storici», VII, 1972, pp. 253-283; L. Masella, *Decime e demani. L'eversione delle feudalità in Terra d'Otranto*, *ibidem*, pp. 284-301; Massafra, *Giurisdizione feudale*, cit.; Id., *Equilibri territoriali, assetti produttivi e mercato in Capitanata nella prima metà dell'Ottocento*, in Id. (a cura di), *Produzione, mercato e classi sociali nella Capitanata moderna e contemporanea*, Foggia, Amministrazione provinciale, 1984, pp. 5-56; Id., *Orientamenti colturali, rapporti produttivi e consumi alimentari nelle campagne molisane tra la metà del Settecento e l'Unità*, in *Campagne e territorio*, cit., pp. 37-147; A.

Massafra e S. Russo, *Microfondi e borghi rurali nel Mezzogiorno*, in P. Bevilacqua (a cura di), *Storia dell'agricoltura italiana*, cit., vol. I, pp. 181-228; F. Mercurio, *Uomini, cavallette, pecore e grano: una calamità di parte*, in «Società e storia», VIII, 1985, pp. 767-795; Id., *Agricoltura senza casa. Il sistema del lavoro migrante nelle maremme e nel latifondo*, in P. Bevilacqua (a cura di), *Storia dell'agricoltura italiana*, cit., 1989, vol. I, pp. 131-179; M. Palomba, *La crisi agraria del 1815-1817*, in Massafra (a cura di), *Il Mezzogiorno preunitario*, cit., pp. 149-167; L. Palumbo e B. Salvemini, *Aspetti del mercato del grano in Terra di Bari nell'Ottocento borbonico*, *ibidem*, pp. 201-227; M. Petrusewicz, *Latifondo. Economia morale e vita materiale in una periferia dell'Ottocento*, Venezia, Marsilio, 1989; C. Rocco, *La crisi dei prezzi nel regno di Napoli nel 1820-21*, in Massafra (a cura di), *Il Mezzogiorno preunitario*, cit., pp. 169-179; S. Russo, *Grano, pascolo e bosco in Capitanata tra Sette e Ottocento*, Bari, Edipuglia, 1990; Id., *Materiali per la storia del paesaggio agrario della Capitanata nel XIX secolo*, in Massafra (a cura di), *Problemi di storia delle campagne*, cit., pp. 453-473; Id., *Questioni di confine: la Capitanata tra Sette e Ottocento*, in L. Masella e B. Salvemini (a cura di), *Storia d'Italia. Le regioni. La Puglia*, cit., pp. 245-273; Id., *Agricoltura e pastorizia in Capitanata nella prima metà dell'Ottocento*, in A. Massafra (a cura di), *Produzione, mercato*, cit., pp. 267-320; B. Salvemini, *Prima della Puglia. Terra di Bari e il sistema regionale in età moderna*, in L. Masella e B. Salvemini (a cura di), *Storia d'Italia. Le Regioni. La Puglia*, cit., pp. 3-218; A. Sinisi, *Le aziende calabresi dei principi Serra di Gerace nella prima metà del XIX secolo*, in Massafra (a cura di), *Problemi di storia delle campagne*, cit., pp. 91-116; M.L. Storchi, *Un'azienda agricola della piana del Sele tra il 1842 ed il 1855*, ivi, pp. 117-139; Id., *La gestione del patrimonio fondiario di Marcantonio Doria, in Eboli, nel primo quarantennio del XIX secolo*, in *Studi sulla società meridionale*, Napoli, Guida, 1978, pp. 127-164; M.R. Storchi, *Prezzi, crisi agrarie e mercato del grano nel Mezzogiorno d'Italia (1806-1854)*, Napoli, Liguori, 1991; G. Tocci, *Terre e riforme nel Mezzogiorno moderno*, Bologna, Pàtron, 1971; F. Volpe, *La borghesia di provincia nell'età borbonica*, Napoli, ESI, 1991.

Sui nuovi gruppi proprietari e sulla questione demaniale cfr. F. Barra, *Tra accumulazione borghese e latifondo contadino: la disgregazione dei patrimoni feudali*, in «Quaderni irpini», 1989, pp. 67-105; A. Basile, *La questione silana dal 1838 al 1876 (da Ferdinando II di Borbone all'Italia unita)*, in *Atti del 2° Congresso storico calabrese*, cit., pp. 461-479; O. Cancila, *Vicende della proprietà fondiaria in Sicilia dopo l'abolizione della feudalità*, in F. Lomonaco (a cura di), *Cultura società potere. Studi in onore di G. Giarrizzo*, cit., pp. 211-231; A. Cestaro, *Aspetti della questione demaniale nel Mezzogiorno*, Brescia, Morcelliana, 1963; G. Corona, *Demani ed individualismo agrario nel regno di Napoli (1780-1806)*, Napoli, ESI, 1995; M.R. De Francesco,

Equilibri territoriali e divisioni demaniali nel contado di Molise, in Massafra (a cura di), *Il Mezzogiorno preunitario*, cit., pp. 89-102; A. Di Monte, *Demani e trasformazioni fondiarie a Canosa*, in *Atti del 3° Convegno sul Risorgimento*, cit., pp. 347-374; G. Liberati, *I demani nel Mezzogiorno continentale tra giurisprudenza e prassi*, in Massafra (a cura di), *Il Mezzogiorno preunitario*, cit., pp. 565-602; M. Morano, *Storia di una società rurale. La Basilicata nell'Ottocento*, Roma-Bari, Laterza, 1994; G. Savoia, *Raccolta delle leggi decreti rescritti e ministeriali sull'abolizione della feudalità e sulla divisione de' demani*, Foggia, Pascarelli, 1881, rist. anast. Bologna, Forni, 1979; P. Villani, *La vendita dei beni dello stato nel Regno di Napoli*, Milano, Banca Commerciale, 1964; Id., *La vendita dei beni nazionali: una rivoluzione fondiaria?*, in Id., *Italia napoleonica*, cit., pp. 45-73.

L'altra agricoltura, il commercio, le manifatture

Sulla produzione e sul commercio dell'olio e sulle dinamiche sociali ed economiche che essi innescavano si vedano: F. Assante, *Mercato e congiuntura in Puglia dal 1815 al 1830*, in *Atti del 3° Convegno sul Risorgimento*, cit., pp. 183-217; P. Bevilacqua, *Il paesaggio degli alberi nel Mezzogiorno d'Italia e in Sicilia (fra XVIII e XX secolo)*, in «Annali dell'Istituto Alcide Cervi», 1988, 10, pp. 259-306; R. Di Stefano, *Imprenditori stranieri in Puglia nell'età della Restaurazione: Pietro Ravanas e l'industria olearia*, in *Atti del 3° Convegno sul Risorgimento*, cit., pp. 375-403; G. Levi, *L'energia disponibile*, in *Storia dell'economia italiana*, cit., pp. 141-168; A. Massafra, *Terra di Bari dal Settecento all'Unità*, in *Storia del Mezzogiorno*, cit., 1990, vol. XV/2, pp. 549-605; Id., *Produzione, commercio e infrastrutture nel decollo di Bari*, in F. Tateo (a cura di), *Storia di Bari. L'Ottocento*, cit., pp. 93-161; L. Palumbo, *Il mercato*, in G. Poli (a cura di), *Quadri territoriali, equilibri sociali e mercato nella Puglia del Settecento*, Galatina, Congedo, 1987, pp. 65-115; G. Poli, *Il paesaggio agrario*, *ibidem*, pp. 17-64; B. Salvemini, *Quadri territoriali e mercato internazionale: Terra di Bari nell'età della Restaurazione*, in «Società e storia», V, 1982, pp. 831-876; Id., *Ceti mercantili e crescita urbana in Terra di Bari (1815-1830)*, in *Atti del 3° Convegno sul Risorgimento*, cit., pp. 539-562; Id., *Note sul concetto di ottocento meridionale*, in «Società e storia», VII, 1984, pp. 917-945; Id., *I circuiti dello scambio: Terra di Bari nell'Ottocento*, in «Meridiana», n. 1, 1987, pp. 47-79; B. Salvemini e M.A. Visceglia, *Bari e l'Adriatico*, in F. Tateo (a cura di), *Storia di Bari. Nell'antico regime*, Roma-Bari, Laterza, 1991, t. I, pp. 169-217; Iid., *Marsiglia e il Mezzogiorno d'Italia (1710-1846). Flussi commerciali e complementarietà economiche*, in «Mélanges de l'Ecole française de Rome», t. 103/1, 1991, pp. 103-163; M.A. Visceglia, *Il commercio dei porti pugliesi nel Settecento*, in *Economia e classi sociali nella Puglia moderna*, cit., pp. 187-220; Id., *Commercio e mercato in Terra d'Otranto nella seconda metà del XVIII secolo*, in «Quaderni storici», X, 1975, pp. 151-198; Id., *Territorio feudo e potere locale. Terra d'Otranto tra medioevo ed età moderna*, Napoli, Guida, 1988.

Per gli altri prodotti dell'agricoltura cfr. Bevilacqua, *Il paesaggio degli alberi*, cit.; L. De Rosa, *Produzione e commercio dei vini nel Meridione nei secoli XVIII e XIX*, in «Annales cisalpines d'histoire sociale», III, 1972, pp. 181-205; Iachello, *Il vino e il mare. «Trafficanti» siciliani*, cit.; E. Iachello e A. Signorelli, *Trafficanti e produttori in un'area vinicola: la contea di Mascali tra '700 e '800*, in Massafra (a cura di), *Il Mezzogiorno preunitario*, cit., pp. 901-914; S. Lupo, *Il giardino degli aranci. Il mondo degli agrumi nella storia del Mezzogiorno*, Venezia, Marsilio, 1990; Massafra, *Orientamenti colturali, rapporti produttivi e consumi alimentari nelle campagne molisane*, cit., T. Unwin, *Storia del vino. Geografie, culture e miti dall'antichità ai giorni nostri*, Roma, Donzelli, 1993.

Sui traffici marittimi M.R.A. Onorato, *Rotte marittime e vie di comunicazione nel Principato Citeriore borbonico*, in Massafra (a cura di), *Il Mezzogiorno preunitario*, cit., pp. 271-290; L. Radogna, *Storia della marina mercantile delle Due Sicilie (1734-1860)*, Milano, Mursia, 1982; B. Salvemini, *Dalla «gaetana» al motopesca. Pescatori emarginati e controllo sociale a Molfetta fra metà Settecento e gli anni Trenta del Novecento*, in «Archivio storico pugliese», XXXVII, 1984, pp. 185-217; G. Tullio, *Commercio e marina nell'ultimo trentennio del periodo borbonico*, in Massafra (a cura di), *Il Mezzogiorno preunitario*, cit., pp. 305-318.

Sul commercio e sulla produzione manifatturiera si vedano AA.VV., *Manifatture in Campania. Dalla produzione artigiana alla grande industria*, Napoli, Guida, 1983; R. Battaglia, *Qualità e trasformazione del ceto mercantile siciliano a metà dell'Ottocento*, in Massafra (a cura di), *Il Mezzogiorno preunitario*, cit., pp. 243-256; F. Benigno, *Fra mare e terra: orizzonte economico e mutamento sociale in una città meridionale. Trapani nella prima metà dell'Ottocento*, in Massafra (a cura di), *Il Mezzogiorno preunitario*, cit., pp. 847-865; P. Bevilacqua, *Il Mezzogiorno nel mercato internazionale (secoli XVIII-XX)*, in «Meridiana», n. 1, 1987, pp. 19-45; G. Bursotti, *Biblioteca di commercio. Esposizione della tariffa doganale del Regno delle Due Sicilie*, Napoli, s.e. 1854; M. D'Angelo, *Vincenzo Florio, mercante-imprenditore*, in Massafra (a cura di), *Il Mezzogiorno preunitario*, cit., pp. 257-269; J.A. Davis, *Società e imprenditori nel regno borbonico. 1815-1860*, Roma-Bari, Laterza, 1979; B. Dawes, *I mercanti inglesi a Napoli dal 1815 al 1860*, in «Società e storia», XIII, 1990, pp. 847-878; A. Dell'Orefice, *Il Reale Istituto d'Incoraggiamento di Napoli e l'opera sua*, in «Cahiers Internationaux d'Histoire Economique et Sociale», Genève, Librairie Droz, 1973, pp.

7-246; S. De Majo, *Industria laniera e struttura socio-professionale nel regno di Napoli nella seconda metà del Settecento. I casi di Arpino, Salerno e San Severino*, in *Studi sulla società meridionale*, Napoli, Guida, 1978, pp. 165-219; Id., *L'industria protetta. Lanifici e cotonifici in Campania nell'Ottocento*, Napoli, Athena, 1989; L. De Matteo, *Politica doganale e industrializzazione nel Mezzogiorno (1845-1849)*, Napoli, Pironti, 1982; Id., *Governo, credito e industria laniera nel Mezzogiorno. Da Murat alla crisi post-unitaria*, Napoli, Istituto italiano per gli studi filosofici, 1984; L. De Rosa, *Iniziativa e capitale straniero nell'industria metalmeccanica del Mezzogiorno. 1840-1904*, Napoli, Giannini, 1968; R. Giuffrida, *I Rotschild e la finanza pubblica in Sicilia (1849-1855)*, Caltanissetta-Roma, Sciascia, 1968; V. Giura, *Russia, Stati Uniti d'America e Regno di Napoli nell'età del Risorgimento*, Napoli, ESI, 1967; Id., *La questione degli zolfi siciliani (1838-1841)*, in «Cahiers Internationaux d'Histoire Economique et Sociale», Genève, Librairie Droz, 1973, pp. 278-392; A. Graziani, *Il commercio estero del regno delle Due Sicilie*, in «Archivio economico dell'Unificazione italiana», serie 1, vol. X, Torino, 1960, pp. 1-89; R. Lentini, *I Florio e i mercanti stranieri nell'area dello zolfo*, in Torrisi (a cura di), *Città capovalli*, cit., pp. 263-304; L. Martinelli, *Carenza di strutture creditizie nella città di Bari (1815-1830)*, in *Atti del 3° Convegno sul Risorgimento*, cit., pp. 419-429; B. Salvemini e M.A. Visceglia, *Fiere e mercati. Circuiti commerciali nel Mezzogiorno*, in P. Bevilacqua (a cura di), *Storia dell'agricoltura italiana*, cit., vol. III, 1991, pp. 65-122; C. Trasselli, *Storia dello zucchero siciliano*, Caltanissetta-Roma, Sciascia, 1982; R. Villari, *Problemi dell'economia meridionale alla vigilia dell'unificazione*, in Id., *Mezzogiorno e contadini nell'età moderna*, Roma-Bari, Laterza, 1977, pp. 183-230; M.A. Visceglia, *Lavoro a domicilio e manifattura nel XVIII e XIX secolo: produzione, lavorazione e distribuzione del cotone in Terra d'Otranto*, in *Studi sulla società meridionale*, cit., pp. 233-271; F. Volpe, *Mercati e fiere in Principato Citra nella prima metà dell'Ottocento*, in Massafra (a cura di), *Il Mezzogiorno preunitario*, cit., pp. 319-335; G. Wenner, *L'industria tessile salernitana dal 1824 al 1918*, a cura di U. Di Pace, Napoli, SEN, 1983².

L'autodifesa della dinastia

Sull'opinione pubblica e sui giudizi dei contemporanei, cfr. P. Calà Ulloa, *De' fatti dell'ultima rivoluzione derivanti da' giudizi politici del reame di Napoli*, Napoli, Stamperia Reale, 1854; Id., *Delle presenti condizioni del Reame delle Due Sicilie*, Roma, s.e., 1862; Id., *Lettere napoletane*, Roma, s.e., 1864; R. Cotugno, *Tra reazione e rivoluzione. Contributo alla storia dei Borboni di Napoli dal 1849 al 1860*, Lucera, Frattarolo, s.d.; C. Crisci, *Dello stato delle opinioni e de' mezzi di governo nel regno di Napoli alla fine del 1848*,

Napoli, All'insegna dell'ancora, 1848; E. Di Gregorio, *L'astro nella tenebra. Ovvero l'immortale Ferdinando II re del regno delle Due Sicilie negli orrori dell'ultima rivoltura fino all'attualità*, Napoli, Capasso, 1852; P. Leopardi, *Narrazioni storiche con molti documenti inediti relativi alla guerra d'indipendenza d'Italia e alla reazione napolitana*, Torino, s.e., 1856; G. Massari, *I casi di Napoli dal 29 gennaio 1848 in poi*, Trani, Vecchi, 1895; F. Michitelli, *Rimostranze al governo. Parole del cittadino F.M.*, Napoli, s.e., 1848; Id., *Storia degli ultimi fatti di Napoli fino a tutto il 15 maggio 1848*, s.l., s.e., 1849; N. Nicolini, *Il regno di Napoli alla vigilia del 1848. Relazione presentata alla consulta dei ministri il 3 dicembre 1847*, in F. Nicolini, *Niccola Nicolini e gli studi giuridici nella prima metà del secolo XIX*, Napoli, Comitato onoranze a Carlo Fadda, 1907; Nitti, *Napoli e la questione meridionale*, cit.; A. Pandullo, *Fatti od avvenimenti politici di Roma e di Calabria di Sicilia e di Napoli*, Palermo, s.e., 1849; *Rassegna degli errori e delle fallacie pubblicate dal sig. Gladstone in due sue lettere indirizzate al conte Aberdeen sui processi politici nel Reame delle Due Sicilie*, Napoli, Fibreno, 1851; C.I. Ridmans, *Saggio storico critico sulla nuova pubblicazione dell'onorevole G.E. Gladstone relativa al governo delle Due Sicilie*, Lugano, Ruggia, 1852; L. Romano, *Memorie Politiche*, a cura di F. D'Astore, Milano, Giuffrè, 1992; G.G. Rossi, *Storia dei rivolgimenti politici nelle Due Sicilie dal 1847 al 1850*, 2 voll., Napoli, Fibreno, 1851; R. Santoro, *Storia dei precipui rivolgimenti politici accaduti nel Regno delle Due Sicilie nel 1848-1849*, Napoli, Rusconi, 1850; G. Scalamandrè, *Gli errori economici di un opuscolo detto i bilanci del Regno di Napoli e degli Stati Sardi confutato da G.S.*, Napoli, Nobile, 1858; A. Scialoia, *I bilanci del Regno di Napoli e degli Stati Sardi*, Torino, Guigoni, 1857.

Sull'esercito: T. Argiolas, *Storia dell'esercito borbonico*, Napoli, ESI, 1970; T. Astarita, *Istituzioni e tradizioni militari*, in *Storia del Mezzogiorno*, cit., vol. IX/2, pp. 233-277; G. Ferrarelli, *Memorie militari del Mezzogiorno d'Italia*, con prefazione di B. Croce, Bari, Laterza, 1911; F. Nunziante, *Il generale Vito Nunziante (1775-1836)*, in «ASPN», LXXXI, 1962, pp. 135-165 e LXXXII, 1963, pp. 192-275; P. Pieri, *L'esercito napoletano e la prima guerra d'indipendenza*, in «ASPN», LXX, 1947-49, pp. 196-244; C. Pisacane, *Guerra combattuta in Italia negli anni 1848-49*, a cura di A. Romano, Milano, Ediz. Avanti, 1961; L. Radogna, *Storia della marina militare delle Due Sicilie (1734-1860)*, Milano, Mursia, 1978; G. Ritucci, *Commenti confutatori del Ten. Generale G. R. sulla campagna dell'esercito napolitano in settembre e ottobre 1860*, Napoli, Stamperia tipografica dell'Italia, 1870; A. Calà Ulloa, *Osservazioni sull'articolo del Morning Post riguardante l'esercito napoletano*, Napoli, s.e., 1856.

Sulle relazioni internazionali, si vedano: I. Arcuno, *Il Regno delle Due Sicilie nei rapporti con lo Stato pontificio*, Napoli, Perrella, 1933;

G. Berti, *Russia e stati italiani nel Risorgimento*, Torino, Einaudi, 1957; L. Blanch, *Gladstone e il regno di Napoli*, in Id., *Scritti storici*, cit., vol. II, pp. 380-389; S. Bortolotti, *Austria e Francia a Napoli negli anni 1846-47*, in «Nuova rivista storica», XXVI, 1942, pp. 439-453; *Brevi risposte alle lettere di sir W.E. Gladstone indiritte al conte Aberdeen intorno al governo e al popolo napoletano*, s.l., s.e., 1851; G. Quazza, *Il contrasto fra Torino e Napoli durante la guerra del '48*, in «ASPN», LXX, 1947-49, pp. 146-195; N. Rosselli, *Italia e Inghilterra nel Risorgimento*, in Id., *Saggi sul Risorgimento*, prefazione di G. Salvemini, introduzione di A. Galante Garrone, Torino, Einaudi, 1980, pp. 3-68.

La costituzione

Sui modelli costituzionali: A. Aquarone, M. D'Addio e G. Negri, *Le costituzioni italiane*, Milano, Ed. Comunità, 1958; C. Ghisalberti, *Modelli costituzionali e stato risorgimentale*, Roma, Carucci, 1987; N. Cortese, *Costituenti e costituzioni italiane del 1848-49*, 2 voll., Napoli, Libreria Scientifica, 1951; G. Manna, *Il diritto costituzionale d'Europa, ossia raccolta delle principali costituzioni politiche d'Europa dal 1791 fino ai nostri giorni*, Napoli, Porcelli, 1848; S. Mastellone, *La costituzione degli Stati Uniti d'America e gli uomini del Risorgimento (1820-1860)*, in *Italia e Stati Uniti nell'età del Risorgimento e della guerra civile*, Firenze, La Nuova Italia, 1969; M. Solimene, *Corso di diritto costituzionale e commento sulla costituzione*, 2 voll., Napoli, Stamperia reale, 1848; G. Sorega, *Guida al popolo per ben intendere la costituzione e le sue modifiche*, Napoli, s.e., 1848; R. Trifone, *La costituzione del Regno delle Due Sicilie dall'11 febbraio 1848*, in «ASPN», LXX, 1947-49, pp. 28-39.

Sul parlamento del 1848, sulla sua attività e sui dibattiti sulla Guardia nazionale e sull'amministrazione locale: D. Albini, *I deputati lucani al parlamento napoletano. 1848-49*, Roma, Maglione e Strini, 1922; *Le Assemblee del Risorgimento. Atti raccolti e pubblicati per deliberazione della Camera dei Deputati*, Roma, CD, 1911; C. Colletta, *Tornate della Camera de' Deputati del Parlamento Napoletano nella sessione 1848-49*, Napoli, Stamperia dell'Iride, 1866; E. Francia, *Tra ordine pubblico e rivoluzione nazionale: il dibattito sulla Guardia civica in Toscana (1847-1849)*, in Meriggi e Schiera (a cura di), *Dalla città alla nazione*, cit., pp. 89-112; *Il 1848 a Napoli. I Protagonisti, la Città, il Parlamento*, in «La Provincia di Napoli», Napoli, Istituto italiano per gli studi filosofici, 1994; C. Lodolini Tupputi, *Il parlamento napoletano del 1848-1849. Storia dell'istituto e inventario dell'archivio*, Roma, Camera dei Deputati, 1992; G. Pansini, *I rapporti tra capitale e provincia nel 1848*, in «ASPN», LXX, 1947-49, pp. 62-105; Scalamandrè, *Delle università e de' comuni del reame di Napoli*, cit.;

A. Scirocco, *Il parlamento e la lotta politica a Napoli dopo il 15 maggio 1848*, in «Clio», XXIX, 1993, pp. 445-458.

Conclusione

L. Ambrosoli, *Le altre correnti democratiche: Carlo Cattaneo e Giuseppe Ferrari*, in *Storia della società italiana*, cit., 1986, vol. XV, pp. 191-225; G. Galasso (a cura di), *Antologia degli scritti politici di Carlo Cattaneo*, Bologna, Il Mulino, 1962; C. Balbo, *Delle speranze d'Italia*, Paris, Firmian Didot, 1844; Id., *Sommario della storia d'Italia*, Firenze, Sansoni, 1962; F. Bartoccini, *Il Murattismo. Speranze, timori e contrasti nella lotta per l'unità italiana*, Milano, Giuffrè, 1959; G.P. Berti, *I moderati e il neoguelfismo*, in *Storia della società italiana*, cit., vol. XV, pp. 227-258; G. Berti, *Nuove ricerche su Benedetto Musolino*, in «Studi storici», II, 1961, pp. 29-53; R. Ciasca, *L'origine del «Programma per l'opinione nazionale italiana» del 1847-48*, Milano-Roma-Napoli, Albrighi e Segati, 1916; G. Cingari, *Romanticismo e democrazia nel Mezzogiorno. Domenico Mauro (1812-1873)*, Napoli, ESI, 1965; E. Cione, *Francesco De Sanctis contro il murattismo*, in F. De Sanctis, *Pagine sparse*, a cura di B. Croce, Bari, Laterza, 1941, pp. 41-76; Z. Ciuffoletti, *Stato senza nazione. Disegno di storia del Risorgimento e dell'Unità d'Italia*, Napoli, Morano, 1993; N. Cortese, *Luigi Blanch ed il partito liberale moderato napoletano*, in «ASPN», XLVII, 1922, pp. 255-312; F. Crispi, *Scritti e discorsi politici (1849-1890)*, Torino-Roma, Casa Editrice Nazionale, 1903²; F. Della Peruta, *Conservatori, liberali e democratici nel Risorgimento*, Milano, Angeli, 1989; Id., *Giuseppe Mazzini e la democrazia risorgimentale (1830-1861)*, in *Storia della società italiana*, cit., vol. XV, pp. 151-189; De Sanctis, *Il Mezzogiorno e lo Stato unitario*, cit.; E. Di Ciommo, *La nazione possibile. Mezzogiorno e questione nazionale nel 1848*, Milano, Angeli, 1993; A. Di Filippo, *Lo scacco e la ragione. Gruppi intellettuali, giornali e romanzi nella Napoli dell'800*, Lecce, Milella, 1987; A. Galante Garrone e F. Della Peruta, *La stampa italiana del Risorgimento*, Roma-Bari, Laterza, 1979; T. Giuffrè, *La fortuna del giobertismo nell'Italia meridionale*, in «ASPN», LXVI, 1941, pp. 99-148; G. Melis, *Storia dell'amministrazione italiana. 1861-1993*, Bologna, Il Mulino, 1996; Paladino, *Il processo per la setta l'«Unità d'Italia»*, cit.; E. Passerin D'Entrèves, *Ideologie del Risorgimento*, in E. Cecchi e N. Sapegno (a cura di), *Storia della Letteratura italiana*, Milano, Garzanti, 1969, vol. VII, pp. 199-413; D. Bertoni Jovene (a cura di), *I periodici popolari del Risorgimento*, 3 voll., Milano, Feltrinelli, 1959; L. Rocco, *La stampa periodica napoletana delle rivoluzioni (1799-1820-1848-1860)*, Napoli, Lubrano, 1921; R. Romeo, *I liberali napoletani e la rivoluzione siciliana del 1848-49*, in «ASPN», LXX, 1947-49, pp. 106-145; N. Rosselli,

Carlo Pisacane nel Risorgimento italiano, Torino, Einaudi, 1977; L. Russi, *Carlo Pisacane*, Milano, Il Saggiatore, 1982; Id., *L'esame critico del 1848-1849 e le nuove prospettive di Pisacane*, in *Storia della società italiana*, cit., vol. XV, pp. 345-371; L. Salvatorelli, *Pensiero e azione del Risorgimento*, Torino, Einaudi, 1974[7]; F. Della Peruta (a cura di), *Scrittori politici dell'Ottocento*, tomo I, *Giuseppe Mazzini e i democratici*, Milano-Napoli, Ricciardi, 1969; L. Settembrini, *Opuscoli politici editi e inediti (1847-1851)*, a cura di M. Themelly, Roma, Ed. Ateneo, 1969; A. Silvestrini, *Moderatismo risorgimentale*, in F. Levi, U. Leva, N. Tranfaglia (a cura di), *Il mondo contemporaneo. Storia d'Italia*, cit., vol. II, pp. 649-665; S. Spaventa, *Dal 1848 al 1861, Lettere scritti documenti pubblicati da B. Croce*, Bari, Laterza, 1923; F. Volpe, *Il pensiero politico meridionale dal 1815 al 1860*, in *Storia del Mezzogiorno*, cit., vol. X/3, pp. 277-296; A. Zazo, *Il giornalismo politico napoletano nel 1848-49*, in «ASPN», LXX, 1947-49, pp. 245-292.

Indice dei nomi

Indice dei nomi

Aberdeen, George Hamilton Gordon, conte di, 64
Acclavio, Domenico, 198, 255
Aceto, Giovanni, 210, 216
A'Court, William, 192
Acton, Harold, 82n
Acton, John F.E., 105, 275
Addeo, Girolamo, 131n, 203
Adone, Pasquale, 79
Afán de Rivera, Carlo, 239, 241n, 242
Ajello, Raffaele, 130
Albarella d'Afflitto, Vincenzo, 81, 89
Alberti, Annibale, 184
Alfonso d'Aragona, 14
Aliberti, Giovanni, 123, 127
Amari, Michele, 296
Antelmy, Giacinto, 146
Antonelli, Alessandro, 96, 183, 187
Assante, Franca, 136, 329, 338, 340, 342
Attolini, Luigi, 142
Aymard, Maurice, 212

Balbo, Cesare, 285, 292, 294
Bandiera, fratelli, 58
Barone, Giuseppe, 179
Barra, Francesco, 179, 257
Beauharnais, Eugenio, 47
Benedetto XIV, 21
Bentinck, William, 14, 42, 210
Bernadotte, Jean-Baptiste J., 43
Bertelli, Sergio, 14n
Bevilacqua, Piero, 127, 240, 241n, 242n, 262, 263
Bianchini, Ludovico, 206
Blanch, Luigi, 13 e n, 43n, 52, 83, 105 e n, 107, 115, 116, 123, 127, 133, 185, 191, 206, 272 e n, 274, 276, 279, 284, 292, 296 e n, 305 e n
Bozzelli, Francesco Paolo, 287
Brancaccio, Giovanni, 21
Broggia, Carlo Antonio, 24
Bruno, Francesco Saverio, 96
Bulferetti, Luigi, 13 e n
Bulifon, Antonio, 71, 72

Cacciatore, Andrea, 79, 80n, 154, 155n, 192, 210
Cacciatore, Giuseppe, 77
Cafagna, Luciano, 269 e n
Calà Ulloa, Antonio, 296
Calà Ulloa, Pietro, 54n, 87, 89, 91, 93, 104n, 105, 215, 225, 281, 289, 294 e n, 296, 303
Campochiaro, Ottavio Mormile duca di, 54n
Campredon, David, 237
Cannaviello, Vincenzo, 195
Canosa, Antonio Capece Minutolo, principe di, 12, 36, 46, 48, 52, 54, 105, 111, 113, 288
Canosino, Luigi, 88
Cantalupo, Benedetto, 79, 94, 95, 180
Canzano, duca di, 54n
Capone, Gaspare, 135
Caracciolo, Domenico, 29, 111, 210, 211
Carascosa, Michele, 16 e n, 194, 205, 247, 279
Carelli, Giovanni, 74, 75, 76n, 77, 84, 94
Cariati, Gennaro Spinelli, principe di, 62, 64
Carlo Alberto di Savoia, 55, 60, 61, 272, 287, 292, 293
Carlo II d'Asburgo, 75
Carlo III di Borbone, 14, 16-18, 21, 24, 29, 55, 56, 73-78, 80, 82, 84,

85, 87, 89-91, 93-95, 126, 174, 178, 194, 203, 213, 264, 305
Carlo V d'Asburgo, 71
Carlo VI d'Asburgo, 72, 74
Carlo VIII di Valois, 14, 74
Carpino, Matteo, 84
Carta, Francesco, 188, 192
Casavola, Donato, 82, 89, 192
Castelcicala, Paolo Ruffo, principe di, 61
Cattaneo, Carlo, 294, 296, 301, 302, 303
Cavour, Camillo Benso, conte di, 302
Cestaro, Antonio, 181
Ceva Grimaldi, Giuseppe, marchese di Pietracatella, 56, 135, 223, 225, 226, 236,
Championnet, Jean-Etienne, 38
Chorley, Patrick, 260n
Church, Richard, 48
Ciaia, Francesco, 198
Cione, Edoardo, 275n
Cito, Ferdinando, 54
Civile, Giuseppe, 123
Colletta, Carlo, 78n, 103n
Colletta, Pietro, 14, 15 e n, 36, 37n, 42, 50, 77, 78, 80, 81, 91, 98 e n, 101, 107 e n, 108, 111, 118, 123, 128, 131, 132, 134 e n, 137, 146 e n, 147, 154, 155, 177, 189, 195, 207, 212, 213, 237
Comerci, Nicola, 148
Conforti, Raffaele, 60
Consalvi, Ercole, 177
Corrado, Vincenzo, 234
Cortese, Nino, 11n, 46n, 83n, 123
Cosimo de' Medici, 10
Cotugno, Raffaele, 61n
Crisci, Costantino, 275, 293
Crispi, Francesco, 280 e n, 296, 303
Croce, Benedetto, 13n, 85, 106, 123, 126, 190, 194, 275
Cuoco, Vincenzo, 34, 136, 137, 242, 269

D'Angelo, Michela, 215
D'Astore, Fabio, 281n
Davis, John Anthony, 102n, 269
De Angelis, Francesco, 79n
De Augustinis, Matteo, 183, 229, 234
De Blasiis, Francesco, 299
de Brosses, Charles, 20
De Cesare, Raffaele, 117, 140, 141n
De Concilii, Lorenzo, 190
De Francesco, Antonino, 123, 156n, 217, 218, 287, 302
De Fulgure, Giuseppe Antonio, 202
De Lorenzo, Renata, 123
De Luca, Antonio, 53
De Martino, Antonio, 123
De Matteis, Angiola, 258
De Mattheis, Francesco Nicola, 54
de' Medici Luigi, 173, 179, 183, 185, 186, 199, 206, 275
de Menz, Karl, 184
De Nicola, Carlo, 193, 210
De Pradt, Dominique, 17
De Pradt, Dominique nota, 15, 17
De Ruggiero, Guido, 302
De Sanctis, Francesco, 275 e n, 276, 281 e n
De Sanctis, Gabriello, 75, 77
De Sangro, Michele, 206, 271
De Simone, Caterina, 54
De Simone, Michele, 162
De Sivo, Giacinto, 141n, 230n, 231, 281, 284
De Thomasis, Giuseppe, 78, 128
de Toledo, Pedro, 71
Del Carretto, Francesco, 53
D'Elia, Costanza, 241
Del Re, Giuseppe, 75n, 95, 99, 186, 244
Demarco, Domenico, 136, 315, 327, 329, 338
Di Ciommo, Enrica, 110 e n, 158n, 241
Di Gregorio, Epifanio, 283
Di Gregorio, Pinella, 110
Dias, Francesco, 94, 130, 137, 161
Diaz, Furio, 108n
Dito, Oreste, 52n
Dragonetti, Luigi, 214, 276
Dumas, Alexandre, 35n

Egg, Jacques, 264
Elisabetta Farnese, 17

Fazio, Ida, 339
Feola, Raffaele, 123, 130, 147
Ferdinando Alberto di Savoia, 294
Ferdinando I di Borbone (I come re delle Due Sicilie, IV come re di

Napoli, III come re di Sicilia), 10, 12, 14, 24, 26, 30, 32, 35, 37, 38, 42-46, 51, 55-57, 77-82, 89, 91, 93-95, 99, 101, 103, 1056, 111, 112, 116, 126, 130, 132, 134-137, 177, 178, 182, 184, 188, 192, 199, 206, 209, 210, 219, 223, 264, 273, 278, 283, 286, 305
Ferdinando II di Borbone, 13, 19, 55, 56, 58-60, 62, 64, 84-90, 101n, 135, 144, 158, 178n, 218, 219, 234, 243, 244, 264, 271, 272, 275, 276, 281, 282, 287, 288, 292, 293, 296, 298, 302-305
Ferdinando III d'Asburgo, 72
Ferdinando III de' Medici, 10
Ferdinando IV di Borbone, 24
Ferdinando VII di Borbone, 46, 285
Ferrante d'Aragona, 14
Ferrara, Francesco, 295
Ferrari, Giuseppe, 294
Ferri, Francesco, 281
Filangieri, Carlo, 63, 296
Filangieri, Gaetano, 26, 63, 68, 274
Filippo II d'Asburgo, 72
Filippo IV d'Asburgo, 72
Filippo V di Borbone (duca d'Angiò), 17, 72, 73, 75, 77
Florio, Vincenzo, 260
Fogliani, Giovanni, 29
Fortunato, Giustino, 85n
Fortunato, Giustino senior, 64
Francesco I d'Asburgo (I come imperatore d'Austria, II come imperatore del SRI), 11n, 182
Francesco I di Borbone, 44, 45, 49, 53-55, 83, 89
Francesco II d'Asburgo, 11n
Francesco II di Borbone, 68, 78, 87, 89, 90, 278
Francesco IV d'Este, 10, 272

Galanti, Giacinto, 289
Galanti, Giuseppe Maria, 26, 28, 95, 136 e n, 160, 161n, 192
Galanti, Luigi, 192, 224
Galasso, Giuseppe, 128, 269 e n
Galdi, Matteo, 192
Galiani, Ferdinando, 24
Gallo, Marzio Mastrilli, duca di, 54n, 185n
Gamboa, Biagio, 79, 80, 113, 188, 190
Garibaldi, Giuseppe, 68, 182
Genoino, Andrea, 54 e n
Genovesi, Antonio, 24, 136
Ghisalberti, Carlo, 123, 137, 211, 287
Gian Gastone de' Medici, 73
Giannone, Pietro, 21, 74
Giarrizzo, Giuseppe, 123, 151, 208, 227
Gioacchino Murat, 10, 17, 39, 41-45, 47 e n, 65, 79, 82, 83, 91, 93, 94, 96-98, 101, 102, 108, 115, 126, 131, 132, 135, 137, 177, 184, 193, 200, 211, 212, 216, 221, 278, 298
Gioberti, Vincenzo, 58, 59, 293, 295, 301
Giuseppe Bonaparte, 87, 91, 94, 96, 97, 101, 102, 108, 111, 112, 114, 126, 132, 135, 137, 174, 175, 193, 264, 298
Giuseppe II d'Asburgo, 81, 305
Gladstone, William Ewart, 64, 271, 274, 283
Goethe, Wolfgang J., 82
Gorani, Giuseppe, 214, 277
Gramsci, Antonio, 13
Granata, Luigi, 95 e n, 235, 251n
Gregorio XVI, 55
Grimaldi, Domenico, 26
Guardione, Francesco, 304
Guerrazzi, Francesco Domenico, 305n

Iachello, Enrico, 123, 127, 148n, 151, 153, 207
Ibrahim pascià, 284, 303
Ingham, Benjamin, 260
Intieri, Bartolomeo, 24
Intonti, Nicola, 56
Isabella di Borbone, 54

La Farina, Giuseppe, 66, 67
Lancellotti, Carmine, 78, 83
Landi, Guido, 134
Latouche-Tréville, Louis René, 15
Lazzaro, Giuseppe, 95
Leopardi, Monaldo, 112
Leopardi, Piersilvestro, 295
Leopoldo di Borbone (1790-1851), 45, 57
Leopoldo di Borbone (1813-1860, 218

Lepre, Aurelio, 203, 247
Levi, Giovanni, 263
Liberatore, Pasquale, 149, 174
Lioy, Domenico, 90, 186
Lodolini Tupputi, Carlo, 346
Lotti, Gaetano, 142
Lucarelli, Antonio, 193
Luigi XIV di Borbone, 77, 275
Luigi XVIII di Borbone, 46, 286
Luigi Filippi d'Orléans, 57

Machiavelli, Niccolò, 14 e n
Macry, Paolo, 102n, 245
Malpica, Cesare, 223 e n
Mancini, Pasquale Stanislao, 303
Manhès, Charles-Antoine, 39, 54, 222
Manin, Daniele, 66
Manna, Giovanni, 148, 290, 298
Manzi, Tito, 45
Maresca, Benedetto, 186
Maria Amalia di Borbone, 57
Maria Carolina d'Asburgo, 11, 26, 81, 82
Maria Clementina d'Asburgo, 87
Maria Cristina di Savoia, 56, 84
Maria Cristina d'Orleans, 57
Maria d'Asburgo, 72
Maria Luisa d'Asburgo, 9
Maria Teresa Cibo, 10
Maria Teresa d'Asburgo imperatrice, 26, 55, 57, 210, 305
Maria Teresa d'Asburgo, regina delle Due Sicilie, 57
Marini, Cesare, 155
Marulli, Gennaro, 86n, 88, 95, 187, 211
Massafra, Angelo, 102n, 110n, 127 e n, 238, 247n, 251n
Massari, Giuseppe, 276, 293
Masséna, André, 38
Maturi, Walter, 12n, 46n, 123, 180
Mauro, Domenico, 61
Mayer, Arno, 114
Mazzini, Giuseppe, 58, 304
Memor (*vedi* De Cesare Raffaele)
Merenda, Domenicantonio, 191
Meriggi, Marco, 152n
Metternich, Klemens Wenzel, principe di, 47, 52
Michitelli, Francesco, 54n, 190, 280, 281, 288
Milano, Agesilao, 279
Miot, André-François, 39
Montealegre, José J., 21
Monti, Gennaro Maria, 180
Morelli, Michele, 49
Morelli, Nicola, 320
Morici, Domenico, 192
Moscati, Ruggero, 13n, 51, 53, 54n, 123, 243 e n
Murat, Achille, 56
Murat, Luciano, 65
Musci, Mauro, 81n, 84n, 90, 101, 188
Musolino, Benedetto, 61

Napoleone I, 9, 10, 31, 37, 38, 43, 45, 81, 100, 114, 136, 188, 206, 211, 216, 289
Napoleone III, 65, 68
Nicola I Romanov, 279
Nicolai, Domenico, 78
Nicolini, Nicola, 101, 138, 150 e n, 158, 275
Nisco, Nicola, 81, 117, 178, 303
Nitti, Francesco Saverio, 169, 185, 192, 203, 277
Notario, Paola, 255
Nugent, Laval, 184
Nunziante, Alessandro, 300

Olivieri, Agostino, 84
Olivieri Poli, Gioacchino, 224

Padula, Vincenzo, 229
Paladino, Giuseppe, 293
Palmeri, Nicola, 213
Palmieri, Giuseppe, 24, 262, 269
Palmieri di Micciché, Michele, 82, 119n, 214, 222, 223
Palumbo, Lorenzo, 249n
Pandullo, Antonio, 281
Parisi, Antonino, 187, 204
Paternò Castello, Francesco, 210
Pepe, Florestano, 50, 217
Pepe, Gabriele, 196, 276
Pepe, Guglielmo, 14, 16, 42, 47n, 98, 203, 221, 278, 279
Pescosolido, Guido, 244
Pezzino, Paolo, 123, 127, 207, 228
Pietro Leopoldo di Lorena, 55, 305
Pignatelli Strongoli, Francesco, 16n, 42, 238, 279

Pilo, Rosolino, 67, 68
Pio VIII, 55
Pio IX, 58, 178n
Pisacane, Carlo, 65, 66, 279 e n, 294, 302, 304
Poerio, Giuseppe, 41, 104, 131, 193
Polsinelli, Giuseppe, 299
Poni, Carlo, 255
Pontieri, Ernesto, 28n, 225
Porisini, Giorgio, 255

Raddusa, marchese di, 217
Ravanas, Pietro, 261
Recupero, Antonino, 208
Regna, Camillo, 84
Regna, Francesco, 84
Renda, Francesco, 29, 50, 218
Ricciardi, Francesco, 190
Ricciardi, Giuseppe, 42, 61
Riso, Francesco, 68
Rodinò, Gaetano, 198
Roederer, Pierre-Louis, 39
Romanelli, Raffaele, 119
Romano, Aldo, 279n
Romano, Liborio, 68, 281 e n
Rosati, Giuseppe, 137, 162
Rossi Doria, Manlio nota, 241, 242
Rossi, Giovanni Giuseppe, 83n, 281, 283
Rota, Ettore, 13n
Rotondo, Mauro Luigi, 100, 245
Ruffo, Alvaro, 50
Ruffo, Fabrizio, 34, 36
Ruffo, Luigi, 203
Rugge, Fabio, 152 e n
Ruggiero I, 76
Ruo, Raffaele, 114
Russo, Saverio, 141n

Sabbatucci, Giovanni, 156n
Saladino, Antonio, 123, 273 e n
Saliceti, Aurelio, 302
Saliceti, Cristoforo, 39
Salvati, Catello, 11n
Salvemini, Biagio, 127, 231, 245, 249n, 262n, 263, 269 e n
Santangelo, Carlo, 264
Santangelo, Nicola, 56
Santoro, Raffaele, 284
Savarese, Giacomo, 52, 104, 190, 191, 200
Savarese, Giacomo, 47n
Scalamandrè, Girolamo, 155, 300
Schiera, Pierangelo, 152n
Schipa, Michelangelo, 123, 132 e n, 182, 190
Schlaepfer, James, 264
Scialoia, Antonio, 67 e n, 187, 271
Scirocco, Alfonso, 123
Serracapriola, Nicola Maresca Donnorso, duca di, 59, 60
Settembrini, Luigi, 59, 64, 84, 101, 271, 277 e n, 278, 282
Settimo, Ruggero, 60
Silvati, Giuseppe, 49
Sismondi, Jean Charles Leonard Simonde de, 250
Soldani, Simonetta, 305n, 318
Solimene, Michele, 289, 295
Sorega, Giovanni, 288, 300
Spagnoletti, Angelantonio, 142n
Spagnoletti, Mario, 223n
Spaventa, Silvio, 14, 64, 276-278, 294

Tallarico, Maria Aurora, 175
Talleyrand, Charles M., 47
Tanucci, Bernardo, 21, 24, 26, 76, 130, 147, 174
Themelly, Mario, 277n
Tommaseo, Niccolò, 85 e n
Tommasi, Donato, 48, 129, 173, 177, 178, 183, 186, 199
Tortora, Pasquale, 242
Tough, James, 215
Treves, Paolo, 101, 321
Troisi, Gennaro, 54n
Troya, Carlo, 60, 61, 62, 163, 291
Troya, Ferdinando, 64
Tuzet, Hélène, 334

Ugo, Pietro, marchese delle Favare, 53, 56
Ungaro, Gioacchino, 113

Vardarelli, briganti, 81, 222, 223
Vidotto, Vittorio, 156n
Viglia, Michelangelo, 54
Villani, Pasquale, 92 e n, 123, 126, 132, 255
Visceglia, Maria Antonietta, 264
Vittorio Amedeo II di Savoia, 74
Vittorio Emanuele II di Savoia, 302, 306

Vivacqua, Francesco, 103
Vivenzio, Nicola, 54n
Volpicelli, Gennaro, 113, 144, 147

Weil, Maurice Henri, 282
Winspeare, David, 255
Wober, ufficiale austriaco, 54n
Wonwiller, David, 264

Zaghi, Carlo, 255
Zangheri, Renato, 255
Zazo, Alfredo, 14n, 296n
Zella-Milillo, Giambattista, 140
Zerbi, Rocco, 137, 155n
Zurlo, Giuseppe, 37, 42, 104, 131, 136, 145, 161-«164, 190, 199, 200

Finito di stampare nel mese di luglio 2017
dalla litoseibo, via rossini 10, rastignano (bologna)
www.litoseibo.it